호랭이 물어간다

호랭이 물어간다

虎狼

오정미

전북대학교출판문화원

차 례

1장 · 서(序)

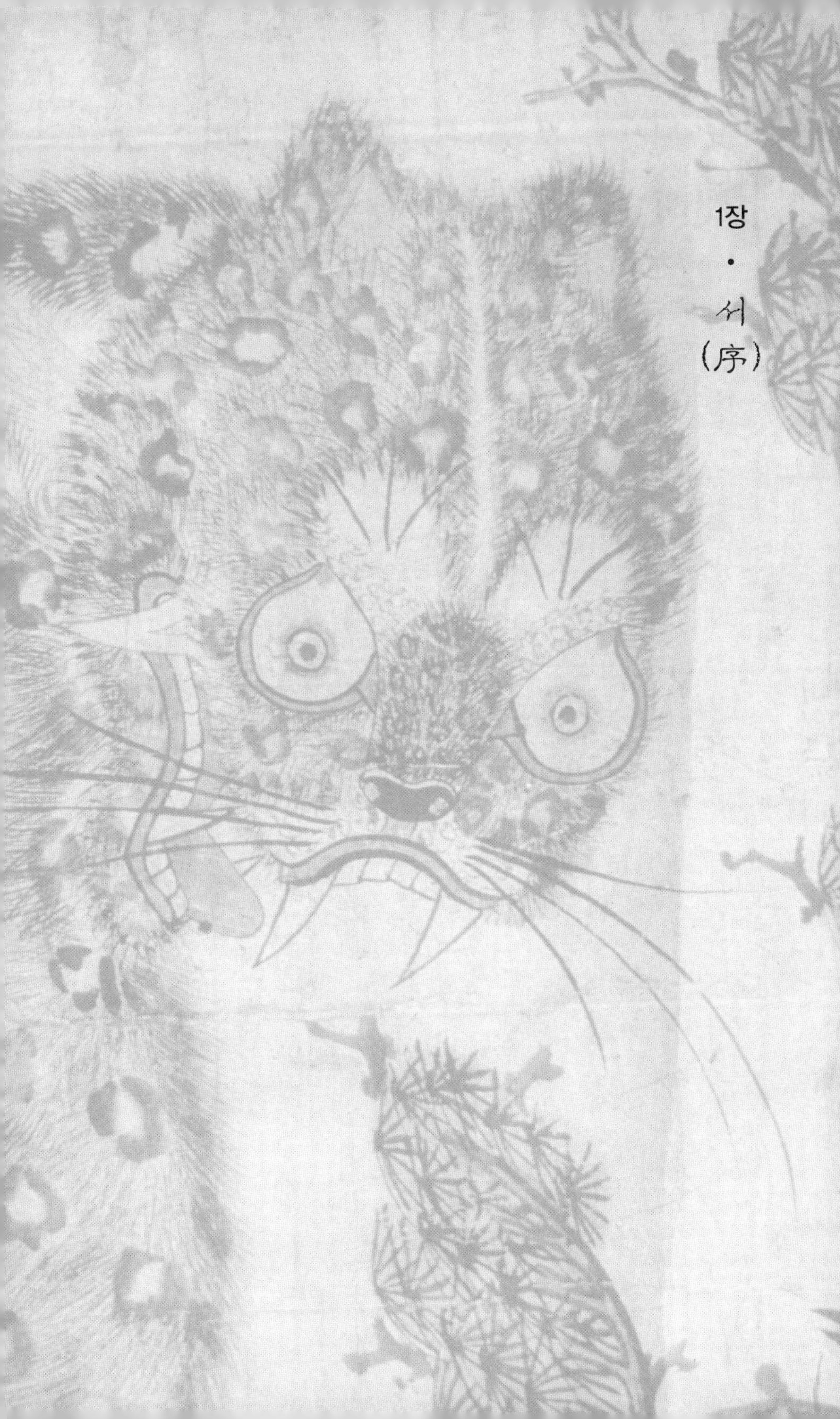

1 용맹한 호랑이

사진제공: 국립중앙박물관

1장
서(序)[1]

우리나라의 호랑이에 대한 관심은 꾸준히 있었다. 전국적으로 전래된 <호랑이설화>의 광포적 분포와 호랑이와 관련한 전국의 지명에서 그에 대한 증거를 찾을 수 있다. 호랑이가 주인공인 설화만 하더라도 어림잡아 1,080여 개로, 구비문학에서도 대형 캐릭터군에 속한다. 또한 국토지리정보원[2]에 따르면, 2009년 기준으로 전국에 호랑이가 포함된 지명은 389개이다.[3] 그야말로 호랑이는 한국인의 정신적, 민족적 표상이라 할 수 있다. 이러한 상징적 위치를 증명하듯 그동안 호랑이와 관련한 많은 저서가 발간되었다. 현재까지 인문학적 측면에서 '호랑이'만을 주제로 출판된 단행본은 다음과 같다.

---

1 이 저서는 2021년도 전북대학교 저술장려 지원에 의하여 연구되었으며, 본 책의 내용은 필자의 졸고의 내용을 바탕으로 재구성하였음.
오정미, 「<호랑이설화>에 나타난 공포성 연구」, 전북대학교 대학원 박사학위논문, 2020.

2 국토교통부, 「우리나라 지명 속에 살아있는 호랑이 이야기」, 국토지리정보원, 2009, 참조 <https://www.ngii.go.kr/kor/board/view.do?sq=56154&board_code=report>.

3 경북 포항의 '호미곶'과 가평군 청평명의 '호명산', 경기도 안성시 금광면의 '복거리', 충남 아산시 탕정면의 '호산리' 등이 대표적이다. 특히 호산리는 마을 뒷사람이 범처럼 생겼다 해서 붙여진 지명이다. 호산리는 5개의 행정리로 이루어져 있고, 호랑이와 관련한 밤이고개, 밖범이, 새터범이, 밤이고개, 안범이 등 다양한 지명이 존재한다.

【표 1】 '호랑이' 관련 출판 목록

구분	도서명	목차
1	한국 호랑이[4]	001. 호랑이 그림의 역사 002. 山神 호랑이 003. 龍虎圖 004. 까치 호랑이 005. 호랑이 符籍 006. 옛책에서 보는 범의 설화 007. 虎皮 008. 虎患 009. 호랑이 韓醫方 010. 호랑이 생태 011. 한국 호랑이에 관한 외국인의 기록 012. 호랑이 문학 013. 호랑이 속담
2	조선 호랑이 이야기[5]	개간판 서(序) 서(序) 호질 첫째 마당: 호랑이 성격의 가지가지 둘째 마당: 신령으로 모셔지는 호랑이 셋째 마당: 호랑이와 효도 넷째 마당: 은혜갚은 호랑이 다섯째 마당: 호랑이와 혼인중매
3	한국호랑이 설화집[6]	제1장 영묘한 호랑이 제1화 호랑이가 키운 후백제 왕 견훤 제2화 호경(虎景)과 호랑이 제3화 호운석(虎隕石)
4	(十二支神) 호랑이[7]	호랑이의 한중일 문화코드 / 이어령 제1부 호랑이의 생태와 어원 제2부 호랑이 이야기 제3부 호랑이와 신앙 제4부 예술과 호랑이 제5부 호랑이와 일상생활

4 김호근 외, 『한국호랑이』, 열화당, 1991.

5 이가원, 『조선 호랑이 이야기』, 학민사, 1993.

6 한상수, 『한국호랑이 설화집』, 文志社, 1987.

7 이어령, 『(十二支神) 호랑이』, 생각의 나무, 2009.

4	(十二支神) 호랑이	주석 참고문헌 집필진 약력
5	(최인학 할아버지의) 옛이야기 괴나리봇짐[8]	[1권: 신비로운 아내와 신랑의 이야기] 머리말 신비로운 아내와 신랑의 이야기 신비로운 출생의 이야기 혼인에 대한 이야기 형식담 이야기 채록자 프로필 [2권: 괴물을 물리친 이야기와 호랑이]
6	호랑이띠 12띠의 민속과 상징3[9]	001. 호랑이띠와 民衆의 삶 002. 호랑이의 生態와 活用 003. 호랑이의 神話的 性格과 信仰形態 004. 說話에 나타난 호랑이의 意味 005. 속담(俗談)과 수수께끼 속의 호랑이 006. 호랑이 傳承의 文學的 受容 007. 호랑이 어록-호돌이 民俗旅行 008. 호랑이띠와 속신 009. 호랑이띠의 民俗的 意味
7	갈매봉 도깨비 백두산 호랑이: 가려 뽑은 고전동화[10]	아기도깨비 삼순이의 분홍색 뿔 - 노래주머니 - 마당쇠가 훔쳐 쓴 도깨비 감투(1) - 마당쇠가 훔쳐 쓴 도깨비 감투(2) - 호랑이의 털 색깔과 두꺼비 등허리 - 호랑이 가죽도 호랑이 가죽 나름 - 나무꾼 동생과 호랑이 형님 - 가죽을 빼앗긴 호랑이 - 토끼를 무서워 하는 두 마리 호랑이 - 황효자 호랑이의 슬픔 - 호랑이 포수 고소쿠리의 총 솜씨

〈표 1〉에 따르면, 기존 출판물의 경향은 설화집의 일부로 소개되거나 2차 주제를 위해 부분적으로 차용되는 경우가 많았다. 〈호랑이설화〉의 전체를 아우르기보다는 개별 이야기들이 각기 언급되는 수준이

8 최인학·유진희, 『(최인학 할아버지의) 옛이야기 괴나리봇짐』, 문예원, 2016.

9 이창식, 『호랑이띠 12 띠의 민속과 상징3』, 국학자료원, 1998.

10 김용범·강태현, 『갈매봉 도깨비 백두산 호랑이: 가려 뽑은 고전동화』, 신구미디어, 1992.

었다. 그중 이가원의 내용이 제일 상세하고 풍부한 편이나[11] 유형 분류에 대한 상세 설명이 없어 유형에 대한 전체적인 지도를 파악하기 어렵다는 단점이 있다. 이외에는 호랑이의 생태학적 내용이나 민족지학적 자료들이 대부분이라 할 수 있다. 이렇듯 호랑이에 대한 지대한 관심과 더불어 그에 대한 논의도 다각적으로 이루어져 왔으나 호랑이의 공포성에 대한 연구만큼은 진행되지 않았다. 더불어 구비문학 내에서 공포 자체를 다루거나 집중한 연구도 드물었다.

그러나 구비문학 내의 공포성에 대한 대중들의 요구는 계속 존재해 왔다.[12] 이제는 이러한 요구에 맞춰 호랑이의 공포성에 대한 부면[13]을 시의적절하게 조명할 필요가 있다. 예를 들어 언어에서도 호랑이에 대한 원형적 공포성을 확인할 수 있다. '호랭이 물어가네' 는 호환을 내포하는 전라북도의 방언이다. 필자 역시 전라북도 정읍 출신인 외할머니께 이 말씀을 참 많이도 듣고 자랐다. 특히 '호랭이 물어가고 자빠졌네' 구문은 마음에 들지 않은 일이나 뜻밖의 상황에 대하여 강조하면서 부정적으로 표현하는 관용표현이라 할 수 있다.[14] 이 우연성과 부정성의

---

11 그러나 이 책 역시 다뤄지지 않은 이야기의 영역이 존재한다. 이와 관련한 내용은 3장과 4장에서 상술하겠다.

12 〈전설의 고향〉, 〈장화홍련〉, 〈여고괴담 시리즈〉 등은 설화의 내용을 스토리텔링하여 다양한 매체로 제작된 사례이다. 특히 전설의 고향은 약 30년에 걸쳐 670부로 제작되었고, 여고괴담은 인기에 힘입어 여름마다 영화로 제작되었다. 가장 최근인 2021년 6월 17일에, 여섯 번째 시리즈인 '여고괴담 여섯 번째 이야기: 모교'가 개봉된 바 있다.

13 『한국구비문학대계』 속 1,080개의 〈호랑이설화〉 중 호랑이라는 하나의 대상에 갖는 공포만 하더라도 다양하게 발견되며, '호식(虎食)'이라는 실제적 두려움만이 아닌 '창귀', '백호'에서 확인할 수 있는 '홀림'의 공포 역시 존재한다.

14 이태영, 「일상적 관용표현 '호랭이 물어가네'의 용법과 의미 - 전북 방언을 중심으로 -」, 『어문론총』 86권, 한국문학언어학회, 2020, 31-57쪽.

기저에는 무의식적 공포가 자리 잡고 있다. 본 연구의 출발점은 바로 호랑이가 가진 이 본질적인 공포성이다.

공포성을 설명하기 위해서는 〈호랑이설화〉의 유형을 짚고 넘어갈 필요가 있다. 〈호랑이설화〉의 기본형이자 공포의 근간이라 할 수 있는 유형은 바로 [호식형]이다. 이 〈호식형〉에서 출발한 [신성형]과 [해학형]의 진행을 설명하고, 호랑이의 원형적 상징성의 외연을 넓혀 창귀에서 장산범까지 유전되고 있는 홀리는 캐릭터로서의 현주소를 다시 정리할 필요가 있다. [홀림형]과 관련하여 '호랑이'와 '범'에 대한 구분이 이야기의 문맥 안에서 이루어지고 있다는 사실 또한 괄목할 만하다. 예를 들면 몇몇 이야기에서 '범'과 관련한 내용이 문맥적으로 다시 정의되고 있음을 확인할 수 있다.

[자료-1] 육발호랑이

"호랑이가 사람을 잡아먹으면 귀가 찢어지는데 하나를 잡아먹으면 한쪽 귀가 찢어지고, 둘을 잡아먹으면 양쪽 귀가 찢어진다고 한다. 그리고 사람 셋을 잡아먹으면 말을 하고, 사람을 많이 잡아먹으면 육발이 된다고 한다."[15]

[자료-2] 호질(虎叱)

"(-중략-)호랑이가 세 번째 사람을 먹으면 그 창귀는 육혼(鬻渾, 창귀 이

---

15 '육발호랑이'는 류경자의 논문에서 언급되었으나 제목이 명명되지 않아 본고에서 제목을 가칭하였다.
류경자, 「구비문학 속 속신의 형태와 구술담화적 기능: '호랑이이야기'를 중심으로」, 『민속연구』 36, 안동대학교 민속학연구소, 2018, 273쪽.

름)이 되어 호랑이의 턱에 붙어 살되 그가 평소에 알던 친구들 이름을 자꾸만 불러댄다."[16]

[자료-3] 범

"(-중략-) 산에 범이 많이 있었어요. 호랑이가 아니고 범이라 호랑이하고 범이 조금 틀리지예. 이 범은 꼬리가 길고 호랑이는 몸집이 크고."[17]

[자료-4] 호랑이와 범

"텔레비전에 나오는 호랑이는 호랑이고 범은 아니라고 하시는, 할머니는 범이라는 게 있다고 하신다. 아주 무서운 영약하고 사람 같은 범이. 장산범 이야기를 보다가 언뜻 생각나서 할머니께 말씀드리니 공통점이 있는 듯해서 올려본다. 그 존재는 걸을 때 소리도 안 나고 상당히 빨랐다고 한다. 머리가 굉장히 좋은 거 같았다고 하시고, 하얀 솜털 같은 걸로 가득한 존재."[18]

[자료-5] 장산범과 범

딱히 괴담?은 아닌 듯? 장산범이 처음 만들어진 게 2009년?이라고 알고

16 한국고전번역원의 해석은 본래 '범'이라고 표기하였으나 본고의 해석상 '호랑이'의 의미와 상응하여 '범'을 '호랑이'로 수정하였다. 박지원, 『열하일기』, 「호질」, 한국고전번역원, 한국고전종합 DB, http://db.itkc.or.kr, 검색일자 2021년 7월 11일.
한국고전번역원, 한국고전종합 DB, http://db.itkc.or.kr, 검색일자 2021년 7월 11일.

17 한국학중앙연구원 한국구비문학대계 디지털 자료, "호랑이 가죽을 판 부자에게 복수한 호랑이", 구술자 진석춘, 부산시 사하구 하단2동 1층 낙동경로단, 2010.

18 루리웹, 작성자 고양이렌즈, "93세 할머니께서 겪으신 이야기", http://bbs.ruliweb.com/hobby/board/300145/read/16556472, 2019년 2월 1일 접속.

있거든. 근데 나붕은 옛날 어렸을 때부터 범과 호랑이는 다르다고 알고 있었음. 나붕 동네에 섬에서 살다가 오신 할머니가 계셨는데 호랑이는 산에서 나고 범은 바다에서 난다고 하셨음. 육지 사람들은 범이랑 호랑이랑 같이 쓰지만 바다 사람들은 아니라고 범은 범이고 호랑이는 호랑이라고 그러더라. 밤에 배를 띄우면 안 된다고들 하지만 특히 달도 안 뜨는 밤에는 바닷가 근처에도 가면 안 된대 범은 바다 밖으로 못 나가지만 정말 정말 긴 손으로 잡아간대. 몇 가지 해주신 얘기가 있지만 그때 나붕이 너무 어려서 제대로 기억이 안 남. 지금에 와서는 어디서 주워들은 얘기들을 머릿속에서 섞은 게 아닐가 싶기도 함. 근데 아무리 생각해도 장산범이랑 내가 들은 범은 다른 것 같아.[19]

[자료-1]과 [자료-2]에서는 호식된 희생자가 다시 창귀가 된다. [자료-1]에서 '육발호랑이'는 [자료-2]의 '육혼'과 연결된다. 호랑이에게 잡아먹힌 사람은 '육혼' 또는 '육발'이 되어, 사람의 말을 흉내 내며 희생자와 생전에 관계된 사회적 인물망을 타고 다음 희생자를 물색한다는 특징이 있다. 이러한 특징은 '창귀'와 연결되며, '창귀'는 다시 '범'으로 이어진다. [자료-3], [자료-4], [자료-5]에서는 모두 '범'의 존재를 호랑이와 구분하여 설명하고 있다. 구술자에 따르면 '범'은 호랑이와 다른 존재이다.

---

19 해연갤, "ㅃ하게 장산범에 대한거 생각하면 되게 흥미롭고 기분 이상함", 참조<-hygall.com/66093876>, 게시일자 2017년 10월 5일.
아이디 @hokagohorror, 참조<https://twitter.com/HOKAGOHORROR/status/1415999257069322247 ?s=09>, 게시일자 20201년 7월 17일, 검색일자 2021년 7월 17일. 재인용.

[자료-3]에서는 생김새로 구분하고 있으며 [자료-4]에서는 '장산범'과 '범'을 비교하고 있다. 홀림군에서 동물과 괴물의 변별점은 바로 홀리는 기능이다. 그리고 '범'과 '호랑이'는 그 기준점을 통해 구분된 결과로 유추해 볼 수 있다. [자료-5]에서는 '장산범'과 '물에 사는 범', 그리고 '호랑이'를 비교하고 있다. '장산범'은 현대에 나타난 '창귀'의 일종으로[20] 이 자료에서는 범과 호랑이를 육지와 바다라는 공간으로 나누고 있다. 바다라는 '물'의 공간성과 더불어 '긴 손'은 물귀신과 창귀의 교집합을 형성한다. 홀리는 기능은 호랑이를 필두로 넓게는 물귀신까지, 기존에 경직되어 있던 호랑이 유형의 외연을 확대할 수 있는 중요한 기능이라 할 수 있다. 기존에는 이러한 기능을 호랑이와 연관짓지 못했다.

이야기 내에서 '범'의 용어에 대한 구분은 '범하다'의 용어와 관련이 깊다. 정상과 비정상, 이분법적 사고를 유지하는 것이 곧 질서이고 규범이다. '범하다(犯하다)' 역시 들어가서는 안 되는 경계나 지역을 넘어 들어가는 것을 의미한다. '범하다'는 곧 이러한 규칙을 넘어서는 것으로 곧 비정상으로 가는 길이다. 홀림형의 구조에서 '범'은 이러한 주제적 의미에서 '범하다'와 연관된 것으로 추측된다. 결국 친숙한 것과 낯선 것의 모호한 경계의 문턱을 지나는 양가적 존재가 자아와 타자의 경계를 범(犯)하는 것이 홀림의 본질적 의미이며, 동시에 홀리는 행위는 주체의 거짓된 욕망이 이러한 질서를 뛰어넘고 죽음에 도달하려고 하는 것을 의미한다. 그리고 그것이 홀림군에게 투사한 공포의 본질이자

---

20 다음의 졸고에서 다룬 바 있다.
오정미, 앞의 논문, 2018, 87-117쪽.

원형적 의미라 할 수 있다.

우리는 호랑이를 통해 공포의 대상에 투사하고 있는 본질이 무엇인지 확인할 필요가 있다. 주인공과 공포의 관계를 통해서 그 본질에 좀 더 접근할 수 있으며, 그것을 극복하는 과정에서 그 존재의 원형[21]과 실체에 가까워질 수 있다. 그에 대한 상징성을 논의하는 일은 오랜 시간 인간의 무의식에 자리 잡은 하나의 원형을 탐구하는 작업인 동시에 공포 자체를 규명하기 위한 일련의 작업이라 할 수 있다. 이외에도, 이 책은 호랑이와 관련한 속담이나 금기, 무가와 민화 등 민속의 여러 측면을 다루고 있으므로, 민속학적 자료로서 기대할 수 있다.

호랑이는 아직도 굉장히 흥미로운 소재임은 틀림없다. 콘텐츠의 활용적 측면에서 동화는 가장 활발한 영역이다. 현재 동화에서 호랑이를 다룬 경우는 총 3,385건으로[22], 호랑이라는 대상에 대한 아이들의 강한 호기심과 애정을 짐작할 수 있다. 특히 『호랑이를 덫에 가두면(원제: When You Trap a Tiger, 2020)』[23]이라는 동화책은 한국계 작가 태 켈러의 작품으로, 아동문학의 노벨상이라 불리는 2021년 뉴베리상 대상을 수상한 작품이기도 하다. 아이들에게 호랑이에 대한 공포성은 좋은 소재이자 주제이다. 현재도 호랑이의 원형을 필두로 많은 콘텐츠가 양산되고 있는 실정이다.

구비문학의 유전은 본령이자 업이다. 호랑이라는 생명력이 강한 캐

21 여기서 '원형(archetype)'은 칼구스타프융의 정신분석학적 용어로서 인류의 무의식에 내재된 보편적인 상징성을 말한다.
칼 구스타브 융 저/김양순 역. 『인간과 상징』, 동서문화사, 2013[1987], 참조.

22 2021년 9월 31일 기준.

23 태 켈러 저/강나은 역, 『호랑이를 덫에 가두면』, 돌베개, 2021.

릭터를 통해 사장되어 가는 구비성을 재획득하고, 살아있는 원형으로서의 가치를 조명할 필요가 있다. 호랑이는 지금까지 살아남은 캐릭터로서, 여전히 구비문학적 힘이 남아있다. 이미 출판된 책들이나 논문에서 소개되지 않는 이야기들이 남아있으며 그 또한 귀중한 가치를 지니고 있다. 이러한 가치를 다시 한번 증명하기 위해서라도 본 저서에서는 호랑이의 공포성에 초점을 두어, 그동안 다뤄지지 않은 유형의 이야기들을 대중들에게 친숙하게 다가갈 수 있게 자세히 소개할 예정이다.

이 책은 필자의 박사학위논문을 중심으로 내용을 구성하되, 기존에 산재되어 있던 호랑이의 민속학적 자료를 총괄하려 노력했다. 1장, 2장과 같이 기본의 뼈대는 전공서를 표방하고 있지만 3장과 4장에서는 대중들 또한 쉽게 접근할 수 있는 교양서가 될 수 있도록 구비문학 속에서 생생하게 살아있는 날 것의 이야기를 담았다.

도깨비불만큼이나 자주 등장하는 '호랑이불', '호식당할 사람은 독에 들어가도 못 면한다'의 긴장감 넘치는 이야기와 발가벗고 물구나무서서 호랑이를 쫓은 여인, 밤중에 수수께끼와 함께 나타난 해와 달이 된 오누이와 호랑이 등 그동안 만나보기 어려웠던 이야기들과 이미 알고 있었던 이야기지만 재담가의 입심이 느껴져 더 신명 나는 이야기를 만나볼 수 있다. 수록된 이야기는 때론 노골적이면서 원색적이기도 해서 어린이를 위한 동화보다는 어른동화에 가깝다. 예전 어른을 위한 그림동화책을 좋아했던, 옛이야기에 관심이 있는 성인들에게 권장하고 싶다.

1절. 들어가며

구비문학에서 호랑이 이야기의 대부분은 '호식(虎食)'과 관련한다. 호식은 민중의 실제적인 공포로서, 현재 남아있는 호식총(虎食塚)이 증거이자 실체라 할 수 있다. 희생자의 돌무더기 무덤인 호식총은 전국 전역에 걸쳐 발견된다.[24] 그만큼 과거 호식에 대한 공포는 일상적이었다. 민간에서 호랑이와 관련한 두려움을 죽음의 질병인 천연두와 함께 '호환마마(虎患媽媽)'라 통칭한 것 역시 호랑이에 대한 두려움이 언어에 남아있는 증거라 할 수 있다.

공포의 대상으로서 호랑이는 '죽음'이라는 선험적이면서 원초적인 공포와 관련한다. 호랑이는 인간을 죽음에 도달하게 할 수 있는 위협적인 존재이다. 유구한 역사 아래 가장 원시적이며 본원적인 성격의 공포가 호랑이라는 대상을 통해 인류의 내부에 학습되어 왔기 때문이다. 바로 이것이 호랑이와 공포의 밀접한 상관성을 확인할 수 있는 근거이며, 호랑이와 관련한 이야기를 일종의 '공포담'이라 상정할 수 있는 이유이다.

---

24 호식총은 태백시 철암동 버들골 설통바우 밑 화장터 등 태백에 33곳, 삼척시 노곡면 상마읍리 범든골 호식터를 비롯해서 삼척에 53군데, 정선군 북면 유천리 송천 건너 개금벌 속골 호식터 등 정선에 33곳, 영월시 상동읍 구래리 연애골 호식터 등 영월에 5곳 등 총 124곳에서 발견된다.
국립민속박물관, 한국민속대백과사전 <http://folkency.nfm.go.kr/kr/dic/3/summary>, 참조.

구비문학의 본령은 바로 지속적인 유전(留傳)에 있다. 새로운 캐릭터는 기존 유형과의 연속성을 검토하고 유전의 가능성을 확인할 필요가 있다. 현재에도 호랑이는 공포의 대상으로 꾸준히 소비되는 경향을 보인다.[25] 특히 '장산범'은 유혹하는 호랑이로서 새롭게 출현하였다. 그동안 '유혹'과 '홀림'의 영역은 도깨비나 여우에게 국한되어 있던 것이 일반적이었으나 호랑이가 포함될 가능성이 제기된 것이다. 특히 이 이야기는 기존에 논의되던 호랑이의 유형에서 벗어났음에도 불구하고 '범'이라는 용어적 관련성을 통해 호랑이의 정체성을 갖고 있다는 점이 특징이다. 이를 계기로 기존에 논의되던 유형을 해체하고 대상의 면면을 고찰하여 현재 전승되고 있는 캐릭터와의 연결 지점을 찾아야 할 필요성이 대두되었다.

호랑이는 이야기 속 하나의 캐릭터를 넘어 민속의 하부에서 유구한 시간 동안 적층되어 온 민족지학적 보고라 할 수 있다. 호랑이가 갖는 공포의 근저에는 역사적·문화적·사회적 요인 또한 내재해 있다. 비교연구의 성과를 보더라도, 현재 호랑이가 갖는 의미는 작지 않다.[26] 공포의 문제는 해당 개인과 사회, 시대와 문화를 이해할 수 있는 중요한 기

---

25 우리나라의 경우, 네이버 웹툰인 '호랑이형님(2015~2023)'과 비교적 근래에 개봉한 영화 '장산범(2017)'이 있고, 모바일 게임으로는 게임 '라이프 오브 블랙타이거(2016)' 등이 있다.

26 양단단, 「한·중 호랑이 설화 비교연구: 한국구비문학대계와 태평광기를 중심으로」, 경상대학교 석사학위논문, 2014.; 손지봉, 「호랑이와 인간의 결연설화에 나타난 한중(韓中) 인식 비교」, 『열상고전연구』 제55집, 열상고전연구회, 2017.; 이지영, 「<모자를 잡은 호랑이>의 동북아 전승양상과 특징」, 『동아시아고대학』 제17집, 동아시아고대학회, 2008.; 김금숙, 「설화 <호랑이 눈썹>의 현대적 변용 연구-중국, 일본, 인도 사례와의 비교를 중심으로」, 『동양고전연구』 69권, 동양고전학회, 2017.; 박연숙, 「중국 호랑이설화의 한일 수용양상 비교연구-「신도징(申屠澄)」과 「호화(虎禍)」설화를 중심으로」, 『일본어문학』 34권, 일본어문학회, 2006.; 李虎周, 「韓·中 호랑이 說話 比較硏究 - 報恩說話를 중심으로」, 『한어문교육』 4권, 한국언어문학교육학회, 1996.

호로 작용할 수 있다.[27] 그래서 공포를 불러일으키는 대상에 대한 본질과 그에 대한 해석이 무엇보다 중요하다. 특히 오랜 시간 민간에서 군림해 온 호랑이를 통해 공포의 대상에 투사하고 있는 본질이 무엇인지 확인할 필요가 있다.

본고에서는 구비문학 속 '호랑이'가 표상하는 '상징성'과 더불어 인간과 호랑이가 관계 맺는 방식에 따라 변모하는 공포의 양상에 대해 함께 논의하고자 한다. 이러한 대상관계에 따라 공포의 본질에 좀 더 근접할 수 있으며, 그것을 극복하는 과정에서 그 원형과 실체에 가까워질 수 있을 것으로 전망한다.

호랑이의 상징성을 논의하는 일은 오랜 시간 인간의 무의식에 자리 잡은 하나의 원형을 탐구하는 작업인 동시에 공포 자체를 규명하기 위한 일련의 작업이 될 것이다. 공포라는 원형[28]은 불변하지만 공포를 형성하는 이야기와 상징은 고정되지 않고 변주할 수 있다. 그러므로 호랑이의 상징성은 시대에 따라 변천하는 이야기의 흐름과 더불어 구체적이고 풍부하게 정의할 수 있어야 할 것이다.

---

27 허선화, 「『악령』과 공포의 기호학」, 『노어노문학』 20, 한국노어문학회, 2008. 223쪽.
배리 글래스너 저/연진희 역, 『공포의 문화』. 부광 출판사, 2005, 참조.

28 원형(archetype): 칼구스타프융의 정신분석학적 용어로서 인류의 무의식에 내재된 보편적인 상징성을 말한다.

2절. 선행연구

〈호랑이설화〉[29]는 호식과 관련한 '공포담'으로 분류할 수 있다. 그러나 호식이라는 일상적 두려움은 연구의 범주에서 과소평가된 경향이 있다. 그동안 연구사에서 공포에 대해 다뤄진 측면은 미비했으며,[30] 호랑이의 공포성 역시 이제껏 주목받지 못한 영역으로 소여의 논제에서 벗어나 있었다.[31]

〈호랑이설화〉에 대한 연구는 이야기의 양태를 확인할 수 있는 유형론적 연구와 세부 주제에 관한 연구가 주류를 이루었다. 〈호랑이설화〉의 전반에 관한 유형 연구는 많지 않다. 유형분류와 관련해서는 다음과 같이 정리할 수 있다.[32]

---

29 본고에서는 호랑이와 관련한 일련의 이야기들을 〈호랑이설화〉로 총칭한다. 이야기의 범주는 자료개관에서 자세하게 다룰 예정이다.

30 정연식의 논문은 호환이 드러나는 설화를 예거하거나 단순한 호식의 실상만을 제시하고 있어 공포성에 관한 연구로 보기 어렵다.
정연식, 「조선시대의 호랑이와 호환」, 『인문논총』 12권, 서울여자대학교 인문과학연구소, 2004.

31 '【표 2】〈호랑이설화〉 유형분류 연구 현황'의 자료를 살펴보면, 공포의 범주가 유형분류의 하위 항목으로 설정되어 있을 뿐, 〈호랑이설화〉 자체를 공포담으로 규정하고 있지 않음을 확인할 수 있다.

32 〈호랑이설화〉의 전반적인 연구사에 관한 내용은 배도식의 연구사 검토에서 일목요연하게 정리하고 있어 참고할 수 있다. 본고에서는 호랑이의 공포성에 집중하여, 그와 관련한 연구나 연구방법론에 대해서만 언급할 예정이다. 배도식, 「韓國 虎說話 硏究」, 동아대학교 박사학위논문, 1999, 1-12쪽. 참조.

장덕순[33]은 처음으로 <호랑이설화>의 유형분류를 시도했다는 점에서 의의가 있으나, 주로 문헌설화를 중심으로 자료가 구성되어 있어 구비문학적 접근이 아쉽다. 이호주[34] 역시 <호랑이설화>를 산신음조설화, 효행설화, 보은설화, 일월설화, 복수설화, 지략설화 등 6개의 유형으로 분류하였으나 61편의 한정된 내용만을 다루고 있어 모든 대상을 포섭하지 못할 가능성이 있다.

이가원[35]은 80편의 이야기를 10류(類)[36]로 분류하였고, 김기호[37]는 이가원의 분류에서 인물의 역할에 따라 다시 감응 원조자형, 각성 원조자형, 바보 적대자형, 영웅 적대자형 등 4개의 유형으로 재분류하였다. 이가원은 완성도가 높은 작품 중 대표가 되는 80편을 선별하였으나 그 기준이 선명하게 제시되지 않았고, 김기호 또한 이미 분류된 유형을 재분류하는 작업이었으므로, 구조적 접근으로 보기 어렵다.

최인학[38], 황정화[39], 배도식[40] 등은 <호랑이설화>의 구조를 통해 이야기를 분류하고자 하였다. 위의 연구자들은 무엇보다 유형분류에 있어 구조적 이해가 필요하다는 관점에서 동일한 입장을 취한다. 최인학

---

33 장덕순, 『韓國說話文學硏究』, 서울대학교 출판부, 1978.

34 이호주, 「호랑이설화에 나타난 韓國人의 意識考察」, 고려대학교 석사학위논문, 1982.

35 이가원, 『조선 호랑이 이야기』, 한민사, 1993.

36 이가원이 제언한 10류는 다음과 같다.
1. 호랑이 성격의 가지 가지 2. 신력으로 모셔지는 호랑이 3. 호랑이와 효도 4. 은혜 갚은 호랑이 5. 호랑이와 혼인 중매 6. 호랑이와 역사 인물들 7. 호랑이 우화 8. 호랑이 똥 이야기 9. 호난 10. 호랑이 잡이

37 김기호, 「조선 호랑이 이야기의 연구사적 위상과 유형 체계의 발달론적 의미」, 『연민학지』 27, 연민학회, 2017.

38 최인학, 『구전설화 연구』, 새문사, 1994.

39 황정화, 「한국의 호랑이 민담 연구」, 전남대학교 석사학위논문, 1990.

40 배도식, 앞의 논문.

은 『구전설화 연구』에서 프롭의 '기능'에 의해 <호랑이설화>를 분석하였다. 황정화(1990)[41]는 『한국구비문학대계』를 중심으로 146편의 민담을 수집하여 호랑이와 주인공의 대결 방식에 따라 신격형, 보은형, 호환형, 우둔형으로 분류하고 각 유형의 서사구조를 밝혔다. 황정화는 최인학과 마찬가지로 서사구조를 사건의 순차적 전개로 구성하되 인물 간의 병렬적 대응을 통해 대결상황을 분석하였다는 특징이 있다.

배도식[42]은 구비문학과 문헌 자료를 토대로 가장 총체적이면서 구조적인 접근을 시도한 연구라 할 수 있다. 그의 논문에서는 <호랑이설화>의 유형구조를 밝히기 위해 문헌설화와 고문헌, 구전설화를 합친 천여 개의 자료에서 모티핌(motifeme)을 추출[43]하여 네 가지의 유형과 그 아래 30개의 소유형을 분류하였다. 각 유형의 세부적인 구조는 완성하였지만, 통합적인 구조 안에서 각 유형의 의미를 통섭하지 못했다는 점이 아쉽다.

'공포'의 대상이던 호랑이가 위상전환을 통해 전복이 이루어지는 기제에 집중하는 연구들도 있다.[44] 예로 '해와 달이 된 오누이'[47], '곶감과

---

41 황정화, 앞의 논문.

42 배도식, 앞의 논문.

43 배도식이 모티핌으로 제시한 항목은 결핍, 결핍의 제거, 과제, 과제의 성취, 원조, 금지, 위반, 분리, 결과, 보상, 결과로부터의 탈출 등이다.
배도식, 위의 논문, 참조.

44 희화와 해학, 퇴치 등의 유형이 여기에 해당된다. 해당 자료는 다음과 같다.
김복순, 「동물담의 웃음 유발 방식의 특성」, 『어문논집』 62권, 중앙어문학회, 2015.; 김기호, 「한국사상(문학): 웃음 서사의 한 원형으로서 호랑이 설화」, 『한국사상과 문화』 34권, 한국사상문화학회, 2006.; 오출세, 「민담에 나타난 호랑이 고찰: 골계담을 중심으로」, 『동국어문논집』 7권, 동국대학교 인문과학대학 국어국문학과, 1997.; 심재경, 「야담집 소재 동물 퇴치담 연구」, 『한자한문교육』 14권 , 한국한자한문교육학회, 2005.; 이태문, 「세계인식의 두가지 태도: <호랑이 물리치는 이야기>를 중심으로 바라본 미적 태도」, 『열상고전연구』 4권, 열상고전연구회, 1991.

호랑이', '여성과 호랑이'[48]가 대표적이다. 이 경우, 약자와 강자가 대결하는 도중에 힘의 논리가 역전되는 상황에서 '해학'이 발생한다고 설명한다. 그러나 이 연구 또한 공포의 대상으로서 호랑이를 조명한 경우로 보긴 어렵다.

〈호랑이설화〉의 유형분류와 관련한 연구의 성과를 정리하면 다음과 같다.

【표 2】 <호랑이설화> 유형분류 연구 현황

연구자	유형	제목	출처
장덕순(1970)	효열전설(호환전설, 효감전설)	한국설화문학연구[46]	단행본
	보은전설(호보은전설, 의마·의우전설)		
	신이전설(호원전설, 동물육아전설)		
	예언설화		
이호주(1982)	산신음조설화	호랑이 설화에 나타난 韓國人의 意識考察[47]	석사학위 논문
	효행설화		
	보은설화		
	일월설화		
	복수설화		
	지략설화		

45 이지영, 「〈해와 달이 된 오누이〉의 전승과 그 특징에 관한 연구」, 『한국문화연구』 15권, 이화여자대학교 한국문화연구원, 2008.; 염희경, 「〈해와 달이 된 오누이〉에 나타난 호랑 이상-설화와 전래동화 비교를 중심으로-」, 『동화와 번역』 5권, 건국대학교 동화와번역연구소, 2003.; 이한길, 「해님 달님 연구」, 『한국고전연구』 3, 한국고전연구학회, 1997.

46 장덕순, 앞의 책.

47 이호주, 앞의 논문.

연구자	유형	제목	출처
김윤태(1984)	의리형	호랑이 說話에 나타난 韓國人의 意識構造[48]	석사학위 논문
	보은형		
	효행형		
	애정형		
	치우형		
	포식형		
허춘(1985)	惡虎	설화와 고소설의 虎[49]	학술지 논문
	善虎		
	疾虎		
	君虎		
황정화(1990)	신격형	한국의 호랑이 민담 연구[50]	석사학위 논문
	보은형		
	호환형		
	우둔형		
이가원(1993)	호랑이 성격의 가지 가지	조선 호랑이 이야기[51]	단행본
	신력으로 모셔지는 호랑이		
	호랑이와 효도		
	은혜 갚은 호랑이		
	호랑이와 혼인 중매		
	호랑이와 역사 인물들		
	호랑이 우화		
	호랑이 똥 이야기		
	호난		
	호랑이 잡이		
최인학(1994)	보은형	구전 설화 연구[52]	단행본

48 김윤태, 「호랑이 說話에 나타난 韓國人의 意識構造」, 단국대학교 석사학위논문, 1984.

49 허춘, 「설화와 고소설의 虎」, 『연세어문학』18, 연세대학교 국어국문학과, 1985.

50 황정화, 앞의 논문.

51 이가원, 앞의 책.

52 최인학, 앞의 책.

연구자	유형	제목	출처
최인학(1994)	호식형	구전 설화 연구	단행본
	우둔형		
	변신형		
김필래(1996)	인본사상	구비문학 속에 나타난 호랑이의 원형[53]	석사학위 논문
	보은사상		
	효사상		
	민중사상		
배도식(1999)	선호형	韓國 虎說話 硏究[54]	박사학위 논문
	악호형		
	우호형		
	혼합형		
허원기(2003)	신령스러운 호랑이	한국 호랑이 이야기의 현황과 유형[55]	학술지 논문
	어리석은 호랑이		
	인정 많은 호랑이		
	은혜 갚은 호랑이		
	변신과 관련한 호랑이		
	사나운 호랑이		
김기호(2001)	과욕형	한국 트릭스터담 연구: 호랑이 이야기를 중심으로[56]	박사학위 논문
	각성형		
	창선형		
김기호(2017)	감응 원조자형	「조선 호랑이 이야기」의 연구사적 위상과 유형 체계의 발달론적 의미[57]	학술지 논문
	각성 원조자형		
	바보 적대자형		
	영웅 적대자형		

53 김필래, 「구비문학 속에 나타난 호랑이의 원형」, 한성대학교 석사학위논문, 1996.

54 배도식, 앞의 논문.

55 허원기, 「한국 호랑이 이야기의 현황과 유형」, 『동화와 번역』 5, 건국대학교 동화와번역연구소, 2003.

56 김기호, 「한국 트릭스터담 연구: 호랑이 이야기를 중심으로」, 영남대학교 박사학위논문, 2001.

57 김기호, 앞의 논문.

위의 표에 따르면 그동안 〈호랑이설화〉의 유형분류는 주인공과 호랑이의 상호 호혜성을 기준으로 주제가 분류되거나 호랑이의 개별적 특성에 주목하여 주제화시키는 등 기준이 모호하거나 복합적이었다. 그러나 각 유형 간의 상동성은 확인할 수 있다. 예를 들어 신격, 보은, 호환, 우둔, 사나운 호랑이, 변신과 관련한 호랑이의 경우, 호랑이의 특성과 관계된 분류이며, 선호, 악호, 우호 등은 주인공과 호랑이의 관계성에 따른 분류라 할 수 있다.

위의 연구 결과를 통해, 〈호랑이설화〉의 유형은 주인공과 호랑이의 관계성을 기준으로 다음과 같이 재분류할 수 있다.

【표 3】 <호랑이설화> 유형분류 연구 현황 재분류

1차 분류	관계성	우호		대립	
2차 분류	정도	이타	호혜	호환	대결
<표 1> 개별유형		신이	효열	포식	치우
		예언	효행	호환	우화
		신령	보은	호난	우둔
		군호	의리	호식	호랑이 잡이

위 표에 따르면, 1차 분류 기준은 호랑이와 주인공의 이해관계가 전제되어 있다. '우호'와 '대립'은 주인공과 호랑이와의 관계성을 표방한 분류이다. 우호적 관계는 다시 원조의 정도에 따라 '이타'와 '호혜'로 나뉜다. '이타'는 신이·예언·신령·군호가 해당하고, '호혜'는 효열·효행·보은·의리 등으로 구성된다. 이타적 관계는 호랑이에게 주인공이 일방적으로 원조를 받는 경우이다. '호혜'는 '이타'에 비해 주인공과 호랑이의 주고받는 교환성이 강조되는 성향을 보인다.

대립적 관계는 '호환'과 '대결'로 나뉜다. '호환'은 호랑이와 대립적 관계로, 이때 주인공은 희생자이며 호랑이는 '피해'와 '위협'의 존재가 된다. 포식·호환·호난·호식 등이 호랑이와 관련한 모든 호환의 상황을 포함한다면 '대결'은 치우·우화·우둔·호랑이 잡이 등 주인공과 호랑이가 대결적 상황에 놓이게 된 이야기들이 해당한다.

이렇듯 유형에 대한 연구는 크게 '우호'와 '대립'의 측면에서 진행되었다. 대부분의 연구는 동일한 대상의 모순적인 특성을 전체적인 구조에서 설명하기보다 특정 주제와 관련한 논의를 개별적으로 집중하는 방식이었다. 그 결과, '우호'와 '대립'의 지점은 각각 민중의 부정성과 호신앙이라는 상반적 인식으로 분석되는 경향이 강했다.[58]

그동안 호랑이에 대한 연구는 이야기의 유형분류와 호랑이에 대한 개별적인 인식에 관련한 연구가 대부분이었다.[59] 그러나 유형 역시 전체적인 구조에서 논의되지 못하는 등 개별적인 주제 연구와 크게 다르

58 황패강, 「한국민족설화와 '호랑이'」, 『국어국문학』 55-57, 국어국문학회, 1972.

59 한형주, 「한국문화콘텐츠 개발을 위한 호랑이의 상징성 연구」, 경희대학교 석사학위논문, 2012.; 김필래. 「구비문학 속에 나타난 호랑이의 원형」, 한성대학교 석사학위논문, 1996.; 박은정, 「문학: 근대 이전 호랑이 상징성 고찰」, 『온지논총』 43권, 온지학회, 2015.; 김수연, 「인간의 근원적 미지 불안과 치유의 서사, 〈호랑이와 곶감〉」, 『문학치료연구』 32권, 한국문학치료학회, 2014.; 이지영, 「女·男 山神과 호랑이 신격의 상관성 연구」, 『한국고전여성문학연구』 제15권, 한국고전여성문학회, 2007.; 김기호, 「효행설화에서 호랑이의 트릭스터적 상징」, 『청소년과효문화』 31권, 한국청소년효문화학회, 2018.; 강순재, 「동물전래동화의 주제 및 모티프 분석」, 이화여자대학교 석사학위논문, 1993.; 김기호, 「한국 트릭스터담 연구:호랑이 이야기를 중심으로」, 영남대학교 박사학위논문, 2001.; 허춘, 「설화에 나타난 호랑이의 특성: 한국 호랑이 이야기 검토를 겸하여」, 『열상고전연구』 10권, 열상고전연구회, 1997.; 라인정, 「구비설화에 나타난 호랑이의 성격 고찰」, 『어문연구』 18권, 충남대학교 문리과대학 어문연구회, 1988.; 박혜숙, 「호랑이 이야기의 아이러니」, 『동화와 번역』 12권, 건국대학교 동화와번역연구소, 2006.; 최원오, 「한국 구비문학의 성격과 민족문화의 정체성」, 『국학연구』 16, 한국국학진흥원, 2010.; 한기호, 「〈해와 달이 된 오누이 설화〉의 신화적 성격 연구」. 창원대학교 박사학위논문, 2004.

지 않았다. 이러한 연구 방향은 통합적인 구조가 아닌 개별적 구조에서 각각의 분석이 진행된 것으로서 동일 체계의 비교로 보기 어렵다. 결국 유형의 세부적인 의미는 해결하였으나 호랑이라는 대상의 상징성을 규명하기 위한 구조적 분석이나 종합적인 해석으로 연결되지 않았다는 한계가 있다.

3절. 연구방법론

구비문학 연구에서 유형분류는 반드시 수행해야 할 선행적 작업이다. <호랑이설화>와 같은 방대한 분량의 이야기를 통합시킬 경우, 지나치게 단순화되거나 축약될 위험이 있다. 특히 설화는 다층적인 문학장르이기 때문에, 예비적인 연구 결과에 따라 자료가 분류되는 것을 지양해야 한다. 대부분의 연구에서 쉽게 범해지는 오류는 연구자의 자의적인 기준에 의해 변이형이나 기타형으로 중요한 이야기가 배제되는 것이다. 이러한 문제점에 유의하여 일정한 기준에서 이야기의 구조를 구성하고 분류할 수 있도록 노력해야 한다.

<호랑이설화>의 서사단락은 기능(function)으로 분절한다. 기능은 블라디미르 프롭(Vladimir Propp)의 용어로, 등장인물의 행위를 중심으로 분절된 서사의 최소 단위를 말한다.[60] 프롭에 따르면, 이야기의 분석은 최소 서사단위인 기능으로부터 시작하고 기능은 등장인물의 행위를 기준으로 정의되며 모두 선조적으로 연결된다. 또한 같은 기능이라 하더라도 연결 순서에 따라 의미가 달라질 수 있다.

서사 안에서 '기능'은 독립적으로 존재하지 않는다. 같은 기능이 서사에서 동일하게 존재한다고 해서 같은 주제로 귀결되지 않는다. 이야기의 주제는 기능이 진행되는 순차적 과정과 관련 깊다. 만약 기능의 진

60 블라디미르 프롭 저/유영대 역, 앞의 책.

행을 무시하고 모티프에만 집중하다 보면 문맥의 의미를 확대하여 해석할 가능성이 있다.[61] 그런 의미에서 모든 기능은 단일하지도 고정되지도 않는다. 서사의 기본 단위는 '기능'이며, 기능의 선조적 연결이 바로 이야기의 구성이다. 구성의 유사성에 따라 유형(type)이 결정되며 각 유형들은 공포담이라는 큰 주제를 구성하는 하부 주제가 된다.

본 연구의 주 자료는 『한국구비문학대계』이며, 한국학중앙연구원에서 운영 중인 <장서각디지털아카이브> 및 <모바일웹>의[62] 디지털 자료를 포함하였다. <호랑이설화>는 어떤 캐릭터보다 민간에서 풍부한 이야기를 보유한다. 『한국구비문학대계』의 경우, 각 설화의 제목이 키워드의 조합에 불과한 경우가 대부분이다. 논의를 진행하기 위해서는 무엇보다 호랑이를 지칭하는 용어와 그에 따른 연구 범주를 설정할 필요가 있다. 호랑이와 관련한 용어로는 '범'과 '백호'가 있다. 특히 '범'은 오랜 시간 '호랑이'와 혼용되어 온 용어로, 호랑이를 의미하는 한자어 '호(虎)'의 훈음(訓音)에서 이미 언어상의 친연성을 확인할 수 있다.

용어와 관련하여 호랑이와 범의 어원을 밝히려는 시도도 있었다.[63]

---

61 간혹 전체적인 문맥(context)과 주제와의 관련성을 배제하고, 인물의 모티프(motif, 여기서는 서사의 가장 작은 분절 단위)를 소주제 또는 전체 주체로 환원하는 경우, 이야기의 주제 자체를 오독할 수 있다.

62 디지털 자료는 한국학중앙연구원의 홈페이지(https://www.aks.ac.kr/)와 왕실도서관장서각디지털아카이브(http://yoksa.aks.ac.kr.)를 이용하였다. 자료 수집 기준일은 2019년 2월 1일이다. 본문에서 디지털 자료를 인용할 경우, '한국학중앙연구원 한국구비문학대계 디지털 자료, "제목", 구술자, 채록년도, 채록지'의 순으로 표기하였다. 현재(2024년) 한국학중앙연구원의 홈페이지 주소는 kdp.aks.ac.kr/inde/gubi로 변경되었다.

63 서정범은 '범'의 어원에 대해서 "벋>벌>벌엄>버엄>범"의 변천으로 보았고, 정연식은 만주어의 "비럼(birəm)", 몽골어의 "발스(bars)"에서 용어적 기원을 추측하였다. 이와 관련한 명칭으로는 '李耳', '黃猛', '山君', '班寅將軍', '老麻子' 등이 있다. 호랑이의 용어 기원에 대한 자료는 다음과 같다.

'호랑이'와 '범'의 비교연구는 어원적 차원에서 용어를 구분하는 문제를 해결하려고 하였으나 결국 '호랑이'와 '범'의 이야기 속 맥락적 해석까지는 발전하지 못했다. 본고에서는 연구대상의 관련 범주를 넓혀 '호랑이', '범', '백호'를 포함하고 그 외 '호(虎)'와 결합한 '호식', '호환(虎患)'을 관련어로 상정하여 논의를 진행하고자 한다.

『한국구비문학대계』 내 호랑이와 관련한 검색어의 결과는 총 1,281건이다. 호랑이와 연관 검색어의 분포를 살펴보면 "호랑이" 1,092건, "범" 70건, "호환" 15건, "호식" 104건이다.[64] 그 외 내용의 보완을 위해 「산해경」, 「임하필기」, 「열하일기」 등 문헌 소재의 이야기도 참고하였다. 위의 기준에 의거하여 선별된 연구의 자료는 총 1,080편으로,[65] 이를 토대로 논의를 진행하였다.

본 연구의 목적은 총 2가지로 요약할 수 있다. 첫째, <호랑이설화>의 총체적 구조를 확인하여 세부 유형과의 연관성을 도출하는 것이다. 우선 전체 이야기를 구성하는 공통의 기능을 추출한 다음, 기능들의 결합방식을 찾아 기본구조를 구성할 예정이다. 이는 기능들의 연결을 통해 주제를 도출하는 동시에, 주제 아래에서 다시 기능의 의미를 재확인하는 작업이 될 것이다. 예를 들면 '호랑이불을 보다'는 주로 호랑이가

서정범, 『한국문화상징사전』, 동아출판사, 1992.
정연식, 「조선시대의 호랑이와 호환」, 『인문논총』 12권, 서울여자대학교 인문과학연구소, 2004.
최문길, 「호랑이와 거렁뱅이의 원류연구」, 『어원연구』 4권, 한국어원학회, 2001.

64 디지털 자료는 텍스트 파일의 오류와 제목과 내용이 불일치 하는 등 자료적 결함을 가지고 있는 경우, 연구 범주에서 제외하였다.

65 이야기의 세부 목록은 필자의 졸고인 박사학위논문의 '[부록-1] <호랑이설화>이야기 목록'에 첨부하였다.

나타난다는 뜻으로서 공포가 시작되는 전조의 의미가 있다. 그러나 호랑이에게 도움을 받을 수 있는 기능이 사전에 제시된 경우에는 '인도하다'라는 이야기의 문맥적 의미가 형성된다. 동일한 기능이라도 배치되는 순서에 따라 기능 자체가 갖는 의미와 상징성이 달라질 수 있다.

둘째, <호랑이설화>의 지속적인 전승의 맥락을 찾는 것이다. 이미 많은 논저를 통해 과거의 '호랑이'는 충분한 해석이 이루어져 왔다. 본 연구는 과거에서 지금까지 소비되고 있는 '호랑이'의 현주소를 되짚어 보는 연구이다. <호랑이설화>의 서사분석의 경우, 총체적인 관점에서 유형의 부류를 살펴보되 그에 맞는 세부적인 유사성을 찾아 각각의 유형군을 비교·대조하여 호랑이의 근간이 되는 '원형'을 고찰해 보고자 한다. 이러한 과정이 <호랑이설화>의 구비문학으로서의 가치와 정체성을 확인할 수 있는 유의미한 작업이 될 것으로 전망한다.

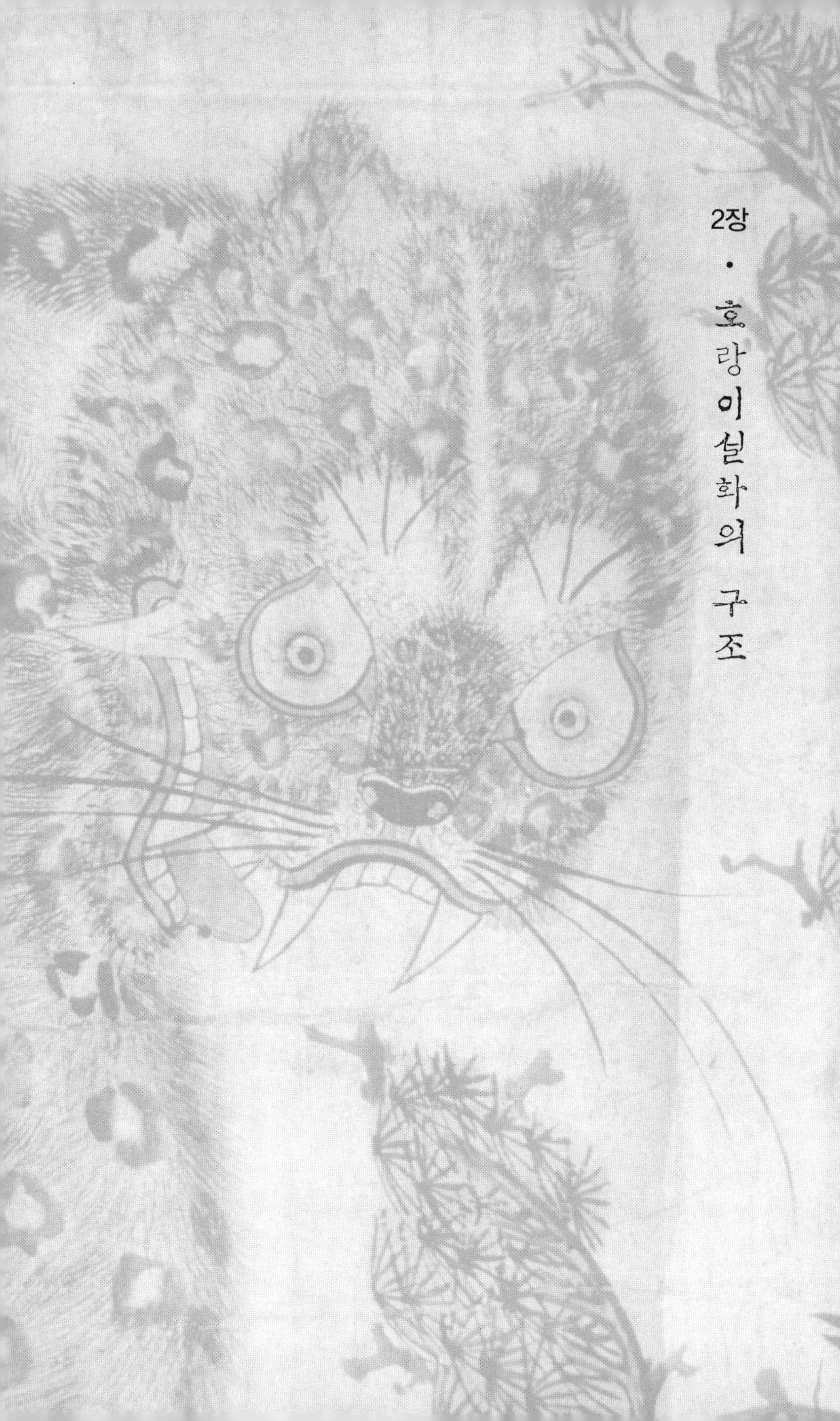

2장 · 호랑이 설화의 구조

2 까치호랑이 그림

사진제공: 국립민속박물관

2장

호랑이설화의 구조

〈호랑이설화〉를 기능구조에 따라 분류하면, 총 4개의 유형으로 나눌 수 있다. 4개의 유형은 호식형, 신성형, 해학형, 홀림형이다. 이 장에서는 각 유형을 대표하는 이야기를 예로 들어 각 유형별 기본구조의 의미를 자세히 살펴보고자 한다.[1]

3 호랑이 한 마리가 수놓아진 흉배

사진제공: 국립중앙박물관

1 이 장에서는 이야기의 구조를 설명하기 위해 기능을 구분하는 기호를 함께 적었다. 기호에 대한 상세 내용은 본고의 〈【부록 1】: 호랑이설화의 기능 분석〉인 401-448쪽을 참조할 것.

1절. 유형별 기본구조와 의미

1. 호식형

'호식'은 사람이 호랑이에게 잡아먹히는 행위로, 그 자체가 하나의 '기능'으로 작용한다. [호식형]은 '호식'이라는 단일한 기능 또는 '호식'의 기능에 나머지 기능들이 집중된 유형을 말한다. 여러 기능이 분산되어 있으나 결국 모든 결말상황은 육체적 죽음(U)으로 수렴된다. 또한 도입상황인 호식될 팔자(α)는 호식(U)과 긴밀하게 연결되어 있으므로, 다른 기능에 우선한다.

호식될 팔자(α)는 <호랑이설화>의 전반에 내재한 기본적인 전제이자 도입상황이라 할 수 있다. 호식될 팔자는 이야기가 시작되기 전, 화자에게 언급되거나 새로운 등장인물을 통해 제시된다. 만약 이야기의 서두에 제시되지 않더라도 호랑이와 만난 뒤, 호식될 팔자 선택(B)이라는 기능을 통해 언급될 수 있다. 대표적인 이야기는 다음과 같다.

<호식당할 팔자>[2]

@1 : 그~ 첫날밤에 신랑이 어~찌나 미련해가지고…

2 한국학중앙연구원, 한국구비문학대계 디지털 자료, "호식당할 팔자.", 구술자 김철, 2014, 전남 강진군 군덕면 쌍덕리 관덕마을 김철 어르신댁.

호랭이한테 물렸다는 거?

@1 : 아~ 그런 것도 있어요? 첫날밤에?

백호살이 있으믄 호랭이한테 물리는 거시여.

@1 : 백호살이~.

예.

@1 : 자기 사주에?

[귤을 한 쪽 입에 물면서 고개를 끄덕인다] 예.

@1 : 아~. 지금은 호랑이가 없은께 백호살이 없어졌네요.

응?(-중략-)

〈호식 당하는 팔자〉[3]

옛날 지리산에는 호랑이가 많이 살아서 호식을 당한 사람들이 많았다고 한다. 그런데 호식은 아무나 당하는 것이 아니고, 호식을 당하는 집안이 따로 있어서 그런 집안과는 결혼하기 전에도 가려서 했다고 한다. 그래서 호랑이는 사람들을 만나도 호식을 안 할 사람 앞에서는 딱 엎드려있고 절대로 잡아먹지 않는다고 한다.

호식의 대상은 이미 정해진 것이다. 〈호식당할 팔자〉에서는 '백호살'이라는 용어를 통해 '죽음'과 '팔자'라는 운명적 관점을 연결한다. 호식에 대한 팔자는 죽음의 대상이 선천적으로 '선택'되었다는 것을 의미한다.

---

3 한국학중앙연구원 한국구비문학대계 디지털 자료, "호식 당하는 팔자.", 구술자 최은남, 2011, 여수시 소라면 덕양리 1224-1번지 보성식당.

<호식당하는 팔자>에 따르면, 호식을 당하는 집안이 따로 있으며 그 집안사람들 모두가 호식된다. 위의 이야기에서 호식이 보여주는 연속적인 죽음은 마치 전염병이 가진 전이의 경로와 비슷하다. 결국 호식할 팔자(α)의 세습은 죽음이 지속된다는 점에서 선천적 의미가 더욱 강화된 것으로 보인다.

다음은 호식될 팔자의 선택(B)에 관한 이야기다. 일종의 버스와 관련한 이야기로, 현대에서도 활발하게 유전되고 있다.

<호식 팔자 이야기>[4]

호식팔자인 사람은 먼 길을 가게 될 때 산속을 지날 때면 산신령이 길을 막고 선다. 그때 사람들은 옷을 벗어던지게 되는데, 호실팔자인 사람의 옷은 호랑이가 깔고 앉는다. 그때 호식팔자인 사람을 호랑이 굴에 넣어주어야 길을 갈 수가 있다. 옛날에는 문디 촌이 없어논께, 문디가 보통 아를 잡아무. 잡아무야 지 병을 고치거든. 그래가지고 호성에 갈 팔자는 산에 어데 먼 길을 가마, 산신령이 와서 딱 질을 막아. 막으마 딴 사람들이 옷을 벗어가 다 던지도 호성 안 가는 사람은 옷을 뒤로 다 물러 던지고, 호성에 갈 팔자는 호랑이가 딱 깔고 앉아. 그라면 그 사람을 주어 넣어야 딴 사람이 가는 거야, 옛날에는.

<호랑이가 버스를 세워 사람을 잡아먹은 이야기>[5]

---

4 한국학중앙연구원, 한국구비문학대계 디지털 자료, "호식 팔자 이야기", 구술자 서정순, 2010, 부산시 부산진구 개금2동 엄광 경로당.

5 한국학중앙연구원 한국구비문학대계 디지털 자료, "호랑이가 버스를 세워 사람을 잡아먹은 이야기", 구술자 하영덕, 2009, 경상남도 함양군 유림면 서주리 서주마을.

차를 타고 가는데 호랑이가 막 이리 착 가로 해갖고 차를 못 가구로 하더래.

@ 버스를 막았단 말입니까?

하모. 막고 그리 불을 벌그러이 서 있어갖고 몬{못} 가구로 해서.

다 그 호랭이한테 물리가고 싶은 사람이 없어서.

"손수건을 다 내라"

그래가지고 손수건을 한테{함께} 다 모아가지고 창문 밖으로 요래 탁 던진께.

발로 더득더득 하드만 손수건 하나를 딱 건지드마는 입으로 확 뜯드라 케.

그래서 이 사람 하나 때문에 뉘 수건인줄도 모르고, 이 사람 하나 때문에 밤에 이러컬 수가 {이렇게 할 수가} 없은께 우리가 싹 나가자, 그라고 이리 쭉 차에 내리면 널널이로 사람이 나간다 아이오.

@ 차에 내리면 호랑이가 있잖아요.

응, 그래, 쭉 나가니깐 한사람 싹 빼갔고 가삐리더라 케.

@ 아, 한마디로 말해서 호랑이한테 죽을 사람이 따로 있었다, 거죠?

하모, 호랑이가 그걸 알고. 그 버스를세워 가지고.

응. 못가도록 하더라 케. 딱 가로 서 갖고.

<버스괴담>[6]

시골 마을버스 안에서 건달 두 명이 여성을 희롱하다가 운전사에게

---

6 홍은택, "중국괴담 공포… 휴대폰 한 대에 목숨 걸고 길 떠나다.", 중앙선데이 276호, 12면, 2012.06.24. <https://news.joins.com/article/8552519>

차를 세우라고 명령한다. 불응하는 운전사를 때려서 차를 세운 뒤 근처 풀밭에서 여성을 겁탈한다. 승객들이 외면하거나 훔쳐보고 있는 가운데 한 남자승객이 말리려다 칼에 찔리고 건달들은 달아난다. 피해 여성은 울면서 버스로 돌아온 뒤 운전할 수 없게 된 운전사를 대신해서 운진석에 앉는다. 칼에 찔린 남사도 타려고 하자 "남의 일에 왜 참견이냐"며 문을 닫아버리고 가버린다. 남자는 절뚝절뚝 걸어가다가 교통사고 현장을 만났는데 조금 전 자신이 탔던 버스가 낭떠러지로 추락했다는 걸 알게 된다.

호랑이와 인간의 만남은 단순한 우연을 가장하고 있지만, 호식의 '선택'에는 일정한 법칙이 자리한다. 호랑이는 무분별한 식인(食人)이 아닌 옷과 손수건 등을 통해 희생자를 선별하는 과제로 삼는다. 〈호식팔자 이야기〉와 〈호랑이가 버스를 세워 사람을 잡아먹은 이야기〉에서는 주인공의 행위를 통해 호식될 팔자 선택(B)이 이루어진다. 주인공이 호랑이와 만나게 되면, 자신의 옷을 벗어던진다. 호랑이와의 만남(A)은 어떠한 과제나 또 다른 기능의 개입 없이 선택의 과정으로 진입하며, 호랑이가 옷의 주인을 선택해야만 사람들이 희생자를 남겨두고 떠날 수 있다. 옷의 주인이 호식의 대상으로 선택되는 것이다.

이와 유사한 이야기로 〈버스괴담〉이 있다. 〈버스괴담〉은 아직까지 중국에서 유행하고 있는 이야기로, 인터넷상에서 상당수 구전되고 있으며 마치 실제로 일어난 사건처럼 사실화되어 있다. 〈호랑이설화〉의 자료에서 버스와 관련한 이야기는 18편 정도이며, 〈버스괴담〉과 유사한 일화도 상당수 보유하고 있다. 이야기의 종류는 크게 두 가지로 나뉜다. 호랑이에게 손수건이나 옷 등으로 선택(B-1)된 사람이 호식되거나 반대로 선택받지 못한 사람들이 죽음을 맞이하게 된다. <버스괴담>은 호랑이에게 선택받은 사람이 살아남는 경우다. 호랑이의 선택이 생사(生死)를 결정짓는다는 점에서 호식을 피하는 이야기 또한 선택의 일환으로 볼 수 있다.

호식될 팔자의 선택에서 주체의 행위에 따른 인과성은 존재하지 않는다. 단지 주인공은 호랑이에게 선택당했을 뿐, 호식될 팔자(α)를 부여받은 것과 큰 차이를 보이지 않는다. 호식될 팔자가 선천적이면서 필연적인 결과라면, 호식될 팔자 선택(B)은 이미 축약되거나 생략되어 버린 호식될 팔자(α)의 맥락을 설명해 주기 위한 부수적 기능이라 할 수 있다. 호식될 팔자가 특별한 행위 없이 배경적 사건으로 등장한다면 호식될 팔자 선택(B)은 호식될 팔자(α)라는 배경적 사건에 행위가 개입된 도입상황이 된다.

특히 호랑이가 과제를 통해 호식할 팔자를 증명하는 것은 호식될 팔자(α)가 변이된 유사기능이라 할 수 있다. 도입상황에 호식될 팔자(α)가 전제되어 있지 않더라도 호식을 선택할 수 있는 대체적 기능이 등장하거나 '호랑이와의 만남(A)'을 통해 호식될 팔자(α)가 도중에 개입하는 상황이 전개된다. 즉, 호식될 팔자(α), 호랑이와 만남(A), 호식될 팔자 선택(B)은 기능적 차이를 보이는 것 같지만 의미적으로는 결국 호식될 팔자(α)라는 기능에 수렴되는 특징을 갖는다.

[호식형]의 기본형은 다음과 같다.

(1) 주인공이 호식될 팔자이다.

(2) 주인공이 호랑이와 만난다.

(3) 주인공이 호식 당한다.

〈호랑이설화〉의 주인공은 희생자이거나 잠정적 희생자이다. [호식형]은 잠정적인 희생자가 호식(U)으로 가기 위한 진행과 호식(U)을 피하기 위한 주인공의 생존(X)의 방향으로 진행된다. 이 유형의 경우 도입상황에 크게 영향을 받는다.

기본요소(Ω) 중, 개별적 결핍(ɣ)을 제외한 나머지의 기능(α/A/B)이 모두 의미적으로 연결되어 있다. [호식형]에서는 개별적 결핍(ɣ)을 제외한 도입상황(α/β/A/B)이 모두 등장한다. 여기서 호랑이 등에 타기(F)는 호식(U)의 전제가 된다. 이 유형의 경우, 별다른 기능이 개입하지 않는 한 모두 호식(U)으로 귀결된다는 특징을 갖는다. 즉, 대부분의 기능이 호식(U)이라는 결말로 가기 위한 단순한 이야기일 수밖에 없다.

호식될 팔자(도입상황 α/B)는 운명적 관점이자 〈호랑이설화〉를 구성하는 일종의 세계관이다. 호식될 팔자(α)는 호랑이의 과제제시(D)와 과제성공(E) 이후에 결정되는 것으로 보이지만 그 역시 이미 전제된 상황에서 진행되는 기능이라 할 수 있다.

이야기가 호식을 벗어나기 위한 결말(X)로 진행되기 위해서는 다른 역접의 기능들이 개입해야 한다. 그러나 [호식형]에서 보이는 세부적인 기능들은 '호랑이와 만남(A)-호식(U)'의 연쇄기능의 강화를 설명하는 부수적 기능에 지나지 않는다.[7] 각 진행은 결국 호식(U)에 수렴될 수

---

7 [호식형]의 경우 서사 진행이 'H-I-J-K-L-R-L'로 구성된다, 이때 같은 기능을 보유하더라도 도입상황과 결말상황에 따라 기능의 의미가 다를 수 있다. 예를 들어 [해학형]의 세부 기능인 'L-6'는 주인공이 조력자에게 주문 또는 거짓말로 도움을 부탁하는 것으로 일종의 속임수에 해당한다. 이 경우, 본 기능을 주축으로 나머지 기능들이 결합되어 있으며 이 유형에서는 결코 우연(L)의 기능이 실패하지 않는다. 그러나 [호식형]은 L-6의 실패와 무관하게 주인공이 과제에 성공한다. 즉, [호식형]에서는 [해학형]과 다르게 우연(L)의 기능이 약화되어 있다고 할 수 있다.

밖에 없는 구조이다.

[호식형]은 '호식될 팔자(a)-호랑이와 만남(A)-호식(U)'이라는 구조에서 벗어날 수 없다. 이 유형은 결국 죽음이 정해진 유한한 존재의 부면을 보여주는 이야기라고 할 수 있다. 세부적인 기능들 역시 호식(U)이라는 필연적 장치에 흡수되고 만다. 즉, 기능들이 호식(U)을 향한 순접의 결합들로 이루어지며, 호식(U)으로 가기 위한 진행에 방해요소가 되지 않는다. 예를 들어, 이야기가 호랑이 등에 타기(F)에서 호식(U)으로 진행된다면, 등에 타기는 호랑이에게 호식당하기 위해 물려간 행위로 의미화되며, 결말상황 역시 호식으로 끝난다.

앞서 제시한 호식총의 규모에서도 알 수 있듯이, 과거 호식은 일상적인 죽음의 형태였다. [호식형]에서 '호랑이를 만나면 죽는다'는 불변의 공식이다. 이 유형의 기본 전제이자 호식에 대한 원인은 '호식될 팔자'이다. 주인공의 호식될 팔자는 삶에서 죽음으로 진행되는 필수적인 요소이다. 그러므로 이러한 도입상황의 전제만으로 주인공은 '긴장'과 '불안'의 공포를 가질 수 있다. 호식될 팔자가 이미 '죽음에 대한 공포'로서 작용하는 것이다.

[호식형]은 호식될 팔자(a)에서 기인한 예정된 죽음의 수순을 보여준다. 살아남은 자는 호식될 운명이 아니었기 때문에 살고, 호랑이에게 죽은 사람은 호식될 팔자였기 때문에 죽는다. 즉, 공포의 발원지는 죽음 자체라고 할 수 있다. [호식형] 자체가 죽음의 서사이며, 일상적이면서 필연적인 죽음을 상징한다. 유한한 존재로서 죽음에 순응해야 하는 인간에게 [호식형]의 구조는 익숙한 연쇄기능일 수밖에 없으며, 직접적으로 죽음을 부여하는 호랑이는 그 자체로 죽음을 표상한다.

2. 해학형

[해학형]은 호랑이라는 강자를 상대로 주인공이 승리하는 이야기다. 이때 승패의 결과보다 이 대결을 통해 '해학'이 발생한다는 점이 중요하다. '해학(諧謔, humor)'은 웃음을 기반으로 한 미학이다. 대체로 익살스럽고 우스꽝스러운 행동이나 농담 또는 그와 관련한 상황을 말한다. 〈호랑이설화〉에서 해학과 관련한 상황은 '호식'이다.

[호식형]과 [해학형]은 각각 '호식'이라는 동일한 상황을 다른 방식으로 활용한다. 전자의 호식이 이미 기대된 '죽음'으로, 호랑이와 주인공의 만남이 죽음의 전조와 다름없다면, 후자는 이 기대된 죽음에서 의외의 상황이 연출된다. 의외성은 호랑이와 대결하는 과정에서 드러나며, 대결의 수단과 관련이 있다. 대결의 승리가 이루어지기 위해서는 수단과 더불어 반드시 의외의 상황이라는 '우연(L)'이 개입되어야 한다.

[해학형]의 근간이 되는 연쇄기능은 '대결(K)-우연(L)'이다. 주인공은 대부분 평범한 인물로 등장하여 호랑이와 대립적 관계를 구축한다. 이때 가장 중요한 기능이 바로 '우연(L)'이며, 이 기능의 개입을 통해 우스꽝스러운 상황이 전개되면서 주인공과 호랑이의 관계가 전복된다.

평범한 인물이 호랑이를 잡는 경우, 기존의 [호식형]에서 익숙한 힘의 역학관계를 전복시킬 수 있는 수단이 필요하다. 이때 필요한 도구가 '금제(Q)'이다. 인간에게는 두려움을 극복할 수 있는 대상물이지만 호랑이에게는 금제로 작용하는 것이므로, 편의상 '금제'라고 가칭한다. 이 유형에서 주인공은 호랑이와 대결하기 위해 호랑이가 거부하는 금제(Q)를 제시한다. 이때 거부의 대상은 사물(Q-1)과 행위(Q-2)로 구분된다. 금제의 세부 기능 중 사물로 보이는 것은 14가지[9]이다. 자세한 이야기는 다음과 같다.

〈호랑이를 물리치기 위해 돌로 쌓은 서낭당〉[9]

옛날에 원님들이 정치를 하려면 고개를 넘어 다른 고을을 가야 했다. 그런데 산 고개를 넘으려 하니 호랑이 떼가 있어서 넘을 수가 없었다. 그래서 산을 넘을 때 돌멩이를 하나씩 주워 고개 꼭대기에 두고 넘어가게 했다. 호랑이가 덤벼들면 그 돌을 던질 수 있도록 하기 위해서였다. 그렇게 산 고개에 쌓아진 돌이 서낭당이 되었다.

〈대나무로 호랑이 막는 법〉[10]

호랑이는 장구치고 노는 매구를 좋아한다고 한다. 그리고 대나무 간짓대를 평상에 길게 쳐놓고 자면 밤에 호랑이가 집으로 들어오지 못한다고 한다. 옛날에 호랑이가 대나무에 맞고 오니 산신령이 속이 빈 총(대나무)에 맞고 왔다고 밥을 안주어서(못 잡아먹게 해서) 호랑이를 말라죽게 만들었다고 한다. 그때부터 호랑이는 대나무를 무서워하게 되었다고 한다.

각각의 사물은 고유한 유래와 기원을 드러내되, 이미 기존에 있던 이

---

8 금제에 해당하는 사물 14가지는 다음과 같다.
1. 대나무 2. 대변 3. 도리깨 4. 돌 5. 붉은 것 6. 밤/밤나무 7. 불 8. 담배/담배연기 9. 고슴도치 10. 바가지 11. 쇳소리(꽹과리, 징, 북) 12. 뜨거운 것(뜨거운 돌/호박) 13. 나팔 14. 삼베

9 한국학중앙연구원 한국구비문학대계 디지털 자료, "호랑이를 물리치기 위해 돌로 쌓은 서낭당", 구술자 홍영대, 2010, 부산시 수영구 민락동 미락경로당.

10 한국학중앙연구원 한국구비문학대계 디지털 자료, "대나무로 호랑이 막는 법", 구술자 안정례, 2014, 전남 강진군 도암면 석문리 석천마을 마을회관.

야기와 관련한다. 대나무는 특히 많이 등장하는 사물이다. 대나무와 관련한 이야기의 기원도 있다. 짧게는 호랑이의 항문에 대나무가 껴서 죽었다는 설과 속이 빈 대나무에게 호랑이가 맞고 오자 산신령이 굶겨 죽였다는 설이 있다. 그보다 상세한 이야기로는 호랑이가 속이 비어 있는 대나무에게 맞고 다니자, 산신령에게 대밭에서 혼이나 두려워했다는 내용도 있다.

막대기는 호랑이 뱃속과 관련한 이야기에서도 등장한다. 이렇듯 금제는 다른 기능과 중복되는 경우가 많다. 금제는 그 기능이 단일하게 작용하거나, '단일+단일'이 결합하여 복합적으로 기능하는 예도 있다. 밤(송이)과 나무가 결합하여 밤나무, 또는 밤송이로 전이된 것도 동일하다. 불 또한 많이 등장하며, 불을 붙이기 위한 송진까지 확대된다. 주인공이 천장에 꽂아둔 송진을 꺼내 촛불을 붙여 호랑이를 쫓게 되면서 대립적 상황이 해결된다. 이때 활용되는 소재로는 관솔불, 횃불 등이 있다. 그밖에 박으로 만든 바가지 소리와 담뱃대, 도리깨, 나팔, 면도칼 등 주변의 평범한 사물을 활용하면 호랑이를 잡을 수 있다고 설명한다.

'불'은 붉은색으로 연상되면서 파생과 외연의 확대가 이루어진다. 생리혈, 수수떡(수시떡)이 이에 해당한다. 붉은색을 두려워하게 되는 이야기의 기원은 호랑이가 하늘로 올라가다가 수수밭에서 떨어져 죽었다는 이야기에서 찾을 수 있다.

'돌'은 그 자체만으로 금제가 되기보다, 연성이 되는 경우가 많다. 돌과 뜨거움이 복합적으로 결합한 '돌/뜨거운 돌/뜨거운 호박' 등으로 파생된다. 돌은 소재와 행위가 중복되어 그 자체만으로 두려움을 해소하는 역할을 한다. 특히 산을 넘을 때 돌멩이를 하나씩 주워 고개 꼭대기에 두고 넘어가게 하여 호랑이가 덤벼들면 그 돌을 던질 수 있게 했다고 전한다.

금제에 포함된 사물은 호랑이의 공포를 억제하기 위한 도구이자 힘의 논리를 파괴하는 장치이다. 사물 자체를 금기의 징표로 단순하게 사용하여 속신의 차원에서 접근하는 경우도 있다. 간대, 수수떡, 돌로 쌓은 서낭당 등이 이에 해당한다. 곧 사물 자체가 호랑이를 물리칠 수 있는 대상으로 고착된다.

[해학형]에 속한 이야기의 기본형은 다음과 같다.

(1) 주인공이 호랑이를 만난다.
(2) 주인공이 호랑이와 대결한다.
(3) 주인공이 호랑이와 대결하기 위해 지혜/우연/행운/속임수를 사용한다.
(4) 주인공이 호랑이를 퇴치/살해한다.

금제제시(Q)에 등장하는 사물과 행위는 우연(L)을 전개하기 위한 수단이 된다. 이 금제는 평범한 사물에 불과하지만, 이 평범한 사물이 우연과 결합하면서 오해가 발생하고 서사의 흐름을 전복시킨다. 이때 우연은 호랑이를 퇴치하기 위해서 필수적으로 수반되어야 한다. 금제의 사물들이 직접적인 거부의 대상으로 보이지만 결국은 우연을 동반해야만 진정한 금제로서 작용할 수 있게 된다.

호랑이와 내기를 하는 팥죽할머니의 이야기에서 바늘과 달걀과 같은 조력자 또한 우연(L)에 기대 호랑이를 퇴치할 수밖에 없다. 이야기의 진행에 우연의 기능이 사용됨으로써 우습고 재미있는 기질이 발현된다. 이렇듯 예기치 못한 상황에 기초하여 웃음이 발생하는 것이다.

[해학형]에서는 금제 자체만으로 이미 '전복'의 기미를 확인할 수 있

다. 금제의 사물이 평범할수록 의외성이 커지며, 그에 따라 유머와 환상의 강도가 상승한다. 일상적이고 평범한 사물이 절대적 존재자의 '공포'와 만났을 때, 그 간격에서 호랑이라는 대상 자체의 속화(俗化)가 발생한다. '우연'은 바로 그 간격을 벌리는 역할이며, 그 간격이 넓어질수록 호랑이는 공포스럽지 않고 우스꽝스러워지는 상태가 된다. 여기에서 해학이 발생한다.

3. 신성형

<호랑이설화>에서 원조(M)는 호랑이가 주인공에게 도움을 주거나 직접적인 증여물을 제공하는 행위를 말한다. 원조(M)는 행위로서 조력하는 경우와 물건의 증여에 이르기까지 광범위하다. 호랑이가 제공하는 원조는 도입상황의 개별적 결핍(ɣ)을 해결하기 위한 기능이다.

[신성형]은 호랑이가 주인공에게 도움이 될 수 있는 증여물을 제공하는 이야기다. [신성형]의 경우 기존에 적대자였던 호랑이가 조력자로 전환된다는 점에서 다른 유형과 구분된다. 원조의 세부기능 중 주인공에게 필요한 물건을 제공하는 기능(M-1-1)이 주도적이며, 그 외 개별적 결핍(ɣ)과 연결된 증여가 다양하게 이루어진다.

[신성형]은 호랑이불과 호랑이 눈썹 등 호랑이 신체가 나오는 이야기와 효부, 효녀, 효자, 열녀 등 등장인물의 유사성을 보이는 이야기 등으로 나뉜다. 후자의 경우, 효부, 열녀, 효자라는 인물의 속성에 따라 이야기가 제각기 다르게 진행되나 각각의 대상들이 서로의 기능을 교묘하게 공유하고 있어 진행의 유사성이 발견된다. 세 이야기 모두 하나의

동일한 사건을 공유하며, 기준이 되는 사건을 토대로 이야기의 계기가 되거나 이후의 결과로써 각각 진행되는 특징을 보인다.

호랑이 등과 비녀가 등장하는 이야기는 주체가 호랑이에게 조력을 받는 유형이다. 이때, 홍시, 호랑이등, 인도, 덫, 해몽, 호위 등 세부내용은 다양하나 결합방식은 '호랑이의 원조'라는 기능을 중심으로 조합된다는 공통된 특징이 있다. 즉, 이러한 특징에 따라 '〈호랑이설화〉 이야기 목록'의 [706-730], [731-790], [791-819], [820-857]은 동일한 유형으로 간주된다.

【표 5】 [신성형]의 주요 연쇄기능

[820-857]: Ω + [F-M]
[706-730]: Ω + [(S')-M]
[731-790]: Ω + [C-D-E-F-M]
[791-819]: Ω + [D-E-F-M]
Ω + [M-D'-E'-F'-(S')]

[820-857]의 이야기는 가장 축소된 기본형이다. [신성형]의 이야기는 위의 표와 같이 [820-857] → [706-730] → [731-790] → [791-819] 순으로 기능이 점차 확장된 모델이라고 할 수 있다. 위의 분류에 따라 열녀/효부/효자 이야기, 비녀/덫/호위/인도(引導) 이야기, 비녀-명당 이야기는 한 유형으로 포괄할 수 있다.

[신성형]에 속한 이야기의 기본형은 다음과 같다.

(1) 주인공이 결핍에 처한다.

(2) 주인공이 호랑이와 만난다.

(3) 호랑이가 주인공에게 과제를 제시한다.

(4) 주인공이 과제를 성공한다.

(5) 호랑이가 주인공에게 원조를 제공한다.

(6) 호랑이가 2차 과제를 제시한다.

(7) 주인공이 2차 과제를 성공한다.

(8) 호랑이가 주인공에게 2차 원조를 제공한다.

(9) 주인공이 개별적 결핍을 해소한다.

[신성형]은 원조의 기능과 동기화 관계라 할 수 있는 '개별적 결핍(ɣ)-개별적 결핍해소(Y)'의 연결이 근간을 이룬다. [신성형]에서 주요 연쇄기능은 '과제제시(D)-과제성공(E)-원조(M)'이다. 원조(M)의 기능은 독립적인 기능이 아니다. 바로 과제제시(D)와 과제성공(E)이라는 연속기능이 전제되어야 한다. 원조(M)는 '과제제시(D)-과제성공(E)'이 선행되어야만 주인공에게 증여가 이루어지면서 기존의 도입상황에 전제된 갈등이 해결될 수 있다. 이때 호식될 팔자를 선택하기 위한 과제(B)와 호랑이의 과제제시(D)의 성격은 다르다. 과제제시(D)와 성공(E)은 개별적 결핍해소(Y)로 진행되기 위한 연쇄기능이라 할 수 있다.

호랑이는 효자의 효성이 지속될 수 있도록 조력하는 존재이므로 이야기에서 가장 선행하는 것은 '효'에 대한 검열이다. 이 연쇄기능이 바로 '과제제시(D)-과제성공(E)'이며, 그 후, 원조를 증여받게 된다. 호랑이는 시묘살이를 하는 효자를 찾아와 안전하게 보호해 주거나 필요한 것을 구해준다. 이때 원조는 앞선 도입상황인 개별적 결핍(ɣ)에 영향을 받으며, 그에 따라 '원조(M)-개별적 결핍해소(Y)'로 전개된다.

이후 주인공과 호랑이의 호혜적인 관계를 통해, 호랑이가 적대자에서 조력자로 변모한다. 조력자가 된 호랑이의 원조가 동기화되어 '원조(M)-호랑이 외의 적대자와의 대결(N)-적대자 대결 승리(O)'의 서사가 새롭게 진행된다. 이때 호랑이는 '과제제시(D)-과제해결(E)'의 연쇄기능보다 역할의 비중이 적은 간접적인 조력자가 되어 사건에 개입하기도 한다.

호랑이의 1차 원조는 일회적이다. 호랑이는 주인공에게 최초로 필요한 것을 증여한다. 이때 원조의 대상물로서 주인공에게 효도를 위해 필요한 것이 제공된다. 'M-4'의 경우 호랑이가 주인공에게 필요한 명당/묘잘/묘터/시조산/묘소/암자 터를 제공하는데, 호랑이가 주인공 대신 직접 시묘를 하는 등 행위로 증여하는 경우도 있다. 증여물은 은어젓국/소고기/약/홍시/잉어/샘물 등이며, 평범한 사람이 쉽게 구할 수 없는 물건이거나 구할 수 있는 시기가 이미 지나 구하기 불가능한 것들이다. 효자는 신이한 조력자를 통해 보상물을 획득한 후, 부모에게 다시 재증여함으로써 효자로서의 정체성을 증명한다.

원조가 행위로 제공되는 경우는 '호랑이 등에 타기(F)'이다. 주인공이 열녀인 경우, 수절하고 있는 주인공이 부모의 거짓 요청으로 친정을 방문하는 것에서 시작된다. 열녀의 부모는 수절하고 있는 딸이 안쓰러워 딸의 혼례를 강권한다. 친정이라는 공간은 열녀의 아버지가 지배하는 영역이다. 열녀는 친정에 진입하면서부터 타의에 의해 열행(烈行)을 지키지 못하는 불가항력에 처하게 된다. 호랑이는 여성이 자력으로 피할 수 없는 극한 상황에서 공간의 이동을 돕는 조력자로 등장한다.

'호랑이 등에 타기(F)'는 하나의 행위이자 공간의 이동을 의미한다. 여성은 호랑이의 조력으로 자신의 공간으로 귀환하여 불합리한 상황에서 빠져나온다. '호랑이 등에 타기(F)'는 단순한 이동이나 원조의 수단이 아니다. 이 기능을 통해 호랑이는 신이한 존재로서 공간과 시간의 제재에서 벗어난 영물임이 확인된다.

1차 원조 후, 호랑이가 위험에 빠지자 주인공에게 도움을 요청한다. 이로써 1차 과제 이후, 과제제시(D)가 다시 등장한다. 그리고 주인공이 현몽을 통해 호랑이가 위험에 처한 것을 깨닫고 직접 가서 호랑이를 구조하면서 2차 과제가 성공한다. 이 과정은 단순한 과제가 아닌 호랑이가 주인공에게 더 큰 조력을 하기 위한 발판이자 계기가 된다.

[신성형]의 구조는 '과제제시(D)-과제성공(E)'의 연쇄기능이 두 번 중복된다. 1차 진행은 2차 진행으로 나아가기 위한 필요과정일 뿐, 결국은 2차 원조를 통해 주인공의 결핍이 해소되면서 사회적인 인정을 받는다. 주인공이 2차 과제성공을 통해 받게 된 보상은 1차에 비해 크며 영구적이다. 이 결과로 도입상황의 개별적 결핍(ɣ)이 완전히 해결된다.

이야기의 결말상황은 도입상황과 연계된다. [신성형]이 바로 호식될 팔자라는 도입상황이 감춰진 예이다. [호식형]에서 호식될 팔자의 선택(B)이 주지하는 바는 결국 호식될 팔자(α)가 아닌 사람은 어떤 상황에서든 죽지 않는다는 것이다. [신성형]의 주인공 역시 호식당하지 않은 팔자로 선택되어 호랑이를 만나도 죽임을 당하지 않고 도리어 개별적 결핍(ɣ)을 해결할 수 있는 원조를 받는다. 주인공이 호식될 팔자(α)가 아닌 상황에서 호랑이와 만나면 일정 과제를 통해서 능력을 검증받은 다음 원조를 받는다. 그리고 이러한 원조에 관한 연쇄기능 역시 호식될 팔자(α)라는 전제에 기반을 둔다. 즉, [신성형] 또한 〈호랑이설화〉의 전반을 지배하는 호식될 팔자(α)의 고정적인 세계관을 확인할 수 있는 유형이라 할 수 있다.

4. 홀림형[11]

'홀리다'는 어떤 '대상'을 유혹하거나, 대상이 유혹에 빠져 정신을 차리지 못하는 상태를 의미한다. 이 동사는 사동사이자 피동사로, 홀림을 당하는 수동과 홀림을 수행하는 능동의 의미를 모두 포괄한다. '홀리다'는 호랑이, 여우, 도깨비, 꼭두, 귀신 등 한정된 대상에게만 사용되었지만, 그 의미를 이야기의 문맥 안에서 해석하려는 움직임은 드물었다.

[홀림형]은 그동안 연구사에서 다룬 적이 없던 유형이며, 호랑이와 관련한 연구는 특히 드물다. 호랑이의 '홀림'이 호랑이가 표방하고 있는 공포성과 관련이 있다는 점에서 '홀리다'의 의미 역시 문맥 안에서 재고해야 할 것이다. 이 장에서는 우선 홀림(T)의 기능과 관련한 이야기를 포섭하여 새로운 유형군으로 논하고자 한다.

〈호랑이설화〉에서 대부분의 죽음이 호랑이에 의한 육체적 죽음을 이야기하는 것이라면, [홀림형]은 정신적 죽음과 관련한 기능이다. 이때 '홀리다'는 주인공이 홀림을 당하는 수동적 상태를 의미한다. 또한 정신적 죽음(U-3)은 주인공이 홀려서 죽음에 이르는 결과를 말한다. 홀림과 정신적 죽음은 서로 다른 기능으로서, 홀림(T) 이후에 주인공이 생존(X)하는 이야기가 존재함으로써 두 기능이 의미적으로 분리되어 있음을 확인할 수 있다. 대부분의 유형은 홀림의 수단이 생략되어 있다. 이에 대한 자세한 내용은 다음과 같다.

---

11 [홀림형]은 본 저자의 소논문에서 자료와 내용을 부분 인용하였다.
오정미, 앞의 논문, 2018. 참조.

〈호랑이에게 홀린 여자〉[12]

밤이 야심한데 자기 부인이 아주 슬프게 울며 여산대호(如山大虎)를 좇아 따라 올라가고 있었다. 그 남편이 그 광경에 놀라 망치를 냅다 휘두르니 호랑이가 그만 푹 고꾸라지며 쓰러졌다. 남편이 호랑이를 따라가던 부인이 의아해 그 이유를 묻자, "아이고 누가 와서 자꾸 나오라고 그러니, 그 길로 모르고 이리 따라왔다."라고 했다. 그 길로 부인은 얼마 살지 못하고 죽었다.

〈호랑이에게 홀렸다 돌아온 아이〉[13]

밭일을 하고 저녁에 들어오는데 딸아이가 없어져 온 동네 사람들에게 물어 여기저기를 찾아 헤맸다. 그 중 누군가 아이가 어느 골로 들어갔다는 이야기를 듣고 모두 횃불을 들고 찾아 들어갔다. 아이의 어미가 횃불을 들고 먼저 바위에 안에 들어가니 발가벗은 딸이 옷을 홀딱 벗은 채 서 있어 서둘러 아이를 안고 나왔다. 집에 돌아와 아이에게 포대기를 씌워서 눕혀 재웠는데 아이를 깨우고 나니 말을 더듬거리며 잇지 못했다. 집 밖에서 호랑이가 먹이를 찾는 듯 자꾸 집 둘레를 빙빙 도는 것 같이 인기척이 들려 아이의 어미가 계속해서 빌었다.

〈호랑이에게 홀린 사람〉[14]

---

12 한국학중앙연구원, 『한국구비문학대계』 7집 17책, 한국학중앙연구원, 1984, 100-101쪽.

13 한국학중앙연구원 한국구비문학대계 디지털 자료, "호랑이에게 홀렸다 돌아온 아이", 구술자 이금예, 2014, 강원 화천군 화천읍 상승로 92 이상익 댁.

14 한국학중앙연구원 한국구비문학대계 디지털 자료, "호랑이에게 홀린 사람", 구술자 정택천, 2012. 경기 광주시 남종면 수청리 220번지 수청리 마을회관.

해가 넘어가 어둑어둑해질 때 세 명이 길을 가다, 한 명이 갑자기 뛰어갔다. 쫓아가보니 호랑이에게 홀려 거꾸로 위로 매달려 있어, 노인들이 밤중에 업고 돌아왔다. 돌아와서도 한참을 정신을 차리지 못하고 죽었다.

〈호랑이 보고 죽은 사람〉[15]
고사리를 꺾으러, 산 위쪽으로 올라가다 호랑이 굴을 발견하고 들어갔다. 그 안에 새끼 두 마리 젖을 먹이고 있는 호랑이를 발견했다. 한 사람이 고양이인줄 알고 호랑이를 불렀으나, 호랑이가 새끼를 해치는 것이 두려운지 모른체 하였다. 같이 간 일행이 호랑이임을 알아채고 서둘러 불렀다. 그 때 혼이 빠진 듯 몇 해 있다 교통사고로 죽었다.

위의 내용에 따르면 대부분 주인공이 홀리게 되는 과정은 나타나지 않고, 홀린 이후의 결과만이 드러난다. 이 유형은 유혹(H)에서 홀림(T), 그리고 정신적 죽음(U-3)으로의 연결이 가장 중요하다고 할 수 있다. 정신적 죽음으로 진입하기 위해서는 필수적으로 홀림의 기능이 수반되어야 한다.

이 두 기능에 전제된 기능이 바로 변신(H)이다. 호랑이는 주인공을 홀리기 위해 유혹하고, 유혹의 수단이 곧 변신이 된다. [홀림형]에서 변신은 신체의 변형이 이루어지는 것을 의미하며, 소리를 흉내 내는 것으로 나타나기도 한다. [홀림형]의 이야기에서 등장하는 호랑이의 변신

15 한국학중앙연구원 한국구비문학대계 디지털 자료, "호랑이 보고 죽은 사람", 구술자 김종옥, 2017, 충남 청양군 화성면 화암리 화암경로당.

양상은 다음과 같다.

【표 6】 [홀림형] 변신 양상

구분	변신의 양상	해당 이야기	홀림 여부
1	소리 모사	창귀	홀림
2	외형 변모	백호	-
3	외형 변모+소리 모사	인면괴수(포효, 마복) 해와달이 된 오누이 장산범	홀림

[홀림형]에서의 변신은 외형 변모와 소리 모사가 기본요소이다. 위의 표에서처럼 각각 독립적으로 전개되기도 하지만 중복적으로 나타나는 것도 있다. 특히 창귀는 소리 모사의 기능이 강화된 경우이다. 창귀와 관련한 존재로는 '범', '육발호랑이', '육혼' 등이 있다. 그에 대한 예는 다음과 같다.

〈이덕무, 『청장관전서』 제62권 「서해여언(西海旅言)」〉[16]

"말을 객점에다 매어 두고 해질 무렵에 걸어서 남문(南門)으로 들어가 만월대(滿月臺)를 찾았다. 언덕이 둘러 있고 다리는 흰빛인데, 사방을 둘러보아도 사람이 없어 산도깨비 울음과 창귀(倀鬼)의 휘파람이 들리는 것 같다. 우뚝한 언덕이 서쪽에 있기에 그 꼭대기에 올라가 보았더니, 주춧돌이 있어 바위 같은데 갈거나 다듬지 않았다. 그 위에서 서성대노라니 신발 소리만 달그락거렸다. 지난 일들을 곰곰 생각하며 깊은 감회에 젖어 있는데, 머리수건도 쓰지 않은 여자가 갑

16 한국고전번역원, 한국고전종합 DB, 참조〈http://db.itkc.or.kr〉

자기 내 앞에 나타났다. 내가 '이게 무슨 주춧돌이오?' 하고 물었더니 '대궐 외문(外門)이오' 하고는 그대로 다리를 지나가버렸다."

〈이익, 『성호사설』 제6권 「만물문(萬物門)」〉[17]
"물에 빠져 죽은 자의 혼(魂)을 창귀(倀鬼)라 하는데, 범에게 물려 죽은 자도 마찬가지라 한다. 사람이 혹 물에 빠져 죽은 뒤에는 그의 친척 중에 귀신이 부르는 것처럼 물로 들어가는 자가 있는 것을 허다히 보겠으니, 참으로 괴이하다."

〈물 흐르는 소리를 내는 호랑이〉[18]
"나물을 뜯으러 갔는데, 물이 먹고 싶었다. 그래서 물이 먹고 싶어 큰일 났네라고 이야기하자 어디서 쫄쫄쫄 시냇물 흐르는 소리가 들렸다. 집채만 한 호랑이가 있었다."

〈육발호랑이〉[19]
"호랑이가 사람을 잡아먹으면 귀가 찢어지는데 하나를 잡아먹으면 한쪽 귀가 찢어지고, 둘을 잡아먹으면 양쪽 귀가 찢어진다고 한다. 그리고 사람 셋을 잡아먹으면 말을 하고, 사람을 많이 잡아먹으면 육발이 된다고 한다."

---

17 한국고전번역원, 한국고전종합 DB, 참조〈http://db.itkc.or.kr〉

18 한국학중앙연구원 한국구비문학대계 디지털 자료, "물흐르는 소리를 내는 호랑이", 구술자 구경자, 2015, 충북 보은군 속리산면 북암리 324-1.

19 '육발호랑이'의 이야기 경우, 류경자의 논문에서 언급되었으나 제목화 되지 않아 본고에서 가칭하였다.
류경자, 앞의 논문, 273쪽.

〈박지원, 『열하일기』「호질(虎叱)」〉[20]

"호랑이가 개를 먹으면 취하고 사람을 먹으면 조화를 부리게 된다. 그리고 호랑이가 한 번 사람을 먹으면 그 창귀(倀鬼)가 굴각(屈閣, 창귀 이름)이 되어 호랑이의 겨드랑이에 붙어살면서, 호랑이를 남의 집 부엌으로 이끌어 들여서 솥전을 핥으면 그 집주인이 갑자기 배고픈 생각이 나서 밤중이라도 밥을 지으려 하게 되며, 두 번째 사람을 먹으면 그 창귀는 이올(彝兀, 창귀 이름)이 되어 호랑이의 광대뼈에 붙어살며, 높은 데 올라가서 사냥꾼의 행동을 살피되, 만일 깊은 골짜기에 함정(陷穽)이나 묻힌 화살이 있다면, 먼저 가서 그 틀을 벗겨 놓으며, 호랑이가 세 번째 사람을 먹으면 그 창귀는 육혼(鬻渾, 창귀 이름)이 되어 호랑이의 턱에 붙어살되 그가 평소에 알던 친구들 이름을 자꾸만 불러댄다."[21]

박지원의 『열하일기』의 〈호질〉에 따르면 창귀는 호랑이의 식인(食人)을 통해 '호랑이의 신체'에 들러붙게 된 존재이다. 창귀의 종류를 구분한 이야기들은 다수 발견된다. 〈육발 호랑이〉와 〈호질〉에서는 호랑이가 잡아먹은 인명수에 따라 창귀가 분류된다. 창귀의 외형은 희생자의 수가 많을수록 달라지며, 극단에 이르면 사람의 말소리까지 흉내 내는 지경에 이른다. 창귀의 최종 상태가 바로 '육발'과 '육혼'이다. 호랑이는 창귀를 부려 인간을 유혹하게 하고 호식을 돕게 하는데, 인간을

20 한국고전번역원, 한국고전종합 DB, 참조〈http://db.itkc.or.kr〉

21 한국고전번역원의 해석은 본래 '범'이라고 표기하였으나 본고의 해석상 '호랑이'의 의미와 상응하여 '범'을 '호랑이'로 수정하였다.
한국고전번역원, 한국고전종합 DB, 참조〈http://db.itkc.or.kr〉

유혹하는 수단으로 소리가 동원된다. 소리는 창귀의 정체성을 설명하기 위한 필수적인 요소라 할 수 있다.

〈서해여언(西海旅言)〉에 따르면 창귀의 소리는 휘파람 소리와 같다. 이때 소리는 '유혹'의 기능이 없으나 창귀와 소리와의 연관성을 드러냈다는 점에서 의의가 있다. 창귀가 〈서해여언〉에서 단순한 자연물의 소리를 흉내 냈다면 〈물 흐르는 소리를 내는 호랑이〉의 소리에서는 유혹의 기능이 드러난다. 창귀는 물에 대한 욕구를 느낀 주인공을 유혹하기 위해 물소리를 흉내 낸다. 이 이야기에서는 호랑이의 소리 모사가 상대에 따라 변화할 수 있는 것임을 파악할 수 있다.

이익의 〈성호사설〉에서는 창귀의 모사의 기능이 드러난다. 창귀는 생전에 주변 인물에서 호식의 대상을 찾아 슬픈 노래와 울음소리로 불러낸다. 선택된 희생자는 창귀의 유혹을 거부하지 못하고 호식되거나 실종된다. 창귀는 소리를 통해 변신하는 존재이다. 소리는 호랑이와 주인공이 대결하는 수단이자 유혹의 도구가 된다.

변신의 기능 중 외형의 변화로는 '백호(白毫)'와 관련한 이야기가 있다. 백호는 완성된 변신형과 가역적 변신형으로 나뉜다. 자세한 이야기는 다음과 같다.

> 〈『임하필기』 제35권 「벽려신지(薜荔新志)」〉[22]
>
> "100년 묵은 여우는 미녀가 되고, 100년 묵은 박쥐는 신선이 된다. 두꺼비는 1000년이 되면 머리에 뿔이 나고 이마 밑에 단서(丹書)가 생긴다. 범은 500년이 되면 하얀색으로 변하고, 1000년이 되면 이빨이

22 한국고전번역원, 한국고전종합 DB, 참조〈http://db.itkc.or.kr〉

빠지고 뿔이 난다. 제비는 1000년이 되면 호염(胡髯)이 나고 문을 북쪽으로 향해서 집을 짓는다. 거북은 1000년이 되면 사람의 말을 알아듣고 연잎 위에서 논다. 사슴은 1000년이 되면 푸른 사슴이 되고, 500년이 더 되면 흰 사슴이 되고, 또 500년이 더 되면 검은 사슴이 된다."

〈「세종 31년 기사(1449, 정통 14)」〉[23]

5월23일 (임인)

"강원도 관찰사가 흰 호랑이가죽을 드리다."

"壬寅/江原道觀察使獻白虎皮"

〈「영조 23년 기사 1747, 11월 5일」〉[24]

"평안도에 괴수(怪獸)가 있었는데 앞발은 호랑이 발톱이고 뒷발은 곰발바닥이며, 머리는 말과 같고 코는 산돼지 같으며, 털은 산양(山羊) 같은데 능히 사람을 물었다. 병사(兵使)가 발포해 잡아서 가죽을 올려 보내왔다. 임금이 여러 신하들에게 물으니 누구는 얼룩말이라고 했고 누구는 맥(貘)이라고 하였다."

"平安道有怪獸, 前足虎瓜, 後足熊蹄, 頭如馬, 鼻如猪, 毛如山羊, 而能啖人 兵使發砲殪之, 剝皮上送 上問諸臣, 或言駁, 或言貘矣"

23 「세종실록」124권, 세종 31년 5월 23일 壬寅 1번째 기사 1449년 명 정통(正統) 14년, 『태백산사고본』 39책 124권 11장 A면 『국편영인본』 5책 130면. 국사편찬위원회, 조선왕조실록 참조〈sillok.history.go.kr〉

24 「영조실록」 66권, 영조 23년 11월 5일 辛卯 3번째 기사 1747년 청 건륭(乾隆) 12년, 『태백산사고본』 49책 66권 29장 B면 『국편영인본』 43책 269면. 국사편찬위원회, 조선 왕조실록 참조〈sillok.history.go.kr〉

<『산해경(山海經)』, 「북산경(北山經)편」>[25]

"다시 북쪽으로 350리를 가면 구오산이라는 곳인데 산 위에서는 옥이, 기슭에서는 구리가 많이 난다. 이곳의 어떤 짐승은 그 생김새가 양의 몸에 사람의 얼굴을 하고 눈은 겨드랑이 아래에 붙어 있으며 호랑이 이빨에 사람의 손톱을 하였는데 그 소리는 어린아이와 같다. 이름을 포효(狍鴞)라고 하며 사람을 잡아먹는다."

<『산해경(山海經)』, 「중산경(中山經)편」>[26]

"다시 서쪽으로 이백리를 가면 만거산이라는 곳인데 산 위에서는 금과 옥이 많이 나고 기슭에서는 조릿대가 많이 자란다. 이수가 여기에서 나와 동쪽으로 낙수에 흘러든다. 이곳에 이름을 마복(馬腹)이라고 하는 짐승이 있는데 생김새는 사람의 얼굴에 호랑이의 몸을 하고 소리는 어린애 같으며 사람을 잡아먹는다."

백호는 외형적으로 백색(白色)인 호랑이를 말한다. 과거 실존했던 동물로서, 세종실록에 임금에게 진상된 일이 기록되어 있다. 백호가 가지고 있는 상징성은 호랑이와 차이가 있다. 백호는 청룡(靑龍)·주작(朱雀)·현무(玄武)와 함께 하늘의 사방을 지키는 사신(四神)이다. 일반적으로 호랑이가 단순히 동물로 인식된 존재라면, 백호는 신수(神獸)에 가까운 영물의 존재라 할 수 있다.

---

25 정재서, 앞의 책, 115쪽.

26 정재서, 위의 책, 156-157쪽.

사신으로서의 백호는 의로운 짐승[27]으로 표현되나 간혹 흉신의 이미지도 가지고 있다. 동물의 성정은 그 자체만으로 선(善)과 악(惡)을 구분할 수 없으나 이야기의 내부에서는 인간의 원시적이고 본능적인 성질을 상징하는 경우가 많으며, '동물 악마'는 파괴적인 충동을 적절하게 나다내는 상징의 하나이다.[28] 백호 역시 신이한 존재로 인식되면서도 물리쳐야 하는 두려운 대상이 되는 양가적 속성을 가진다.

영조의 기사에 표현된 괴수는 백호와 유사한 지점이 많으며 특히 부정적 부분이 부각되어 있다. 평안도에 등장한 이 괴수는 코끼리의 코, 곰의 몸, 소의 꼬리, 호랑이의 발톱 등 여러 동물의 이미지가 중첩되면서 얼룩말이나 맥(貘)과 같이 한 가지로 규정지을 수 없는 형상을 하고 있다고 전한다. 평안도의 괴수는 백색의 털과 호랑이의 발톱을 가지는 등 백호와 흡사한 부분이 있다. 그러나 이 괴수는 사람을 해쳐 결국 퇴치당했다는 점에서 백호의 신성성보다는 두려운 대상으로서의 이미지가 강화된 것으로 보인다.

백호를 완성된 존재가 아닌 변화의 결과물로 보는 경우도 있다. 이유

---

27 '추우(騶虞)'는 시경에 '검은색 줄무늬에 몸보다 긴 꼬리를 지닌 상서로운 백호'를 의미한다. 주 문왕(周文王) 때 나타난 의로운 짐승으로 흰 바탕에 검은 무늬가 있으며 범같이 생겼고 꼬리가 몸보다 길며 생물(生物)을 먹지 않고 산 풀을 밟지 않는다고 한다.
"騶虞
彼茁者葭 壹發五豝 于嗟乎騶虞
彼茁者蓬에 壹發五豵 于嗟乎騶虞"
"검은 줄무늬가 있는 흰 호랑이 같은 짐승
저 무성한 갈대밭에 한 번 쏘아 다섯 암퇘지를 잡았는데, 아, 추우로구나. 저 무성한 쑥대밭에 한 번 쏘아 다섯 햇돼지를 잡았는데, 아, 추우로구나."
『시경(詩經)』, 「국풍 주남2, 소남」, 한국고전번역원, 한국고전종합 DB, 참조〈http://db.itkc.or.kr〉

28 칼 구스타브 융 저/김양순 역. 앞의 책, 382쪽.

원(李裕元)의 『임하필기』[29]에서는 백호가 오랜 시간을 경유하여 변신할 수 있었다고 설명한다. 그의 내용에 따르면 동물은 시간의 흐름에 따라 변신이 가능하며, 호랑이 외에 여우, 박쥐, 두꺼비, 제비, 거북, 사슴 또한 평범한 동물에서 상서로운 존재로 탈바꿈할 수 있다. 변신의 과정은 절대적 시간이 필요하지만, 이 과정을 통해 평범한 존재가 비범한 존재로 전환된다. 시간을 경유한 존재의 변화 역시 변신의 일환으로 볼 수 있다.

백호의 외형과 흡사한 존재는 중국의 이야기에서도 찾을 수 있다. 중국의 지리서인 『산해경(山海經)』에는 호랑이의 몸체에 사람의 얼굴을 한 인면괴수[30]의 이야기가 수록되어 있다. 인면괴수는 동물들의 몸체에 인간의 얼굴을 가진 괴수를 말한다. 새나 물고기 등 여러 형태에 인면을 가진 괴수는 다양하나 '마복(馬腹)'과 '포효'는 특히 호랑이와 밀접한 관련성을 보인다. '포효'는 양의 몸체에 사람의 얼굴을 가지고 있으면서 호랑이의 이빨을 가졌고, 「중산경」편에 등장하는 '마복'은 호랑이 몸에 사람의 얼굴을 하고 있다. 두 괴수 모두 어린아이의 목소리로 사람을 유인하고 잡아먹는 식인 괴수이다.

『산해경』 속 인면괴수는 백호의 외형적 모습에 소리 모사의 기능이

---

29 조선 말기의 문신 이유원의 수록류(隨錄類)를 모아 엮은 책으로 39권 33책으로 구성된 필사본이다. 현재 규장각도서에 있으며, 1961년 성균관대학교 대동문화연구원에서 영인한 축쇄본을 소장하고 있다. 내용면에서 경(經)·사(史)·자(子)·집(集)·전(典)·모(謨)·소학(小學)·금석(金石)·전고(典故)·풍속·역사·지리·산물·기용(器用)·서화·전적·시문·유문(遺聞) 등 광범위한 분야에 걸쳐 다루고 있다.
이유원 저/성균관대학교동아시아학술원 역, 『임하필기』, 대동문화연구원, 2009.

30 '마복'과 '포효'는 우리나라 괴수는 아니나 일부 호랑이의 '기능'을 포함하고 있어 본고에서 언급한다.

결합된 경우이다. 호랑이가 주인공을 유혹하는 경우, 외형의 변신보다 소리를 모사하는 경향이 더 강하게 나타난다. 인면괴수는 영조 때 거론되었던 괴수의 형상에서 발전하여 사람의 얼굴을 가지고 사람의 목소리를 낼 수 있다는 점에서 변신의 기능이 복합적으로 결합된 경우라 할 수 있다.

인면괴수와 마찬가지로 백호의 생김새와 소리 모사가 가능한 캐릭터가 현대에 와서 출현한다. 바로 '장산범'이다. 자세한 내용은 다음과 같다.

> 〈장산범 목격담〉[31]
>
> 내 외할머니는 올해 연세가 93세로 연로하시다. 하지만, 아직 정정하셔서 아직도 잘 걸으시고 집안에 행사가 있으면 소주 1병쯤은 거뜬하신 분이다. 그래서 기억력도 굉장히 정확하신데, 몇 년 전 집안 사소한 일까지 모두 기억해 내시는 분이다. 그 외할머니께서 내가 초등학교 때, 중학교 때 자주 해주시던 이야기가 있다. 범 이야기, 어린 마음에도 이상하리만치 그 이야기를 하실 때는 할머니가 굉장히 늘 긴장하시고 표정도 진지해지셨던 기억이 난다. 지금 생각해 보면 아무래도 직접 겪으셔서 그러신 듯하다. 떨기까지 하셨는데 평소엔 안 그러신 편이라 특이했다. 지금도 할머니는 TV에 나오는 호랑이를 보시면 저게 범이 아니라 호랑이는 영물이고 하얀색이라고 하신다[32]. 지금도

---

31 2011년 12월 31일에 웹에 게시된 게시물에서 장산범의 목격담을 예시로 사용하였다. 작성자 고양이렌즈, "93세 할머니께서 겪으신 이야기", 루리웹, 참조〈http://bbs.ruliweb.com/hobby/board/300145/read/16556472〉

32 본고의 제언과 동일하게 이야기의 구술자인 93세 할머니 역시 '호랑이'와 '범'을 다른 존재로 구분하고 있다.

그렇게 주장하신다. 외할머니께선 20대 초반 그러니까 1930년대 말 북한 황해도에 사셨다.

한국전쟁 이후 월남하셨고 20세 때는 이미 결혼하신 후고, 동네 친구분들하고 산에 고사리를 뜯으러 가셨다고 한다. 그때 친구 중 한 분이 평소에 가던 길 말고 그날은 더 깊은 어느 산을 가자고 거기 고사리가 많다고 하셨단다. 외할머니를 포함 총 4명이 가보았는데 거긴 인적이 아예 없는 곳이라 고사리가 너무 잘 올라와서 정말 많았다고 한다. 갑자기 어디선가, 물 흐르는 소리가 나더란다. 청명하고 맑은 소리, 졸졸졸, 시냇물 흐르는 소리, 굉장히 선명해서 네 분 다 정확히 들었다고 한다. 물이 흐르는 소리를 들으니 그 목마르다는 친구에게 세 친구들은 얼른 그 소리가 나는 곳으로 물을 마시고 오라고 그랬고, 그 친구는 무서우니 같이 가자고 해서 할 수 없이 다 같이 그 물 흐르는 밑의 계곡을 찾아 내려갔다.(-중략-)

할머니께서 그 모습을 묘사하는데, 하얀 털, 그냥 솜 같은 아주 고운 긴 털이라고 하셨다. 그 솜털같이 하얗게 덮인 뭔가가 나타났는데, 딱 보셨을 때 호랑이나 짐승이라고 생각이 드는 게 아니라, 이게 사람은 분명 아닌데, 뭔가 여자 같은 느낌이었다고 하셨다. 왜냐하면 모습은 하얀 털로 뒤덮인 뭔가 인데 머릿속으론 아주 곱다는 느낌이었다고 하셨다. 눈빛이 굉장히 강렬하고. 딱 서서 아래로 굽어보면서 얼굴의 입으로 추정되는 곳에서는 계곡 소리를 내고 있었다고 한다. 졸졸졸 범이 내는 그런 그르렁 소리가 아니라, 졸졸졸 선명한 시냇물 소리 비슷한 걸 내고 있었다고 한다.(-중략-)

뭔가가 스슥 내려오는 소리가 나더니 그 목마르다고 칭얼대던 친구 이름을 부르더란다. 빙빙 돌면서 아주 다정스럽게 너무나도 부드럽게 그 목소리는 그 친구의 어머니의 목소리를 닮아 있었다고 한다. 그 누구도 대꾸도 못하고 덜덜 떨고 있는데 비가 쏟아지기 시작했다. 엄청나게 소나기가 오는데 시간이 굉장히 오래 흘렀다. 밖에 잠잠해졌길래 내려갈 생각은 못하고 지쳐서 어느덧 넷이 한방에서 잠시 잠이 들었다 하셨다. 그러다가 새벽에 깨보니 그 목마르던 친구는 없어져 버렸고 비만 계속 내리고 있었다. 아무리 밖에 나가 찾아도 찾을 수가 없었고 셋은 마을로 겨우 내려올 수 있었다. 다들 만신창이가 된 채로, 그 일로 마을은 발칵 뒤집어졌고 칼찬 일본순사가 열명 넘게 그 마을을 조사했다고 한다. 결국 그 친구는 못 찾았다고 한다. 시신조차도.
아주 오래전 일인데(30년대) 할머니는 아주 어릴 때부터 그 이야기를 가끔 하셨다. 너무 생생하다고 하신다. 그 불빛이랑 목소리가 아주 영물이라고. 아무도 듣지 않는데도 어떨 때는 마치 독백처럼 하실 때도 있었고 누군가 물으면 진지하게 답하셨다. 텔레비전에 나오는 호랑이는 호랑이고 범은 아니라고 하시는, 할머니는 범이라는 게 있다고 하신다. 아주 무서운 영악하고 사람같은 범이. 장산범 이야기를 보다가 언뜻 생각나서 할머니께 말씀드리니 공통점이 있는 듯해서 올려본다. 그 존재는 걸을 때 소리도 안 나고 상당히 빨랐다고 한다. 머리가 굉장히 좋은 거 같았다고 하시고, 하얀 솜털 같은 걸로 가득한 존재. 그건 뭐였을까? 100% 실화임을 밝히고 믿든 안 믿든 할머니께서 항시 해주시는 이야기다.

장산범은 부산의 장산이라는 실제 공간과 유착된 전국구 괴수이다.[33]

---

33 장산범의 목격담은 부산 장산지역에서 6건, 만월산 1건, 백양산 1건, 지리산 인근 1건 등

장산범은 과거 백호나 창귀의 이야기처럼 기사라는 공시적 매체에서 다뤄진 이력이 있다. 1992년 동아일보 기사에서는 낭설이 아닌 사실적 사건으로서 새로운 괴수의 출현을 다루고 있다.[34] 주목할 만한 점은 신문이라는 매체에서 이 목격에 대해 공론화하고 있다는 점이다. 장산범이라는 괴담의 확산은 주로 사건의 사실에 근거하여 이루어진다. 세종과 영조의 기사에서 확인했던 백호와 괴수의 존재처럼 공포가 사멸하지 않고 존재하기 위해서는 끊임없이 실제에 대한 증거를 요구한다. 그러한 의미에서 전설은 설화의 어떤 장르보다도 핍진한 현실성을 가진다. '장산범의 목격담' 역시 사실과 증거에 근거하고자 하는 전설의 형식을 답습한다는 점이 주목된다. 장산범은 주인공에게 필요한 물과 어머니의 목소리를 내는 괴수이다. 주인공을 유인하기 위한 변신의 수단으로 소리 모사가 가능하다는 점에서 창귀의 일종으로 보이며 백호와 흡사한 외형의 특색도 엿보인다.

그 외 '홀림'의 기능이 드러나는 이야기들이 있다. 자세한 내용은 다음과 같다.

〈해와 달이 된 오누이〉[35]

옛날에 엄마가 가난해서 떡을 이고 팔러갔는데, 언네 둘만 두고. 그래 팔러갔는데 호랭이가 좇아오드래잖아. 오면서, 이제 모두, 얼마

이다. 장산범과 관련한 이야기는 미디어상에서 구술되고 있으며 이와 관련한 자료는 다음의 미디어 자료에서 참조하였다. 참조〈http://bbs.ruliweb.com/hobby/board/300145/read/16556472, http://m.todayhumor.co.kr/view.php?table=docu&no=1017〉

34 저작권의 문제로 본문에서는 내용을 삭제하였다.

35 한국학중앙연구원 한국구비문학대계 디지털 자료, "해와 달이 된 오누이", 구술자 권영숙, 2014, 경기도 고양시 일산서구 법곳1리(대화로 37번길 36) 경로당.

나 무섭겠어? 그렇잖아요? 호랭이가 오니까. 그러니까 못 오, 못 오게 했겠지. 그러니까 떡 하나만 주면 안 잡아먹지, 안 잡아먹지 그러드래 쫓아오면서. 그래 하나 주면 먹고 또 쫓아오고 또 쫓아오고, 근데 없으니까 인제 집에 먼저 가 가지고, 그렇게 문틈에다 손을 디밀고선 엄마 왔다 문 열어달라고 세 그러드래요.

(@1 조사자: 호랑이가요?)

호랑이가. 그래서, 그래 옛날에 담배 먹던 세상이지. 그러니깐 두루 엄마 손이 왜 이렇게 털이 났냐고 그러니까, 엄마 손이 이렇게 털이 났다고 그러면서 그래서 그때 호랑인 줄 알고 그랬나 봐.

(@1 조사자: 애들이?)

응. 빌었어 인제. 썩은 동아줄을 내려다오 인제. 그렇지 않으면 인제 동아줄, 산 동아줄을 내려다오 그랬을 거 아니에요. 그러니깐 두루 그걸 타고 올라갔대. 좋은 동아줄을 내려줘서. 타고 올라가니까 호랭이가 그걸 보고 저도 하느님한테 빌었대. 날 살릴려면 저, 튼튼.

[청중: 금 동아줄을 내려주고]

응. 맞아, 그리구선 죽일려면 썩은 동아줄을 달라고. 그래서 인제 그 썩은 동아줄을 줘서 그게 끊어져 가지고 떨어져서 죽어서 그 수수깡에 그렇대요 그래서.

(@1 조사자: 수수깡이 왜요?)

수수깡이 뻘겋잖아.

[청중: 모가질 턱 잘르면 삐죽하잖아, 이렇게? 거기 탁 떨어져서 똥구멍이 꼈다는 거 아니야]

수수깡에서 그게 호랭이가 죽어서 피나서 그 뻘겋대요 그 수수깡이, 피가.

(@1 조사자: 그러면 그 애들은?)

애들은 그래서, 그러게 남자는 달이 되고, 여자는 해가 되고 그랬대. 남자는 인제 무서우니까, 저 남자가 돼서 밤에 달이 되고, 여자는 해가 되고 그랬대. 그런 소리 들었을 뿐이지.

〈호랑이 보고 혼이 나가 죽은 사람 이야기〉[36]

째끔할땐데, 나 째끔할땐데, 우리 동네 그 시아버니가 너무 며느리를 시집을 살렸어. 그러니께 시어머니, 며느리가 옛날에 우리들 물두멍 이렇게 이고 보릿쌀 우물로 딲으러 가잖어. 그런데 인제 그 며느리가 배고프니께, 인제 우물이 가다 그 옆이 집이 가서 들어가 밥 훔쳐 먹고 이냥 그렇게 하구 살림을 했어요. 신랑은 보급대나가구. 그렇게 허다가 너무 배고프니께 못살구니께, 애기 하난가 둘인가 고렇게 났었어. 그런데 인저 산 넘고 산 넘고 이 친정이 그렇게 가나 봐요 산골루. 그래 인제 "에이, 내가 이렇게 살 수가 없구나. 배고파 못 사니께", 이리 죽으나 저리 죽으나 인저 친정이나 간다구 달밤에 나갔었대요. 나가는데 고개 넘고 두 고개채 넘으닌께, 산꼭대기서 웅~ 허더래요. 그래서 보니게 불이 빨갛게 핀 게 그렇게 으흥소리를 냅다 질르드래요. 그래서, '아 저 호랭이두 내가 자식을 떼놓고 가니께 저러나 보다' 그러구 되돌어왔데요. 잉 그러니께 그어메 인저 그때 혼 나간거여. 와가지고 쪼금 살다 죽었어요. 죽었어 그냥.

@1조사자 : 그게 호랑이랍니까?

---

36 한국학중앙연구원 한국구비문학대계 디지털 자료, "호랑이 보고 혼이 나가 죽은 사람 이야기", 구술자 임영희, 2011, 경기 안산시 단원구 대부남동 남3리 항낭골 경로당.

그게 호랑이래유. 아유 그냥, 그냥. 그래가지구 죽었대요. 죽었어요 그 으매{어매}.

<해와 달이 된 오누이>에서 역시 홀림의 기능이 드러난다. 이 이야기에서 아이들과 호랑이가 대결하는 과정 중에 호랑이의 외형 변모와 소리 모사의 기능이 모두 등장한다. 호랑이는 아이들을 호식하기 위해 어머니의 모습으로 변장하고 집으로 찾아온다. 아이들이 호랑이의 정체를 의심하자, 위기를 느낀 호랑이가 손에 밀가루를 묻히거나 어머니의 목소리를 흉내 내는 등, 2차 변신을 시도한다. 그러나 아이들이 변신의 정체를 눈치채면서 호랑이의 유혹은 실패로 돌아간다. 결국 <해와 달이 된 오누이>는 홀림이 실패한 사례라고 할 수 있다.

<호랑이 보고 혼이 나가 죽은 사람 이야기>와 같이 홀림의 과정이 드러나지 않고 곧바로 죽음과 연결되는 경우도 많다. 그러나 이때에도, "으흥소리를 냅다 지르드래요."와 같은 호랑이의 소리와 연결성이 확인되며, 정신적 죽음이 육체적 죽음으로 바로 연결되는 것이 아닌 시간의 단절이 드러난다는 점이 특징적이다.

이상 내용을 종합하면, [홀림형]의 기본 구조는 다음과 같다.

1) 주인공이 호랑이와 만난다.
2) 호랑이가 변신하여 주인공을 유혹한다.
3) 주인공이 호랑이에게 홀린다.[37]
4) 주인공이 혼이 나가 죽는다.

37 이때 '홀린다'는 수동의 의미를 갖는다.

[홀림형]은 [호식형]과 여러 면에서 유사한 부분이 발견된다. 특히 여타의 유형보다 도입상황에 구애를 받는 전개 양상을 보이며 이야기의 구성이 호식될 팔자의 선택(B)이라는 기능과 관련성이 깊다는 점에서 특징적이다. 창귀는 호랑이의 일부분이면서 대리자이다. '호랑이를 위하여 창귀가 된다'는 '위호작창(爲虎作倀)'의 의미 역시 이러한 호랑이의 대리적 기능을 함의한다고 볼 수 있다.[38] 창귀는 호랑이 대신 호식될 팔자를 선택하는 역할을 수행한다는 점에서 중요하다.[39]

[홀림형]은 다른 유형에 비해 기능 전개가 산발적이다. 이 유형은 변신(H)에서 홀림(T)으로, 홀림(T)에서 정신적인 죽음(U-3)으로의 진행이 강조된다. 가장 큰 두각을 보이는 기능은 변신(H)과 홀림(T)이다. [홀림형]은 홀림으로 가기 위한 기능들로 연결되어 있으나 대개 기능이 축약되거나 약화되어 있는 경우가 많으며, 곧바로 정신적 죽음으로 진행되는 경우를 제외하고는 다른 서사의 과정으로 매개되는 경우가 많다. 기능적으로 모든 기능이 생략되거나 오로지 '홀림'만이 전개된다.

---

38 고전 문헌에서 자주 발견되는 '창귀스럽다'의 관용적 표현 또한 보편적으로 '남에게 조종당하는 앞잡이'라는 뜻을 가진다. 한국고전번역원의 '한국고전종합DB'에서 창귀에 대한 검색어로 검색하였을 때 총 233건의 자료가 검색되었다. 고전번역서 전체 40건, 조선왕조실록 전체 25건, 승정원 일기 7건, 일성록 19건, 고전원문 14건, 한국문집초간 105건이다. 이 중 대부분이 창귀에 대한 관용적 표현을 활용하고 있음을 확인할 수 있다.
조경임 역, 2010. 한국고전번역원, 한국고전종합 DB, <http://db.itkc.or.kr>, 참조.
창귀에 대한 예로 "광해군 7년 을묘(1615) 3월 9일(을묘), 이원익의 삭출 등에 대한 관학 유생 안전 등의 상소문"을 들 수 있다. 상소문에서는 "그 술책에 빠진 자는 의심하지 않고 마치 창귀(倀鬼)가 호랑이의 앞잡이가 되듯 하니 참으로 슬플 뿐입니다."라고 기술하고 있다.
장순범 역, 1992, 한국고전번역원, 한국고전종합 DB, <http://db.itkc.or.kr>, 참조.

39 호식될 팔자 선택(B)의 기능은 다음과 같다. 1. 호랑이가 발로 호식될 사람을 잡아당긴다. 2. 호랑이가 호식될 사람을 머리에 침을 발라 가르마를 타놓는다. 3. 호랑이가 호식될 사람인 신랑의 신을 혀로 핥았다. 4. 호식될 사람에게 깃대를 꽂고 간다.

창귀, 백호, 인면괴수, 장산범은 변신이라는 수단을 통해 주인공을 능동적으로 유혹한다. 외형의 변신이 일반적인 동물에서 비범한 존재로 전환되기 위한 변신이라면, 소리의 변신은 모사를 통한 유혹의 수단이 된다. 즉, 외형 변모 자체로 유혹의 기능을 수행할 수 없지만, 소리 모사의 기능과 함께 결합하였을 때 공포를 가중시키는 특징이 있다.

인면괴수와 장산범은 창귀와 백호의 기능이 결합하여 파생된 캐릭터로 두 기능을 모두 함의하고 있으므로 홀림의 유형으로 포함하고자 한다. 이 유형군은 변신이라는 수단을 통해 주인공을 능동적으로 유혹하여 정신적 죽음으로 희생자를 몰아넣는 일종의 괴수라 할 수 있다.

[홀림형]에 속한 이야기들은 기존에 논의되던 호랑이와 차이를 갖고 있다. 이야기 안에서 호랑이의 호칭에서부터 구분된 사례를 발견할 수 있다. <장산범>에서 흰색의 털을 가진, 사람을 홀리는 존재를 '범'으로 규정했다면 <호랑이 가죽을 판 부자에게 복수한 호랑이>에서는 외형의 차이로 호랑이와 범을 구분한다.[40] 설명에 따르면, '범'은 호랑이보다 몸집과 꼬리가 더 크다. 더불어 창귀의 경우처럼 희생당한 인명의 수나 변신의 기능에 따라 세부적인 종류가 나뉘기도 한다. 이를 통해 알 수 있는 것은 '범'이 호랑이라는 정체성을 가지고 있으면서 정신적 죽음을 부여하는 존재라는 것이다. 또한 '소리'와 관련한 유혹의 기능이 드러난다는 점이 특징적이다.

앞서 연쇄기능의 결합을 통해 각 유형들의 기본구조와 의미를 분석

---

40 '<호랑이설화>이야기 목록' 1020번에 해당된다. 해당 내용은 다음과 같다.
"산에 범이 많이 있었어요. 호랑이가 아니고 범이라 호랑이하고 범이 조금 틀리지예. 이 범은 꼬리가 길고 호랑이는 몸집이 크고."

한 결과, [호식형]은 호식될 팔자와 호식의 기능이 강조된 유형이고, [해학형]은 호랑이와의 대결을 위해 금제와 우연이 결합하여 주인공이 승리하는 유형이다. [신성형]에서 원조의 기능은 과제제시와 과제해결이 선행되는 순차적 구성이 가장 중요하다고 보았다. 앞서 세 유형이 육체적 죽음과 관계된 이야기라고 한다면 [홀림형]은 본고에서 새롭게 제언한 유형군으로, 변신과 홀림, 정신적 죽음이라는 연쇄기능을 보여주는 새로운 유형이라 할 수 있다.

2절. 안은공포성과 안긴공포성

미국의 민담학자 알랜 던데스(Alan Dundes)에 따르면, 모든 이야기는 결핍에서 시작되어 결핍해소로 진행된다.[41] <호랑이설화> 역시 이 구조에서 크게 벗어나지 않는다. 특히 이야기의 주제의식은 결핍해소와 유관하므로, 이야기의 결핍과 밀접할 수밖에 없다.

각 기능들은 최초의 결핍을 해결하기 위해 선조적으로 정렬된다. <호랑이설화>에서 가장 큰 결핍은 '호식될 팔자'이다. 이 결핍은 <호랑이설화>의 전제적 요소로서 이야기의 기반이 된다. 다음으로 관건이 되는 것은 개별적 결핍(ɣ)이다. 앞서 기능(function)에 따라 분류했던 유형의 구조에서는 호식될 팔자(α)와 개별적 결핍(ɣ)을 구분할 필요가 없었다. 두 기능은 기본요소에 포함된 도입상황의 하나일 뿐이었다. 그러나 '결핍'을 기준으로 구조를 재구성하게 되면 결핍의 개수에 따라 구성이 나뉘게 된다.

<호랑이설화>는 결핍의 개수에 따라 단일 결핍과 이중 결핍으로 정의된다. 즉, 호식할 팔자(α)와 개별적 결핍(ɣ)의 양상에 따라 결핍이 두 개로 분리된다. 결핍이 하나인 경우, 한 가지의 결핍해소를 해결하는

---

41 알랜 던데스는 민담의 구조는 '결핍-결핍해소'로 이루어져 있다고 설명한다.
Alan Dundes, *The Morphology of North American Indian Folktales*, Suomalainen Tiedeakatemia Academia Scientiarum Fennica, 1980, pp.61-64.

단일한 구조이지만 두 개인 경우에는 결핍이 중복되어 이야기가 복합적으로 진행된다.

호식될 팔자 자체는 〈호랑이설화〉가 갖는 공포성을 담지하고 있는 주요 기능이자 유형의 성격을 규정짓는 세계관이라 할 수 있다. [호식형]의 경우, 호식될 팔자(α)라는 단일 결핍으로 구성되나 나머지 유형은 이중결핍으로, 호식될 팔자(α)와 개별적 결핍(γ)이 중복되어 호식될 팔자(α)가 개별적 결핍(γ)의 구조 속에 편입된다. 결국 호식될 팔자(α)라는 공포성이 개별적 결핍(γ)에 안긴 형태로 구조화되는 것이다. 결핍구조에 따른 공포성을 분류하면 다음과 같다.

【표 7】 결핍구조에 따른 공포성 분류

공포성			
안은공포성	안긴공포성		
호식형	해학형	신성형	홀림형

위 표의 내용처럼 〈호랑이설화〉에서 나타나는 공포성은 결핍의 양상에 따라 안은공포성과 안긴공포성으로 나눌 수 있다. 안은공포성은 [호식형], 안긴공포성은 [해학형], [신성형], [홀림형]이 해당한다.

앞서 Ⅱ장과 Ⅲ장에서는 기능을 토대로 기능의 결합에 따른 연쇄기능을 찾고, 연쇄기능 간의 관습적 진행을 통해 동일한 구조를 도출하여 4개의 기본형을 완성하였다. 이 장에서는 기능의 선조적 연결형태의 기본구조에서 안은공포성과 안긴공포성을 결핍과 결핍해소라는 구조로 재구성할 것이다. 특히 안긴공포성의 이중결핍은 각각 호식될 팔자(α)와 개별적 결핍(γ)으로 나뉜다. 안긴공포성은 호식의 공포를 안은 상태로, 주인공이 제각기 처한 불충분한 욕망을 해소하려는 구조를 형성한다.

이 장에서는 이야기의 구조 안에서 주인공의 결핍을 해소하기 위해 결합한 기능의 구조가 각 유형의 주제적 의미와 어떤 방식으로 연결되는지를 논의할 예정이다.

1. 안은공포성

[호식형]의 주인공은 대부분 호랑이라는 위협적 대상의 희생자이거나 잠정적 희생자이다. 이야기의 전체 구조는 주인공의 죽음을 위한 순접의 기능으로 구성된다. 이 유형을 결핍과 결핍해소의 구조로 재구성하면 다음과 같다.

【표 8】 [호식형] 결핍구조

1. ______________

2. ______________

3. ______________

1. 호식될 팔자(결핍의 전제) = α
2. 호랑이와 만남(죽음에 대한 위협, 결핍) = A
3. 주인공의 죽음 = U

1	2	3
호식될 팔자	호랑이와 만남	주인공의 죽음
공통결핍		공통결핍해소

위 표에 따르면 [호식형]에서의 결핍은 공통적 결핍이며, 결핍은 곧

'죽음에 대한 공포'이자 '호식될 팔자'라는 정해진 죽음의 운명이다. '백호살'을 타고 난 사람의 결핍 자체 또한 호식이라는 운명의 전개이자 곧 죽음에 대한 선험적이고 근원적인 공포라 할 수 있다. '죽음'은 인간의 일부분으로서, 영원히 치유될 수 없는 두려움이며, 유한한 인간에게 전제된 결핍이다. 결국 죽음에 대한 공포는 결핍에서 발생하거나 결핍 자체일 수 있다. 이 경우, 이 공포의 양상은 단조로우며 단편적 형태를 띠게 된다. 결핍과 관련한 자세한 내용은 다음과 같다.

〈호식 당한 집안과 사돈 안 맺는 이유〉[42]

이거 있어. 물에 빠져 죽은 집안하고. 잉. 잉. 적어. 또 목매달은 집안하고. 호식해 간 집안.

#1: 그거는 절대 갤혼을 안 해.

@1 : 긍께 왜 그래요?

인자 내가 그 이 얘기를 또 그람. 그라고 막 거그에 대해서 내가 얘기를 해서 줄게.

[보조구술자가 아들이 가야 한다며 이 이야기로 마감하자고 통보했다.]

어째서 그라냐 그라믄 옛날에 호식했다 한다고 사람이. 그라믄 호랭이가.

이것 재밌어 들어봐. 호랭이가 딱 갖고 가서 기양 잡아 묵는 것이 아니여. 놀아. 갖고. 딱 딱 시놓고 호랭이가 춤을 추고 이렇고 막 하믄 "하하하하하." 하니 웃어. 사람이. 웃다가. 또 "어훙!" 하니 그라믄 또

42 한국학중앙연구원 한국구비문학대계 디지털 자료, "호식 당한 집안과 사돈 안 맺는 이유", 구술자 백홍운, 2012, 채록지 영암군 학산면 독천리 덕수마을 학암슈퍼.

"악!" 기양 놀리고. 또 이렇고 막 춤을 치믄. 그라믄 뭐 왜 이랑은 {이러냐면} 그 혼을 호랭이가 뺏어와. 넋을. 지가 가질라고 인자. 하도 이렇고 인자 갖다 놓고 막 춤추고 막 이렇고 막 이라믄 또 웃어. 웃다 있다가 가서 "아홍!" 하믄 또 기양 "악!" 하고. 이래갖고 혼을 완전히 빼서 인제 갖어. 갖어 갖고 인자 그 담에는 잡어 묵을때 그 집 식구 갈쳐주라 그것이여. 어디 가서 어디 있으믄은 [보조구술자가 언제 양말을 신었냐며 이야기에 끼어들었지만 구술자는 계속 구연했다] 응, 느 그 식구가 누구누구냐 하고 갈쳐주라 해서 꼭 그 집 식구만 가서 자, 잡어묵어. 그래서 그란 것이여.

〈정씨부부 호식당한 이야기〉[43]

저 정씨가 [헛기침] 부부가 사는디.사는디, 남편이 나무허러 갔어. 저 지리산에, 그러면 인자 나무꾼들이 여러이 갔거든. 옛날에는 [지리산 쪽을 가리키면서] 호랭이가 살았다고, 지리산에. 지금은 인자 아까 여순반란사건이 육이오 사건 해가지고 인자 없어져뿔고 그랬는디. 근디 그 정씨라는 사람이, 나 이름을 잘 잊어뿌렀그만. [헛기침] 산에 나무를 허러 가는디, [헛기침] 아까 그 호랭이를 만났단 말이여. 근께 호랭이가 덮쳐붓단 말이여. 근께 이 나무꾼들이 [앞으로 벌린 양 팔을 오므리면서] 전부 다 도망해서 왔는디, 와갔고는 인자, 동네사람들 전체를 소집을 해갖고는 이 [양팔을 벌려 빗자루 크기를 표현하면서] 길다란 빗지락에다 불을 키고 횃불을 키고, 말허자면 시신을 찾을라고

43 한국학중앙연구원, 한국구비문학대계 디지털 자료, "정씨부부 호식당한 이야기", 구술자 박노향, 2009, 구례군 광의면 지천리 지상마을 322-1번지 지상마을회관 앞 유산각.

그 현장에를 갔는디. 간디, 이게{(+호랑이)} 딱 무릎을 세워났는 디, 발을 딱 [호랑이가 양 앞 발을 벌린 모습을 표현하며] 요 우아래 딱 데 놓고는 뜯고 있어, 뜯어 묵고 있어. 근디 감히 누가 쫓아 들어가.

@조사자 : 그러것죠.

근디 그 마누래가, 마누래가.

“아나 나까지 잡아 묵어라.”

그런께 그 저 그 호랭이가 뒤로 물칙허니, 인제 그런 사이에 인제 남자들이 시신을 수습을 해갖고 인자 왔어. 근데 그 여자가 남편 삼년상을 했어.

[손가락을 하나씩 구부리면서] 소상 대상. 옛날 그 제례 보며는 소상 지내고 대상 지내고, 대상 딱 지내고 그 이튿날 자결을 했어.

@조사자 : 자결을 헌단 말씀입니까?

근게 인자 열녀지. 그런 설은 있어요.

@1조사자 : 그 정씨부인이 여기서 사셨나보죠? 이 마을에서?

아니 요 아래.

@1조사자 : 아 요 아랫동네에서요.

〈정씨 부부 호식당한 이야기〉에서 정씨는 산에 나무를 하러 갔다가 호식을 당한다. 마을사람들이 부인과 함께 찾아 올라갔으나 이미 호식을 당한 뒤였다. 부인이 남편을 구하려 호랑이의 앞으로 뛰어들었으나 호랑이는 부인을 해치지 않고 사라진다. 결국 부인은 정씨 시신을 수습하고 삼년상을 치른 뒤에 남편을 따라 자결한다. 남편과 함께 호식으로 죽고자 했던 여성은 팔자소관의 운명이 아니었기 때문에 끝내 호식으로 죽지 못하고 자결한다.

위 이야기에서 여성은 호식으로서의 죽음이 실패한 경우이다. [호식형]에서는 도입상황에 호식될 팔자가 제시되지 않는다면 결코 호식당할 수 없다. 결국 동반죽음을 원하는 여성의 욕망은 성취되었으나, 호랑이를 통해 충족되지는 못한다. 이 유형에서 개별적 결핍(ɣ)이나 욕망의 기능들은 호랑이와 관계되지 않는다. [호식형]에서 호랑이의 행위는 단지 호식의 운명에 집중할 뿐이다. 전체 이야기의 구조는 호식될 팔자(α)에 의해 제한적으로 진행된다. 이것이 바로 [호식형]의 유형적 의미라 할 수 있다.

주인공이 이유 없이 호랑이 등에 업혀 갔다가 살아난 이야기 역시 '호식될 팔자'가 아니었기에 생존했다고 설명한다. 호식될 팔자를 대체할 개를 던져주고 나서야 운명에서 벗어날 수 있는 이야기도 있다. 이런 대체적인 행위마저 운명에 순응하는 결과로 볼 수 있다. [호식형]에서 팔자에 대한 언급 자체가 서사의 전면에 드러나지 않고 숨어있는 예도 있다. 그러나 호식될 팔자에서 시작된 이야기는 결국 호식의 결말을 맞는다는 공식을 통해 호식될 팔자(α)라는 숨은 결핍을 유추할 수 있다.

'팔자'에 대한 언급이나 '선택'과 관련한 증거가 생략되어 있지만 연속적 죽음을 끊기 위한 의례만으로 사라진 결핍을 추측할 수도 있다. 〈호랑이설화〉에서 발견되는 속신은 총 32가지[44]로, 이야기가 전개되는 과정 속에서 단편적 기능이나 결말의 내용이 다수 발견된다. 이런 속신의 흔적에서 숨은 결핍을 찾아 삭제된 기능을 찾아내는 것 역시 중요하다. 단절되거나 누락된 이야기의 맥락을 보충하는 데 필요하기 때문이다. 특히 호식당한 집안과 익사한 집안이 혼사 대상으로 기피된 이유는 물에

---

44 〈호랑이설화〉에서 속신은 총 32개이다. 자세한 내용은 본고의 4장 1절에 수록되어 있다.

빠져 죽은 사람이 다시 집안사람을 물에 빠져 죽게 하고, 호식당한 사람이 다시 집안사람을 호식당하게 한다는 미신적 성향이 있기 때문이다. 이러한 속신들은 이야기의 맥락이 사라지고 단순한 경고의 의미만이 남아 미신적 요소로만 흔적이 남은 경우이다.

이 유형에서만큼은 호랑이와의 만남이 호식으로 가기 위한 필연적 기능이라고 볼 수 있다. [호식형]의 경우, 두려움은 내부에서 싹터 외부의 자극인 대상과 희생자와의 만남(A)을 통해 표면화된다. 도입상황과 결말의 연결을 통해 호랑이와의 만남 또한 의미가 결정된다. 호식될 팔자는 이야기의 도입에 제시된 후, 곧바로 호식으로 연결된다. 그러므로 호식될 팔자에서 공포가 시작되었다면 호랑이와의 만남에서 직접적인 위협이 드러나면서 공포가 가중된다고 할 수 있다. 특히 이야기가 소략할수록 '만남'과 '죽음'만이 직렬적으로 연결된다.

[호식형]은 '호식' 자체가 서사의 전반부를 지배하므로, 특히 호랑이에 대한 집중적인 공포가 드러나는 유형이다. 이 유형에서 전제된 조건은 '호식될 팔자'이며, 그 자체로 이야기의 결핍이 된다. 반대로 호식될 팔자가 아니면 범에게 물려가도 살 수 있다는 교훈은 호식의 대상이 선택적이라는 것을 의미한다. 이 최초의 결핍에 대한 집중이 바로 주제가 된다. [호식형]에서 원래의 상태, 즉 이야기가 흘러가고자 하는 충족 상태는 바로 호식(U)이다. 기본적으로 이야기의 도입상황이 전제하고 있는 관성은 바로 호랑이를 통한 주인공의 죽음이다.

호식은 일상적 죽음으로 '관행'에 가깝다. 일상에서 갑자기 마주친 죽음의 공포가 바로 호식이다. 이야기는 주인공을 호식하기 위한 전개로 진행되며 호식이라는 공포와 직면한 인간들은 호랑이와의 만남을 죽음의 전조라 생각하면서도 별다른 저항이나 호전적 의지를 보이지 않는다. 주인공의 순응적 태도 역시 결핍의 성격에 상응한다. [호식형]은 결국 전제된 결핍인 '호식될 팔자(α)'로 수렴되며, '호환'과 '호식' 역시 우연적 사고가 아닌 필연적 사건으로 인정된다. 이 유형은 주인공이 주어진 운명에 순응하여 호식이라는 죽음과 마주하는 것이 바로 이야기가 추구하는 결핍의 해소라 할 수 있다.

【표 9】 [호식형]의 행위 전개

만나다(A) → 먹히다/죽다(U)

〈표 9〉에 따르면 [호식형]에서는 '호랑이와 만남' 자체가 공포의 발원이 되며, 바로 '먹히다'는 동사와 연결된다. 호식(好食)의 식(食)은 먹고 마시는 행위이다. 이것은 가장 원초적 욕구에서 발원되는 것으로, 먹는 행위 자체가 본능 이상의 상징적 의미가 있다. 이때 '먹히다'는 호문(虎吻)과 연결된다. '호문'은 호랑이의 입이자 사람이 들어가는 입구이다. 이는 곧 죽음의 입문을 상징하므로 용어 자체만으로 위험과 긴장을 내포한다. 호랑이와 주인공의 주고받음은 일종의 포틀래치와 비슷하다. 전체의 급부체계의 하나인 '포틀래치'의 사전적 의미 역시 '식사를 제공한다', '소비한다'는 뜻을 가지고 있다.[45] 호식은 결국 호랑이와 인간 사이에 이루어지는 '먹이'를 통한 두 관계성에서 비롯한다. 인간이 결국 자기 자신을 '소비'하면서 죽음의 공포 속으로 입문하는 것이다.

호랑이가 부여하는 죽음은 주인공의 죽음에 대한 두려움으로 연결되며, 이것은 곧 인간의 선험적 공포에 해당한다. [호식형]은 이야기의 주

45 마르셀 모스 저/이상률 역, 『증여론』, 한길사, 2011, 31쪽.

인공이 절대적 존재자의 관계를 통해 '죽음'으로 진행되는 서사구조이다. 유형의 공통적 결핍은 인간에게 부여된 죽음에 대한 '운명'이며, 결핍에 대한 해소 역시 주인공이 호랑이라는 대상과의 관계를 통해 결국 죽음을 수용하는 것이다.

2. 안긴공포성

'호식'은 안은공포성의 구조에서는 필수요소이지만, 안긴공포성에서는 충분요소가 된다. 안긴공포성은 호식이라는 안은공포성의 기본 구조를 매개하여, 공포를 활용하기 위한 구조로 재편성한 경우이다. [호식형]에서는 호식될 팔자(α)라는 선택된 죽음이 사전에 제시된다. 이것이 최초의 결핍이자 유일한 결핍이다. 그러나 안긴공포성은 호식될 팔자(α)의 기능이 매개되어 죽음에 대한 위협과 공포를 부여한다. 안긴공포성은 [호식형]에서 확인한 실제 공포가 아니다. 호랑이가 부여하는 죽음에 대한 위협을 기조로 또 다른 주제와 의미를 형성한다.

〈호랑이설화〉에서 [호식형]은 단일한 결핍이고, [해학형], [신성형], [홀림형]은 이중적 결핍으로 구성된다. 안긴공포성은 개별적 결핍(γ)의 기능이 특히 중요하다. 개별적 결핍(γ)은 주인공의 결핍이자, 욕망이다. 이때 이야기 안에서 결핍을 해소하기 위한 방식으로 주인공과 호랑이의 대상관계가 중요하다. 주인공과 대상의 관계에 따라 결핍의 양상이 달라지기 때문이다.

그런 의미에서 호랑이는 주인공의 결핍을 드러내는 수단이다. 주인공은 호랑이를 통해 본연의 욕망과 결핍을 발견하고, 호랑이에게 결핍의 해소를 요구하기도 한다. 두 존재는 이야기 안에서 끊임없이 결핍을 부여하기 위해, 또는 결핍을 해소하기 위해 상호관계를 맺는다. 이때 결핍에 상응하는 욕구의 양상에 따라 해소의 문제 또한 달라진다. 안은공포성은 결핍 자체가 호식될 팔자(α)이므로 주인공이 '희생'되면서 결말상황을 맞지만 안긴공포싱은 도입상황에 선제된 개별적 결핍(γ)을 해결하기 위해 호식될 팔자(α)라는 결핍이 매개될 뿐이다. 안긴공포성은 수단화될 뿐, 결국 최종 결말상황은 개별적 결핍(γ)을 해결해야만 종결된다.

2.1. 해학형

【표 10】 [해학형] 결핍구조

1. ....[46]

2. ________

3. ________

4. ________

5. ________

1. 개별적 결핍 = γ
2. 호랑이와 만남(죽음에 대한 공포) = A
3. 우연/지혜/속임수 = L
4. 호랑이 퇴치 = V
5. 죽음 극복(결핍해소, 호식할 팔자/개별적 결핍 동시 해소) = X/Y

1	2	3	4	5
개별적 결핍	호랑이와 만남	우연성/지혜	호랑이 퇴치	결핍해소
1차결핍	2차결핍	해소과정	2차결핍해소	1차결핍해소

46 기능이 생략 가능한 경우 점선으로 표시한다.

[해학형]에서는 인물의 속성이 이야기의 변별요소로 작용하지 않는다. 인물의 속성에 따라 행위나 상황이 크게 다르지 않기 때문이다. 이 유형의 주인공은 대개 할머니, 노총각, 하인 등 사회적 약자로 구성된다. [해학형]은 주인공들이 호랑이라는 대상과 대립하기 위한 이야기로서 [호식형]과 반대되는 유형이라 할 수 있다.

[해학형]에서는 주인공의 호랑이에 대한 공포가 처음부터 극복된다. 호랑이와 주인공이 만나는 도입상황에서, 주인공의 대부분은 자발적으로 호랑이를 살해하기 위해 찾아간다. 이러한 욕구가 바로 [해학형]의 최초의 기능이자 결핍이라 할 수 있다. 그러나 이 살해는 호식될 운명에 대한 저항으로 보긴 어렵다. 이들의 결핍은 애초에 호식될 팔자의 '전복'이 아닌, 도입상황부터 이미 주인공이 호식될 팔자(a)에서 벗어나 이야기가 시작되었기 때문이다.

역접의 기능을 수행하는 행위는 바로 '속임수'이다. 속임수는 말 그대로 바꾸는 것이다. 우연(L)이라는 기능은 덫을 덫이 아닌 것처럼 속이는 것과 가짜를 진짜로 바꾸는 등, 모든 것을 아우르는 상위 체계라 할 수 있다. 그에 대한 자세한 내용은 다음과 같다.

〈기름 강아지로 호랑이 잡는 얘기〉[47]

한 사람이 강아지를 기르는데 아마 이 사람이 강아지를 귀엽게 기르던 모양이여. 강아지를 기르면서 참기름만 디립다 멕여서 길렀대. 참기름만·강아지를 지금으로 말하면 발발이 같은 쪼끄만 강아지를 멕이는데 거 기름만 멕여서 아주 강아자기 반들반들하구 고만 매끈매끈하던 모

47 한국학중앙연구원, 『한국구비문학대계』 1집 1책, 한국학중앙연구원, 1980, 272-273쪽.

양이야. 그 인제 산골인데 그 초가 삼간 짓구서 그 혼자서 인지 살든 모양인데 밤에 이놈으 강아지가 나갔다 들어오믄 아주 땀을 흠싹 흘리구 들어오구 거시기 해서 적셔서 들어오구 들어오구 그런다 말이여. 거 이상하다 하구서 한 번 인저 밤에 강아지를 놔두구섬낭 인제 가만히 지켜봤대. 밤이 이슥해지니까 산에서 범이 수십 마리가 내려왔대. 내려와 가지구서는 입을 인저 범이 '아'하구 벌리믄 인저 강아지가 범의 입으로 쑥 들어가믄, 이 매끈매끈하니까 응 밑구멍으루 쓱 나온다 말여. 또 다른 놈이 그 번갈아 가믄서 인지 강아지를 물어 놓어믄 또 밑구멍으루 나오믄 또 다른 놈이 물구, 그래 여러 번 하니까 그만 강아지가 털이 흠싹 젖어서 그렇게 나오더래. '야 이 범 잡을수 났다' 하구선 강아지 허리에다가 삼, 인저 무조건 줄을 질다만하게 해섬낭 든든히 인저 끊어지지 않는 삼노끈으루 해서 허리에다가 잡아매서는 내보내니까 이놈들이 그전 술로 알구서 집어삼키믄 밑구멍으루 나오구 또 다른 놈이 집어 삼키믄 범 여러 마리를 말끔내 껴 놓았으니까, 그렇게 하구선 줄을 미리 하나 그 뒤에 느티낭구에다 매구는 그 쪽엔 인제 절구공에를 가지구 나려가서는 이놈 때려 잡구, 저놈 때려 잡고. 범 수십 마리를 잡았다구. 이 허황한 얘기지만 인제 시골서 그런 얘기가 있어요.

〈껍질만 벗기는 범잡이〉[48]

우스운 얘기를 하겠읍니다. 잠, 잠이 좀 깨구로.(1)[주]밤이 오래되어 청중들이 조금씩 졸립다는 표정을 짓자, 잠을 깨기 위해 이 이야기를 하겠다는 말이다. 범은 자고로 잡아가지고 가죽은 씬다 카지요. 살과

48 한국학중앙연구원, 『한국구비문학대계』 7집 11책, 한국학중앙연구원, 1984, 716쪽.

뼈는 필요 없어요. 가죽만 잡을 모양인데, 어떻게 하면 가죽을 잡느냐 연구를 했어요. 그래 이 사람을 연구를 한 결과 강가에 슬슬 나가이 범이 졸려서 꾸벅꾸벅 졸고 있거던. 그때 칼을 아주 드는 면도칼을 가져가지고 범의 짱다귀를 약간 그렸거던요. 그러이 범은 머 아주 미련한 놈이라. 머가 모기가 째비는 줄 알고 고개만 쩔렁 흔들고 그냥 있는 기야. 그때 뒤에 살무시 가서 꽁지를 밟고, "댁지놈!" 과함을 확 질렀뿌이 '확싹!' 겼는 바람에 뭐 짱다귀를 기리 놓이까 마 알몸이 쏙 빠져 달라 갔뿌고 껍질만 살았어. 그래 그만 껍데기만 들고 왔대요.

〈호랑이보다 무서운 곶감〉[49]

아니 호랑이가 밤에 그냥 배가 출출한 거여 뒷동산에 산골짜기에서. 그래서 '야 요번에는 내려가서 저, 저 김서방네 황소를 잡아먹고 와야겠다.' 그래갖고 저 살곰살곰 오는 거여. 오는데 그 집이 이제 툇마루가 큰 데 있는데, 툇마루래 숨, 밑에 숨어갖고 있으니까 애가 막 울더래요. 그래서 그 엄마가 있다가,

"이놈아 울지 마 곶감 줘 온다. 곶감 줘 온다. 어 곶감 줘 온다 곶감 줘 온다."

그러니까는 애가 뚝 그치더래요. 그래서 어유 호랑이가 '아이 나보다 더 무서운 게 곶감쥐구나' 그래 호랑이가 소 잡으러 먹으러 왔다가 '아 이거 곶감쥐가 되게 무섭구나' 도망을 갔대요.

그래서 그런 애기 그거밖에 없지 뭐.

---

49 한국학중앙연구원 한국구비문학대계 디지털 자료, "호랑이보다 무서운 곶감", 구술자 이희순, 2017, 경기도 동두천시 불현동 현성주공아파트경로당.

곶감의 이야기나 호랑이의 꼬리 등을 공격하여 가죽을 벗기는 이야기 역시 마찬가지이다. 주인공은 일상적 사물과 '우연(L)'을 통해 두려움을 불식시키는 과정을 보여준다. 팥죽할머니와 호랑이의 이야기에서도 조력자의 도움만으로 상황은 해결되지 않는다. 팥죽할머니와 조력자에 우연(L)이라는 속임수가 개입되어야만 원하는 상황으로 진행될 수 있다. 지극히 평범한 인물들이 곶감과 같이 단순하고 일상적인 것을 통해 우연히 호랑이라는 거대한 존재를 무력화시킨다.

우연(L)은 의미상 전복의 수단이 되지만, 전체의 구조 안에서는 호랑이의 살해와 주인공의 생존을 유도하는 순접의 기능이라 할 수 있다. 호랑이 살해라는 결핍을 해소했을 경우 주인공의 생존과 더불어 개별적 결핍 해소(Y) 또한 주어진다. 호랑이 뱃속에서 살아 나온 이야기와 기름강아지에서 이와 같은 예를 찾을 수 있다. 기름강아지의 이야기에서 결핍은 개별적 결핍(ɣ)과 호식될 팔자(ɑ)로 설정되어 있다. 두 이야기 모두 호랑이를 포함한 새로운 적대자가 출현하여 각 결핍을 담당한다. 그리고 주인공은 두 적대자와 대결한 후 승리를 통해 결핍을 해소한다. 그에 대한 예로 주인공은 영웅으로 인정받으며 호랑이 가죽을 전리품으로 얻는다.

[해학형]의 결핍해소는 바로 호랑이의 죽음이다. 호랑이의 죽음과 주인공의 생존은 상보적 관계이다. 이 때문에 대개의 결핍해소는 호랑이의 살해(V)와 주인공의 생존(X)이 중복된 경우가 많다. 그런 측면에서 [해학형]은 [호식형]의 대칭점에 있다. [호식형]에서 주인공이 운명에 순응하여 죽음으로 연결되는 서사였다면, [해학형]은 주인공이 생존으로 가기 위한 운명적 서사로 [호식형]과 반전되어 있다.

[해학형]에서 우연(L)에서의 전복이 극대화된 이야기가 있다. 바로 거꾸로 발가벗은 사람의 이야기다. 자세한 이야기는 다음과 같다.

〈호랑이 물리치고 시아버지 구한 현풍 곽씨 며느리〉[50]

(-중략-) 아, 호래이 지는 입이 하낱{하나}인데, 입이 두 개거든.

여자가 은자 거꿀로 이리 기{(+기어)} 놓이 짐승인줄 알지, 사람인 줄 아나? 치매{치마}로 들고 몸은 숨키뿌고{(+숨기고)} 오이까네, 아래 우로 입이 있시이까네, 입이 두 개거든.

"야, 아이고, 내카마{나보다}

[웃으면서]더 큰놈이다." 캐가, 호랭이 달아나,

〈호랑이 쫓은 여자〉[51]

호랭이{호랑이}가 잡아묵으러{잡아먹으러} 왔대.

사람을 인제 잡아먹으러 왔는데, "아이구 저걸 저거한테 꼭 잡아멕혀야{잡아먹혀야} 하는,

호랭이한테 이제 저걸 잡아 먹혀야 하겠는데 이거 큰일났다."

해서, 그 여자가 인제 빨래가 있었대.

빨래가 있어가지고서는 호랭이 아가리 보담 더 큰 걸 벌려 대고는,

#청중 : 일동웃음

[뒤돌아 기어가는 흉내를 내면서]

아 이렇게 벌려 대고 시뻘건 걸 이래 호랭이 아가리다 이러고,

"잡{잡아} 묵는다구."

그놈의 호랭이 막 쬒껴{쫓겨} 갔대.

---

50 한국학중앙연구원 한국구비문학대계 디지털 자료, "호랑이 물리치고 시아버지 구한 현풍 곽씨 며느리", 구술자 배금석, 2009, 경남 양산시 상북면 석계리 28-1번지 구술자의집.

51 한국학중앙연구원 한국구비문학대계 디지털 자료, "호랑이 쫓은 여자.", 구술자 홍영자, 2009, 강원도 평창군 면온2리 998번지 한경호 자택.

그래고 못 잡아 먹었다잖아.

#청중 : 아이고오, 맙소사.

@1보조조사자 : 못 보던 거라서?

그럼, 못 보던 기래서, 그런 걸 어디서 보나.

지 아가리 보단 더 큰 걸 벌려대고시니, 잡아 먹을라먼 잡아 먹으라고 벌리고있으니.

#청중 : 본 게 있어야. 하하하.

#청중 : 이게 뭐이 그래 그 크나.

그래 호랭이가 쫓겨갔대.

#청중 : 아이그.

아 거긴 빨랜 있어서 피는 벌겋게 나온 걸 벌려 대니까는 그렇지.

〈호랑이 쫓은 여자〉[52]

내 한마디 웃으운 얘기 해야겠어. 선시적 얘기가 아니구. 한 처녀가 저런 인제 산 끝에 나물 뜯으러 갔어. 나물 뜯으러 갔이유. 나물 뜯으러 가서, 나물 뜯으러 갔는데 인제 동네, 나물 다 뜯구서 내려오다가, 동상이 있는데 동상한테 가잴 잡어 줘야겠다. 응 가잴 잡어줘야겠다구 와서 잡는데 이 쪽에서 범이 내려와. 범이 내려오더니 범한테 죽었어, 그 여자가. 죽게 돼 있어, 그 여자가. 아 동상이 가재 잡어달래는 데 범이 내려오니 우떡해여. 이 여자가 꾀를 냈어. 빨개벗었어. 빨개 벗구 뒷걸음을 쳤어. 뒷걸음을 치는데 호랭이가 이렇게 쳐다 보니께 아벌떼… 눈두 코두 없는 놈이 입은 가루 째지구서 그런 놈이 내려오는데 말여, 호랭

52 한국학중앙연구원, 『한국구비문학대계』 4집 3책, 한국학중앙연구원, 1982, 654-655쪽.

이가 도망갔어. 아 그래 가재 그렇게 잡어가 주구 동생을 잘 줬대여.

호랑이를 잡는 수단으로는 거꾸로 걷기/물구나무서기와 음문/성기의 노출 등이 있다. 여성은 위기를 모면하고자 모두 치마를 덮어쓰고 거꾸로 기어 호랑이 앞으로 다가간다. 그리고 이야기 속 호랑이는 이유를 알 수 없는 여성의 행동에 두려움을 느낀다. 이러한 인과 없는 행위를 통해 여성은 생존하고 호랑이는 죽거나 도망친다.

[해학형]의 금제제시의 경우, 기능이 중복되는 경우가 다수다. <호랑이 쫓은 여자>에서 역시 호랑이가 '붉은색'과 '피'를 두려워하는 모습을 보인다. 그러나 결국 물구나무를 선 여성이라는 기능 또한 존재하므로 거꾸로라는 행위와 붉은색이라는 사물의 금제가 중복된 것이라고 할 수 있다.

여성의 형상에 대해 호랑이가 느끼는 두려움은 동일하다. 호랑이는 거꾸로 된 여성을 눈코도 없고 입만 있는 괴물로 느낀다. 마치 호랑이보다 더 큰 입이 거꾸로 움직이는 것을 입이 위아래 두 개인 것으로 보거나 생리 중인 여성이 옷을 벗고 거꾸로 섰을 때의 성기를 붉은 입으로 보기도 한다. 호랑이는 벌거벗고 물구나무를 선 여성의 성기를 '입'으로 오인한다. 이러한 오해는 평범했던 주인공을 도리어 '낯선' 존재로 전환시키고 공포의 대상이었던 호랑이에게 역설적으로 공포를 느끼게 하는 전복의 기제가 된다.

이때 여성의 거꾸로 된 입은 '호문(虎吻)'의 의미와도 상응한다. 호랑이의 입술은 입을 벌린 호랑이를 형상화한 용어이다. 이것은 곧 공포의 입문과도 같다. 호랑이의 입을 통해 그의 뱃속으로 들어가 죽음에 처하게 된 상황에서도, '입'에 대한 동일한 공포를 상기할 수 있다. 호식 역시 마찬가지다. 결국 이 공포의 장치가 주체뿐만 아니라 대상인 호랑이에게도 동일하게 적용되는 것이다. 다만 대상의 위치를 전복하기 위해서는 여성의 경우처럼 '반대'의 장치가 필요하다.

이 반대는 일종의 부정이다. 괴물은 항상 부정에 의해 묘사된다. 인간은 선(善)하나 괴물은 악(惡)하며, 괴물은 물구나무를 선 인간이자 부정된 인간이다.[53] 그러한 괴물을 퇴치하기 위한 방법으로 인간이 다시 물구나무를 서서 부정이 재부정되는 결과를 초래한다.

주인공과 호랑이의 대결은 현실적으로 불합리하다. 때문에 전복의 장치로서 과장된 성적 공격이 등장한다. 치마를 뒤집어쓰고 거꾸로 걷는 행위 등을 통해 호랑이를 공격하거나 꼬리를 밟아 껍질을 벗기는 일도 비합리적인 상황에 속한다. 이렇듯 우연을 기제로 과잉적인 행동과 성적인 공격 등이 부정이 되는 행위로서 작용하고, 이를 통해 논리적 규칙에 반하는 상황들이 일어나게 된다.

해학은 구조적으로 긴장된 상태에서 긴장이 해소될 때 발생한다. 어떤 문제나 결핍으로 인해 위기의 상황에 직면했을 때 긴장이 발생하며 사소한 것으로 긴장이 와해되면서 웃음이 유발된다. 단순한 기대에서 벗어났기 때문에 긴장감이 와해되는 것으로, 이 과정을 통해 비로소 해학이 완성되는 것이다. 이렇듯 해학은 특히 웃음이 유발되는 상황에 집중된다.

[해학형]은 우연(L)의 기능을 통해 호랑이와 대결하고 승리하는 구조이자 웃음과 해학이 발생하는 이야기라고 할 수 있다. [호식형]에서는 호식 자체가 운명으로 받아들여지면서 주인공의 패배가 예정되어 있다. 그러나 [해학형]에서는 호식이라는 죽음에 대한 고정된 관념을 전

53 프랑코 모레티 저/조형준 역, 『공포의 변증법』, 새물결, 2014[2017], 28쪽.

복시킨다. 이 유형은 [호식형]에서 존재했던 유한한 존재의 죽음을 비일상적인 상황과 웃음을 통해 극복하는 이야기라 할 수 있다.

2.2. 신성형

〈호랑이설화〉에서 원조와 조력이 집중적으로 드러나는 이야기가 바로 [신성형]이다. 이 유형을 결핍과 결핍해소의 구조로 재구성하면 다음과 같다.

【표 11】 [신성형] 결핍구조

1. ....

2. ________ 3. ________

4. ________

1. 개별적 결핍 = ɣ
2. 호랑이와 주인공의 만남 = A
3. 호랑이의 원조 = M
4. 주인공의 결핍해소 = Y

1	2	3-1	3-2	4
개별적 결핍	호랑이와 만남	과제제시	과제성공	증여
1차 결핍	2차 결핍	1, 2차 결핍 동기화		1, 2차 결핍해소

주인공의 개별적인 결핍은 호랑이와의 호혜적 관계가 형성되면서 해소된다. [신성형]의 결핍구조에서 호랑이의 원조는 호랑이가 조력한다

는 점에서 동일하나 '과제제시(D)-과제성공(E)'의 유무에 따라 두 가지 양상으로 진행된다.

호랑이의 원조와 도움은 우연을 가장하고 있으나 사실상 원조의 원인은 도입상황에서 찾을 수 있다. 이야기는 호식될 팔자(α)라는 운명론적 필연성을 기조로 진행되며 우발적 상황으로 보이는 도움에서 '신성성'이 발현된다. 이 유형에서는 호식될 팔자(α)라는 상황의 대전제와 호랑이가 제공하는 원조라는 연결성이 개별적 결핍해소(Y)를 이루면서 적대자가 조력자로 전환된다. 이러한 연쇄기능은 유기적이면서 필수적이라 할 수 있다.

【표 12】 [신성형] 결핍-결핍해소 양상

	호랑이눈썹	호랑이불	나물바구니	효자	효부	열녀
과제	-	-	호랑이 새끼 예뻐하기	비녀제거/ 시묘살이	아이 교환	혼인 거부
결핍 해소	혼처, 부(富)	길 인도	나물바구니를 돌려줌	부모 구명 효(孝) 인정	시아버지, 아이 구명	등에 타기/ 위기 탈출
권계	-	-	선(善)	효(孝)	효(孝)	열(烈)

주인공의 불운한 상황을 타개하기 위해서는 위의 표와 같은 호랑이의 원조가 필요하다. 호랑이의 도움은 주인공의 결핍에 따라 다양한 양상으로 전개되며, 어느 때는 주인공에게 필요한 물품을 양도하거나 행동으로 도움을 주기도 한다. 주인공이 호랑이에게 도움을 받는 경우, 특별한 이유 없이 선의의 도움을 제공받거나 인과적 과정에 의해 조건적 도움을 받는 경우로 나뉜다. 두 경우 모두 결과적으로 공포의 대상에게 원조를 받는다는 공통점을 가진다. 이때 호랑이라는 대상은 주인공에게 원조를 증여함으로써 신성화 단계로 진입한다.

호랑이의 신체와 관련한 이야기는 대부분 인간에게 직접적인 도움을 제공하지만, 도움을 주게 된 인과 과정이 생략되어 있다는 공통의 특징이 있다. 인간은 호랑이라는 존재에게 죽음을 요청하지만 호랑이는 도리어 구원의 대상이 된다. '호랑이불'과 '호랑이눈썹'은 주인공의 사전 행위가 없음에도 호랑이가 주인공에게 원조를 해줌으로써 결핍을 해소한다. 자세한 내용은 다음과 같다.

〈호랑이 눈썹의 효험〉[54]

옛날에 가난한 사람이 나무 장사를 하면서 힘들게 살다, 먹고 살 방도가 없자 호랑이에게 가서 먹히는 것이 낫겠다는 생각에 산중으로 찾아갔다. 호랑이가 골짜기를 내려오고 있어 이제 잡아먹히겠구나 생각하였으나 호랑이가 힐긋 보며, 그냥 지나쳤다. 호랑이에게 밥이 되려 왔다고 사정하자 호랑이가 자기 눈썹을 하나 뽑아주면서, 이 걸 들고 서울에 사람 많은 곳을 찾아가면 살아갈 방도가 있을 것이라 일러주었다. 그 사람이 눈썹을 들고 호랑이의 말대로 하니 과연 범띠는 범으로 보이고, 소띠는 소로 보였다. 집에 돌아와 다시 부인을 살펴보니 닭으로 보였다. 팥죽집에 들어가 더부살이를 청하니, 주인이 사정이 딱함을 듣고 아내와 아이를 데리고 와 함께 잘 살았다.

〈불을 밝혀주는 호랑이 산신님〉[55]

54 "호랑이 눈썹의 효험"의 내용은 분량이 많은 관계로, 『한국구비문학대계』의 이야기를 요약·정리하였다.
한국학중앙연구원, 『한국구비문학대계』 7집 4책, 한국학중앙연구원, 1980, 194-195쪽, 참조.

55 한국학중앙연구원 한국구비문학대계 디지털 자료, "불을 밝혀주는 호랑이 산신님", 구술자

#청중1 : 재밌네. 옛날얘기.

절, 절 열심히 믿으먼은 왜 산신령이, 호랭이가 산신령이잖아요.

우리 친정동네는 할머니가 절을 믿어. 혼자. 산고랑이서.

그럼 어딜 갔다 오시는 거여, 인저 시내라든가 어디를.

산고랑이를 가느라고 가메 가메 저만큼 가면, 앞에 가서, 그게 호랭이여.

불이 환하게 밝혀준대.

쫌 가면 또 갈 만하면 또 와서 또 밝혀주고, 또 밝혀주고.

요렇게 그, 그게 인저 산신님이라고. (-중략-)

<호랑이눈썹>에서는 주인공이 가난하거나 혼처를 찾지 못해 호랑이를 찾아온다. 주인공의 결핍요소는 대부분 가난에서 비롯된 부차적인 것들이다. 주인공이 호랑이에게 요구한 것은 구명도 원조도 아니다. 다만 생활의 어려움이나 곤경에 처한 사람들이 호랑이를 찾아와 능동적으로 죽음을 요구한다. 그들의 목적과 요구는 '죽음'으로, 일관적이고 명확하다.

그러나 호랑이는 그들의 의지와 상관없이 주인공의 결핍을 충족하기 위해 주인공을 원조한다. '호랑이눈썹'은 호랑이에게 원조받는 증여물이자 주인공의 결핍을 해소하는 수단이다. 여기서 주인공이 호랑이의 신체 일부를 획득하게 되는 전조 기능은 존재하지 않는다. 주인공은 호랑이의 일방적인 원조에서 형성된 관계이며, 호랑이의 원조는 이유도 목적도 없다. 단지 인간에게 끊임없이 무엇인가를 보내는 것이다.

윤인자, 2017, 충청남도 청양군 비봉면 원동길 56, 신원 1리 마을회관.

'호랑이불'은 밤에 인적이 드문 곳이나 산길에서 사람이 길을 잃거나 목숨이 위험할 때 출현하여 길을 안내해 주는 조력의 역할을 한다. 이 때문에 호랑이라는 대상이 이야기의 내부에서 인간에게 이로움을 주는 유익한 존재로 인식된다. 〈불을 밝혀주는 호랑이 산신님〉, 〈호랑이불 목격담〉, 〈밤길 밝혀준 호랑이〉, 〈길 밝혀준 호랑이〉에서 모두 원조를 받고 난 후, 호랑이의 정체에 대해 상술하는 부분에서 이러한 인식을 확인할 수 있다.

〈불을 밝혀주는 호랑이 산신님〉[56]

"쫌 가면 또 갈 만하면 또 와서 또 밝혀주고, 또 밝혀주고. 요렇게 그, 그게 인저 산신님이라고",

〈호랑이불 목격담〉[57]

"거 산신령이 나를 데려다 줬어."

〈밤길 밝혀준 호랑이〉[58]

"그래서 그, 진짜 산신님이 그랬대요.

---

56 한국학중앙연구원 한국구비문학대계 디지털 자료, "불을 밝혀주는 호랑이 산신님", 구술자 유인자, 2017, 충남 청양군 비봉면 원동길 56. 신원1리 마을회관.

57 한국학중앙연구원 한국구비문학대계 디지털 자료, "호랑이불 목격담", 구술자 선쌍림, 2013, 전남 장흥군 장평면 우산리 우산마을회관.

58 한국학중앙연구원 한국구비문학대계 디지털 자료, "밤길 밝혀준 호랑이", 구술자 김정 애, 2009, 구례군 용방면 용정리 하용마을 323번지 하용마을회관.

<길 밝혀준 호랑이>[59]

"응. 그래서 '아유~ 산신령님 너무 고맙습니다' 그랬더니

위의 화자들의 태도에서 확인할 수 있듯이 호랑이는 위험에 빠진 주인공에게 도움을 줌으로써 주인공으로부터 산신령이나 산신(山神)이란 직접적인 용어로 표현된다. '호랑이불'의 도움은 우연적이며, 일회적인 사건이다. 주인공과 호랑이가 얽히는 특별한 매개 사건이 존재하지 않음에도 호랑이의 원조가 이루어진다는 특징이 있다. 그리고 이러한 도움이 다른 사건으로 연계되지 않고 곧바로 종결된다.

호랑이불은 목격에 국한되지 않으며 이유 없이 인간에게 이로움을 준다는 점에서 호랑이의 속눈썹과 동일한 기능을 수행한다. 호랑이는 신체 일부분만으로도 '신성성'을 표상할 수 있다. 또한 주인공이 처한 결핍의 상황과 호랑이의 원조가 매듭을 형성하고 있다는 점에서 신앙적 의미를 내포하고 있다고 할 수 있다.

효부나 효자, 열녀 등과 관련한 이야기는 효열(孝烈)을 권면하는 이야기로서, 효행(孝行)과 열행(烈行) 등의 가정윤리의 결핍에 관련한 이야기가 주를 이룬다. 이 경우, 주체의 전제적 조건이 필요하다. 도입상황의 '호랑이와 시묘살이나 절에서 만남(A-9)'과 '과제제시(D)-과제해결(E)'이 전제적 조건에 속한다. 호랑이의 신체와 관련한 이야기가 무조건적인 원조로서 단순한 구성을 가진다면, 효열과 관련한 이야기는 사회적 인정이 필요한 인물로 구성되며 주체가 세계의 욕망을 욕망한다.

59 한국학중앙연구원 한국구비문학대계 디지털 자료, "길 밝혀준 호랑이", 구술자 백봉재, 2016, 경기 평택시 포승읍 포승원정6길 37 원정6리 경로당.

이것은 곧 인정을 희구하는 욕망이라 할 수 있다.

효행(孝行)은 주인공에게 요구되는 동일한 결핍요소이다. 그럼에도 불구하고 이야기에서 각각의 인물에게 요구되는 자질과 성격이 다르다. 효자의 경우, 호랑이가 주인공의 시묘살이의 위험함과 어려움을 간접적으로 확인하고 선행적인 도움을 주는 데 반해, 효부의 이야기에서는 자신의 자식과 부모의 사이에서 선택해야만 하는 가혹함이 주어진다. 며느리가 시부를 구하고자 자신의 아이를 건네는 선택의 행위는 일종의 효심(孝心)을 증명하기 위한 방편으로 볼 수 있다. 호랑이는 이러한 행위를 통해 효심의 진정성을 확인한다. 이렇듯 며느리의 이야기에서는 시아버지와 아이의 교환을 통해 효행이 가지는 가치가 확연히 드러난다.

〈호랑이설화〉에서 비녀 제거와 아이 양도라는 선행적 사건은 호랑이라는 원조자를 통해 보상물을 제공받는 이야기이다. 이러한 각각의 기능들은 결국 최초의 결핍을 해소하기 위한 전제적 기능으로 파악할 수 있다. 호랑이는 우선 과제제시를 통해 원조받을 자격을 확인하고 그 후에 인간에게 명당을 주거나 등에 태워 데려다주는 등 보은 형태의 호혜를 제공한다. 다음의 효자 이야기를 통해 구체적인 예를 들 수 있다.

〈봉효자와 호랑이〉[60]

"그 말에 봉씨총각이 함정 속에 들어가서 호랑이를 데리고 나왔는데,

60 한국학중앙연구원 한국구비문학대계 디지털 자료, "봉효자와 호랑이", 구술자 나종삼, 2010, 나주시 반남면 대영리 구영마을 산 8번지 나종삼씨 댁.
차상분의 "효자와 호랑이"와 내용도 이와 흡사하다. 한국학중앙연구원 한국구비문학대계 디지털 자료, "효자와 호랑이", 구술자 차상분, 1982, 경남 의령군 봉수면.

이것은 호랑이를 통해 봉효자의 효성을 세상에 알리기 위한 것이라고 한다."

〈영파마을 효자와 호랑이〉[61]
"원님이 호랑이와 그 남자의 사연을 듣고 남자에게 효자문을 내렸다고 한다."

위의 이야기에서는 주인공이 함정에 빠진 호랑이를 찾아가 구해주는 과정에서 호랑이와의 선행적 원조의 관계를 통해 양자 간의 관계가 외부로 노출된다. 주인공이 모두의 앞에서 호랑이의 목숨을 구하게 되면서 이러한 관계성이 온 나라에 알려진다. 주인공은 "산신령이 도와주는 효자다."라는 의론에 따라 '효자문'이 세워지며, 주인공의 '효성'이 공적으로 인정받게 된다. 이때 효자로서 인정받게 되는 계기가 호랑이와의 관계성이라는 것이 중요하다. 호랑이의 첫 번째 도움이 개인적 차원에서 이루어진 원조라고 한다면 2차적 원조는 공적이면서 사회적 공표를 얻는 것이다.

즉, 주인공이 함정이라는 밀폐된 공간에 호랑이라는 물리적 강자와 함께 들어가 있는 것으로 비범함이 드러나며 나아가 앞서 구축된 친밀한 관계가 노출됨에 따라, 효성이 세상에 널리 알려지고 효자문/효부문/열녀문이라는 공적인 인정을 받기에 이른다. 즉, 호랑이의 2차 원조로 인해 공적이면서 사회적 공표를 얻어 효부문과 효자문, 열녀문 등이

61 한국학중앙연구원 한국구비문학대계 디지털 자료, "영파마을 효자와 호랑이", 구술자 황순식, 2014, 전남 강진군 도암면 석문리 석천마을 마을회관.

세워지는 '인정'이 이루어진다.

원조의 기능이 일회성으로 그친다면 이야기는 단순한 요행이나 도움으로 끝난다. 그러나 원조가 중복된다면 개별적 결핍해소(Y)까지 전개될 수 있다. 호랑이의 2차 조력은 주인공이 호랑이의 등에 탐으로써 상황을 회피할 수 있었던 일시적인 도움이 아닌, 영속적으로 사회에 인정받는 계기가 된다. 결국 2차 원조는 1차에 비해 지속적이며, 완결성을 띠는 조력의 형태라 할 수 있다.

[신성형]에서의 결핍은 공포에 대한 결핍이 아닌 주인공의 개별적 상황에서 발생한 일반적인 결핍이다. [신성형]의 개별적 결핍(ɣ)의 경우, 원조를 받는 대상물과 그 행위만으로 개별적 결핍(ɣ)이 해소된다. 이때, 공포는 부차적인 기능이 된다. 개별적 결핍(ɣ)은 절대적 존재자의 공포와 만나 극대화됨으로써 긴장감을 형성한다. 그러나 중간에 제시된 호식의 공포는 끝내 해소되지 않는다. 공포를 해소할 수 있는 기능이 추가로 발견되지 않기 때문이다. 〈호랑이설화〉에서 '신성'은 단순한 '조력'이나 '원조'의 기능이 아닌 '증여와 공포의 직조를 통한 공존'의 방식을 취한다. [신성형]은 공포를 내재한 상태로 진행되는 서사구조라 할 수 있다.

결국 이야기의 최초 결핍은 해결되나, 공포만큼은 상쇄되지 않고 존재한다. [신성형]에서 가장 중요한 점은 '성스러움'에 '공포'가 개입되는 것이다. 이때의 공포는 극복의 대상이 아닌 성스러움과 함께 공존하게 되면서 외경 그 자체가 된다.

2.3. 홀림형

[홀림형]은 호식을 목적으로 유혹을 시도하는 유형이다. 홀림군의 유혹은 변신에 달려 있으며, 변신은 주체에게 가장 필요한 결핍에 기인한다. 이때 주인공의 결핍은 대상자가 그리워하는 내적 관계의 인물들과 관계된다. 이 유형을 결핍과 결핍해소의 구조로 재구성하면 다음과 같다.

【표 13】 [홀림형] 결핍구조

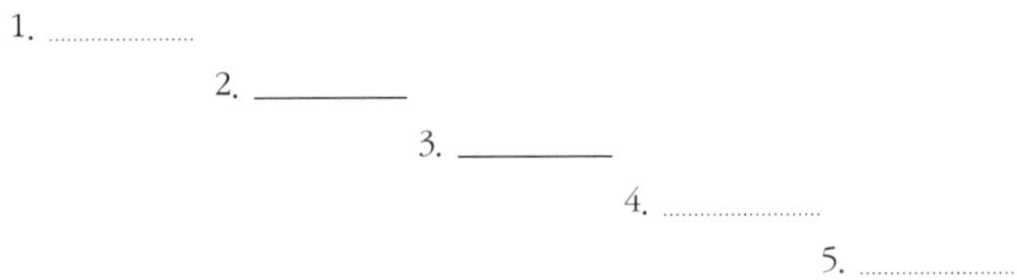

1. 개별적 결핍 = ɣ
2. 호랑이와 만남(죽음에 대한 공포) = A
3. 변신 = H
4. 홀림 = T
5. 죽음 = U-3

1	2	3	4	5
개별적 결핍	호랑이와 만남	변신	홀림	죽음
1차 결핍	2차 결핍	해소과정	1차 결핍해소	2차 결핍해소

[홀림형]에서 주인공의 결핍은 대개 생략되어 있으나 변신과 홀림의 기능을 통해 확인할 수 있다. 즉, 호랑이가 모사하려는 대상 자체가 주인공이 가진 결핍이나 욕구라고 할 수 있다. 이야기에서 주인공의 행위에 관련한 동사를 살펴보면 유혹의 수단과 의미를 더 자세하게 확인할 수 있다.

【표 14】 [홀림형]의 행위 전개

만나다 →	듣다 보다	→ 홀리다 → 죽다

위의 표에 따르면 주인공은 호랑이의 외형과 소리를 통해 홀리게 되어 죽는다. 주인공이 호랑이를 목격할 때, 대개 호랑이가 주인공을 바라보는 시선으로 이야기가 진행된다. 앞서 장산범의 이야기에서 주인공이 호랑이를 목격하기 전에 느꼈던 타자의 '시선'은 그 감각만으로 긴장감을 형성하며, 주체에게 곧 다가올 위험을 짐작하게 한다. 시선은 곧 거리를 의미하며 주인공과 호랑이를 분리하는 경계선이 된다. 주인공은 이러한 경계선에 낯섦을 느끼는 동시에 공포를 지각한다.

감각의 매체가 청각일 경우는 목소리가 수단화된다. 목소리는 주인공과 호랑이의 거리를 좁혀주는 매체이다. 소리는 멀리 떨어져 있어야 하는 존재의 사이를 갑자기 가깝게 만든다. 이때 호랑이가 주인공을 유혹하기 위해 목소리를 모사하는 대상은 호랑이에게 호식된 죽은 가족이다. 곧 그들의 개별적 결핍(ɣ)은 바로 이미 과거에 완료된 가족의 '죽음'이다. 지그문트 프로이트(Sigmund Freud)는 인간의 관계와 죽음에 대해 다음과 같이 설명한다.

> 우리가 사랑하는 누군가의 죽음은 완전한 충격으로 다가온다. 부모나 배우자의 죽음, 형제나 자매의 죽음, 자식 또는 친한 친구의 죽음, 우리의 희망, 우리의 열망, 우리의 기쁨은 그 사람의 시체와 함께 땅에 묻혀 버렸다. 우리는 결코 위로받지 못할 것이다. 우리는 그 사람

이 사라진 자리를 결코 메울 수 없을 것이다.[62]

위의 내용에 따르면 우리가 사랑하는 사람의 죽음은 2인칭의 죽음과 같다. 여기서 '너'의 죽음은 가장 가까운 관계의 소멸을 의미한다. 특히 2인칭의 관계는 곧 가족을 지칭한다. 가족은 혈육으로 이루어진 집단 공동체이다. 즉, 육체를 공유하는 가장 작은 사회의 집단이며 가장 큰 개인적 집단이다. 그런 면에서 가족의 죽음은 타자가 아닌 자기 자신의 상실에 가깝다. '홀림'은 자기 상실이라는 결핍에서 발생한다고 할 수 있다. [홀림형]에서 호랑이의 변신이 주인공의 상실된 2인칭을 핍진하게 모사하는 까닭은 주인공이 호랑이의 변신을 통해 가족이라는 기존의 상실을 대체하고자 하기 때문이다.

이 상실은 이미 지나간 '과거'의 사건이다. 그러므로 이 결핍은 '현재'라는 시간과 거리를 유지하며 이야기 속에 등장하지 않고 생략되는 경우가 많다. 그러나 결국 호랑이와의 만남을 통해 재발견된다. 설사 도입에서 결핍이 구체적으로 제시되지 않더라도 이야기의 전개상 결핍이 해소되는 과정을 통해 주체에게 원래 부과되었던 결핍을 문맥 속에서 환원할 수 있다. [홀림형]에서 주인공은 이미 상실된 결핍을 충족하고자 대상에게서 충족 욕구를 보인다. 가족에 관한 죽음이 전면에 제시되어 있지 않지만, 유혹의 수단이 죽은 가족의 목소리로 등장함으로써 결국 서사 안에 숨은 결핍을 찾을 수 있다. 호랑이라는 대상을 통해 주인공의 결핍을 발견한 것이다.

창귀의 이야기에서 주인공과 호랑이는 음성으로 만난다. '음성'은 프

62 지그문트 바우만 저/함규진 역, 『유동하는 공포』, 산책자, 2009. 77쪽.

란츠 카프카(Franz Kafka)가 말한 것처럼 전적으로 타자의 매체이다. 그에 따르면 약점이나 형이상학적인 허약함과 근본적인 수동성이 비로소 타자의 음성을 들을 수 있게 해 준다. 타자의 음성은 주인공에게 결핍의 상태, 즉, 상처가 있어야만 침투할 수 있다. 음성은 자기 현존을 파괴하여 주체 안에 깊은 균열을 만들어내고, 이 균열을 통해 전적인 타자가 자아 안으로 침입한다.[63] 가족의 죽음을 통해 결핍이 있던 주인공의 내부로 타자의 음성이 침입해 들어오는 것이다. 이때 호랑이는 주인공의 외부에 있지 않다. 복사된 음성을 통해 주인공의 내부에 침입한다. 타자의 음성은 주인공의 개별적 결핍(γ)에 의한 호랑이의 가역적 변신이라 할 수 있다. 호랑이는 주인공의 결핍에 따라 변신의 양상 또한 달라져 주인공의 균열을 메운다. 이로써 주인공과 호랑이라는 전혀 다른 두 존재의 경계가 허물어지게 되면서 분리된 영역이 합치된다.

이 과정에서 주인공과 호랑이를 구분하는 경계가 흐트러진다. 복사된 음성은 상실된 존재를 상기시켜, 호랑이라는 낯선 존재를 망각하게 한다. '홀리다'는 타자라는 낯선 존재가 친숙한 존재로 바뀌게 하는 정신적 과정의 일환이다. 즉, 결국 전혀 다른 존재의 경계를 허물고 자아와 타자가 서로 뒤섞인 혼돈의 상태를 말한다. 이 혼란함 속에서 우리는 침입한 타자를 구분하지 못할뿐더러 복사된 타자의 실체 또한 파악하지 못하고 혼란에 빠진다. 이것이 바로 동일화 과정이다. 다시 말해, 복사된 음성을 통해 침투한 타자가 주인공의 균열과 일치한 상태를 말한다. 이때의 '동일화'는 결핍이 해소된 상태이다. 타자의 변신이 주인공에게 필요한

63 이 단락에서 음성 및 카프카와 관련한 내용은 다음의 책을 참고하였다. 한병철 저/이재영 역, 앞의 책, 2017, 81쪽, 참조.

결핍을 해소했기 때문이다. 호랑이의 변신 자체가 주인공에 대한 원조이며, 곧 결핍해소의 일환일 수 있다. 이것이 바로 홀림의 상태이다.

홀림의 기능 자체가 가지는 의미는 부정적이지 않다. 나를 유혹하는 타자의 목소리는 결국 내 안에 숨은 결핍이 드러나는 것이다. 결핍은 욕망의 또 다른 이름이다. 결국 자신의 결핍해소를 욕망하는 것이다. '나'라는 주체는 숨겨있던 결핍을 해소하기 위해 호랑이라는 매개체를 이용할 뿐이다. 주인공은 자신의 결핍이 타자로 인해 잠정 해소되면서 결핍이 채워진 것 같은 충족감을 느낀다. 때문에 타자로 인해 주인공이 느끼는 감정은 긍정적일 수밖에 없다. 호랑이가 사람을 홀리는 과정에서 발을 들어 재주를 부리거나 주인공의 얼굴을 때릴 때 주인공이 웃게 되는 것은, 홀림의 과정에 진입함을 의미한다. 주인공이 호랑이에게 느끼는 감정이 긍정적이라는 것은 홀림 상태에 이른 주인공의 웃음을 통해 다시 한번 확인할 수 있다.

주인공은 타자와의 동일화를 통해 죽음으로 진행된다. 이 죽음은 유기적인 진행 과정일 수밖에 없다. 결국은 주인공의 개별적 결핍(ɣ)이 실패했기 때문이다. [홀림형]의 결핍은 가족의 상실이다. 호랑이가 변신을 통해 인간의 결핍을 채우는 것은 잠정적 결핍해소에 불과하다. 주인공의 결핍은 절대 충족될 수 없는 '환상'에 가깝다. 호랑이는 주인공의 개별적 결핍(ɣ)을 잠정 해소해 주는 것처럼 보이지만 가족의 상실은 이미 과거 완료된 죽음으로 그들의 결핍해소는 이미 실패한 상황이다. 그러나 주인공은 호랑이라는 대상을 통해 일시적이나마 '거짓'의 결핍해소를 이룬다.

이 상태가 바로 동일화이며 홀림이다. 홀림은 일종의 결핍에 대한 몰입이다. 과도한 몰입을 통한 타자와의 일시적 동일화이자 반사된 자아를 통해 타자가 주인공의 결핍과 일체화한 상태이다. 과거 결핍을 경험했던 주인공이 이미 상실된 것을 다시 발견했을 때 오는 거짓 충족감은 죽음의 충동과 함께 찾아온다. 정신적 죽음이 주인공과 호랑이의 정신적 동일화라면 홀림을 통한 호식의 행위 역시 육체적 동일화를 통해 삼켜지는 것이다. 이때의 정신적 죽음 역시 죽음의 일종이라 할 수 있다. [호식형]의 육체적 죽음이 호랑이라는 대상에 삼켜 없어지는 것이라면, [홀림형]의 정신적 죽음은 바로 존재론적으로 혼돈에 삼켜지는 것과 같다. 다만 육체적 죽음 이전에 정신적 죽음이 진행될 뿐, 결과적으로는 정신적 죽음과 육체적 죽음을 맞게 된다.

[홀림형]에서의 공포는 홀림에서 오는 것이 아닌, 홀림에서 빠져나왔을 때 발생한다. 홀림(H)이라는 기능이 변신을 통해 타자의 얼굴에서 찾고자 했던 것은 익숙함이다. 호랑이는 변신을 통해 주인공과 동일화된다. 그러나 호랑이의 실체가 노출되면서 주인공과 호랑이는 다시 분리된다. 주인공은 호랑이라는 복사된 대상을 통해 결핍해소를 욕망하였으나 오히려 완전한 충족이 실패되면서 모사와 왜곡 사이의 대립을 더욱 공허하게 만든다.

[홀림형]은 개인의 결핍이 잠정 해소된 상태와 죽음이 혼재된 복합적인 유형이다. 개인의 결핍해소는 곧 정신적 죽음이 보여주는 한 일면에 지나지 않는다. 그런데도 우리는 결핍의 해소를 희구한다. 그것은 결핍해소로 진행되고자 하는 일반적인 전개과정인 동시에, 인간이 욕구를 해결하고자 하는 자연스러운 과정 중 하나이다. 홀림군의 유혹은 결핍을 해소하고자 하는 욕망이 결국 주인공을 죽음으로 유도한다는 점에서 공포스럽다. [홀림형]은 죽음의 유혹이 내재된 유형이다. 그리고 호랑이의 유혹은 쾌락에 가까운 공포를 선사한다. 여기서 유혹과 공포의 상보적 관계가 재증명된다고 할 수 있다.

3절. 필연성, 인과성, 우연성 그리고 공포

〈호랑이설화〉에서 결핍과 결핍해소를 연결하는 결합방식은 크게 필연성, 우연성, 인과성으로 나뉜다. 세 가지 방식은 기능을 연결하여 연쇄기능을 형성하고, 결핍과 결핍해소를 잇는 역할을 한다. 앞서 살펴봤던 [호식형], [해학형], [신성형], [홀림형]은 세 방식에 따라 기능들과 직조되며 주제적 차이를 갖는다.

〈호랑이설화〉에서 주체-타자의 관계는 '결핍-욕구-욕구충족/결핍해소'의 3단계로 구성되어 있으며 욕구를 매개로 한 주인공과 호랑이의 대상관계가 이야기의 핵심이 된다. 결핍에 대한 '욕구'는 호랑이의 원조를 통해 충족된다. 각 유형의 결핍구조와 직조 방식은 다음과 같다.

【표 15】 유형별 결핍의 결합방식

유형	결핍과 결합방식 구성
호식형	죽음에 대한 공포(공통) + 필연성 → 호식(죽음)
해학형	개별결핍 + 안긴공포(죽음) + 우연성 + (원조) → 해학
신성형	개별결핍 + 안긴공포(죽음) + 우연성/인과성/필연성 + 원조 → 신성
홀림형	개별결핍 + 안긴공포(죽음) + 필연성/인과성 + (원조) → 홀림

호랑이와 인간의 만남은 단순한 우연을 가장하고 있지만, 우연만 존재하는 것은 아니다. [호식형]은 호식될 팔자라는 필연성과 결합하면서 주인공의 호식으로 끝난다. [호식형]에서 호랑이와의 만남은 곧 호

식될 팔자에 대한 증명이다. 이것은 단순한 사건도 일회적인 우연도 아닌, 이미 정해진 운명의 진행인 것이다. [호식형]의 이야기는 필연성을 전제로 하여, 어떤 기능의 삽입도 없이 '호랑이와의 만남(A)-호식(U)', 또는 '호랑이와의 만남(A)-호랑이 등에 타기(F)' 형식으로의 전개가 이루어진다고 할 수 있다. [호식형]에서 호랑이와의 만남 자체는 호식될 팔자(α)가 대체된 기능으로 볼 수 있다.

호식될 팔자 선택(B) 역시 일정한 법칙이 자리한다. 호식은 무분별한 식인이 아닌, 호랑이가 옷과 손수건 등을 통해 직접 희생자를 선택하게 한다. 이러한 과정은 호식될 팔자의 선택이 과제결과에 따른 인과적 결과처럼 보이게 한다. 그러나 호식할 대상에게 주어진 과제의 성격은 대결이나 능력의 검증이 아닌 단순한 '선택'에 불과하다. 즉, 호식될 팔자로 선택되는 것은 이미 정해진 운명의 결과를 노출하는 계기일 뿐, 주인공의 의지나 행위가 결과에 개입될 가능성은 없음을 시사한다.

호식될 팔자의 선택(B)은 이미 축약되거나 생략된 호식될 팔자(α)의 맥락을 설명해 주기 위한 부연 기능이라 할 수 있다. 이때 호식될 팔자(α)와 호랑이의 만남(A)은 연쇄기능으로 결합한다. 개별적 결핍(γ)을 제외한 기본요소는 결국 필연성으로 귀결되는 관계라 할 수 있다. 결국 〈호랑이설화〉의 도입상황에서 보이는 필연성과 인과성은 정도의 차이를 가질 뿐, 같은 계열로 볼 수 있다. [신성형]에서 호랑이가 주인공을 원조하기 위해 제시한 과제는 호식의 대상을 '선택'하는 과정과 유사하다. 호식될 팔자 선택(B) 역시 과제의 성격을 갖는 듯 보이지만 호식될 팔자라는 대전제에 수렴되는 기능 중 하나였다. 결국 〈호랑이설화〉에서의 인과성 또한 필연성을 정당화하기 위한 과정으로 판단할 수 있다.

우연성은 필연성의 대척 지점에 있다. 우연은 단순한 기적이나 요행이며, 어떠한 의도가 존재하지 않는 단순한 일회적 상황을 의미한다. 해학은 우연성을 통해 의외성을 획득하면서 발현된다. 결과적으로 우연은 주인공과 호랑이의 오해 사이에서 발생한다고 할 수 있다. 유한한 존재는 죽음의 프레임에서 결코 자유로울 수 없다. 필연적이었던 죽음의 공포는 결코 인과적 방법으로 해결되지 않는다. 그러나 우연만큼은 가능하다. 이야기에 우연이 개입되면서 의외의 상황이 발생하고, 결국 불합리한 방법으로 죽음의 문제를 손쉽게 해결해 버린다. 이러한 과정의 결과는 우연이 결국 죽음이라는 필연과 대립의 지점에 서 있음을 방증한다.

이야기 속에서 보이는 필연성과 인과성, 우연성의 관계를 수직선으로 표현하면 다음과 같다.

【표 16】 필연성, 인과성, 우연성의 관계

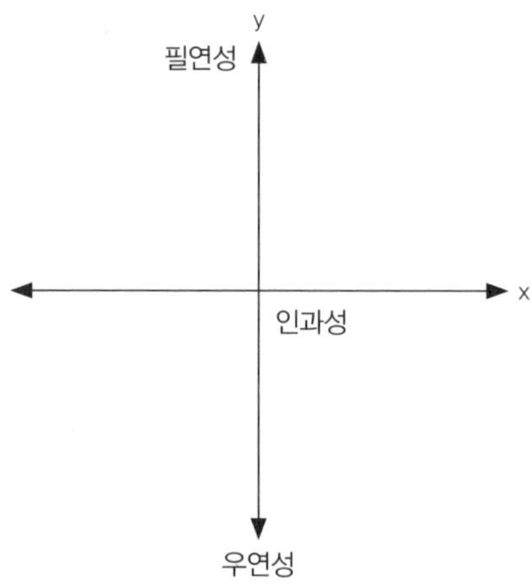

x축은 결핍과 결핍해소에 관여하는 주인공과 호랑이의 대상관계를

의미한다. 주인공이 호랑이에 대해 긍정적일 경우 '+'로 수직선의 오른쪽에 위치하며, 부정적일 경우 '-'로 수직선의 왼쪽에 위치한다. 이렇듯 관계대상에 따라 수직선의 위치가 결정된다.

y축은 필연성과 인과성, 우연성의 관계를 설명한다. 인과성은 곧 필연성에 귀속되려는 성격을 갖는 반면, 필연성과 우연성은 대척 관계에 놓여있다. 결국 이들의 결합방식은 필연성을 기점으로 설명할 수 있다. 위 수직선에 따라 4개의 유형을 정리하면 다음의 표와 같다.

【표 17】 유형별 결합방식과 대상

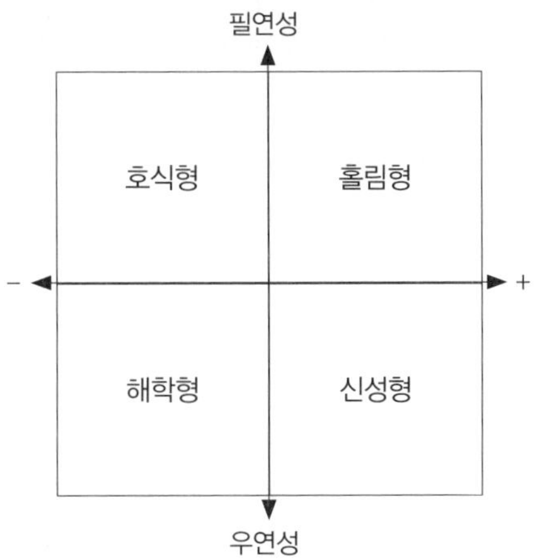

[호식형]과 [홀림형]의 공포성은 유사한 지점이 많다. [홀림형]과 [호식형]은 호식될 팔자(α)를 부여받았다는 점에서 동일하다. 특히 [홀림형]은 관계대상에 따라 언제든지 [호식형]으로 발전할 수 있다. 다만 [홀림형]의 경우, 구조적으로 개별적 결핍(γ)이 매개된다. [홀림형]에서 호랑이는 주인공을 호식하기 전, 잠정적으로 주인공의 결핍을 해소해준다는 점에서 긍정적 측면도 자리한다. 즉, 여기서 호랑이는 원조자이면서

대립자이다. 호랑이가 주인공과의 관계에서 각기 다른 역할을 중복적으로 수행한다는 점에서 [홀림형]과 [호식형]은 분명한 차이가 있다.

[신성형]은 필연성, 인과성, 우연성 모두가 나타난다. 즉, y축으로의 움직임이 가능한 유형이라 할 수 있다. [해학형]과 [신성형]은 호랑이를 조력자로 사용하기도 한다. [해학형]에서 [신성형]으로 진행될수록 호랑이와 인간의 관계는 긍정적 방향인 +의 영역으로 이동한다. [신성형]은 호랑이와 주인공의 우호적 관계가 강조될수록 수직선의 오른쪽으로 이동되며, 원조의 성격이 우연성에서 인과성으로, 인과성에서 필연성으로 강화될수록 신성성에 가까워진다는 특징이 있다.

[신성형]의 도입상황에 전제된 결핍은 호랑이라는 조력자를 통해 해소된다. 이러한 과정이 수반되어야만 대상의 원조(M)가 개별적 결핍해소(Y)로 진행될 수 있다. 이때 대상의 원조는 '과제제시(D)-과제해결(E)'이라는 조건적 제한 아래에 진행하되 인과적이어야 하며, 마땅한 원조로서 보상을 진행해야만 한다. 인간과 우호적 관계인 호랑이는 시혜자로서 인간의 행위에 영향을 받는다. '인과성'의 성격은 이러한 이유에서 발현된다.

[신성형]이 단순한 원조(M)의 기능에서 충족되는 것이 아닌 원조(M)의 확장이라 할 수 있는 '개별적 결핍해소(Y)-사회적 인정(Y-1-1)'으로 진행되기 위해서는 우발이나 우연이 아닌 조건적 제한이 필수적으로 선행되어야 한다. 만약 그러한 과정이 전제되어 있지 않다면 주체는 단순한 요행이나 횡재, 또는 우연에 의한 일회적 도움으로 끝날 뿐이다. 서사에서 '호랑이와 만남(A)-원조(M)-주인공의 생존(X)'의 구조는 특히 우연성이 강조되는 구조이다. 이때의 우연성은 신성성보다 요행이나 행운의 의미가 강하다.

이와 다르게, 주체가 대상의 원조에서 신성을 느끼게 되는 과정에는 호식될 팔자(α)의 결핍실패와 원조(M)에서 개별적 결핍해소(Y)로의 진행이 전제되어야 한다. 결과적으로 '과제제시(D)-과제해결(E)'에서 원조(M)로 진행될 때 신성함이 강조된다. 즉, 우연한 사건은 조건적 증여보다 신성성이 약화된 것이다. 결국 인과성은 우연성보다 신성성이 강조되며, 필연성은 인과성보다 신성성의 밀도가 높다고 할 수 있다.

[신성형]에서는 호랑이와의 만남 자체는 여전히 공포를 표상한다. 이 유형에서는 공포라는 두려움을 해소하려 하지 않는다. 어떠한 기능도 호식될 팔자(α)라는 기능을 상쇄시키기 위해 기능하지 않는다. 호식될 팔자(α)는 여전히 해소되지 않은 채 서사의 끝까지 존속하고 있는 기능이라 할 수 있다. 이 유형에서 공포 자체는 끝끝내 해결되지 않는다.

신성함은 인간의 생명 자체와 결부되어 있다. 신성에는 항상 공포와 위협의 요소가 존재한다. 기존의 실질적 공포가 죽음이 배제된 위협의 공포로서 전개되고, 더불어 대상의 원조가 결합함으로써 신성으로 전개된다. [신성형]은 '공포'에 대해서 인지할 뿐, 직접적인 해결이 없는 서사이다. 공포라는 결핍 자체에 또 다른 개인의 결핍이 매개되면서 공포가 아닌 개인의 결핍을 원조로 해결함으로써 결과적으로 남아있는 공포에 성스러움이 함의하게 된다.

결과적으로 [신성형]의 구조는 호식될 팔자(α)가 아니었으므로 죽지 않고 도움을 받는다는 필연성으로 귀착된다. 즉, 이 유형은 어려움 속에서 상위의 존재자에게 필연적 원조를 받게 되는 구조로서 범인(凡人)이 증여할 수 없는 대상물일수록 더욱더 성(聖)에 가까워진다. 이때의 호랑이는 '산신령'이나 '노인'의 모습이 아닌 호랑이 그 자체만으로도 신격화된다.

[홀림형]은 호식될 팔자라는 필연성과 호식될 팔자의 집안이라는 인과성이 결합된 유형이다. [해학형]과 [홀림형]에서 우연(L)과 홀림(H)은 비슷한 기능을 수행하는 듯 보이지만 결합방식에서 차이를 보인다. [해학형]의 우연(L)이 우연성이라고 한다면 [홀림형]의 홀림(H)은 필연성과 인과성에서 발현된 기능이라 할 수 있다.

[해학형]은 나머지 안긴공포성과 반대로 결핍 자체가 공포에 대한 결핍에서부터 시작된다. 이야기의 갈등 자체가 [호식형]과 반대이며 공포를 전복하기 위한 구조로 진행된다. 이때, 상황을 반전시킬 속임수가 서사 내부에 개입된다. 바로 '해학'이다. 해학의 우스꽝스러운 상황은 우연에서 비롯되며, 주체가 전혀 의도하지 않았다는 것이 중요하다. 결국 해학의 가장 큰 속임수는 '우연성'이다.

지혜 또한 우연과 같은 맥락에 해당한다. 육체적 강자와 약자의 불균등한 관계 선상에서 강자를 전복시킬 수 있다는 지혜 역시 상하의 체계를 전복할 수 있는 '속임수'에 해당한다고 할 수 있다. 우연은 '일회적'이며 결코 반복되지 않는다. 요행은 불시에 방문하여, 마치 환상처럼 위험했던 상황을 전복시킨다. 그러나 이 우연 역시 호식할 팔자가 아닌 사람을 호식에서 멀어지게 하기 위한 필연성의 일부일 뿐이다. 결국 〈호랑이설화〉의 세계관은 호식할 팔자라는 전제된 죽음 아래 직조된 운명론적 서사라고 할 수 있다.

호식될 팔자는 죽음이라는 필연성에 전제된 공통의 도입으로서, 〈호랑이설화〉의 유형은 죽음에 대한 고민의 결과물이라 할 수 있다. 죽음은 모든 생명체의 생존 본능에 내재된 원초적 공포이자 예외 없이 불가해한 영역이다. 그래서 모든 인간의 문화란, 죽음에 대한 의식 속에서도 삶을 활기 있게 하도록 고안된 교묘한 장치로 해독할

수 있다.[64]

인간만이 죽음의 불가피성을 인식하고 있음에도 불구하고, 죽음을 수용하기 위해서 또는 죽음을 극복하기 위해 고민한다. 우리는 공포를 통해 죽음을 인식한다. 그중 호랑이는 인간에게 내재된 죽음의 영역을 수면으로 끌어올리는 기폭 장치라 할 수 있다. 호랑이설화의 유형들은 죽음이라는 결핍을 해소하기 위해 우연성/필연성/인과성과 결합하여 호식의 근원적인 공포성과 해학과 신성, 홀림 등의 2차적 주제로 연결되는 맥락을 제공한다는 점에서 그 의의를 갖는다.

64 지그문트 바우만 저/함규진 역, 앞의 책, 59쪽.

4절. 호랑이설화의 공포성과 의미

2장 1절에서는 [호식형]의 버스괴담과 [홀림형]의 창귀와 장산범이 현재까지 전승되고 있다는 점에서 공포담으로서의 구비문학의 영향력을 재삼 확인할 수 있었다. 그러나 그동안 구비문학이라는 장르에서 '공포' 자체만을 다룬 연구의 영역은 협소했다. 〈호랑이설화〉는 호식이라는 죽음에 대한 위협과 공포에서 발원한 공포담으로서 다시 한번 주제적 의미를 점검할 필요가 있다.

호랑이라는 대상 자체가 담보한 공포의 영역은 다층적이며 유형별로 차이를 보인다. 이러한 차이는 2장의 2절에서 확인한 안은공포성과 안긴공포성에서 찾을 수 있으며, 세부적으로는 '홀림'의 구체적인 기능과 희생자의 분포에서 더욱 자세하게 드러난다.

[호식형]에서 죽음의 공포는 운명과 마주침이다. 이때 호랑이와의 만남 자체는 죽음에 대한 위협과 긴장, 불안감 등이 모두 내재하여 있다. 이것이 바로 [호식형]의 기본적인 공포라 할 수 있다. 이러한 기본적인 속성으로 말미암아 호랑이가 주인공에게 죽음을 선사하는 방법 역시 두 가지로 나뉜다. 바로 육체적인 죽음과 정신적인 죽음이다. [신성형]과 [해학형]이 [호식형]에서 파생된 유형으로서, 육체적인 죽음의 순응과 그에 대한 반동으로 서사가 전개된다면 정신적인 죽음은 [홀림형]에 한정된다.

정신적인 죽음은 홀림의 수단과 관련이 깊다. 홀림의 수단은 곧 변신이며, 호랑이는 변신의 양상에 따라 단계적 차이를 갖는다. 이를 정리하면 다음과 같다.

【표 18】 호랑이 변신의 단계적 차이

감각의 구분	시각			청각
변신의 단계	변신 1	변신 2	변신 3	변신 4
	외형1(色)	외형2(호랑이)	외형3(사람)	소리
백호	백색	호랑이	-	-
평안도 괴수(맥)	백색	호랑이 발톱	-	-
인면괴수(포효)	-	호랑이 이빨	사람의 얼굴 사람의 손톱	어린아이 목소리
인면괴수(마복)	-	호랑이 몸	사람의 얼굴	어린아이 목소리
창귀		호랑이 사령	사람의 혼	가족의 목소리
장산범	백색	호랑이 털, 몸	사람의 얼굴형	모든 목소리
해와 달이 된 오누이	백색 손	호랑이	사람의 행색 (머릿수건, 옷차림)	어머니 목소리

위의 표에 따르면 호랑이의 변화는 주인공과 관련되어 있으며 모사 대상에 따라 구분된다. 이러한 변신의 양상에 따라 호랑이라는 대상을 재분류할 수 있다. 호랑이 변신은 크게 외형과 소리로 나뉘며, 각각의 변화는 '홀림'이라는 기능을 수행하기 위해 수반된다. 앞서 다룬 장삼범의 이야기에서 구술자는 인간을 유혹하고 식인하는 호랑이를 따로 '범'으로 명명하고 분리하였다. 이러한 명칭의 구분 역시 '홀림'의 단계적 차이와 관련이 깊다. 홀림의 기능에 따라 호랑이의 존재를 구분하면 다음과 같다.

【표 19】 '호랑이'와 '범'의 유형별 구분

대상	유형	존재
호랑이	호식형	동물
	해학형	동물
	신성형	신
범	홀림형	괴물

위 표에 따르면 호랑이는 [홀림형]에서 등장하는 경우와 그 외의 유형으로 구분할 수 있다. [호식형]에서 호랑이가 주인공을 잡아먹는 단순한 동물이었다면, [홀림형]에서는 사람과 호랑이의 중간자적 형태로서 주체에 따라 가역적 '변신'을 하는 존재이다. 즉, 변화의 외연이 넓어진 것이라 말할 수 있다.

〈호랑이설화〉는 호랑이라는 대상과 주인공의 결핍이 '관계'하는 서사이다. 이를 통해 공포의 속성이 달라진다. 특히 변신이 가능한 대상은 단순한 동물이 아닌 괴이한 존재, 즉, '괴물(怪物)'에 가깝다. 괴물은 주인공과의 관계 속에 가역적 변신을 시도한다. 호랑이의 변신은 미지의 존재로의 전환을 의미한다. 주인공은 이미 변화한 호랑이의 실체를 인식하는 데 어려움을 겪는다. 그리고 정체가 확인되지 않는 존재의 불안정함 속에서 주인공의 공포가 발생한다.

호랑이는 유형에 따라 신과 이방인, 괴물의 존재로 특징을 규명할 수 있다. 〈호랑이설화〉에서 호랑이가 변신한 중(僧)은 신의 대리자이면서 밖에서 안으로 찾아온 이방인이다. 호랑이라는 대상은 주인공에게 자신의 영역 밖에서 찾아온 낯선 이방인이자, 일상적 상황에서 벗어나 공포의 공간으로 유혹하는 낯선 존재이다. 중은 일면 사람의 모습도 있으나 결국은 호랑이의 형태로 식인(食人)하는 괴물이다. 이 경우 변신의 주체를 찾기 모호하다. 호랑이가 중으로 변신한 것인지, 중이 호랑이로 변신한 것인지 분간하기 어렵다.

대부분의 〈호랑이설화〉의 유형이 밖에 있는 적이자 낯선 존재인 이방인과 대결하는 것이라면 [홀림형]은 안에 있는 적과 대결하는 구도라 할 수 있다. 이러한 특징은 주인공의 결핍의 형태와 밀접한 연관성이 있다. [홀림형]에서 주인공은 호랑이라는 대상을 통해 자신의 욕망을 담지한다. 호랑이는 변신을 통해 주인공이 원하는 환상을 만들고, 이 환상을 통해 결핍을 채우려고 하는 주인공이 호랑이라는 대상과 관계를 맺는다. 주인공의 결핍에서 태어난 호랑이는 결핍을 메우기 위한 부분대상으로 접근하여, 결국에는 주인공의 전부를 흡수하려고 한다. 이것은 새로운 호식의 의미로서, 주인공의 종속화를 상징한다. 기존의 〈호랑이설화〉가 육체적인 종속에 집중되었다면 [홀림형]은 정신적인 종속을 통해 공포와 죽음의 또 다른 일면을 보여준다.

우리는 자주, 본능적으로 거부감을 느끼게 되는 무의식적 두려움들을 타인에게 투사한다.[65] 가끔 이런 두려움은 억압되어 있다. 그러나 결국 '억압된 것'은 다시금 회귀하여 나타난다. 괴물은 주체의 억압된 결핍을 실체화한 존재이다. [홀림형]의 결핍은 가려진 결핍이며, 무의식 속에 숨은 균열의 증거이다. 호랑이는 주체의 균열을 틈타 내부로 침입한 최종의 적으로서, 친숙한 것과 낯선 것에서 주체가 어떻게 분열되는지를 보여준다.

신성과 공포의 중간에서 발생하는 친숙함과 낯섦은 주인공과의 결핍과 관련한 호랑이와의 관계에서 비롯한다. 친숙함은 '우호적 관계'

---

65 리처드 커니 저/이지영 역, 『이방인, 신, 괴물』, 개마고원, 20016[2004], 16쪽.

에 기초한 자연스러운 감정의 흐름이다. 그러나 위험과 위협을 야기하는 적대적 존재로서의 낯섦 역시 동반되는 것이다. 두려움은 주로 낯선 것, 그리고 정체를 알 수 없는 미지의 것에서 태어난다. [홀림형]에서의 두려움은 홀림의 상태에서 각성되었을 때이다. 주체의 안에 침투했던 또 다른 자아가 익숙한 것이 아닌 타자로 인지되었을 때, 비로소 두려움이 발발하게 된다. 이런 두려움은 주인공과 전혀 다른 '부정성(否定性)'을 전제로 한다. 이때 [홀림형]의 공포가 더욱 극대화된다.

동물과 괴물은 정상과 비정상의 범주로 치환된다. 정상의 범주는 자신의 내부에서 동떨어진 바깥의 존재에 대한 인식이다. 즉, 자신의 내부와 타자와의 거리감을 통해 완벽한 타자로서 주체에게 인식되는 것이다. 그러므로 주체는 마땅히 나와 분리된 '대상'으로 인지된다. 그러나 비정상은 주체의 자아와 타자의 거리감이 소멸되는 경우를 말한다. 이 경우에 대상을 더 이상 적으로 간주할 수 없다. [홀림형]에서는 이러한 적의 불명확함이 바로 공포의 기조가 된다.

장 보드리야르(Jean Baudrillard)는 다음과 같이 인간의 적을 계보로 정리하였다.[66]

【표 20】 '보드리야르'의 적의 계보

늑대 → 쥐 → 해충 → 바이러스

보드리야르에 따르면 인간에게 대립하는 적(敵)의 대상은 늑대를 기점으로 점점 소규모의 변화를 거듭한 끝에 바이러스로 진행되었다. 적

66 한병철, 앞의 책, 19쪽.

의 계보에서는 인간과 대적 관계를 형성하는 대상이 소규모화될수록 적의 구분이 불명확해진다. 즉, 적이 나인지 내가 적인지 혼동되면서 적의 타자성이 사라지고 내재화된다.[67] 주체의 내부로 침투한 타자가 적으로 인지되지 않아서 방비하지 못하는 최악의 상황으로 치닫는 것이 현재의 가장 큰 공포라 할 수 있다.

결국 적의 계보는 〈호랑이설화〉가 보여준 공포의 유형과 유사한 면이 있다. [홀림형]은 바로 바이러스에 상응하는 경우이다. 즉, 가장 소규모화되면서 적의 구분이 어려운 대상이 나의 내부로 침입함으로써, 자아와 타자의 구분이 사라져 버린다. 면역학적 저항은 이질적인 '차이'에서 비롯되며 같은 것은 배척하지 않는다.[68] [홀림형]의 몰입을 통한 동일화는 '타자'로 인지되어야 할 낯선 대상에 대한 두려움을 불식시킨다. 동일화라는 홀림 자체는 더 이상 두려움의 기능은 아니지만, 적을 분간할 수 없는 '적'의 대상이야말로 두려움 그 자체가 된다.

호랑이가 단순한 동물에서 괴물로까지 확장되면서 희생자의 유형도 변모된다. 이때 가장 중요한 것은 이야기의 결핍이다. 최초의 결핍에 따라 중간에 삽입되는 호랑이의 기능과 표상하는 공포성 또한 달라진다. [호식형]은 호식이라는 공통적 공포가 남녀노소 모두에게 통용되었다면, [호식형] 외의 세 유형은 개별적 결핍이 각기 다르게 진행됐다가, 호랑이라는 대상을 통해 동시에 해소된다. 이야기의 구조 안에서 기능을 통해 공포 자체가 극복되지 못하면 결국 공포는 그 자체로 남아있게 된다.

67 한병철, 위의 책, 20쪽.

68 한병철, 위의 책, 20쪽.

공포의 결과는 희생자를 통해 나타나며 그에 따라 공포의 단면을 확인할 수 있다. 〈호랑이설화〉에서 희생의 대상은 개인에서 '가족'으로 확대된다. [호식형]과 [해학형], [신성형]이 개인과 호랑이의 대결이라면, [홀림형]은 호랑이와 집단의 대결로 확대된다. 동물로서의 호랑이가 호식이라는 육체적인 공포로 사람들을 위협한다면 괴물로서의 호랑이는 개인의 가장 약한 부면인 사회적 관계망 속에 침입하여 공포를 전염시킨다.

사회학적으로 분석했을 때 이 '괴물'에 의해 가장 크게 위협받는 제도 중의 하나가 가족이다. [호식형], [해학형], [신성형] 중 호환(虎患)에 관련한 문제는 집단의 문제로 확대되지 않고 단지 개인의 문제로 종결된다. 그러나 [홀림형]은 개인에서 개인이 소속된 가족으로 영역이 확대된다. 이러한 집단의 확대와 전이가 결국은 개인의 문제가 아닌 사회적 문제이자 사회적 공포로 귀결될 가능성을 지닌다고 할 수 있다.

창귀의 이야기는 가장 친숙한 인물이 비극적 서사에 개입되어 있다. 그래서 단순한 호식의 이야기보다 정신적 죽음의 경우가 더욱 비극적이다. 호랑이라는 적은 우리에게 자아의 바깥이나 경계에서, 또는 내부에서 자기 자신과 투쟁해야 하는 존재이다. [홀림형]의 공포는 자기 자신 또는 가족과 대립해야 한다는 점에서 비극성을 내포하고 있는 유형이자 결핍을 해소하고자 하는 카타르시스가 진행되는 유형이라 할 수 있다. 여기에서 다시 한번 호랑이가 갖는 유혹과 공포의 상보적 관계가 증명된다.

3장 · 호랑이 설화의 유형별 이야기

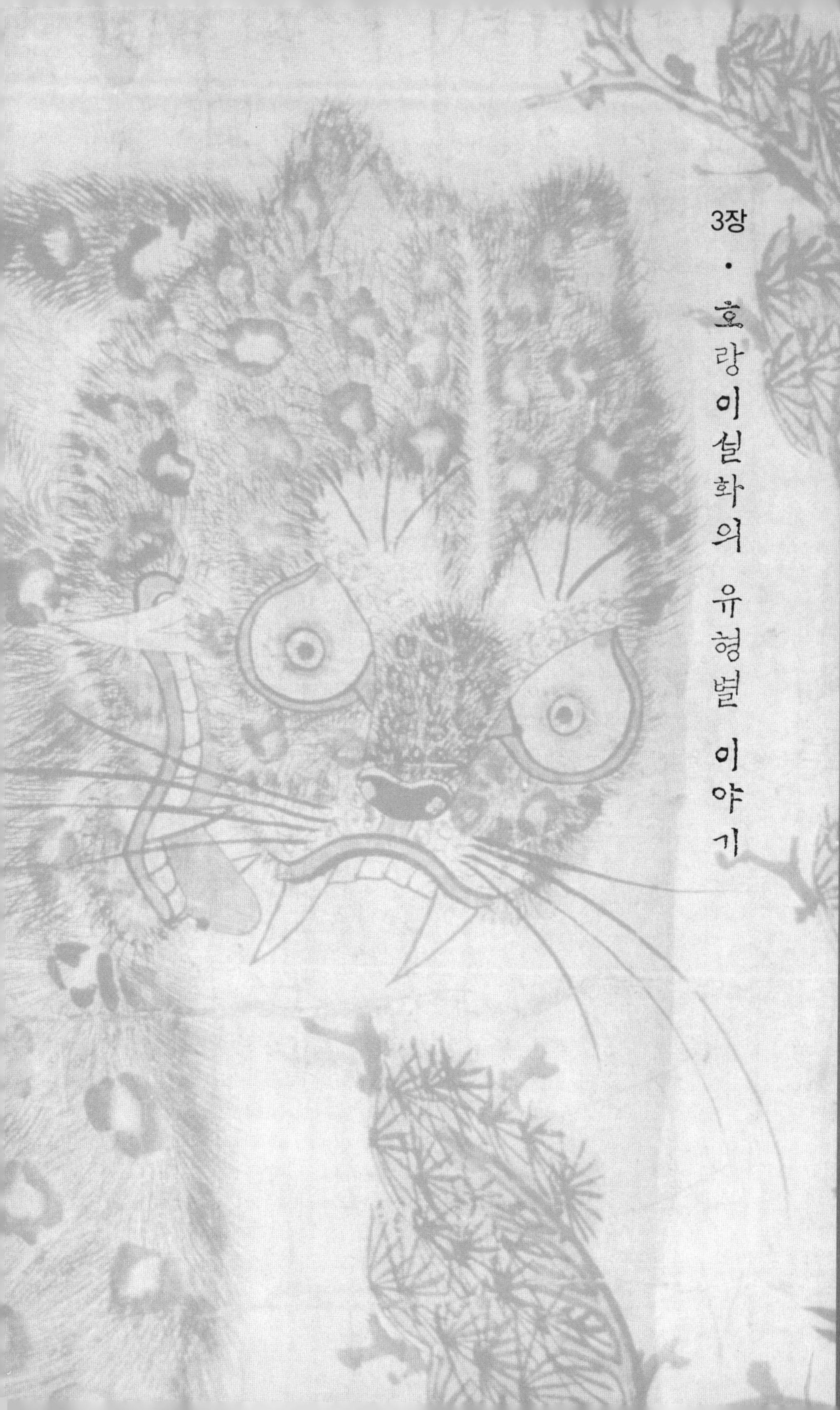

4 호랑이와 까치

사진제공: 국립중앙박물관

3장
호랑이설화의 유형별 이야기[1]

이 장에서는 호랑이설화의 각 유형별 이야기를 수록하였다. 다만 이야기의 원본이 현장성을 가진 구술채록이므로 가독성을 위해 각색하였고 내용에 맞게 제목을 수정하였다. 또한 해석이 어려운 방언이나 사자성어는 풀어쓰되, 이야기의 현장감을 위해 생생한 날 것의 표현인 의성어와 의태어는 최대한 살렸다. 간혹 지금은 쓰지 않은 용어이나 의미가 있는 경우에는 이야기의 맥락과 언어의 보존을 위해 함께 적었다. 더불어 내용의 이해를 돕고 자료를 풍부하게 구성하기 위해서 그림과 사진들을 첨부하였다. 그림과 사진은 국립중앙박물관과 국립민속박물관에 소장된 작품을 위주로 구성하였다.

〈호랑이설화〉의 유형별 대표 이야기 목록은 다음의【표 4】와 같다.

1 본문에서 디지털 자료를 인용할 경우, 주소와 검색일자는 중복되므로 이하 생략하되, '한국학중앙연구원 한국구비문학대계 디지털 자료, "제목", 구술자 ooo, 채록년도, 채록지'의 순으로 표기한다.

【표 4】 유형별 대표 이야기 목록

구분	유형	대표 이야기
1절.	**호식형**: 호식하는 호랑이	1. 호식담 2. 호식당할 팔자: 백호살 3. 호식 극복담
2절.	**신성형**: 신성한 호랑이	1. 호랑이불 2. 호랑이 눈썹 3. 호랑이와 효자 4. 호랑이와 효부 5. 호랑이와 보은
3절.	**해학형**: 우스꽝스러운 호랑이	1. 호랑이와 곶감 2. 호랑이와 기름강아지 3. 호랑이 가죽벗기기 4. 호랑이 뱃속에서 살아나온 사람 5. 호랑이 쫓은 여자 6. 호랑이와 할머니 7. 호랑이와 실제 인물
4절.	**홀림형**: 홀리는 호랑이	1. 창귀: 육혼, 육발호랑이 2. 사람의 혼을 홀리는 호랑이 3. 해와 달이 된 오누이
5절.	**현대**에 나타난 호랑이	버스담 범: 장산범
6절.	기타	호랑이형님 사위 호랑이

5 맹호도
사진제공: 국립중앙박물관

"아야, 저녁에 메주콩 많이 먹으면 호랑이한테 물려간다."

1절. 호식하는 호랑이

1. 호식담

〈간을 빼먹은 호랑이〉[2]

실제 일어난 일이다. 경상남도 함양군 휴천면 문정리 문하마을에서 한참 올라가면 묘가 하나 있다. 김준가 할머니의 증조할머니 되시는 분이다. 그때 그 할머니가 호랑이에게 물려갔는데, 호랑이는 사람의 다른 부분은 건드리지 않고 딱 간만 빼먹었다.

원래 호랑이는 사람을 데리고 가서 호식한다. 호식(虎食)은 '범 호(虎)'자, '먹을 식(食)'자를 써서 범이 사람을 먹는다는 뜻이다. 예로부터 호식을 당한 사람은 시체를 가지고 마을로 내려오지 않는다. 그래서 남은 가족들이 호식당한 자를 죽은 자리에 매장하고 돌아올 수밖에 없었다.

건너 마을인 운서마을에도 전해지는 이야기가 있다. 운서마을은 산중턱에 있는 마을이라 호랑이가 자주 왔다. 특히 매월 호식하는 날이 있었는데, 그날이 되면 사람들이 흰 죽을 쑤어 호식하는 자리에 갖다 놓았다. 그러면 호랑이가 사람을 죽이지 않고 그냥 올라갔다.

---

2 한국학중앙연구원 한국구비문학대계 디지털 자료, "호랑이에게 호식당한 이야기", 구술자 유광수, 2009, 경상남도 함양군 휴천면.

〈창자를 빼먹은 호랑이〉[3]

의령에서 이사 온 사람이 아들을 데리고 왔는데, 이 아이가 한시도 집에 붙어 있지 않고 밤낮없이 밖을 나돌아다녔다. 온 식구가 그 아이를 찾아서 밤낮을 뛰어다녀도 여기 퍼뜩 저기 퍼뜩 뛰어다니는 통에 붙들지 못했다.

어느 날은 아이가 도통 돌아오지 않았다. 그 마을 근방에 '산영절'이라는 산골짜기가 있었는데, 누군가 전하길 어떤 아이가 호랑이에게 업혀 그곳으로 갔다고 했다. 아이가 물려가는 도중에 "엄마, 엄마."하고 불렀는데, 한밤중인지라 모두 겁이 나 아무도 나서지 못하고 있었다. 그 후로 아이의 부모는 근 한 달 동안이나 아이를 찾지 못했다.

6 호식총
사진제공: 한국향토문화전자대전/한국학중앙연구원

어느 날 산에서 나무하는 사람이 죽은 아이를 발견했다. 호랑이가 아이를 바위틈에 끼워놓고 창자를 다 빼먹은 후 그대로 놔둔 모양이었다. 소식을 들은 식구들이 그곳에 가서 겨우 아이의 시신을 묻어 장례를 치르고 돌아왔다.

---

3 한국학중앙연구원 한국구비문학대계 디지털 자료, "호식 당한 아이", 구술자 안점식, 2014, 경상남도 창원시 의창구.

〈현령 딸의 내장을 파먹은 호랑이〉[4]

경상북도 영덕군 영덕읍 화개동(화개리)에서 전해지는 이야기다. 화개동에 넘어가면 천년 이상 된 귀목나무가 있다. 이 나무와 관련한 일이다. 이조 중엽 때, 영덕에 온 현령이 귀여운 딸을 데리고 왔다. 그런데 딸이 하룻밤 사이에 없어져 버렸다. 몇 달에 걸쳐 온갖 곳을 찾아보았으나 딸을 찾을 수 없었다. 혹시 산에서 호식을 했나 싶어 산으로도 가보고, 물에 빠져 죽었나 싶어 물가에도 가봤지만 끝내 찾지 못했다. 그러다 딸이 꿈에 현몽으로 찾아왔다.

'아버지, 호랑이가 나를 물어갔습니다. 제가 지금 동문 밖 성문 너머 고목 안에 있으니 나를 구해주세요.'

이튿날 현령이 마을 사람들과 함께 그곳으로 가니, 호랑이가 이미 아이의 배를 째고 속의 내장을 다 긁어먹은 후였다. 그 이후로는 동네에서 그곳을 동신목이라고 불렀다. 사람들이 그곳에 동제단을 작게 만들어 왜정 때까지도 해마다 제사를 올렸다고 전한다.

4 한국학중앙연구원 한국구비문학대계 디지털 자료, "호식당한 현령의 딸", 구술자 서두석, 1980, 경상북도 영덕군 영덕읍.

〈메주콩 많이 먹으면 호랑이에게 잡혀간다〉[5]

부산시 기장군 기장읍에서 전해지는 이야기이다. 어느 날 할머니가 먹을 것이 없어 메주콩을 솥에 안쳤다. 그날따라 손녀가 허기졌는지, 자꾸 할머니에게 메주콩을 달라고 보챘다.

"할머니 그 메주콩 한번 먹어보면 안 되나?"

할머니가 손녀에게 두 접시나 떠서 주었는데도, 허기가 졌는지 먹고 또 먹었다. 결국, 할머니가 아이에게 당부하였다.

"아이고 야야. 그거 많이 먹으면 호랑이에게 물려간다."

옛날에 아이들이 콩을 많이 먹으면 밤에 꼭 똥이 마려워 한밤중에 배밭에 가서 똥을 누어야 하는데, 그러다 꼭 호랑이를 만났다. 그래서 옛 어른들 말씀에 밤중에 배밭에 가면 눈을 뻘겋게 한 호랑이가 내려온다고 하였다.

5 한국학중앙연구원 한국구비문학대계 디지털 자료, "메주콩 많이 먹으면 호랑이에게 잡혀간다는 이야기", 구술자 최필금, 2010, 부산시 기장군 기장읍.

〈노인의 개를 포기하지 않는 호랑이〉[6]

충청남도 계룡시 엄사면 광석2리에 전해진 이야기다. 한 노인이 이 마을 산골 근처 방죽 쪽으로 이사를 왔는데, 데리고 있던 개가 저녁 12시경에 두 마리의 새끼를 낳았다. 아궁이에 나무를 때러 가는 김에, 출산하느라 고생한 개에게 밥이라도 주려고 들여다보니 이미 어미 개가 흔적도 없이 사라지고 없었다. 결국, 노인이 어미 잃은 강아지를 직접 젖을 먹여 키우게 됐다.

어느 날 저녁, 밖이 어둑어둑한지 한참이 됐는데 갑자기 밖을 내다보니 호랑이가 집 밖에 와서 앉아 있었다, 놀라 주위를 살피니 강아지가 부처님 동상 밑 장막 속으로 쏘옥 들어가 있었다. 강아지 주인인 노인 또한 강아지를 내주지 않고 상태를 살피다 밤이 새 버렸다.

날이 새고 이튿날이 되자, 호랑이가 또다시 찾아왔다. 강아지는 또다시 장막 속으로 기어들어 갔다. 노인은 강아지를 내어주지 않으려 안골에 있는 초립간 자작바위 쪽으로 이사를 했다. 그러나 호랑이는 먹이를 포기하지 않고 그곳까지 쫓아왔다. 노인은 하는 수 없이 강아지를 내주었다.

그러다 어느 날 노인이 장마가 온 날 개울을 건너다 그만, 물에 떠내려가 보에 걸려 죽었다. 사람들이 말하길, 호랑이가 첫 번째에 왔을 때 개를 주었으면 살았을 텐데, 주지 않으려 여기저기를 이사 다니며 도망쳤기 때문에 장마가 온 날에 물에 빠져 죽은 것이라고 했다.

---

6 한국학중앙연구원 한국구비문학대계 디지털 자료, "먹이를 포기하지 않는 호랑이", 구술자 육종신, 2018, 충청남도 계룡시 엄사면.

〈개 때문에 호식 당한 노총각 장서방〉[7]

충청남도 홍성군 홍성읍 월산리에 전해지는 이야기이다. 홍성의 월산 창리 동네에 장서방네가 살았다. 어느 날 장서방의 어머니가 아들을 꾸짖었다.

“저놈은 만날 장에 가도 고기 하나를 못 사가지고 오는 것이, 매일 장에만 쏘다니네.”

그랬더니 어느 날은 사냥개가 조기를 하나 물고 왔다. 어머니가 놀라 사냥개에게 야단을 쳤다.

“어디서 갖고 왔어? 얼른 다시 갖다 줘.”

그 말을 듣고는 이 사냥개가 다시 그 주인에게 조기를 돌려줬다.

장서방은 홍성에서 사탕을 만들었다. 그때는 자전거가 흔하지 않아 장서방이 양반들이나 타는 자전거를 사서 오니, 동네 사람들이 구경이 났다.

“아이고 그 자전거 한 번 신기하다. 왼발로 이렇게 뱅그르르 한 바퀴 돌아가는 거로 다닐 수 있다니.”

장서방은 두루마기를 입고 매일 자전거를 타고 다녔다. 한 번은 홍성 사탕을 만들던 공장을 팔고 집에 머물었는데, 그 공장을 산 사람이 와서 공장에 대한 일들을 묻자 장서방이 저녁마다 자전거를 타고 다니며 알려주고 다녔다. 와중에 그 사냥개가 주인을 얼마나 좋아하는지 꼭 만날 쫓아다녔다.

그렇게 자전거를 타고 다니던 어느 날, 월산을 지나가는 데 갑자기

7 한국학중앙연구원 한국구비문학대계 디지털 자료, “호랑이 만난 뒤 당한 횡액”, 구술자 이수엽, 2013, 충남 예산군 예산읍.

호랑이가 나타나 사냥개를 잡아먹으려고 했다. 그랬더니, 사냥개가 장서방의 두루마기 속으로 쏙 들어갔다. 호랑이는 어떻게든 사냥개를 뺏으려고 장서방의 옷을 잡아당겼다. 사람 역시 그 개를 꺼내주고 싶어서 안달하였다.

결국 호랑이와 장서방이 옥신각신하던 와중에 사냥개는 도망쳐 자신의 집안으로 들어가 버리고, 장서방 역시 무사히 집으로 돌아와 어머니가 자는 방으로 쏙 들어갔다. 장서방은 따뜻한 어머니의 이불 속으로 들어가서도 호랑이가 무섭다며 사시나무처럼 온몸을 떨며 소리를 질렀다. 결국 장서방은 호랑이를 보고 놀란 가슴에 병을 얻어 신발을 깔고서 자리에 드러눕게 되었다. 끝내 장서방은 장가도 가지 못하고 노총각으로 죽게 되었다.

〈호랑이 친구에게 호식당한 조씨〉[8]

구례군 마산면 냉천마을에 사는 조씨가 감자밭에서 농사일을 하며 살았다. 때는 삼복이라, 농한기(農閑期)였다. 사람들이 더위를 피해 사랑방에 삼삼오오 모여 놀고 있었다.

갑자기 조씨가 말했다.

"나는 우리 감자밭 머리에서 호랑이하고 그냥 발을 맞추고 사네."

사람들이 깜짝 놀라 물었다.

"아니 그 무서운 호랑이하고 어떻게 발을 맞추고 사냐?"

"아, 호랑이하고 나하고 친해."

조씨라는 사람이 평소에도 그런 말을 농처럼 일삼았다. 실제로 호랑이와 조씨는 감자밭에 만나 친하게 지내는 터였다. 그러나 종종 호랑이는 감자밭 머리 쪽에 서서, 아래를 굽어보며 지그시 조씨를 노려보았다. 호랑이는 제 눈에 사람으로 보이면 잡아먹지 않고, 반드시 개로 보여야 사람을 물어가 호식했다.

그런데 조씨가 애초에 호식이 될 팔자로 호랑이의 밥이 될 모양이었는지, 어느 날부터인가 호랑이의 눈에 드디어 조씨가 개로 보이기 시작했다. 결국 조씨는 자신과 친한 호랑이에게 잡아 먹히고 말았다.

냉천리에 호식을 당했다는 소문이 파다하니, 냉천리 동네 사람들이 조씨를 찾으러 산에 있는 감자밭으로 갔다. 호랑이는 시끄러운 소리를 싫어하기에 징과 꽹과리를 치고 군무를 추는 등, 모두가 야단법석을 떨며 산에 올라갔다. 발견된 조씨의 몸은 친구라고 믿었던 호랑이가 이미

---

8 한국학중앙연구원 한국구비문학대계 디지털 자료, "호식당한 조씨", 구술자 한복암, 2009, 구례군 마산면 냉천리.

싹 다 먹어버리고, 다만 머리와 다리 두 개만이 남아있었다.

---

* 호식당하는 이야기에서는 죽음에 대한 팔자가 이미 정해져 있다. 호랑이 눈썹으로 보면 사람들이 각기 다른 동물로 보이는데, 이때 사람이 아닌 다른 동물로 보이는 경우에 호식의 대상이 된다. 그와 관련한 내용이다. 호식당한 조씨는 〈호랑이눈썹〉과 〈호식형〉이 중복된 것으로 보인다.

〈귀장으로 호식된 왕〉[9]

한 나라의 왕이 호식할 팔자를 지녔다. 모두 왕의 처지를 걱정하였으나, 왕이 괘념치 않다는 듯 말했다.

"이 구중궁궐(九重宮闕) 첩첩이 쌓여있는 곳에서 어떻게 호랑이가 들어올 수 있단 말인가?"

모두 임금의 말에 동조했다.

어느 날, 임금이 한 신하에게 명하였다.

"귀장을 가지고 내 귀를 좀 후벼라."

신하가 명을 받들고 임금의 귀를 청소하게 되었는데, 그만 잘못하여 왕이 죽게 되었다. 하필이면 귀장이 호랑이 뼈로 만든 것이었다. 결국 왕은 호랑이에게 죽을 운명에서 벗어날 수 없었다.

---

* 위의 이야기는 호식될 팔자의 하나로, 결국 잡아먹히지 않더라도 '호랑이'와 관련한 죽음이라면 호식으로 인식한다는 것을 보여주는 사례이다.

9 한국학중앙연구원 한국구비문학대계 디지털 자료, "왕의 호식을 예언한 점술가", 구술자 류시양, 2012, 경상북도 영주시 풍기읍.

〈호식 당할 사람은 독에 들어가도 못 면한다〉[10]

경상남도 울주군 두동면 이야기다. 어떤 사람이 점을 봤는데, 아무 날 아무 시에 그의 남편이 호식한다고 했다.

"어떻게 해야 면하겠습니까."

그 부인이 놀라 벗어날 수 있는 방책을 물으니 점쟁이(점받치)가 그 방책을 일러주었다.

"그날이 되거든 새벽에 사립짝을 달아서 만든 문을 떼 내고, 삽으로 그 아래에 구멍을 파내라. 그리고 거기에 사람이 들어갈 만한 큰 단지를 하나 묻고, 그 안에 사람을 넣어 솥을 덮는 쇠뚜껑(소댕)으로 도로 덮어 숨겨라. 또한 그 위에 다시 사립짝을 달아 표 나지 않게 해라. 애초에 사람을 묻지 않은 것처럼 보여야 한다. 그리고 그날 누가 와서 사람을 찾거든, '그 사람은 없다. 이미 집 나간 지 오래되어 못 본 지 꽤 되었다'라고 잡아떼어야 한다. 만약 너의 남편이 그 호식의 시(時)만 넘기면 살 수 있다."

그날에 당하자, 그 부인은 점쟁이의 말을 그대로 따랐다. 새벽에 삽으로 구멍을 파고 거기에 큰 단지를 하나 묻은 후 남편을 묻어 놓았다. 그다음 쇠뚜껑 솥을 덮어 표가 나지 않게 살짝 덮었다. 부인이 삽을 그 옆에 달아 놓자마자, 어사라는 사람이 찾아왔다. 그리고 점쟁이의 말대로 부인에게 남편이 어디 있는지 물었다. 부인은 점쟁이가 시키는 대로 했다.

"바깥양반은 집에 없습니다."

"오늘 만나자고 미리 약속했고 답도 들었는데, 없을 리가 없소."

---

10 한국학중앙연구원 한국구비문학대계 디지털 자료, "호식 당할 사람은 독에 들어가도 못 면한다.", 구술자 윤성오, 1984, 경상남도 울주군 두동면.

어사가 아무리 채근을 해도 부인은 한사코 발뺌했다. 어사는 조금 미심쩍어하더니 곧바로 돌아갔다. 그는 어사가 아니라 여산대호(如山大虎)[11]가 변신한 것이었다. 그 후 시간이 지나 한 사람이 더 찾아왔는데, 이번에는 중의 행색을 하고 있었다. 중 또한 자신의 남편을 찾고 있었다.

"바깥양반은 집에 없습니다, 나간 지가 이미 수개월입니다. 소식도 알지 못합니다."

부인이 다시 모르쇠를 하니, 중 또한 어사와 같은 말을 하였다.

"이 양반과 오늘 꼭 만나기로 절에서 만나 미리 약속하였는데, 이상하다."

그렇게 중도 돌아갔다. 또 한 시간이 지나니 이번에는 여자 하나가 찾아왔다. 이번에 찾아온 여자는 등에 한 아이를 업고 왔다. 그리고는 남편을 찾는데, 이번에도 부인의 태도는 같았다.

"남편은 없네. 어디로 간지도 모르오. 집을 버리고 나간 지가 오래되어 소식조차 끊겼소."

그러자 여자가 대뜸 화를 내며 따졌다.

"없을 턱이 없소. 왜 남편이 어디 가는지를 모르시오? 그 남자가 나와 하룻밤을 보내고 세상에 제 자식을 낳게 하여 이만큼이나 키우도록 해 놓고는 단 한 번을 찾아오지 않았소. 지금 여기 없더라도 어서 당장 찾아서 내오시오."

그 말을 듣고 화가 난 부인이 찾아온 여자에게 달려들어 여자의 머리를 죄 쥐어뜯고 치마도 북북 찢어버렸다. 그런데도 여전히 분이 풀리지

11 산과 같이 큰 호랑이.

않았다.

'나는 이 양반이 호식을 당할까 염려하여 이 난리를 치르는데, 이 양반은 어디서 나 모르게 여자를 정해서 자식을 낳아 저렇게 크도록 키웠다니, 그동안 전부 나를 속였구나.'

그때가 바로 호식의 시(時)가 막 임박했을 때였다.

"오냐, 이년아. 네 사내가 저기 구들 밑에 들었다."

결국 머리끝까지 분기가 치솟은 부인이 남편이 있는 장소를 말해버리고 말았다. 말이 뱉어진 동시에 여자와 아이는 사라지고, 웬 산처럼 커다란 호랑이(여산대호, 如山大虎) 하나가 나타나, 예의 그 두툼한 발로 남편이 묻은 자리를 툭툭 긁어 솥뚜껑을 걷더니 어느새 남편을 물고 가버렸다. 그 이치로 '호식할 사람은 독 안에 들어도 면치 못한다'는 말이 나왔다.

〈부인 때문에 호식당한 할아버지〉[12]

강원도 동해시 동호동에 있던 일이다. 정선 전(仝)씨는 쇠금(金) 변에 불알이 두 개 없는 한자를 쓴다. 전씨는 부인과 함께 송이고개에 있는 외딴집에서 살고 있었다. 젊은 사람들은 모두 시내 가까운데 나가 살고 없어 주변 인가가 드물었다.

전씨가 길쌈을 삼기 위해서 가을에 늦게 백복령 너머 임계, 정선 쪽으로 갔다. 산 중이 험하여 사람이 오간 흔적이 없고, 오솔길을 거쳐 온종일 걸어야 돌아올 수 있었다. 전씨가 떠나기 전에 그의 부인에게 돌아오는 날이 몇 월 며칠이라 약속을 했다. 그리고 긴 담뱃대와 지팡이를 짚고 봇짐을 이고 백봉령을 넘어 정선 쪽으로 향했다. 전씨가 정선에 도착하여 하루 이틀을 거기서 묵고, 이제 삼베를 사서 봇짐에 묶어 짊어지고 오는데, 갈 때는 홀몸이라 수월하였지만 올 때는 짐이 무거워 쉽지 않았다. 이미 부인과의 약속 시각이 다 되어 가고 있었다.

전씨 부인은 아무리 기다려도 전씨가 돌아오지 않아 걱정하고 있었다. 결국, 밤 12시가 넘어도 도무지 오지 않으니, 집 문을 걸어 닫고 밤 늦도록 남편을 기다리고 있었다. 그때 이제 너슬너슬 전씨가 집에 도착했다. 힘겹게 사서 온 보따리를 처마 밑에 내려놓고 잠긴 문을 두드리며 말했다.

"여보, 내가 이제 왔으니 문을 좀 열어주시오."

그런데 전씨 부인은 약속을 지키지 않은 남편에게 화가 나서 문을 열어주지 않았다. 그렇게 밤새 입씨름을 하다, 전씨가 결국 묵을 곳을 찾

---

12 한국학중앙연구원 한국구비문학대계 디지털 자료, "호식당한 할아버지", 구술자 한기용, 2012, 강원도 동해시 부곡동.

아 짐을 처마 밑에 두고 떠나버렸다. 동네 자체가 인적이 드문 곳이라 전씨는 한참이나 멀리 있는 이웃집을 찾아가야 했다. 그런데 갑자기 어디선가 호랑이가 달려들어 덥석 전씨를 물고 가버렸다. 한밤중에 묵을 곳을 찾다 그 길로 호식을 당한 것이었다.

다음 날이 되자 전씨를 찾기 위해 동네 사람들이 분주했다. 전씨의 보따리는 집 마루에 남아있었으니 도착한 것은 틀림없는 사실인데, 사람이 감쪽같이 사라져 마을 사람들이 동네 젊은이들을 모아 전씨를 찾기 시작했다. 다 같이 골짜기 중허리쯤 가니 호랑이가 먹지 않은 사람의 위만이 달랑 남아있었다. 시체의 조금 남은 부분에서 전씨의 얼굴이 보였다. 결국 전씨 부인이 문을 열어주지 않아, 끝내 전씨가 호식을 당한 것이었다.

〈호식당할 팔자였던 기순엄마〉13

충남 예산군 삽교읍에 전해진 이야기다. 동네사람인 기순 엄마가 화장실에 간다고 해서 기다리고 있는데 영 돌아오지 않았다. 찾으러 가보니, 사람은 없고 웬 호랑이 발자국만 떡하니 남아있었다. 사람들은 기순엄마가 호랑이에게 물려갔다고 생각했다.

호랑이가 제일 무서워 하는 것이 불과 쇳소리라, 마을 사람들이 모여 누구는 횃불을 들고 누구는 징과 꽹과리를 치고, 그렇게 집안에 있는 온갖 놋쇠 그릇들을 다 두드리면서 태밋산으로 올라갔다.

태밋산은 일 년에 한 번씩 고사를 드리는 산이었다. 호랑이는 사람을 나무에다 걸어두고 뜯어먹되, 머리는 산신령에게 바치는 것이라고 뜯어먹지 않았다. 그래서 사람의 머리만을 나무에 꽂아두고선 그 산발된 머리를 가르마까지 갈라 뺀드름하게 침을 발라놓았다. 그리고는 그 태밋산 아래에 자빠져 자고 있었다. 사람들이 쇳소리를 내며 시끌벅적하게 올라오기 시작하자, 호랑이가 슬슬 일어나 조용히 사라졌다.

사람들이 말하길, 호랑이도 개로 보여야 잡아먹지, 사람으로 보이지 않으면 잡아먹지 않았다. 기순이 엄마는 개로 보였기 때문에 호랑이가 잡아먹은 것이었다.

---

* 앞서 다룬 〈호랑이 친구에게 호식당한 조씨〉와 동일한 내용으로, 호랑이 눈썹과 관련한다.

13 한국학중앙연구원 한국구비문학대계 디지털 자료, "호식 당한 친구 어머니", 구술자 신향화, 2013, 충남 예산군 삽교읍.

〈호식당한 정씨 부부〉[14]

옛날에 정씨 부부가 살고 있었다. 어느 날 그 남편이 지리산에 나무꾼들 여럿과 어울려 나무를 하러 갔다가 호랑이가 이 무리를 덮치게 되었다. 나무꾼들 몇몇은 겨우 도망쳐 목숨을 부지했으나 정씨 남편만은 돌아오지 못했다. 결국, 살아남은 사람들이 마을 사람들을 모아 기다란 빗자루에 횃불을 켜고 시신을 찾으러 호랑이에게 향했다. 막상 당도하고 보니 호랑이가 무릎을 세우고 양 앞발을 벌려 그 아래에 정씨의 시신을 놓고 뜯어먹고 있었다.

그 광경을 보고 모두 겁에 질려 움직이지 못하고 있는데, 정씨의 부인만이 홀연히 나서더니 호랑이에게 달려들었다.

"그래, 내 서방을 잡아먹은 것이 너로구나. 옜다, 나까지 잡아먹어라."

호랑이가 정씨 부인의 기세에 놀라 멀찌감치 뒤로 물러섰다. 그제야 남자들이 나서 정씨 남편의 시신을 수습할 수 있었다. 정씨 부인은 남편의 시신과 함께 돌아와 무사히 삼년상을 치를 수 있었다. 예전 제례에서는 소상과 대상을 지냈다. 정씨 부인이 대상을 치른 후 자결한 것은 남편의 삼년상을 치르고 나서야 그 부인이 스스로 세상을 떠날 수 있었기 때문이었다.

14 한국학중앙연구원 한국구비문학대계 디지털 자료, "정씨부부 호식당한 이야기", 구술자 박노향, 2009, 구례군 광의면 지천리 지상마을 322-1번지 지상마을회관 앞 유산각.

7 민화 부분
사진제공: 한국향토문화전자대전/한국학중앙연구원

2. 호식당할 팔자: 백호살

〈호식팔자 1〉[15]

호식팔자를 가진 사람이 먼 길을 가게 되었는데 산속을 지날 때쯤 산신령(호랑이)이 길을 막고 섰다. 그때 사람들이 영문을 몰라 옷을 벗어 던지니 호랑이기 호식(虎食)될 팔자인 사람의 옷을 딱 깔고 앉았다. 사람들이 옷의 주인을 호랑이 굴에 넣어주니 그제야 나머지 사람들이 길을 떠날 수가 있었다.

15 한국학중앙연구원, 한국구비문학대계 디지털 자료, "호식 팔자 이야기", 구술자 서정순, 2010, 부산시 부산진구 개금2동 엄광 경로당.

〈호식팔자 2〉[16]

옛날 지리산에는 호랑이가 많이 살아서 호식을 당한 사람들이 많았다. 호식은 아무나 당하는 것이 아니고, 호식을 당하는 집안이 따로 있어서 그런 집안과는 결혼하기 전에도 가려서 했다. 그래서 호랑이는 사람들을 만나도 호식을 안 할 사람 앞에서는 딱 엎드려 있고 절대로 잡아먹지 않는다고 한다.

〈호식팔자 3〉[17]

신랑이 첫날밤에 호랑이한테 물려갔다. 예로부터 사주에 백호살이 있으면 호랑이한테 물려가게 되었다. 태어난 해가 육십갑자 중 무신생(戊申生)이면, 일생을 백호살에서 벗어나지 못한다. 이를 방액할 방법은 혼롓날 신랑이 그 집에 갈 때, 흰 닭 한 마리를 잡아서 가지고 가다가 도중에 던지는 것이었다. 그러면 호환을 막을 수 있었다. 그러나 현재는 호랑이가 없어져서 백호살 또한 사라졌다고 전한다.

---

* 혹설에는 과거의 백호살이 현재의 '교통사고' 살과 같다고 평가하는 경우도 있다. 일상에서 마주친 죽음이라는 점에서 유사하다고 볼 수 있다.

16 한국학중앙연구원 한국구비문학대계 디지털 자료, "호식 당하는 팔자.", 구술자 최은남, 2011, 여수시 소라면 덕양리 1224-1번지 보성식당.

17 한국학중앙연구원, 한국구비문학대계 디지털 자료, "호식당할 팔자.", 구술자 김철, 2014, 전남 강진군 군덕면 쌍덕리 관덕마을 김철 어르신댁.

〈호식팔자 4〉[18]

경상남도 함양군 유림면 서주마을에 있는 이야기다. 한 할아버지가 함양 숲에 살고 있었는데 빗물에 강이 불어나 집이 막 떠내려 가버렸다. 할아버지는 그 뒤로 소 열 마리를 가지고 기다란 나무들을 옮겨주며 힘들게 살고 있었다.

어느 날도 소 열 마리에 달구지를 씌우고 깊은 산중에 칡나무를 실으러 갔다. 점심을 먹고 막 나무를 싣고 오는데 어느새 주위가 어두웠다. 함양으로 막 출발하려고 하는데, 캄캄하고 어두운 곳에서 호랑이 한 마리가 눈에 벌겋게 불을 켜고 할아버지의 무리를 가로막았다. 할아버지가 호랑이에게 말했다.

"너도 하나를 잡아가야지, 열 명을 다 잡아가지는 못한다. 데려갈 사람만 잡아가라."

그리고 호랑이 앞을 서슴없이 지나갔다. 막상 상황이 이렇게 되니 달구지 앞에 소 하나를 끌고 가면 호랑이가 하나를 그냥 보내주고, 또 하나를 끌고 가면 하나를 보내주는 식이 되었다. 그러던 중 호랑이가 한가운데 있던 사람을 날름 물어 가버렸다. 옛말에 호랑이에게 잡아 먹히는 밥은 따로 있다고 하더니, 정말로 소는 잡아먹지 않고 딱 가운데에 있는 사람만 물고 갔다고 한다.

---

18 한국학중앙연구원 한국구비문학대계 디지털 자료, "호식팔자 이야기", 구술자 박재순, 2009, 경상남도 함양군 유림면.

〈호식팔자 5〉[19]

함양군 함양읍 죽곡리 죽곡마을에 있는 이야기이다. 친구들과 함께 한방에 일렬로 누워 자고 있었다. 문 앞에 사람이 있었음에도 물어가지 않고, 호랑이가 방 안으로 들어와 가운데 사람을 물고 갔다. 결국 호랑이에게 잡아먹힐 상이라서 잡혀간 것이었다. 안 물고 갈 사람은 사람이 아무리 많이 있어도 물어가지 않고, 호식할 사람들은 어디에 있어도 물고 간다고 한다. 옛말에도 아기를 가운데 눕히지 말라는 말이 있다. 부부간에 함께 자도 아기는 항상 가상에 눕히고, 부부간은 한 데서 자는 이유가 다 이 때문이다.

〈물이나 흙을 뿌리는 호랑이〉[20]

옛날에 호랑이는 호식하려는 사람의 뒤에서 흙을 퍼서 자꾸 끼얹었다고 한다. 추석이나 설에, 밤중에 마당에서 부침개를 굽고 있어도 호랑이가 와서 사람에게 물을 막 끼얹었다. 마을에 어떤 사람 또한 밤 11시가 넘은 늦은 시간에 집에서 머리를 감고 있는데 호랑이가 다가와 물을 끼얹었다고 전한다.

19 한국학중앙연구원 한국구비문학대계 디지털 자료, "호식 팔자 이야기", 구술자 박복희, 2009, 경상남도 함양군 함양읍.

20 한국학중앙연구원, 한국구비문학대계 디지털 자료, "호랑이가 물을 뿌리는 이야기", 구술자 서명주, 2009, 경상남도 함양군 마천면 구양리 등구마을 등구마을회관.

〈돌을 던지는 호랑이〉[21]

시묘를 삼 년 가까이 산 사람이 있었다. 그는 효성을 다하고자 시묘 바로 옆에 집을 짓고 살았는데, 돌로 주위를 둘러쌓아 만든 단출한 집이었다. 시묘는 깊은 산중이었다. 밤이 되면 호랑이가 찾아와 이 사람을 호식하기 위해 돌을 던졌다고 한다.

〈흙을 던지는 호랑이〉[22]

광양시 진상면 섬거리 섬거마을에 전해지는 이야기다. 광양에서 하동을 갔다 오는데 밤중에 호랑이를 만났다. 호랑이는 사람을 만나자 흙을 던졌다. 이렇듯 호랑이는 언제나 자신의 흔적을 남기는데, 흙으로 자신이 왔다 간 것을 표시했다.

어려서 동제를 모시러 밤에 산을 오르는데, 약등에 배나무골에 가면 호랑이가 막 흙을 던져서 동제를 모시지 못하고 결국 그다음 날에 모시게 되었다. 그것은 동제를 제대로 모시지 못해서 호랑이가 화를 내는 것이었다. 이렇듯 잘못을 저지를 때마다 호랑이가 찾아와 흙을 던져 꾸짖었다고 한다.

---

* 〈호랑이설화〉에서 나오는 '흙 던지기', '물 뿌리기'는 호식될 팔자를 보여주는 일종의 표식으로, 이러한 전조 행위 뒤에는 꼭 피해자의 죽음이 발생한다.

---

21 한국학중앙연구원 한국구비문학대계 디지털 자료, "돌을 던지는 호랑이", 구술자 기길림, 2013, 전라남도 곡성군.

22 한국학중앙연구원, 한국구비문학대계 디지털 자료, " 흙을 던져 자신의 흔적을 알리는 호랑이", 구술자 선옥규, 2010, 광양시 진상면 섬거리 섬거마을 마을회관.

3. 호식 극복담[23]

8 송호도(松虎圖)
사진제공: 국립민속박물관

23 극복담의 경우는 대부분 호식담의 기본구조에서 실패로 진행되는 경우이다. 그러나 결론적으로는 호식될 팔자가 아니었기 때문에 살아남은 것으로 해석할 수 있다.

〈박문수 덕에 백호살(白虎煞)을 면한 신랑〉[24]

어느 날 박문수가 호랑이 뒤를 쫓고 있었는데, 호랑이가 웬 신랑 뒤를 따라붙고 있었다. 이를 이상하게 여긴 박문수가 계속 호랑이를 뒤쫓았다. 호랑이는 어느새 신붓집까지 따라 들어가서는, 그 사랑방 마루 밑에 몸을 웅크리고 숨었다. 사람들이 그 앞을 빈번하게 왕복하였으나, 호랑이가 숨은 것을 발견하지 못했다. 신랑이 폐백을 갖고 대례청에 들어가는데, 호랑이가 절구통 곁으로 가 두 무릎을 세우고 팔짱을 끼면서 쪼그리고 앉았다. 어사 박명수가 생각하길, '저 호랑이가 어떤 연고로 대례청을 따라 들어간 것인가? 저 방정맞은 것이 어떤 해코지를 하려고 저러는가?'하였다.

마침 대례에서 혼례를 진행하여 신랑이 두 번의 절을 하게 되었다. 먼저 신랑이 읍을 한 뒤, "신랑 재배"의 말에 맞춰 다시 한번 읍을 하려 하는데 그때마다 호랑이가 신랑을 물려고 우르르 쫓아 나왔다가 다시 쭉 물러났다. 그렇게 신랑이 절을 올릴 때마다 호랑이가 우르르 쫓아 나왔다 들어가기를 반복했다. 결국 그렇게 대례절이 끝나버리니, 호랑이가 스르르 온데간데없이 사라져 버렸다.

박문수가 그 연유가 궁금하여 손바닥을 펴고 일진을 살펴보니, 오늘이 바로 옥당황도가 들은 날이었다. 신랑의 사주에 백호살이 들었는데, 하필 옥당황도(玉堂黃道)도 함께 들어 그런 것이었다. 모름지기 황도살이 비치는 것은 길성(吉星)이 비치는 것으로, 백호살이 들었는데 황도가 들어서 살이 살을 제거한 것이었다. 박문수가 생각하길, '아하 옥당

24 한국학중앙연구원, 한국구비문학대계 디지털 자료, "백호살(白虎煞)을 면한 신랑", 구술자 김권태, 1984, 전라남도 해남군 화산면.

황도가 들어서 이렇게 되었구나'라고 하였다. 만약 옥당황도만 들지 않았다면 신랑은 꼼짝없이 호살을 당할 운명이었다. 황도는 옥당황도, 청룡황도, 대덕황도 등 총 여섯이 있는데, 이러한 까닭에 민간에서는 혼례를 택일할 때, 황도에 한다고 전한다.

---

* 민간에서 일진과 택일 등, 호식의 팔자를 피하기 위한 방도들을 여러 사례에서 물색하고 있음이 이야기 속에서 드러난다.

〈호랑이를 쫓은 노인〉[25]

봄에 비가 부슬부슬 오는데, 개구리가 논바닥에서 울고 있었다. 사람 두 명이 아랫동네 쪽을 멀거니 내려다보고 있었는데, 사람이 다니는 큰 길 쪽에서 꼭 담뱃불 같은 불똥이 서서히 올라오고 있었다.

처음에는 사람으로 알았으나, 계속 보고 있으니 그 불이 살살살 올라와서 괴이하게 여기고 있었다. 그런데 어느덧 사람들이 있는 쪽까지 불이 올라오더니 사람들과 갑자기 마주치게 되었다. 그 불은 사람이 아닌 짐승이었다. 많은 사람들이 있어서인지, 짐승은 갑자기 바람 소리를 내며 총알처럼 휙 사라져 버렸다. 그 탓에 놀란 사람들이 뒷걸음질을 치며 제각기 집으로 달아났다. 도망친 사람들이 방안에 삼삼오오 모여 그 광경에 대해 수군거렸다.

"야, 너 봤어? 봤어?"

"새파란 불이 총알 날아가듯이 눈앞에서 바람소리를 내며 사라졌다."

누군가 그전에도 비슷한 이야기가 있었다며 이야기를 시작했다. 사창에서 오는 길에 사내골이라는 곳이 있었다. 비가 많이 내리는 어느 날, 그곳에 살던 한 노인이 논에 있는 물을 조정하려고 집에서 나와 논으로 향하고 있었다. 그런데 논에 도착하고 보니 자신의 등 너머로 웬 호랑이 한 마리가 제 꼬랑지를 휘휘 흔들며 흙과 모래를 튀기고 있었다. 흙을 맞은 노인은 엄청 다부진 사람이었다. 그는 겁내지 않고, 논물을 조정하려 들고 온 막대기를 휘두르며 호랑이에게 소리를 질렀다.

---

25 한국학중앙연구원 한국구비문학대계 디지털 자료, "호랑이를 쫓은 노인", 구술자 이태석, 2014, 강원도 화천군 사내면.

"이놈 큰 짐승아! 왜 나를 왜 귀찮게 구느냐, 네 갈 데나 가거라!"

그러자 호랑이가 꼬리를 흔들다 사라졌다.

---

* 위의 <호랑이를 쫓은 노인>은 '흙'을 던지는 내용이 변이된 경우이다.

〈오씨 제각과 호랑이〉[26]

광주광역시 광산구 본량동 평촌마을에 전해지는 이야기다. 용진산 중간쯤 내려오면 오씨제각이 있다. 옛날에 국회의원을 했던 오중렬씨네 제각이다. 제각 옆에는 집이 있는데, 이정석이라는 사람이 거기에서 공부해서 검사가 됐다. 이정석은 초등학교만 졸업하고 제각에서 고시 공부를 시작했는데, 저녁마다 호랑이가 찾아와 이정석이 있는 문 쪽에 자꾸 흙을 던졌다. 호랑이가 무서운 이정석은 그곳에서 나오지 못하고 공부만 하다 결국 검사가 되었다. 그 뒤 그곳에서 공부만 하면 공무원이 되는 등 다들 좋은 결과를 얻었다는 소문이 났다.

---

* <호랑이설화>에서 나오는 '흙 던지기', '등에 타기'는 호식될 팔자를 증명하는 표식이었다. 그러나 때때로 위의 사례와 같이 이인의 선택이나 증명에 활용되기도 한다.

26 한국학중앙연구원, 한국구비문학대계 디지털 자료, "오씨 제각과 호랑이", 구술자 염동지, 2018, 광주시 광산구 본량동.

9 까치호랑이(鵲虎圖)
사진제공: 국립민속박물관

죽기 위해 자신을 찾아온 사람을 가만히 지켜보던 호랑이가 갑자기 자기의 눈썹을 하나 뽑아주었다.

"이것을 들고 서울에 사람 많은 곳을 찾아가면 살아갈 방도가 있을 것이다."

2절. 신성한 호랑이

1. 호랑이불

10 **산신도(山神圖)**
사진제공: 국립중앙박물관

11 **산신도**
사진제공: 국립중앙박물관

〈호랑이불과 도깨비불〉[27]

호랑이불과 도깨비불은 다르다. 도깨비불은 더 노르스름하고 호랑이불은 퍼렇다.

〈호랑이불 1〉[28]

고천댁 집 뒤 안에 큰 정자나무가 있었다. 어느 날 정자나무 뒤가 환하게 밝아서 한 사람이 자신의 집에서 딱 마주 보는데, 그 빛이 깜빡깜빡하다 조금 있다 꺼지고, 조금씩 가다가 꺼지고, 또 섰다가 꺼지기를 반복했다. 둥글고 커다란 빛이 큰 나무 뒤에 앉아 있었는데, 그것이 결국 호랑이 불이었다. 도깨비불도 있는데, 도깨비불이 잘고 여러 개가 모여 쭉쭉 나가는 불이라면, 호랑이불은 크고 둥글며 깜빡 꺼졌다가 켜졌다.

---

27 한국학중앙연구원 한국구비문학대계 디지털 자료, "호랑이불과 도깨비불", 구술자 선쌍림, 2013, 전남 장흥군 장평면 우산리 우산마을회관.

28 한국학중앙연구원 한국구비문학대계 디지털 자료, "호랑이불을 본 이야기", 구술자 박명순, 2009, 경상남도 함양군 유림면 화촌리 화촌마을 마을회관.

〈호랑이불 2〉[29]

어느 집 막내딸이 아파서 점을 치니 씻김굿을 해야 했다. 급하게 그 아버지가 와서. 딸아이를 업고 씻김굿을 하러 절에 가려 했다. 식전에 절에 도착하려고 바삐 길을 나서는데 일곱 마지기 논 가의 한가운데에 웬 한주먹 크기의 커다란 불이 시퍼렇게 빛나고 있었다. 아버지가 혹시나 하는 마음에 불빛이 빛나는 쪽으로 가니, 그 불이 곧 눈앞에서 사라져 버렸다.

아버지는 주위에 빛나던 불빛이 없어지니 조금 무서움을 느끼기 시작했다. 그런데 또 저만큼 걸어가니 그 앞에 또 불이 있었다. 이런 식으로 불이 생겼다 사라지기를 반복하자, 산신령이 어두운 밤길에 자신을 인도해 준 것으로 생각했다. 그러던 찰나에 또 우물가(시암가)에 불이 탁 켜졌다. 아버지가 다급히 절 안에 있을 사람을 불렀다.

"스님, 스님, 내가 갓난아기를 하나 업고 왔는데 여기 좀 나와보시오."

급한 소리를 듣고 절 안에서 사람이 뛰어나왔다. 그러더니 우물가(시암가)에 켜진 불이 '탁' 하니 사라졌다. 아버지는 산신령이 야밤에 그 험한 산길에 자신이 다칠까, 친히 절까지 데려다줬다고 생각했다.

29 한국학중앙연구원 한국구비문학대계 디지털 자료, "호랑이불 목격담", 구술자 선쌍림, 2013, 전남 장흥군 장평면 우산리 우산마을회관.

2. 호랑이 눈썹

〈호랑이 눈썹〉[30]

옛날에 가난한 사람이 나무 장사를 하면서 힘들게 살다가, 먹고 살 방도가 없어 상심했다. 그러던 와중에 차라리 호랑이에게 가서 먹히는 것이 낫겠다는 생각이 들어 목숨을 버릴 요량으로 산중으로 들어갔다. 아니나 다를까 호랑이가 산골짜기를 어슬렁어슬렁 내려오고 있었다. 이 사람이 생각건대, '아 이제 나는 호랑이에게 잡아먹히겠구나' 하였다. 그러나 호랑이는 별일 없이 그저 힐긋 보며 지나쳐버릴 뿐이었다.

가난한 사람은 호랑이가 뜻대로 되어주지 않자, 다급한 마음에 호랑이에게 달려가 아뢰었다.

"제가 호랑이님의 밥이 되려고 왔습니다. 부디 나를 잡아먹어 주십시오."

그는 생에 대한 마지막 마음으로 호랑이에게 자신의 불우한 사정을 설명하며 죽음을 간청하였다. 그 행색을 가만히 지켜보던 호랑이가 갑자기 자기의 눈썹을 하나 뽑아주며 말했다.

"이것을 들고 서울에 사람 많은 곳을 찾아가면 살아갈 방도가 있을 것이다."

그 사람이 눈썹을 들고 호랑이의 말대로 하니 과연 사람들이 여러 동물로 보이기 시작했다. 범띠는 범으로도 보이고, 소띠는 소로도 보였다. 그리고 집에 돌아와 눈썹으로 자신의 부인을 살펴보니 닭으로 보였다.

---

30 "호랑이 눈썹의 효험"의 내용은 분량이 많은 관계로, 『한국구비문학대계』의 이야기를 요약·정리하였다.
한국학중앙연구원, 『한국구비문학대계』 7집 4책, 한국학중앙연구원, 1980, 194-195쪽, 참조.

12 까치호랑이(鵲虎圖)
사진제공: 국립민속박물관

그 길로 집에서 나와 사방을 헤매다 어느 팥죽집에 들어가게 되었다. 그런데 팥죽집의 주인을 호랑이 눈썹으로 보니, 과연 사람으로 보였다. 오갈 곳이 없던 사람이 결국 팥죽 주인에게 간곡하게 더부살이를 청하니, 주인 또한 이 사람의 사정의 딱함을 듣고 허락하였다. 이에 그의 아내와 아이를 마저 데리고 와 함께 잘 살았다.

* 이와 비슷한 예로, 일설에는 고양이의 수염이나 눈썹을 줍거나 가지고 있으면 행운이 온다는 이야기도 전해지고 있다. 이 이야기의 기원은 확인되지 않으나, 현재 일본에서는 이 기원과 관련하여 행운을 위해 고양이수염을 따로 보관하는 보관함을 판매하고 있다.

3. 호랑이와 효자

13 민화 부분
사진제공: 국립민속박물관

〈봉효자와 호랑이〉[31]

나주 영산포 밑에 게산이라는 곳이 있는데 그곳에 봉씨 총각이 살고 있었다. 봉효자는 나주에서 제일 유명한 효자였다. 봉효자는 부모가 가난한 집에서 태어났다. 어찌나 가난한지 부모에게 변변찮은 반찬도 대접하기 어려웠다. 그렇게 곤란하게 사는 와중에도 그의 효성이 지극하다는 것은 근방 사람들이 모두 알았다.

31 한국학중앙연구원 한국구비문학대계 디지털 자료, "봉효자와 호랑이", 구술자 나종삼, 2010, 나주시 반남면 대영리 구영마을 산 8번지 나종삼씨 댁.
차상분의 "효자와 호랑이"의 내용도 이와 흡사하다. 한국학중앙연구원 한국구비문학대계 디지털 자료, "효자와 호랑이", 구술자 차상분, 1982, 경남 의령군 봉수면.

과거에는 남녀가 혼인하면 가마에 띠를 매고, 하인을 데리고 따라가게 했다. 혼례를 하게 되면 음식을 많이 장만하므로 가마꾼을 한 하인들에게 고생했다며 장만한 음식들을 푸짐하게 내놓았다. 이 일을 하는 하인들이 봉효자의 처지를 딱하게 보고, 그 일을 같이 하자고 권유하였다. 봉효자가 그 일을 시작하였으나 그곳에서 제공하는 음식을 먹지 않고, 기어이 음식과 술을 싸 와서 굶주린 부모님을 가까스로 봉양했다.

그즈음 봉씨 총각의 어머니가 돌아가셨다. 그가 산에 묘를 모셔놓고 시묘살이를 하는데, 어머니의 묘 옆에 오막살이 집을 짓고, 토담을 지어 3년간 살며 아침, 점심, 석식, 등 세 끼니를 묘 앞에 올렸다. 그런지 한 이 년이 되었는데, 한 번은 호랑이가 그곳에 찾아왔다. 마치 집에서 키우는 강아지처럼 봉효자를 따라다니며, 그의 다리에 제 몸을 비벼댔다. 그들은 어느새 같이 먹고 자며 서로 의지 가지가 되었다. 호랑이는 저녁마다 찾아와 귀신과 도깨비, 도둑들로부터 봉효자를 지켰다. 봉효자는 '어차피 가난한 처지라, 훔쳐 갈 것도 없는 사람이 어떤 도둑이 두렵겠는가' 생각했지만 어쩌다 호랑이가 오지 않으면 변이라도 당했는지 걱정하였다.

어느 날은 새벽녘에 꿈을 꾸었는데, 동네 사람들이 호랑이를 잡으려고 파놓은 함정에 이 호랑이가 빠져버린 것이었다. 마치 호랑이가 어느 골짜기의 함정에 빠져 죽게 생겼으니 도우라는 선몽이었다. 하물며 그 날 저녁에 호랑이가 오지 않아 봉효자의 걱정도 이만저만이 아니었다. 결국 봉효자는 혹시나 하는 마음에 그 골짜기로 향했다. 그러자 실제로 함정에 빠진 호랑이를 잡기 위해 사람들이 모여있었다. 놀란 봉효자가 사람들에게 말했다.

"이 호랑이는 내 호랑이니 죽이면 안 됩니다."

사람들은 봉효자의 말을 믿지 않았다.

"만약 네 말이 사실이고, 이 호랑이가 진짜 네 호랑이라면 이 함정에 직접 들어가 호랑이를 끌고 나와봐라."

그 말에 봉효자가 서슴없이 함정으로 들어가니, 강아지가 주인을 따르듯 호랑이가 봉효자의 옆에 가 몸을 문대며 반가워했다. 결국 봉효자가 호랑이를 데리고 함정에서 나오자, 사람들이 앞다투어 봉효자를 진정한 효성 깊은 사람이라고 인정했다. 그 후에 사람들이 말하길, 세상이 호랑이를 통해 봉효자의 효성을 알리려고 한 것이라 칭송했다.

〈정효자와 은어젓국〉[32]

전라북도 군산시에 전해지는 이야기이다. 공주땅으로 가면 하마루라고 하는 곳이 있다. 그곳에 정씨들이 많이 살았다. 논산에 지밭이라고 하는 곳이 있었는데, 그 안에 도랑이 있었다. 물구덩이가 크게 패여 있었는데, 아침 식전에 그곳에서 물을 품어서 가면 그 안에 은어가 있었다. 옛말에 담이 들 때 은어젓국을 바르면 낫는다는 말이 있었다. 정씨는 부모를 위해 은어젓국을 구걸해 왔다. 그렇게 효성이 깊었다.

동짓날이 되었다. 눈이 오나 비가 오나 매일 여기저기를 다니며 부모님의 식전에 반찬을 장만해서 품에 넣고 돌아왔다. 정효자는 자기 부모를 그렇게 극진하게 모셨다. 정효자의 어머니는 일찍 돌아가셨는데 결국 정효자의 아버지마저 돌아가시게 되었다. 정효자는 아버지가 죽고 나신 후, 삼 년 동안 시묘를 하였다. 집에 내려오지도 않고, 머리도 빗지 못하고 세수도 하지 못한 채, 아버지의 묏자리를 지켰다.

군산시 동쪽에 위치한 작은 산이 있었는데, 팔마산이라고 불렀다. 호랑이가 이 산에서 활개를 치고 다녔는데, 어느 날 산 밑에서 정효자와 이 호랑이가 마주치게 되었다. 집채만 한 호랑이가 아가리를 딱 벌리고 있었다.

'이놈이 나를 잡아먹으려고 하는구나!'

정효자가 무서운 마음이 들어, 오지도 가지도 못하고 쭈그리고 앉아 있었는데, 결국은 자포자기하는 심정으로 호랑이 앞을 지나게 되었다. 그런데 가까이서 보니 호랑이가 눈물을 철철 흘리며 아가리를 딱 벌리

32 한국학중앙연구원 한국구비문학대계 디지털 자료, "호랑이를 타고 다닌 정효자.", 구술자 이창섭, 1982, 전라북도 군산시 대명동.

고 있었다. 정효자가 무슨 일인가 하고 들여다보니 과연 호랑이의 목구멍 안에 은비녀가 가로로 걸려 있었다.

'아 네가 이것을 나더러 빼달라고 하는구나!'

정효자가 목구멍 안에 손을 넣어 은비녀를 빼주었다. 비녀가 빠지자마자 호랑이가 꼬리를 치고 엉덩이를 정효자에게 갖다 대며 친근감을 표시하였다. 정효자의 아버지가 어머니와 사별한 후 개가를 하였기에, 정효자에게는 계모가 있었다. 계모는 예전이나 지금이나 어지간히 자식을 볶아 먹었다.

하루는 느닷없이 배가 아파 죽는다고 자지러졌다. 아들이 가서 약을 지어다 줘도 달인 약을 먹지도 않고 마냥 울고불고 나동그라지며 야단을 했다. 동지섣달에 눈은 장성같이 쌓였는데, 계모가 두릅나무의 순인 두릅이 먹고 싶다고 하였다. 계모는 백약이 무효라, 두릅나무를 먹으면 배앓이가 나을 것 같다고 정효자를 밖으로 내보냈다. 정효자가 사립문 밖에 장설같이 쌓인 눈을 바라봤다. 그렇게 한숨을 내쉬며 차마 발길이 떨어지지 않아 하늘만 쳐다보고 있는데 갑자기 호랑이가 다가왔다. 호랑이는 정효자에게 자신의 몸을 치대기 시작했다.

'아 네가 나에게 타라고 하는 것인가 보다'

정효자는 곧바로 호랑이의 등에 올라탔다. 그러자 호랑이가 느닷없이 비호같이 날아가 어느 산중에 정효자를 내려놓았다. 자세히 보니 지리산인 모양이었다.

옛날에는 문창호에 바른 문풍지가 있었다. 어떤 사람들은 그것을 벗겨내어 냇가에 척척 빨아서 물에다 삶아내어 지리산으로 가져갔다. 지리산에는 갈참나무가 많았다. 갈참나무로 움막을 쳐서 불을 때고 따뜻한 김이 나니, 그 근처에 있던 두릅나무가 봄인 줄 알고 새순이 난 모양이었다. 새순이 너울너울 올라오니 옆에 있던 젊은 사람이 신이 나 두릅을 따서 나물을 해 먹자고 성화였다. 그러나 거기서 제일 나이가 많은 양반이 점잖게 타일렀다.

"이게 무슨 신이한 일인가. 우리가 여기서 몇 해를 다니면서 이렇게 조를 뜯어도 순이 나보기가 처음 일이다. 그러니 가만히 두고 보자."

움막에 있던 사람들은 조를 짜 다듬이 방망이로 두드려서 판판하게 만들고 있었다. 그러다 느닷없이 물품이 나갈 일이 생겨 문을 활짝 열었다가 그만 깜짝 놀라고 말았다. 움막에 있는 사람들이 멀리서 보니 웬 불이 반짝반짝 비치고 있었다. 장성같이 쌓인 눈 속에서 차마 사람이 돌아다니지 못하게 생겼는데, 웬 사람이 호랑이와 함께 거기에 서 있었다. 때마침 산속에서 호랑이가 정효자와 함께 이곳에 당도한 것이었다. 정효자가 그곳 사람들에게 부탁하여 새순을 따와서 계모에게 삶아다 먹이니 정말로 그 병이 씻은 듯이 나았다. 이러한 이야기가 전해지면서 정효자가 호랑이를 타고 다녔다는 전설이 생겼다.

---

* 효자를 등에 태운 호랑이의 일과 계모의 부양이 덧붙여진 일화이다. 계모와 관련한 내용은 마치 연이낭자와 버들도령에서 나온 계모가 과제를 부여하는 일화와 흡사하다.

〈효자와 홍시〉[33]

경상북도 봉화군 소천면 설화이다. 예천에 상인면 야복이라는 동네가 있었다. 그 동네에 효성 깊은 사람이 하나 살고 있었다. 부모에게 얼마나 효성 깊은지 장날이라도 열리면 사십 리에 나무 한 짐씩을 팔아다가 부모를 지극히 공경하였다. 야복에서 예첩읍까지 40리(약 15.7km)였다. 하루는 나무를 팔고 소고기를 조금만 사서 지게의 가장 뾰족한 부분에 걸고 사십 리를 돌아오는데, 어느덧 날이 저물고 있었다. 그런데 난데없이 솔개가 나타나서 소고기를 낚아채 갔다.

효자는 매일 조금이라도 소고기를 드렸던 터라 그냥 돌아갈 수 없었다. 다시 예천으로 돌아가서 아주 조금이라도 다시 사 가야겠다고 생각하고 다시 내려왔다. 중간쯤 가다 보니, 한밤중이라. 그런데 이번에는 호랑이가 튀어나와 고갯길을 가로막고 넙죽 엎드려 누워있었다. 효자가 호랑이를 보며 말했다.

"나는 아무 죄도 없다. 그러니 나를 잡아먹으려면 잡아먹어라. 나는 부모님을 봉양하고자 소고기를 사서 돌아가는 길에 그만 솔개에게 소고리를 뺏겨 다시 사러 가는 중이었다. 그러다 보니 이렇게 날이 저물어버렸고, 결국 너를 만났다. 자, 그러니 어서 나를 잡아먹어라."

효자의 말을 들은 호랑이는 꼬리를 살랑살랑 흔들면서 그저 엎드려만 있었다. 그러다 갑자기 발로 등허리를 툭툭 때리는 것이었다. 효자가 가만 생각해 보니, 이것은 자신의 등에 타라는 소리였다.

"까짓것, 내가 이제 죽으면 죽고, 살려면 살 것이다."

---

33 한국학중앙연구원 한국구비문학대계 디지털 자료, "효자와 호랑이", 구술자 김귀식, 1982, 경상북도 봉화군 소천면.

효자가 냉큼 호랑이의 등에 업히니, 호랑이가 벌떡 일어나 그만 번개같이 야복까지 도착해 있었고, 이미 날이 훤하게 새서 거의 아침때가 되었다. 호랑이는 효자를 집 앞에 내려주었다. 효자는 호랑이에게 은혜를 갚기 위해 마을에서 설치한 덫에 대해 알려 주었다.

"그 아무 골로 가면 너를 잡으려고 덫을 많이 놓은 데가 있다. 그리는 가지 말고, 꼭 이 골짜기로 올라가야 한다."

그런데 호랑이가 가지 않고 중간에 가다 말고 돌아서더니 소리를 지르기 시작했다.

"웡! 웡!"

그 소리에 마을 사람들이 모두 놀라 나왔다.

"아이고 전에는 이런 일이 없었는데, 호랑이가 어쩐 일이냐?"

이 효자가 호랑이에게 다가가 조용하게 달랬다.

"마을 사람들이 놀라니, 너는 너대로 길을 가거라."

그러니 호랑이가 돌아서서 설렁설렁 사라졌다. 사람들이 괴이하게 여기니 효자가 그간의 일을 상세하게 설명하였다. 동네 사람들 모두 효자의 효성 깊음을 감탄하였다.

그 후에 효자의 아버지가 갑자기 병이 들었다. 온갖 약을 구해도 듣지 않았다. 아버지가 죽을 기색이 완연하여, 효자는 애가 탔다.

"아버지, 원하시는 게 있으시면 말씀해 보세요. 제가 목숨을 바쳐서라도 구해오겠습니다."

"아무 원도 없고, 생각도 없다. 다만 홍시가 먹고 싶구나. 내가 홍시를 좀 먹으면 살 것만 같다."

"제가 꼭 홍시를 구해보겠습니다."

효자는 그 길로 보따리를 싸서 홍시를 구하러 나섰다. 때는 오뉴월이라, 홍시를 구하기 어려웠다. 그러나 효자는 어디든지 가서 구할 생각이었다. 덜렁덜렁 걸어가다 보니 또 날이 저물었다. 인가도 없는 깊은 산중에 들어가게 되었는데, 날이 저무니 잘 곳도 없고 들어갈 곳도 없어 정처 없이 헤매는 중이었다. 그런데 또 예전에 만났던 호랑이가 이번에도 길에 넙죽이 엎드려서 등에 타라는 시늉을 하고 있었다.

"아, 네가 저번에 왔던 호랑이로구나."

호랑이가 꼬리를 살랑살랑 흔들었다. 효자가 호랑이의 등에 냉큼 올라탔다. 어느덧 도착하고 보니, 저 어느 산 너머에 버티듯이 우두커니 서 있는 바위 밑에 조그마한 두꺼비 같은 집이 하나 있었다. 집안에는 불이 반짝반짝 켜져 있었다.

"나보고 여기에서 내리란 말이냐?"

호랑이가 머리를 끄덕끄덕했다. 효자가 그 안으로 들어갔다. 이미 늦은 밤이었다. 안에는 부자 둘이 앉아 제사를 지내는 모양인지, 두런두런 이야기를 나누고 있었다.

"저 길 지나가던 사람인데, 여기 인가도 없고 그래서 염치 불고하고 들어왔습니다."

"아이고, 반갑습니다. 들어오십시오."

집주인과 효자가 반갑게 인사를 나눴다.

"어째서 여기에 오게 되었습니까? 이 마을에 집은 이 한 채뿐이고 오시기 어려우셨을 텐데."

효자는 호랑이 이야기는 하지 않고, 오다 보니 이리로 오게 되었다고 답했다.

"미안하지만 여기 조금 앉아 계십시오. 오늘 저희 아버지의 제사라,

지금 제사를 지내고 다시 오겠습니다. 그때까지 좀 앉아 계십시오."

그리고는 부자가 제사를 지내러 안으로 들어갔다. 시간이 지나 음복을 차려서 밖으로 나왔는데, 거기에 그렇게 찾아도 보이지 않던 홍시 몇 개가 놓여있었다.

"이걸로 음복 좀 하시오."

"아이고, 이 귀한 것을! 사실은 저희 아버지께서 지금 병중에 계시는데 홍시가 원이시라, 이렇게 밤중까지 찾아 헤매고 있었습니다."

효자가 반가운 마음에 목이 메어 자초지종을 이야기하게 되었다.

"아, 그러십니까? 그렇다면 하나 가져가십시오. 우리 부친도 돌아가실 때 홍시를 그리 좋아하셨습니다. 그래서 우리집은 제사 때마다 홍시가 떨어지는 법이 없습니다. 안쪽에 홍시를 많이 준비해 놓은 게 있으니 우선 하나 드십시오. 부모님께 드릴 것은 제가 따로 준비하겠습니다."

주인이 하도 권하길래 효자 자신도 홍시 하나를 먹었다. 그리고 자고 일어나 보니, 주인장이 정말 홍시를 준비해 놓았다.

"여기서 잘 쉬었다 갑니다."

"부모 원이 그렇다면 제가 홍시를 몇 개 줄 터이니 봉양을 잘하십시오."

주인장이 홍시를 여남은 개를 싸서 효자에게 건네주었다. 효자가 몇 번이나 절을 하고 치사를 한 후에야 작별을 할 수 있었다. 그러나 밤중에 업혀 온 터라 효자는 여기가 어디인지 알지 못해 집으로 돌아갈 수 없었다. 그렇게 한참을 헤매며 제자리걸음을 하다, 또 날이 저물었다. 밤에 털렁털렁 걷고 있으니, 중간에서 또 길가에 누워있는 호랑이와 마주쳤다.

"아이고, 네가 어떻게 알고 왔느냐. 이렇게 날 데리러 와주었으니 내가 또 탈 수밖에 없다."

반가운 마음에 울컥하여 날름 그 등에 올라타니 다시 번개처럼 집에 돌아와 버렸다. 그렇게 홍시를 구해 부모에게 드리니 그 부모의 병이 씻은 듯이 나았다. 효자는 하늘에서 만드는 것이므로 아무나 효자가 될 수 없다. 아직도 약목리에는 효자비가 있다.

〈효자와 잉어〉[34]

이 이야기는 경상남도 진양군 지수면 앞승내리 섬마을에 전해지는 이야기다. 어느 날 아버지가 연고를 알 수 없는 병을 얻었는데 백 개의 약이 무효라, 명의를 불러 좋다는 약과 침을 써봐도 그 효과를 보지 못했다. 그 아들이 아버지의 병환을 늘 걱정하고 있는데, 어느 날은 아버지가 아들을 불러 말했다.

"얘야, 약은 내가 먹을 만큼 먹었다. 이제 죽순나물이 먹고 싶다. 잉어 한 마리를 같이 고아 먹고 싶은데. 네가 그걸 좀 구해오너라."

아들은 병환이 깊은 아버지께서 간신히 식욕을 얻으신 것 같아, 꼭 구해오겠노라 다짐했다. 그러나 때는 한겨울 한밤중이었다. 아들은 이 추운 날에 죽순나물을 또 어디서 구해와야 하는지 막막했다. 그래도 자식 된 도리로 어떻게든 아버지께 잉어를 구해다 드려야겠다는 마음에, 밤길에 허둥지둥 뛰어나갔다.

한참을 걸어갔을까, 어둑어둑한 길가에 웬 큰 개 한 마리가 가로로 누워있었다. 아들이 놀라서 가던 길을 멈추고, 부싯돌을 켜 불을 밝혀

34 한국학중앙연구원 한국구비문학대계 디지털 자료, "호랑이의 도움으로 잉어를 구한 효자.", 구술자 허연구, 1980, 경상남도 진양군 지수면 앞승내리 섬마을.

보니, 호랑이였다. 그런데 호랑이가 아들의 옷을 입으로 잡아끌며 자신의 등에 업히라고 신호를 보냈다.

"그러니까 네가 이 밤에 나를 업어다가 집에까지 데려다준다는 뜻이냐?"

그러니 호랑이가 고개를 끄덕끄덕하였다. 아들이 다리를 벌리고 호랑이의 등허리에 탁 오르자마자, 호랑이가 꼬리를 세우고 뛰기 시작했다. 그리고는 얼마 지나지 않아 강가에 도착했다. 강에는 겨울이라 물이 얼어붙었는데, 그중에 숨구멍이란 구멍이 있었다. 아무리 강물이 얼어 있어도 이 숨구멍이라는 곳에 발을 잘못 디디면 빠져 죽는 수가 부지기수였다.

아들이 강물이 얼어붙은 근처로 가 숨구멍 안을 들여다보니, 웬 잉어 한 마리가 구멍에서 톡 튀어나왔다. 그러자 호랑이가 고새 그 입으로 잉어를 낚아챘다. 그리고는 잉어를 문 채로 아들에게 또다시 등에 업히라는 뜻으로 등을 가져다 대었다. 아들은 걱정스러웠다. 잉어는 가까스로 구했으나, 자신의 집은 함안이었다. 밤중에 제 걸음으로 그곳까지 가는 것은 무리였다. 그러나 호랑이는 비호(飛虎), 즉 날랜 호랑이라. 날이 새기 전에 득달같이 달려 한걸음에 함안까지 당도할 수 있었다.

아들은 산신령인 호랑이 덕택에 잉어를 구해서 아버지께 잉어를 푹 고아 드릴 수 있었다. 아버지는 아들이 고아준 잉어를 달여 먹고 땀을 푹 내고 나니, 그만 정신이 회복되어 기력을 차리게 되었다.

〈효자 전엽과 샘〉[35]

충북 옥천군 동이면에서 전해지는 이야기이다. 이 마을에 전엽이라는 효자가 있었다. 금암리에 가다 보면 목시도랑이라고 해서, 급하게 팍 꺾인 곳에 쌍바위가 있었다. 전엽이 아버지의 반찬을 해드리기 위해 매일같이 그곳에서 낚시를 하였다. 쌍바위에 올라 낚시대를 드리우면 그렇게 고기가 잘 잡혔다. 얼마나 고기가 잘 잡히는지, 전엽의 호를 쌍암이라고 할 정도였다.

어느 날 전엽의 아버지가 돌아가셨다. 효자는 대개 3년을 시묘하므로, 전엽 역시 3년간 그 묘 옆에 막을 치고 아버지의 묘를 지켰다. 그렇게 시묘를 하는데 근처에 먹을 물이 없어 강물을 떠다 마시고 있었다. 그러던 도중에 범이 나타났다. 전엽은 이 호랑이가 자신을 해치러 온 줄 알고 겁을 내고 있는데, 호랑이가 앞발을 밑으로 자세를 낮추면서 꼬리를 막 흔들었다. 전엽이 그제서야, '아, 나를 해치려고 하는 게 아니라 나를 도와주러 왔구나'라고 여겼다. 결국 전엽이 의심 없이 호랑이가 꼬리를 치며 가는 곳을 따라갔다. 어느 정도 산 아래까지 내려가니, 호랑이가 앞발로 땅을 파 내려가기 시작했다. 그러자 그곳에서 깨끗한 물이 솟아올랐다. 그곳을 호랑이가 잡아준 샘이라 하여, 범 호(虎) 자, 샘 정(井) 자를 써서 호정(虎井)이라 이름하였다.

현재 금암리에 가면 유원지로 가는 길에 2차선 도로가 개통됐다. 과거에 이 도로가 개통되면서 이 호정을 메워야 할 상황이었으나, 도로 공사를 맡은 사람이 이 유명한 샘을 메울 수 없다고 하여 대신 터널을

35 한국학중앙연구원 한국구비문학대계 디지털 자료, "효자 전엽을 위해 호랑이가 파준 샘", 구술자 정수병, 2016, 충북 옥천군 동이면.

만들어 샘을 메우지 않게 되었다. 덕분에 현재에도 여전히 호정이 남아 있게 되었다.

4. 호랑이와 효부

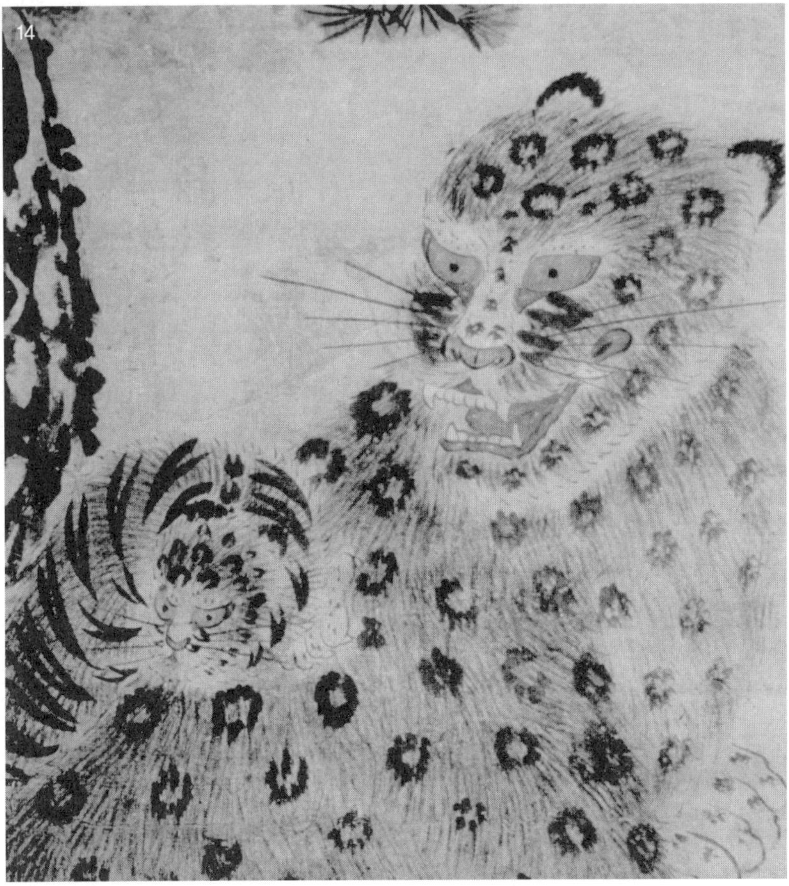

14 송하모자호도(松下母子虎圖)
사진제공: 국립민속박물관

〈시아버지와 효부 1〉[36]

어느 날, 밤늦도록 시아버지가 돌아오지 않자, 며느리가 잠을 이루지 못했다. 결국 며느리가 아이를 등에 업고 시아버지의 마중을 나갔다. 산 중턱에서 겨우 시아버지를 발견했는데, 술에 잔뜩 취한 시아버지 옆에 웬 호랑이가 떡 하니 앉아 있었다. 호랑이가 제 꼬리에 물을 묻혀 잠든 시아버지의 얼굴을 툭툭 건드리고 있었다. 호랑이는 영물이라 살아 있는 사람만 먹는다고 하더니, 잠든 시아버지를 깨워 산 채로 잡아먹을 요량이었다. 며느리는 시아버지를 살릴 생각에, 호랑이에게 다가가 사정했다.

"호랑이님, 제 아이를 여기 대신 둘 터이니, 부디 우리 아버님을 살려 주시오."

그리고는 업고 있던 자신의 아이를 호랑이 옆에 두고 물러났다. 그러자 호랑이가 아이를 물고는 사라졌다. 며느리는 겨우 시아버지를 모시고 집으로 돌아올 수 있었다.

다음 날 깨어난 시아버지가 아이는 어디에 갔냐고 물었으나, 며느리는 바른대로 고할 수가 없어 아이가 다른 곳에 놀러 갔다고 대답하였다. 그런데 갑자기 아이가 살아서 집으로 돌아온 것이 아닌가. 이 호랑이는 단순한 짐승이 아닌 산신령님이시라, 며느리의 지극한 효를 알아보고, 아이를 잡아먹지 않고 돌려보낸 것이었다.

36 한국학중앙연구원 한국구비문학대계 디지털 자료, "시아버지를 구한 효부와 호랑이", 구술자 김난수, 2012, 충남 홍성군 홍북면 봉신리 지동회관.

〈시아버지와 효부 2〉[37]

연기(燕岐) 봉암(鳳岩)에 사는 부자가 있었는데 그 부인이 죽고 없었다. 그리고 대평리 색시를 며느리로 얻었는데, 그 아들이 1년하고 한 달 만에 죽어버렸다. 그래서 이 며느리는 젊은 청춘과부가 되었다. 시아버지의 나이가 환갑, 진갑을 지내고 70살이 돌아오는 10월 달에 병이 들어 곧 죽게 되었다. 바야흐로 아들이 죽던 가을이었다.

어느 날 그 집의 며느리가 오랜만에 친정을 가게 되었다. 그의 친정어머니와 친정아버지는 젊은 나이에 청상과부가 된 자신의 딸이 가여워 넌지시 개가를 하는 것이 어떠냐고 물었다. 며느리는 부모의 권유에 불응하였다.

"시아버지가 돌아가시려고 하는 마당에, 제가 아버님을 홀로 두고서 어찌 시집을 갑니까, 못 갑니다."

그리고 한사코 개가를 권유하는 부모 때문에 마음이 불편해지자, 여자는 다음날 곧장 시댁으로 돌아와 버렸다. 그렇게 여자는 결국 시댁으로 돌아와 시아버지를 봉양하다가 그만 병이 들고 말았다. 친정어머니가 하도 걱정이 되어 딸을 찾아왔다. 어머니가 시가까지 찾아와 재차 개가를 권유하니 여자가 결국 참지 못하고 어머니를 쫓아내다시피 집으로 돌려보냈다.

"그런 소리 하려면 당최 오지 마십시오."

그리고 보름이 지났다. 저녁 해가 넘어갈 지경에 어떤 사람이 어머니의 부고를 가지고 여자를 찾아왔다. 그때 여자는 시아버지를 드리려고

---

37 한국학중앙연구원 한국구비문학대계 디지털 자료, "호랑이가 도와준 수절과부", 구술자 지재현, 1980, 충청북도 청주시 내덕동.

녹두죽을 쑤고 있었다. 소식에 놀라 황망하고 겨를이 없어, 결국 서둘러 정신을 차리고 떠날 채비를 하였다. 그러나 병환 중에 계신 시아버지가 여간 걱정이 아닐 수 없었다. 여자는 할 수 없이 이웃집 할머니에게 가서 간곡하게 부탁을 드렸다.

"할머니, 제 친정에 시급한 일이 생겨 제가 지금 부득이하게 떠나게 생겼습니다. 우선은 제가 불을 때서 화로에다 불을 담아놓고 숯을 묻어 놓았습니다. 방에 군불을 때고 나면, 이 녹두죽을 숯불에다 좀 덥혀서 우리 아버님을 대접해 주시겠습니까."

여자는 그렇게 병든 시아버지를 이웃집에 겨우 부탁한 후에야 친정으로 떠날 수 있었다. 해가 기울고, 여자가 초상난 친정집에 들어서는데 집 안팎에는 방문객 하나 보이지 않고, 사랑방에서 친정아버지만이 달그락달그락 **고드레돌** 소리만을 내고 있었다. 혹시나 하는 마음에 안방 문을 열어보니 죽었다는 어머니가 편안히 잠들어 있었다. 여자는 부모님께 속았다는 생각에 부아가 치밀었다.

15 토제 고드레돌
사진제공: 국립중앙박물관

"어머니, 돌아가셨다더니 저승에 다녀와서 피곤하셨습니까, 어째서 이렇게 곤히 주무고 계시는 것입니까?"

화가 나 따지는 딸의 목소리를 들은 친정아버지가 사랑방에서 뛰어 들어와 딸을 어르고 달랬다.

"너를 집으로 부르려고 거짓말을 했다. 이 동네 쇠돌이라는 사람이 마누라가 죽어 7월에 홀아비가 됐는데, 그 사람한테 너를 개가 보내려고 거짓말을 했어."

여자는 그 소리를 듣고 더 펄쩍펄쩍 뛰며, 개가를 가지 않겠다고만 답할 뿐이었다. 그렇게 싸우다 보니 늦은 밤이 되었다. 여자는 곧장 시댁으로 돌아가겠다고 말했다. 한밤중이 되어 시댁으로 돌아가려는데 뱃사공이 보이지 않았다. 대천리 개울은 너무 커서 배로만 건널 수 있었는데, 뱃사공은 개울 건너편에 살고 있었다. 이 배를 가지고 건너가서 배를 매 놓았는데, 저편에 사람이 보이지 않았다. 계속 소리를 질러도 뱃사공이 오지 않자, 여자가 백사장에 앉아 두 다리를 뻗고는 실컷 울고 있었다.

'물에 빠져 죽을까? 어쩔까?' 고민하는 찰나에, 큰 호랑이가 나타나 "어흥"하고 소리를 질렀다. 여자는 어쩐지 서러운 마음이 들었다.

"네가 나를 잡아먹으려고 그러느냐? 잡아먹으려면 잡아먹어라, 나 같은 인간은 살아도 소용없으니까, 잡아먹으려면 잡아먹어라."

그 말을 들은 호랑이가 고개를 달랑달랑 흔들며 일어나더니 제 등허리를 여자의 어깻죽지에 갖다 대었다. 여자는 호랑이의 행동이 이상하여 재차 물었다.

"나보고 네 등허리에 타라는 거냐?"

호랑이가 고개를 끄덕거렸다. 결국, 여자가 호랑이 등허리에 올라탔다. 등에 오르긴 올랐으나 도무지 잡을 곳이 없어 결국은 호랑이의 머리 갈퀴에 자신의 얼굴을 바짝 대고서는 떨어지지 않게 손깍지를 꼈다. 여자를 등에 태운 호랑이가 헤엄으로 그 개울을 건너고는 그 집 마당에 도착해 여자를 딱 내려놓았다. 그렇게 방에 들어가니 10시가 넘은 한밤중이었다.

집안에 들어서니 아직 시아버지가 끙끙거리고 드러누워 있었다.

"아버님 저 다녀왔습니다."

시아버지는 장사 지내고 온다는 며느리가 왜 벌써 왔는지 어리둥절하였다.

"어쩐 일로 이렇게 일찍 돌아온 것이냐?"

"장례가 다 무엇입니까, 사실은 거짓 부고였습니다. 그래서 곧장 돌아와 버렸습니다."

여자는 친정에서 있었던 일을 시아버지에게 소상히 고하였다. 그리고는 자신이 부재한 시간 동안 잘 계셨는지 여쭈었다. 시아버지는 며느리가 혹시 걱정할까 거짓말로 대충 둘러대었다.

"네가 부탁한 대로 이웃집 할머니가 와서 불을 때서 무척 따뜻하게 방을 덥혀주고 녹두죽도 데워 주어서 바로 먹었다."

혹시나 하는 마음에 며느리는 다시 자그마한 대접에다 죽을 따라 데워 드리고 시아버지의 이부자리를 살핀 후에야 잠이 들었다.

이튿날 새벽 4시쯤, 여자를 업어다 준 호랑이가 꿈에 나타났다. 꿈에서 호랑이는 어떤 함정에 빠져 있었다. 일종의 현몽(現夢)이었다. 깜짝 놀란 여성이 헐레벌떡 일어나 함정이 어디 있는지 몰라 호랑이를 찾아다녔다. 결국은 봉암에 있는 깔뚝이 고개까지 뛰어갔는데, 과연 그 고개 밑에 함정이 있었다. 그 아래를 내려다보니 포수 둘이서 막 호랑이를 잡으려고 양쪽에서 호랑이에게 총을 겨누고 있었다. 며느리가 다급하게 포수에게 통사정했다.

"호랑이를 쏘지 마시오! 이 호랑이는 나와 인연이 있는 호랑이입니다. 제가 증명해 보이겠습니다. 만약 내가 이 함정 안에 들어가 호랑이가 나를 해치지 않는다면 나와 인연이 있는 것이니, 응당 쏘지 않아야 할 것입니다."

그리고는 거침없이 그 함정 속으로 여자가 들어갔다. 여자가 곧장 함정 안에 있던 호랑이를 덥석 끌어안으니 이 호랑이 역시 여자가 반가워 함께 끌어안았다. 여자가 그제야 포수를 보며 호랑이와 자신과의 인연을 설명했다.

"이 호랑이가 바로 대천리 개울을 건너서 나를 우리 마당에까지 데려다준 신령스러운 호랑이입니다."

그제야 사람들이 둘의 인연을 인정하였다. 함정에 걸쳐 있던 긴 나무를 빼서 눕혀 놓으니, 호랑이가 그걸 타고 함정 밖으로 나왔으며, 며느리도 그 장목을 붙들어 겨우 올라왔다. 포수가 이 일을 괴이하게 여겨 포도청에 고하니, 원이 그 일을 다시 나라님한테 상소하여 효부의 탄생을 알렸다. 예로부터 산신령이 도와주는 것은 효부이다. 후에 나라에서 열녀문을 지어주라 명을 내리니, 봉암리 깔뚝이 고개를 넘어가는 아늑한 동네 안에 그 열녀의 효부정문을 세워주었다. 여성은 끝끝내 자기 시아버지를 모시고 양자를 얻어 수절과부로 살다 죽었다고 전한다.

---

* 고드레돌은 자리나 가마니 등을 짤 때 이를 엮을 실을 감아두는 실패 역할을 하였다. 앞의 〈그림 15〉는 실패 모양의 돌로 만든 고드레돌이다.

5. 호랑이와 보은

16 자수 송호도(刺繡 松虎圖) 부분

사진제공: 국립민속박물관

〈호랑이 입안의 비녀를 빼준 나그네〉[38]

어떤 남자가 하동시장에서 소를 팔고 나서 갈대재를 넘어오는데 호랑이 한 마리가 다급하게 남자의 눈앞에 나타났다. 호랑이가 남자에게 말하길, "내 입안에 비녀가 껴 있으니 빼 다오."라고 하였다. 남자는 겁이 났지만 우선 제 옷을 벗어두고 호랑이 입안에 손을 넣어 조심스레 비녀를 빼내었다.

"네 덕분에 내가 살았다."

가까스로 살아난 호랑이는 남자에게 감사를 표했다. 그리고는 남자의 사는 곳을 묻더니 곧바로 남자를 제 등에 업고 달려 그의 집 앞까지 데려다주었다.

---

* 호식형과 결합된 형태이다. 호랑이의 목에 비녀가 낀 이유는 이전에 아낙네를 잡아먹었기 때문이다.

38 한국학중앙연구원 한국구비문학대계 디지털 자료, "호랑이 입 안의 비녀를 빼준 나그네", 구술자 조점순, 2012, 경남 산청군 시천면 원리 원리마을 원리경로당.

〈호랑이가 잡아준 묏자리 1〉[39]

17 **호랑이**
사진제공: 국립중앙박물관

경상북도 밀양군 삼랑진읍에 전해지는 일이다. 한 집안에 큰아들은 차가(車家)로, 연안 차씨로 나갔고, 둘째 아들이 문화 유씨 성을 그대로 내려받았다. 어느 날 아버지가 세상을 떠나자 형제가 아버지의 묏자리를 찾아다녔다. 전국 방방곡곡 심산유곡을 다니는데, 당시에 이 집안의 고향이 구월산 아래였다. 아버지를 고향 땅에 묻어드리기 위해 아들 둘이 구월산 어느 산봉우리를 헤매고 있었다. 그런데 갑자기 황소만 한 호랑이를 만났다. 호랑이를 만난 것만으로도 이 형제 둘이 기절할 판이었는데, 호랑이의 인상을 보니 더 무시무시하여 입도 다물지 못하고 멍하니 멈춰있었다. 그럼에도 불구하고 두 형제가 대담하게 용기를 내어 호랑이에게 물었다.

"네가 우리를 잡아먹으려고 하느냐?"

---

39 이 이야기는 아래의 두 이야기를 엮어 만든 이야기이다. 내용이 유사하여 함께 정리하였다.
한국학중앙연구원 한국구비문학대계 디지털 자료, "호랑이가 정해 준 명당", 구술자 류영수, 1981, 경상남도 밀양군 삼랑진읍.
한국학중앙연구원 한국구비문학대계 디지털 자료, "호랑이가 잡아준 묘자리", 구술자 구경자, 2015, 충북 보은군 속리산면.

그러자 호랑이가 제 머리를 형제에게 갖다 댔다. 두 형제는 호랑이의 행동을 이상하게 여겼다. 그중에 큰아들이 동생에게 말했다.

"이거 호랑이에게 필연코 곡절이 있는 것 같다."

"형님, 뭐 그럴 이치가 있겠습니까?"

그러나 동생은 대수롭지 않게 생각했다.

"그렇지 않을 것 같다. 그러지 말고 우리가 저 호랑이 곁으로 가보자."

두 형제는 용기를 내어 호랑이의 근처로 다가갔다. 집채만 한 호랑이는 입을 벌리고 으르렁거리고 있었는데 자세히 보니 호랑이 입안에 은비녀가 가로질러 있었다.

'이 호랑이가 여자를 잡아먹고 비녀를 잘못 씹어 목구멍에 걸렸구나'

둘째 동생이 소매를 걷어붙였다. 그리고 거침없이 호랑이의 입 속으로 자신의 손을 집어넣어 목구멍 안에 걸려 있는 비녀를 뽑아주었다. 비녀를 뽑아주자마자 호랑이가 꼬리를 치면서 두 형제에게 등에 타라는 모양새를 하였다. 형제는 호랑이의 등에 올라탔다. 호랑이는 가는 곳을 알지 못하게 빠른 속도로 달렸다. 도착하고 보니, 어느 묘터였다. 호랑이는 앞발을 긁으면서 구덩이를 파놓고 다시 발로 따독따독 땅을 다져놓고는 비호같이 사라졌다. 형제가 확인해 보니, 천하에 이름난 땅이 바로 여기였다. 이미 사라진 호랑이에게 감사하다고 거듭 사례하고는 아버지의 산소를 그곳에 모셨다. 문화 류씨 자손들은 그 후 엄청나게 번성하였다. 아들을 낳으면 벼슬을 하고 효자였으며, 딸을 낳으면 열녀가 되었다.

그 이후 그 집안의 내력에 전하기를, 만약 길을 가는 도중에 호랑이를 만나 호식하려 한다면 "나는 문화(文化) 유가(柳家)다."라고 답하면 된다. 그러면 호랑이가 그 말을 듣고 잡아먹지 않는다고 한다.

〈호랑이가 잡아준 묏자리 2〉[40]

경상남도 함안군 여항면 내곡리 내곡마을에 있는 이야기다. 겨울에 집에 초상이 났는데, 묘를 써야 할 상황에 땅이 얼어서 도무지 좋은 묫자리를 찾을 수가 없었다. 그런데 호랑이가 나타나 아들이 그 뒤를 따라가 보니, 어느 순간 눈 속에 풀썩 쓰러져 그 위에 누워 자고 있었다. 그 자리를 살펴보니 눈이 하나도 남아 있지 않았다. 아들이 이를 이상하게 여겨 그 자리에 묘를 썼다.

〈나물바구니를 날라다 준 호랑이〉[41]

과일(동명) 마을에 사는 한 아낙이 나물을 뜯으러 학가산(鶴駕山)으로 올라갔다. 학가산은 안동군 서후면, 북후면과 예천군 보문면의 접경지역에 있는 이 지역 최고(80m)의 산이다. 바위 밑에 앉아 집에서 싸 온 점심을 먹으려고 도시락을 풀었는데, 그 바위 사이에서 알록달록(알롱달롱)한 호랑이 새끼 두 마리가 기어 나왔다. 호랑이긴 해도 아주 새끼였고 그 생김새도 매우 어여뻤다.

"아이고 곱다! 요거 한 마리는 내가 집으로 데리고 가야겠다. 내가 가지고 가야지."

아낙이 호랑이 새끼가 귀여워 손으로 한참을 쓰다듬으며 귀여워했다. 이 모습을 바위 위에 앉아 있던 어미 호랑이가 지켜보고 있었다. 한순간 아낙과 호랑이의 눈이 마주쳤다. 어미 호랑이 역시 자기 새끼를

40 한국학중앙연구원 한국구비문학대계 디지털 자료, "호랑이가 잡아준 묘자리", 구술자 이필정, 2013, 경상남도 함안군 어항면.

41 한국학중앙연구원, 한국구비문학대계 디지털 자료, "나물바구니를 날라다 준 호랑이", 구술자 류수림, 1984, 경상북도 예천군 풍양면.

예쁘다고 하는 말이라 좋았던지 웃고 있었으나, 같이 올라온 아낙들은 걸음아 나 살려라 하며 도망쳤다. 달아나는 와중에 어찌나 정신이 없던지 나물바구니고 고무신 등을 모조리 내던지고, 헐레벌떡 마을로 도망쳐 내려왔다.

그런데 아침에 자고 일어나 보니 놓고 온 사람들의 나물바구니가 모두 각자의 집 앞에 놓여있었다. 나물을 캐던 사람들이 호랑이 새끼를 함함하다고 칭찬하여, 고마운 마음에 호랑이가 가져다준 것이었다.

---

* 1993년 6월 8일 동아일보 기사에는 실제 나물바구니와 관련한 이야기가 등장한다. 〈나물바구니를 날라다 준 호랑이〉의 이야기가 보은을 통해 목숨을 부지할 수 있었던 신성형에 가깝다면 위의 기사는 단순한 호식에 그치게 되었으므로 호식형이라 할 수 있다.[42]

---

42 아카이빙 조이경, "호랑이 나물 캐는 부녀를 무참히 잡아먹어", 근대기록물 호랑이 이야기, 〈https://www.19c.co.kr/news/articleView.html?idxno=2740〉, 게시일자 2021년 1월 16일, 검색일자 2022년 10월 20일.

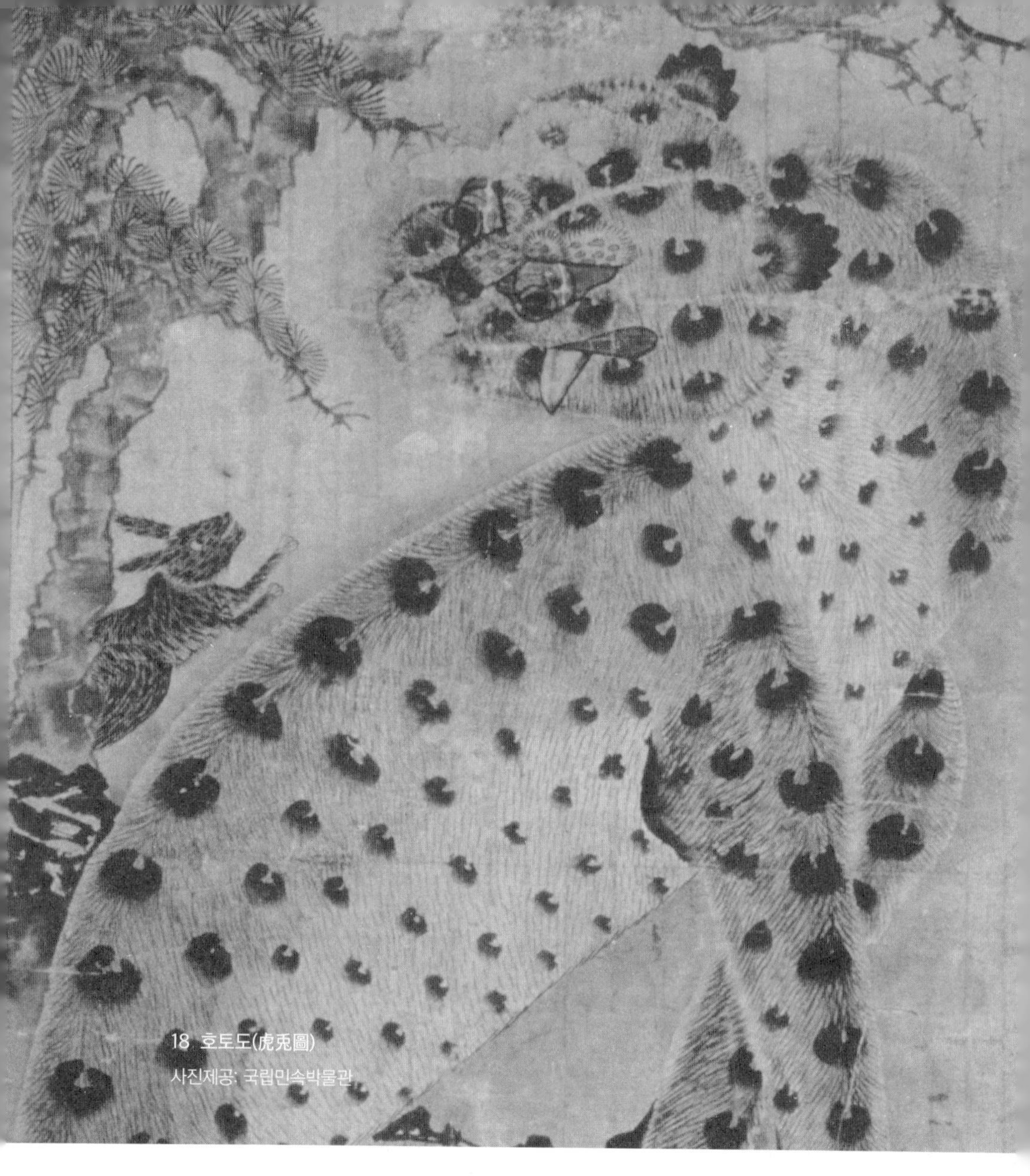

18 호토도(虎兎圖)
사진제공: 국립민속박물관

"호랑이가 퉁소의 소리를 듣고 신이 나 그 똥구멍이 벌렁벌렁했던 모양이었다. 그러니 호랑이 뱃속에 앉아 있는 사람에게 구멍 밖의 산이 보이다 보이지 않다가 하는 것이었다."

3절. 우스꽝스러운 호랑이

1. 호랑이와 곶감

〈호랑이보다 무서운 곶감취〉[43]

호랑이가 한밤중에 뒷동산의 산골짜기를 거닐다가 배가 출출하였다, 그리하여 불현듯 '야 내가 이 야밤에 허기가 지니 요번에는 저 김서방네에 내려가서 저 집 황소를 잡아먹고 와야겠다'라고 마음먹었다. 그리고는 곧장 살금살금 마을로 내려와 김서방네 집에 있는 큰 툇마루 아래에 숨어들었다.

호랑이가 이 툇마루 바로 아래에 숨어있으니 그 집 아이가 갑자기 크게 울기 시작했다. 아이의 엄마가, "이놈아 울지 마라. 곶감 쥐 온다, 곶감 쥐 온다."라며 아이를 달래면서 채근하니, 그제야 아이가 울음을 뚝 그쳤다. 툇마루 아래에서 엄마의 곶감 이야기를 전해 들은 호랑이가 생각하기를, '아, 나보다 더 무서운 것이 곶감쥐로구나' 하며, 황급히 도망쳤다.

---

* 우리가 잘 알고 있는 곶감과 호랑이 이야기이다. 이야기에서 곶감은 호랑이가 무서워하는 존재로, 단순히 말린 감이 아닌 하나의 '존재'이다. 그런 의미에서 구술자가 곶감과 '쥐'를 합성한 것으로 보인다.

43 한국학중앙연구원 한국구비문학대계 디지털 자료, "호랑이보다 무서운 곶감", 구술자 이희순, 2017, 경기도 동두천시 불현동 현성주공아파트경로당.

〈호랑이와 소도둑 1〉[44]

호랑이가 소를 잡아먹으려고 어느 집에 들이닥쳤는데 때마침 소도둑도 도둑질을 하려고 그 집에 와 있었다. 그러다 소도둑이 대들보 위에 숨어있다가 발을 잘못 헛디뎌 떨어졌는데 그 자리가 바로 호랑이의 등이었다. 호랑이가 등에 소도둑을 얹고 떼어내려 이리 펄쩍 저리 펄쩍 뛰어도 소도둑이 호랑이의 갈퀴를 잡고 좀체 떨어지지 않았다. 놀란 호랑이가 소도둑을 업고 한참 산을 넘어가다 큰 정자나무를 지나치는데, 그 아래 나무가 썩어 난 구멍에 소도둑이 굴러 떨어졌다. 이때다 싶은 소도둑이 나무 구멍 안에 몸을 웅크리고 숨었다.

호랑이는 소도둑이 숨은 나무 위에 올라가 벌벌 떨었다. 그리고 이미 나무 위에 있던 곰에게 소도둑을 만난 이야기를 늘어놓았다.

"아이고, 나는 오늘 무엇인지는 모르겠으나 무시무시한 사람을 만났다. 나보다 더 무서운 사람을 만나서, 가슴이 떨려 죽겠다. 그 사람이 지금 이 나무 구덩이 아래에 있다."

곰이 한껏 비웃으며 말했다.

"아이고 그깟 사람이 뭐가 무섭다고 그렇게 요란을 떠는가, 자네가 밥을 등에 싣고 오다가 떨어뜨린 것 같은데."

곰이 자신 있게 나무에서 내려와 소도둑이 숨은 나무 구덩이를 제 엉덩이로 깔고 앉았다. 이때다 싶은 소도둑이 가지고 있던 끈으로 곰의 불알을 딱 쳐서 잡아당겨버리니, 곰의 얼굴이 노랗게 변해서 죽어버렸다.

"봐라, 네가 내 말을 듣지 않다가 죽는구나."

호랑이는 홀로 산으로 달아났다.

---

44 한국학중앙연구원 한국구비문학대계 디지털 자료, "소도둑에게 혼줄 난 곰과 호랑이", 구술자 구이선, 2014, 경상남도 창원시 의창구.

〈호랑이와 소도둑 2〉[45]

경상남도 창녕군 이방면 등림리 죽전마을에 전해지는 이야기다. 도둑이 말을 몰고 도망가려고 마구간에 숨어있었다. 호랑이도 아이를 잡아먹으려고 마구간으로 왔다. 호랑이는 자신이 말도 아닌데 끈도 매지 않고 마구간에 함께 누워있으니, 슬슬 배가 고파지기 시작했다. 그러나 아이가 왱왱 울며 울음을 그치지 않았다.

'아 저거 내가 바로 물어가 버릴 건데'

할머니가 아이를 달래려고 겁을 주었다.

"호랑이가 왔다! 늑대가 왔다!"

할머니가 오만 짐승을 다 불러도 아이가 그치지 않고 자꾸만 울어댔다. 그러다 마지막으로 할머니가 우는 아이를 달랠 요량으로 벽장 안에서 곶감을 내서 아이에게 훌쩍 던져주었다.

"자, 곶감이다!"

그랬더니 아이가 덜컥 울음을 그쳤다. 호랑이가 그것을 보고 아이를 포기하였다.

'아 곶감이 참으로 무서운 짐승이구나. 호랑이보다 더 무서운 게 곶감이구나. 곶감이라는 것이 그렇게 무서운 거구나. 나는 이제 글렀다. 나보다 더 무서운 곶감이 있는데.' 그리고 호랑이는 당산나무로 돌아왔다.

마구간에 숨어있던 말도둑도 돌아가는 길이었다. 그 와중에 당산나무가 있었다. 낯선 사람이 나타나 그 길은 호랑이가 있으니 가지 말라

---

45 이 내용은 곶감과 호랑이, 호랑이와 소도둑의 이야기가 섞인 유형이다. 조사자가 기술한 바와 같이 내용이 연결되지 않은 부분이 있어, 부연하여 추가하였다.
한국학중앙연구원 한국구비문학대계 디지털 자료, "곶감이 무서워서 도망 간 호랑이", 구술자 노정숙, 2015, 경상남도 창녕군 이방면.

고 알려주었으나 남자가 듣지 않고 그 길로 향했다. 가다 보니 웬 여자 하나가 나무 위에 올라가 있었다. 그 이유를 물어보니 과연 호랑이가 무서워서 올라갔다고 했다.

곰과 호랑이는 당산나무에서 곶감에 대한 이야기를 하고 있었다. 남자는 무서워서 나무의 구멍 안으로 피신하였다. 곰이 호랑이를 비웃으며, 자신이 그 곶감을 잡으러 가겠다고 호언장담했다. 그 순간, 나무 밑에 있던 남자가 곰의 불알을 잡아당기니, 곰이 그만 죽어버렸다. '아, 저게 곶감인가보다. 저 곰을 저렇게 쉽게 죽이다니!' 식겁을 한 호랑이가 '걸음아 나 살려라' 하며 도망쳤다. 그래서 남자는 손쉽게 곰 한 마리를 잡고 돌아오게 되었다.

〈뜨거운 돌을 먹여 호랑이를 잡은 사람〉[46]

경상남도 창원시 의창구 용호동에 전해지는 이야기다. 호랑이가 동네를 돌아다니며 짐승을 잡아먹고 어쩌다 가는 사람도 잡아먹으며 마을을 어지럽혔다. 호랑이는 아무나 잡아먹는 것이 아닌, 제 눈에 개로 보이면 잡아먹고 사람으로 보이면 절대 잡아먹지 않는다고 했다.

어떤 젊고 영리한 사람이 호랑이를 잡을 궁리를 하였다. 어느 날 영리한 사람이 돌을 불에 벌겋게 태웠다. 그리고 호랑이에게 다가가 물었다.

"혹시 이런 고기 먹어 봤나?"

호랑이는 육식을 하는지라, 어떤 고기도 다 먹어보았으나, 그것은 생전 처음 보는 고기였다.

"그것은 어떤 고기냐? 아직 못 먹어 봤다."

"그럼 내가 이 고기를 줄 테니, 아무 곳에나 앉아서 나만 쳐다보고 입을 탁 벌리고 있어라. 그럼 내가 한 개를 탁 던져줄 테니, 받아먹어라."

그래서 영리한 사람이 돌멩이를 꾸며서 호랑이의 한입에 딱 들어가게 했다. 이 사람은 바위 위에 앉아 있고, 호랑이는 그 밑에 턱 앉아 있었다.

"내 밑에 그렇게 앉아 있어라. 그리고 입만 딱 벌려라. 내가 그 입에다 싹 넣어주겠다."

"아."

호랑이가 대답하며 입을 쩍 하니 벌렸다. 그렇게 빨갛게 구운 돌멩이를 호랑이의 입 속에 탁 던지니 툭 하고 들어갔다. 냉큼 한입에 돌을 삼킨 호랑이는 뛰고 솟고 난리가 나서, 그만 죽어버렸다.

---

46 한국학중앙연구원 한국구비문학대계 디지털 자료, "뜨거운 돌을 먹여 호랑이를 잡은 사람", 구술자 이상수, 2014, 경상남도 창원시 의창구.

〈과암할머니, 소도둑, 토끼에게 당한 호랑이〉[47]

경상북도 군위군 고로면 설화이다. 옛날에 과암댁이라는 집이 있었다. 마을에서 가장 큰 부잣집이었다. 그 집에는 큰 황소 두 마리도 키우고 있었다. 어느 날, 호랑이가 황소를 잡아먹으려고 찾아왔다. 그런데 그날 저녁에 소도둑 또한 소를 훔쳐가기 위해 찾아왔다.

갑자기 범이 들이닥치니, 도둑이 마구간 위에 지어놓은 다락으로 올라가 앉았다. 호랑이는 두 마리 황소 가운데 한복판에 누워있었다. 그때 과암할머니가 우는 아이를 달래는 소리가 마구간까지 들렸다.

"범 온다, 범 온다. 훠이, 울지 마라, 울면 범이 내려온다."

무서운 범이 온다고 아이를 어르고 달래 보아도, 아이는 울음을 그치지 않았다.

"곶감, 곶감, 자, 곶감이다."

과암할머니가 아이를 달랠 요량으로 벽장에서 곶감을 꺼내주니 아이가 드디어 울음을 그쳤다. 호랑이가 가만히 생각하니, '아 곶감이 천지에 나보다 더 무섭구나' 싶었다.

그때 소도둑은, 호랑이가 가야만 소를 몰고 나갈 텐데, 호랑이가 가지 않아 꼼짝없이 다락에 붙잡혀 있었다. 그러다 깜빡 잠이 들어버렸다. 잠이 든 도중에 다락에서 굴러 떨어졌는데, 다행 중 불행인지 불행 중 다행인지 그만 호랑이 등에 떨어지고 말았다.

"어이쿠 이거 곶감이 붙었다."

호랑이는 과암댁 할머니가 이야기한 무서운 곶감이 제 등에 붙었다

---

47 한국학중앙연구원 한국구비문학대계 디지털 자료, "김진호", 구술자 김진호, 1982, 경북 군위군 고로면.

고 생각해서 이리 펄쩍 저리 펄쩍 뛰었다. 등에 올라탄 소도둑이 떨어지지 않자 결국 호랑이가 도둑을 태우고 뛰었다. 도둑은 호랑이를 타고 달아나는 꼴이 되었다.

한참을 달아나다 큰 마차나무 있는 곳까지 갔는데, 가다가 그만 도둑의 상투가 나뭇가지에 걸려 호랑이 등에서 툭 떨어지고 말았다. 호랑이는 곶감이 드디어 제 등에서 떨어졌다고 생각하여 신이 나 그 길로 달아나버렸다. 고목나무에 걸려 떨어진 도둑은 갈 데가 없어 나무 아래 구멍 속으로 들어갔다. 호랑이는 곶감이 떨어졌다고 생각하여 좋다고 달아나다 툭 튀어나온 토끼와 마주쳤다.

"호랑이 아저씨, 어디 갔다 와요?"

"야, 이놈아. 곶감이 내 등허리에 붙었다가 금방 떨어졌다."

"아이고, 호랑이 아저씨, 그거 사람이구먼요."

"사람이라니, 곶감이었다니까!"

"그 사람은 어디에 떨어졌나요?"

"저 큰 고목나무 밑에 떨어졌다."

"그렇다면 다시 가봅시다."

토끼와 호랑이가 고목나무 있는 곳에 와서 같이 주변을 살폈다.

"호랑이 아저씨, 제가 나무에 올라가거든 저 구멍을 막으세요!"

달리 막을 방도가 없던 호랑이가 그냥 구멍을 깔고 앉았다. 도둑이 구멍 아래에서 보니, 알 수 없는 빨간 것이 구멍 속으로 슬그머니 들어와 있었다. 바로 호랑이의 불알이었다. 도둑의 주머니에 상투를 멜 적에 머리를 빗어넘기는 작은 칼이 있었다. 도둑은 그것으로 불알을 잘라버렸다. 불알이 잘린 호랑이가 깜짝 놀라 도망갔다.

"토끼 요놈의 자식, 너 때문에 내 불알을 잃어버렸다!"

화가 난 호랑이가 토끼를 잡아먹으려고 달려들었다.

"아이고 호랑이 아저씨, 우리 이러지 말고 고기 잡아먹으러 갑시다."

겨우 호랑이를 달랜 토끼가 호랑이를 동지섣달[48] 한창 추울 때에 호랑이를 연못으로 데리고 갔다.

"여기에 꼬리를 담그고 있으면 꽁지(꼬리)에 고기가 붙습니다."

호랑이가 어리숙하여, 토끼의 말대로 자신의 꼬리를 차가운 연못에 터억 담가놓고 있었다.

토끼는 호랑이 근처에서 고기를 몰겠다고 요리 뱅뱅 조리 뱅뱅 한참을 뛰어다녔다.

"자 호랑이 아저씨, 이제 꼬리를 당겨봐요."

호랑이가 제 꼬리를 당겨보려 하는데, 도무지 당겨지지 않았다.

"아직 부족하지요? 아직 멀었구먼. 더 달려야 합니다."

토끼가 또 이리저리 돌아다녔다. 그러는 사이에 연못이 더 꽝꽝 얼어붙어 버렸다.

"호랑이 아저씨, 이제 되었소. 꼬리를 당겨보소."

"아이코, 안 당겨진다."

"안 당겨지면 됐소. 나는 이만 갑니다."

토끼는 호랑이를 두고 잽싸게 달아버렸다. 화가 난 호랑이가 토끼를 잡으려고 안간힘을 썼다. 그러다 힘을 줘서 잡아당기던 호랑이의 꼬리가 그만 얼어붙어 쏙 빠져버렸다.

"야 이놈의 토끼 때문에 불알도 잃고 꽁지도 잃었구나. 내가 요놈의

---

48 일년 중 밤이 가장 길고 낮이 가장 짧은 날을 말한다. 날씨가 춥고 밤이 길어 호랑이가 교미한다고 하여 호랑이 장가가는 날이라고 부르기도 한다.

자식을 어떻게 잡아먹을꼬."

화가 난 호랑이가 토끼를 찾아다니느라 돌아다녔다. 그러다 토끼가 어디선가 다시 또 튀어나왔다.

"호랑이 아저씨 어땠습니까?"

"요놈의 자식, 너 때문에 불알 잃고 꽁지도 잃고, 너를 잡아먹어야겠다."

"아이고, 호랑이 아저씨 우리 그러지 말고, 저쪽 골짜기에 가서 가재를 잡아먹읍시다."

토끼가 어리숙한 호랑이를 다시 타일렀다.

"그래, 가재를 잡아먹자."

이번에도 호랑이는 토끼에게 속아 골짜기로 향했다. 이번에는 토끼가 열심히 가재를 잡아주었다. 그리고는 가재를 빨갛게 익혀 호랑이에게 주었다.

"호랑이 아저씨 잡숴보시오."

"아이고, 그거 맛있다."

"그러니 우리 많이 잡읍시다."

토끼가 사방팔방을 돌아다니며 불을 벌겋게 두고 거기에 돌을 발갛게 달궈두었다.

"이것도 드셔 보십시오."

토끼가 호랑이에게 뜨거운 불에 가장 빨갛게 익은 돌을 건네주었다. 호랑이가 그것을 삼키자마자 그만 이빨이 부러져버렸다. 그래서 결국 이빨이 부러진 호랑이가 토끼를 잡아먹지 못했다.

---

* 이 이야기는 앞의 소도둑과 호랑이, 곶감, 토끼, 뜨거운 돌로 호랑이 잡은 이야기가 중복되었다. 앞의 이야기에서 곰의 역할을 토끼가 대체하고 있다.

〈호랑이 잡은 형제〉[49]

이 이야기는 강원도 횡순 안홍면 설화이다. 두 부부와 두 아들이 살고 있었다. 어느 날 할아버지와 할머니의 제사가 있어, 부부 모두 큰 집으로 제사를 보러 가야 할 상황이었다. 부모는 형제에게 당부하였다.

"우리는 오늘 저녁에 큰 집에 가 제사를 보고 올 테니 너희들은 집에서 자고 있어라."

그리고 부모는 집을 떠났다. 아이들은 자신들만 집에 남아있으니 무서웠다. 그래서 향불을 쪼개 코콜(불을 하나 켜서 왔다 갔다 하는 것)을 하며 부모님을 기다리고 있었다. 밤 열두 시가 넘었는데 갑자기 초가집 지붕 위에서 바스락바스락 소리가 들렸다. 아이들은 무서워서 이불을 꼭 뒤집어쓰고 있었다. 혹시나 해 빼꼼 이불 밖으로 고개를 내미니 웬 발 하나가 지붕을 뚫고 집안으로 쓱 빠지는 것이 보였다. 자세히 보니 호랑이의 발이었다. 두 형제는 겁이 나 벌벌 떨었다. 그러다 형이 말했다.

"너는 부엌에 가서 화로를 가져와라."

동생이 무서워서 가지 못하겠다고 떼를 썼으나 형은 기어코 내보냈다.

"괜찮다. 어서 나가서 화로를 가져와라."

동생이 겨우 화로를 들고 들어오자, 형이 화로 속에 송곳을 달궜다. 그리고는 조를 갖다가 디딜방아에 붓고는 다시 호랑이 다리에다가 나무를 갖다 매었다. 그렇게 호랑이의 다리와 방아가 연결되었다. 호랑이는 다리가 걸려서 더 이상 집안으로 내려오지 못했다.

---

49 한국학중앙연구원 한국구비문학대계 디지털 자료, "호랑이 잡은 형제", 구술자 함태수, 1983, 강원도 횡성군 안홍면.

형이 동생에게 말했다.

"이제 괜찮다. 넌 방에 가서 요깃거리라도 주워 먹고 있어라."

형은 푸줏간에 가서 옴짝달싹 못 하는 호랑이의 똥구멍을 쑤셨다. 호랑이가 놀라 들썩하니, 덩달아 방아도 덜컹 일어났다. 똥구멍을 계속 쑤시니, 방아가 덜컹하고 일어나고 덜컹하고 일어나길 반복했다. 그래서 방아가 연신 들먹거리고 난 후 보니 좁쌀이 다 찧어 있었다.

그때쯤 어머니와 아버지가 제사를 다 지내고 돌아오고 있었다. 부모가 횃불을 들고 와 보니, 큰 호랑이가 처마 밑에 서 있었다.

"아이고, 우리집 애들 다 죽었겠네."

부모가 놀라 쫓아와 보니, 아이들은 무사히 집에 있었다. 결국 나중에 날이 샌 후, 동네 사람들을 불러서 호랑이를 때려잡았다고 한다.

---

* 해학형의 호랑이에서는 "똥꼬", "붕알" 등의 신체 부위와 긴밀한 관계를 갖고 웃음을 유발하는 수단으로 자주 사용된다.

2. 호랑이와 기름강아지

19

19 호도(虎圖)

사진제공: 국립민속박물관

〈기름 강아지로 호랑이 잡는 이야기〉[50]

어떤 사람이 기르는 강아지를 무척이나 귀여워했다. 어찌나 귀여워했는지, 매일 강아지의 먹이를 참기름으로 내어 먹일 정도였다. 아주 작은 발발이 크기의 강아지였는데, 매일 참기름만 먹여서 강아지가 반들반들하고 미끈거렸다.

이 사람은 산골에 초가삼간을 짓고 강아지와 혼자 살고 있었는데, 밤마다 강아지가 밖에 나갔다 들어오면 땀을 잔뜩 흘리고 거의 적셔지듯 돌아오기 일쑤였다. 이상하다고 생각한 주인이, 밤에 강아지를 가만히 지켜보니, 밤이 이슥해지면 산에서 범이 수십 마리가 내려와서 입을 벌리고 있었다. 그러자 기름을 먹여 매끈한 강아지가 호랑이의 입으로 쏘옥 들어갔다가 밑구멍으로 쏙 나왔다. 또 다른 호랑이가 번갈아 가며 강아지를 삼키려고 하면 또 한입에 쏘옥 삼켜져 밑구멍으로 나왔다. 그렇게 여러 번 하다 보니 그만 강아지의 털이 흠뻑 젖어서 나오는 것이었다.

이 주인은 '야 이 방법으로 범을 잡을 수 있겠다' 생각하고서는 그 길로 끊어지지 않은 삼노끈으로 줄을 기다랗게 만들어 강아지의 허리에 든든히 묶고서는 밖으로 내보냈다. 그러자 호랑이들이 또다시 강아지를 잡아먹으려 한입에 집어삼켰다. 온몸이 미끄러운 강아지는 그렇게 호랑이의 밑구멍으로 나오고, 또 다른 놈이 집어삼키면 그놈의 밑구멍으로 나오는 일이 여러 번 반복되었다. 결국, 강아지 허리에 묶어놓은 줄이 호랑이 여러 마리의 머리에서 꼬리까지를 굴비 엮듯 말끔하게 한 줄로 꿰어 놓게 되었다.

---

50 한국학중앙연구원, 『한국구비문학대계』 1집 1책, 한국학중앙연구원, 1980, 272-273쪽.

강아지를 풀어놓기 전에 미리 줄 한쪽을 느티나무에 매어 놓았던 주인은 절구공이를 가지고 가서는 다 꿰어진 호랑이 수십 마리를 때려잡았다. 결국 주인이 아끼던 기름 강아지 덕분에 수십 마리의 호랑이를 한 번에 잡을 수 있었다.

3. 호랑이 가죽 벗기기

〈껍질만 벗기는 범잡이〉[51]

어느 사람이 호랑이를 잡아 가죽을 구해 부자가 되고 싶었다. 때마침 강가에서 졸린 호랑이가 꾸벅꾸벅 졸고 있었다. 이 사람이 이때다 싶어, 아주 잘 드는 칼을 가져다가 호랑이의 얼굴을 X자로 그어놓았다. 호랑이는 아주 미련한 동물이라, 웬 모기가 얼굴을 건드리는 줄 알고 고개만 찔렁 흔들고 말 뿐이었다. 그리고는 이 사람이 호랑이의 뒤로 살며시 다가가 호랑이의 꽁지를 냅다 밟고는 "떼끼 이놈!!" 하고 고함을 확 지르니, 호랑이가 놀라 그만 알몸이 쏙 빠져서 달려 나가고 빈 껍질만 덩그러니 남았다. 그래서 신이 난 사람이 호랑이 껍질을 들고 내려와 팔고 결국 부자가 되었다.

51 한국학중앙연구원, 『한국구비문학대계』 7집 11책, 한국학중앙연구원, 1984, 716쪽.

20 호랑이 가죽
사진제공: 국립중앙박물관

* 호랑이 가죽은 옛날부터 부를 상징하고 잡귀를 몰아내며 호랑이띠 여성에게는 행운을 안겨 준다는 속설 등이 있다. 과거 아이들에게 선물할 때도 호신의 목적으로 특별히 호랑이 무늬가 있는 나무를 선택했다고 한다.
* 그러나 현재 호랑이 가죽은 소장만 해도 처벌받는다. 지난 2004년의 국제 협약에 따라 국내에서 야생동식물보호법이 제정되었다. 이를 어길 시 처벌될 수 있으며 가죽을 소장하기만 해도 3년 이하의 징역이나 2000만 원 이하의 벌금에 처한다.

4. 호랑이 뱃속에서 살아나온 사람

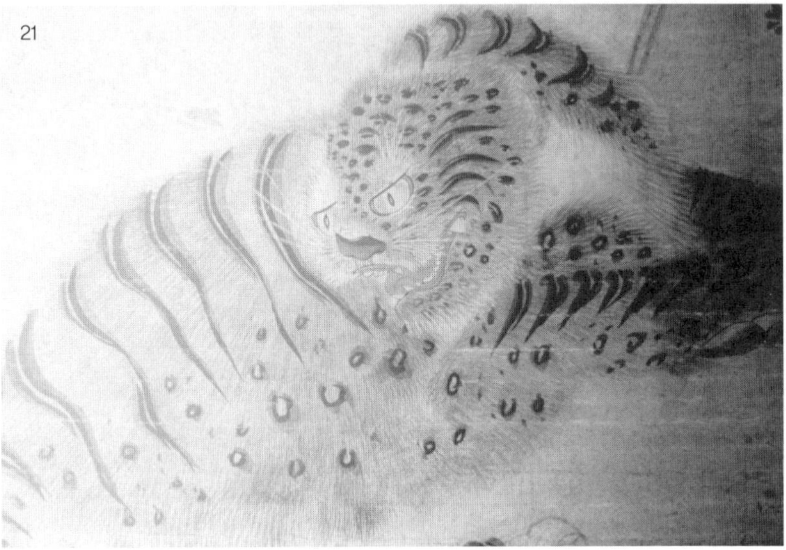

21 민화
사진제공: 국립민속박물관

〈퉁소 불어 범 잡는 이야기〉[52]

경상남도 창원시 의창구 동읍 무점리에 있는 이야기다. 퉁소를 잘 부는 사람이 항상 퉁소를 지니고 다녔는데, 한 번은 첩첩 산골길을 넘어가다가 해가 빠져 어두워져 버렸다. 할 수 없어 나무 밑에서 잠을 청하려고 하는데, 눈앞이 캄캄했다. 자세히 보니 눈앞에 큰 호랑이 한 마리가 있었다. 호랑이 역시 배가 고파서 이리저리 먹을 것을 찾아다니고

52 한국학중앙연구원 한국구비문학대계 디지털 자료, "퉁소 불어 범 잡는 이야기", 구술자 김태우, 1982, 경상북도 군위군 산성면.

있었다. 호랑이가 배고픈 와중에 사람을 마주치니, 이제 밥이 하나 앉아 있다고 생각하여 어찌나 신이 났는지, 그 앞에 와서 너훌너훌 춤을 추고 있었다.

이 사람이 '아, 이거 내가 죽기는 죽겠구나. 저놈한테 꼼짝없이 죽게 생겼는데 이 일을 어떻게 하나' 하고 생각하다, 그만 배고픈 호랑이의 한입에 널름 잡아먹히고 말았다.

얼마나 큰 놈인지, 사람이 꼴딱 넘어가는 바람에 침도 묻히지 않고 산 채로 호랑이의 뱃속에 들어가 앉게 되었다. 아주 너른 호랑이 뱃속에 앉아, 죽기 전 마지막 퉁소를 불어볼까 해서 품속에서 퉁소를 내었다. 그는 자신이 아는 가장 슬픈 곡조를 불렀다. 그런데 이것이 웬일인가. 호랑이 뱃속 저 끝에서 밖의 산이 보이다가 보이지 않다가 하는 것이었다. 사실은 이 사람이 퉁소를 어찌나 잘 부는지 호랑이가 퉁소의 소리를 듣고 신이 나 그 똥구멍이 벌렁벌렁했던 모양이었다. 그러니 호랑이 뱃속에 앉아 있는 사람에게 구멍 밖의 산이 보이다 보이지 않다가 하는 것이었다.

'아, 저기에 산이 보이는데, 바로 저것이 내가 나갈 구멍이겠구나'

이 사람이 어떻게든 빠져나갈 요량으로, 구멍이 열린 틈을 타서 호랑이의 꽁지를 쥐었다. 그러다 제 등이 선득선득해서 돌아보니 바로 뒤에 남대문한 큰 구멍이 보였다. 바로 호랑이의 입이었다. 호랑이가 퉁소 소리에 기분이 좋아 입을 크게 벌리고 웃고 있었다.

'내가 이 좁은 데로 나갈 일이 아니라, 저 너른 남대문으로 나갈 일이다' 하고서는 꽁지를 쥔 상태로 입 쪽으로 나가니 그 호랑이가 팔짝 뒤집혀 그만 죽어버렸다. 그래서 이 사람이 범을 잡게 되었다.

〈호랑이 뱃속에서 살아나온 사람〉[53]

어떤 사람이 논 가운데에서 보리타작을 하고 있었다. 그런데 도리깨를 가지고 타작을 하는 도중에 그만 잘못하여 근처에 놀고 있던 고양이가 도리깨에 맞아 죽게 되었다. 이 사람이 쓰러진 고양이를 가만히 들여다보니 천생 호랑이처럼 보였다. 갑자기 용기가 생긴 사람이 어깨에 도리깨를 잔뜩 메고 호랑이를 잡아야겠다는 생각에 불현듯 강원도 금강산 골짜기로 향했다.

하필 그날이 호랑이 계모임 날(기축날)이라, 호랑이들이 골짜기에 아주 빽빽하게 들어앉아들 있었다. 이 남자가 도리깨를 지고 와 그 곁에 내려놓으니, 호랑이 한 마리가 다가와 사람을 들이마시듯 호로록 한입에 먹어치웠다. 호랑이의 한입에 꿀꺽 삼켜진 사람이 호랑이의 뱃속으로 딱 들어와 앉아 있으니, 그 안이 미끄럽기도 하고 갑갑하기도 했다.

시간이 지나자 호랑이 뱃속에 갇혀 있던 사람은 더는 허기를 참을 수가 없었다. 결국, 어떻게든 주린 배를 채우려 주머니에 넣어둔 작은 칼을 꺼내 들었다. 그리고는 호랑이 내장과 살점을 파서 뜯어먹기 시작했다. 영문 모를 호랑이는 갑자기 내장이 뒤틀리며 아프자 이리 꿈틀 저리 꿈틀 날뛰기 시작했다. 그 속에서 호랑이의 내장을 파먹던 사람 또한 호랑이와 같이 이리 펄쩍 저리 펄쩍 나동그라져 자빠졌다.

끝내 힘이 빠진 호랑이가 쓰러져 죽자, 안에 있던 사람이 아주 작은

53 한국학중앙연구원 한국구비문학대계 디지털 자료, "호랑이 뱃속에서 살아나온 사람", 구술자 박삼선, 1979, 경상북도 성주군 대가면 옥성1동.

짹지칼로 호랑이의 배를 뚫고 나왔다. 밖을 내다보니, 호랑이가 피를 벌겋게 뒤집어쓰고 골짜기에 널브러져 죽어있었다. 뱃속에서 나온 사람은 죽은 호랑이의 껍데기를 착착 벗기고는 가지고 갔던 도리깨는 버리고 그 지게에 호랑이의 껍데기를 한 짐이나 지고 돌아와 큰 부자가 되었다.

5. 호랑이를 쫓은 여자

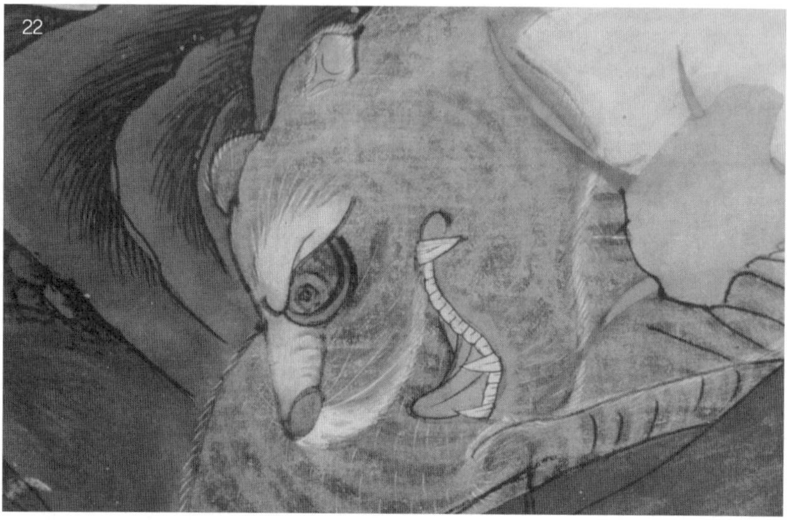

22 산신도(山神圖) 부분
사진제공: 국립민속박물관

〈발가벗고 물구나무 서서 호랑이를 쫓은 여자 1〉[54]

한 처녀가 산에 나물을 뜯으러 갔다가 내려오는데, 같이 따라나선 동생에게 가재를 잡아주고 싶었다. 처녀가 동생을 위해 물가로 내려가는데 갑자기 호랑이를 만났다. 여자는 갑자기 호랑이 앞에서 옷을 발가벗고 거꾸로 서서 뒷걸음질을 쳤다. 호랑이가 이 여자를 쳐다보니, 아 글쎄 눈도 코도 없는 놈이 입은 가로로 째져서 내려오고 있었다. 이 모습이 사람이 아닌 짐승같이 보여 호랑이가 결국 헐레벌떡 도망을 치게 되었다.

54 한국학중앙연구원, 『한국구비문학대계』 4집 3책, 한국학중앙연구원, 1982, 654-655쪽.

〈발가벗고 물구나무 서서 호랑이를 쫓은 여자 2〉[55]

어떤 여자가 냇가에서 빨래를 하고 있었다. 그런데 갑자기 호랑이가 사람을 잡아먹으려고 그 앞에 나타났다. 놀란 여자가 치마를 벗고 거꾸로 서서는 도리어 호랑이를 쫓아갔다. 하필 이 여성이 달거리(월경) 중이라, 그 아래가 벌겠다. 호랑이는 자기 입보다 더 큰 입이 피를 묻히고 자신을 잡아먹으려고 달려들고 있으니 놀라서 도망갔다.

〈발가벗고 물구나무 서서 호랑이를 쫓은 여자 3〉[56]

경상북도에 현풍 곽씨가 있었는데, 열녀라고 소문이 났다. 어느 날 이 현풍 곽씨 며느리의 시아버지가 병이 났다. 현풍 곽씨는 시아버지를 구완하기 위해 호랑이가 사람을 잡아먹는다는 재를 넘어 의원을 찾아갔다. 아니나 다를까, 산중에 이르니 호랑이가 입을 떡하니 벌리고 있었다.

현풍 곽씨가 속으로 가만히 생각하였다.

'죽기 아니면 까무러치기다, 저 호랑이를 어떻게 놀라게 해서 달아날 수 있을까'

그리고는 갑자기 자신의 치마를 폭 덮어쓰고 속옷을 벗고는 거꾸로 기어 호랑이 앞으로 다가갔다. 웬 여자가 거꾸로 물구나무를 서서 뒤로 걸으니, 호랑이가 보기에 그 모습이 사람이 아닌 무서운 짐승으로 보였다. 호랑이가 생각건대, 자기는 입이 하나인데, 거꾸로 선 여자의 입이 두 개이므로, 속으로 '아이고 나보다 더 큰 놈이다'라고 생각하며 도망쳤다. 덕분에 며느리는 무사히 약을 지어와 시아버지를 살렸다.

---

55 한국학중앙연구원 한국구비문학대계 디지털 자료, "호랑이 쫓은 여자.", 구술자 홍영자, 2009, 강원도 평창군 면온2리 998번지 한경호 자택.

56 한국학중앙연구원 한국구비문학대계 디지털 자료, "호랑이 물리치고 시아버지 구한 현풍 곽씨 며느리", 구술자 배금석, 2009, 경남 양산시 상북면 석계리 28-1번지 구술자의집.

〈발가벗고 물구나무 서서 호랑이를 쫓은 여자 4〉[57]

봄날에 맏동서, 둘째 동서, 막내 동서 셋이서 동서끼리 산나물을 캐러 나섰다. 그런데 갑자기 호랑이가 나타나 잡아먹으려고 덤벼들었다. 세 명의 동서들이 생각하기에, 이 중 누굴 죽여도 하나는 잡아먹지 싶었다. 와중에 막내 동서가 결연히 호랑이 앞으로 나서며 말했다.

“형님들 비키세요. 형님들은 아이가 있어서 죽어서는 안 되니, 애가 없는 제가 대신 죽겠습니다.”

막내 동서는 이왕 죽을 몸, 호랑이가 먹기 좋게 한다고 옷을 발가벗고 호랑이 입 앞으로 들어가려 몸을 쑤욱 들이밀었다. 그런데 막상 나서보니 호랑이 얼굴이 보이는 것이 무서워, 등을 돌려 엉덩이를 대고 그 입 속으로 들어가려 했다.

이 호랑이가 언덕 끝에 앉아 있는데, 뭔가 이상한 것이 다가오고 있었다. 호랑이가 가만 보니, 다른 동물은 다 입이 가로 째져 있는데, 이 입은 세로로 째져 있어서 무섭고 이상했다. 그리고 저 짐승이 방금 또 뭘 잡아먹었는지 피가 뻘건 것이 수염이 나 거뭇거뭇했다. 이를 본 호랑이가 ‘아이고, 이거 잘못하다가는 내가 죽겠다’ 싶어서 슬금슬금 뒷걸음질을 치다 그만 절벽에 떨어져 죽고 말았다.

57 한국학중앙연구원 한국구비문학대계 디지털 자료, “호랑이 쫓은 여인”, 구술자 이광휘, 1980, 경상북도 영덕군 달산면 대지1동.

6. 호랑이와 할머니

23

23 민화 부분

사진제공: 국립민속박물관

〈호랑이 잡은 할머니 1〉[58]

경상남도 남해군 설천면 비란리 정태마을에 전해지는 이야기이다. 옛날에 산중에 영감과 할머니가 둘이 살고 있었다. 할아버지가 외출을 한 사이에, 할머니가 요리를 하고 있었다. 그런데 할아버지가 부재한 틈을 타 호랑이가 할머니를 잡아먹으려고 찾아왔다.

'저놈의 호랑이를 어떻게 쫓아낼까?' 하다가 할머니가 꾀를 내었다.

"우리 영감 삼푼에서 출발했을 텐데, 갔다가 오는가, 가는가 내다보자."

할머니가 영감이 곧 올 것처럼 노래를 부르니, 호랑이가 영감이 도착하면 두 명을 다 잡아먹을 생각에 신이 나 그냥 돌아갔다. 호랑이가 간 뒤, 할머니는 또 꾀를 내어 계란을 아궁이에다 묻어놓고, 행주에는 바늘을 꽂아놨다. 할아버지 역시 길에서 호랑이를 만난 참이었다.

'잡아먹어도 집에 가서 잡아먹지, 여기서 내가 죽겠나.'

영감 또한 꾀를 내어 호랑이와 함께 집으로 내려왔다. 할머니가 그 모습을 보고 말했다.

"내가 죽어도 부엌에 물이라도 한잔 먹고 죽어야겠으니 물그릇 좀 가지고 오너라."

호랑이가 부엌에서 물그릇을 찾는다고 이리저리 뒤지다가 할머니가 미리 묻어놓은 계란이 튀어서 눈에 들어가 버렸다.

"아이고, 할멈! 내 눈에 뭐가 들어갔네!"

호랑이가 다급하게 할머니를 부르자 할머니가 행주를 건네주었다.

"아이고, 계란이 눈에 들어갔구먼, 이 행주로 눈을 닦아라."

---

58 한국학중앙연구원 한국구비문학대계 디지털 자료, "재치로 호랑이 잡은 할머니", 구술자 이옥지, 2011, 경상남도 남해군 설천면.

호랑이가 냉큼 그 행주를 받아 들고 눈을 닦으니, 꽂혀 있는 바늘이 호랑이 눈을 찔러버렸다.

"아이고, 할멈. 바늘이 눈을 찔렀네! 바늘이 눈을 찔렀어!"

난리를 피니, 할머니가 마당에 멍석을 쫙 펴놓았다.

"자, 그러걸랑 마당에 가서 누워라, 내가 바늘을 빼줄테니."

호랑이가 할머니의 말대로 멍석에 누우니, 바로 멍석을 돌돌 말아 냇가에 갖다가 던져버렸다. 그 뒤로 할머니와 할아버지는 잘살았다.

〈호랑이 잡은 팥죽 할머니〉[59]

이 이야기는 경상남도 진양군 미천면의 설화이다. 할머니가 팥을 매러 밭에 갔다. 풀을 어찌나 많이 맸는지 그만 불범이 내려왔다.[60] 불범이 할머니에게 말했다.

"할매, 할매, 우리 풀밭 매기로 내기를 하자. 그래서 만약 내기에서 지면 잡아먹기로 하자."

할머니는 호랑이가 무서워 하는 수 없이 내기를 시작했다. 불범은 그 커다란 앞발로 파고, 뒷발로도 파서 할머니보다 먼저 밭을 매 버렸다.

"할매, 할매, 내가 먼저 맸으니 할매를 잡아먹어야겠다."

"아이고, 아이고, 내가 벌써 죽어야겠나. 이 풀밭의 풀을 한 가득을 맸더니 고되다. 내 죽더라도 풀죽이나 한 그릇 먹고 죽어야겠네."

그래서 팥죽을 끓이게 되었다. 할머니가 가마솥에 팥을 한 가마나 넣고 끓이는데, 자기 신세가 한탄스럽고 서글퍼 아궁이 앞에서 울고 있었다. 웬 파리 한 마리가 날아오더니 할머니에게 물었다.

"할매, 할매, 왜 울어요."

"아이고 호랑이가 나를 잡아먹으려 해서 운다. 내가 팥죽 한 그릇을 다 먹으면 나를 잡아먹기로 했다."

그랬더니 파리가 말했다.

"저한테 팥죽 한 그릇을 주면 제가 할머니를 잡아먹지 못하게 할게요."

그 말에 할머니가 팥죽을 달랑 떠서 줬다. 파리가 팥죽을 한 사발 먹

59 한국학중앙연구원 한국구비문학대계 디지털 자료, "호랑이와 할머니", 구술자 김맹순, 1980, 경상남도 진양군 미천면.

60 속담과 관련한다.

고 방 천장에 딱 올라붙어 있었다.

할머니는 앞일이 걱정되어 또 울음이 터졌다.

"아이고, 이 팥죽 먹고 죽어야 할 텐데, 어찌할꼬."

그랬더니 이번에는 닭알(계란) 하나가 도골도골 굴러오더니 물었다.

"할매, 할매, 왜 울어요."

"아이고 호랑이가 날 잡아먹으려고 해서 운다."

"할머니, 저에게 팥죽 한 그릇을 주면 못 잡아먹게 할게요."

그래서 또 할머니가 닭알에게 팥죽 한 그릇을 내주니 널름 먹고 닭알이 부엌의 군불가에 가서 푹 파묻혀 있었다.

이번에도 할머니가 훌쩍거리고 있었다. 어디선가 게 한 마리가 더불떵 더불떵 기어 오더니 물었다.

"할매, 할매, 왜 울어요?"

"호랑이가 날 잡아먹으려고 해서 그래 운다."

"할머니, 저에게 팥죽 한 그릇을 주면 못 잡아먹게 할게요."

그래서 풀죽 한 그릇을 또 덜렁 떠 줬다. 그러니 게가 풀죽을 얼른 먹고 구정물통에 기어들어 가 딱 엎드려 있었다.

여전히 할머니는 울음을 그치지 못했다. 그랬더니 지게 하나가 또 더불덩 더불덩 걸어오더니 물었다.

"할매, 할매, 왜 울어요?"

"호랑이가 날 잡아먹으려고 해서 그래 운다."

"할머니, 저에게 팥죽 한 그릇을 주면 못 잡아먹게 할게요."

또다시 풀죽 한 그릇을 떠줬더니 얼른 먹고 마당 끝에 기대고 있었다.

조금 있으니 또 멍석이 들어왔다.

"할매, 할매, 왜 울어요?"

"호랑이가 날 잡아먹으려고 해서 그래 운다."

"할머니, 저에게 팥죽 한 그릇을 주면 못 잡아먹게 할게요."

이번에도 풀죽 한 그릇을 떠줬더니 마당에 가서 떡하니 퍼져 있었다.

마침내 호랑이가 왔다. 할머니는 방문 안에서 호랑이에게 말했다.

"아, 나는 방에서 누워 자련다. 네가 이리로 오너라."

할머니는 우물가에 불을 켜 놓고 있었는데, 호랑이가 문을 열고 방에 들어오니 파리가 왱하고 날라 와서 불을 탁 꺼버렸다.

"아이고 부엌에 가봐라, 불덩어리가 있을 거다. 얼른 불을 가지고 와서 켜야 할 텐데."

호랑이가 부엌으로 가 어둠 속에서 손을 내저으며 이리저리 불을 찾으니 닭알이 톡 튀어나와 호랑이의 눈을 때렸다. 그러자 호랑이의 눈알이 그만 빠져버리고 말았다.

"아이고, 할매. 나 눈 빠졌다. 나 눈 빠졌어."

"아이고 저 물통에 가 씻어라. 구정물통에서 씻어라."

할머니가 구정물통을 가리켰다. 호랑이가 이제 구정물통에 손을 넣어 씻으니 그 안에 숨어있던 게가 호랑이의 손을 꽉 하고 물어버렸다.

"할매, 할매, 저 구정물통에 뭐가 있다. 그것이 나를 물었다!"

"아이고, 그러면 멍석에 가서 굴러라."

호랑이가 할머니의 말대로 하니 과연 멍석에 대굴대굴 말아서 담아졌다. 지게는 때를 놓치지 않고 냉큼 그걸 담아서 대동강 물에 던져버렸다. 그렇게 할머니가 호식당하지 않고 살게 되었다.

---

* 앞의 이야기가 할머니의 재치만으로 호랑이를 물리친 이야기라면, 뒤의 이야기는 파리, 닭알(계란), 게, 지게 등의 조력자들이 등장하여 우화적 요소들이 가미되었다.

7. 호랑이와 실제 인물

24 죽호도(竹虎圖) 부분
사진제공: 국립민속박물관

〈호랑이를 퇴치한 강감찬〉[61]

경상북도 예천군 보문면 설화이다. 강감찬이 강원도 사찰을 가게 되었다. 점심을 먹고 시찰을 가는데 동네에 사람들이 대문을 다 걸어 잠그고 길가에 다니는 사람이 하나도 없었다.

그러다 마침내 한 사람을 만나 그 연유를 물었다.

"왜 이 한여름 농사철에 해가 지도록 일을 해야 하는데 점심때가 돼서도 문을 다 걸어 잠그고 이렇게 있느냐?"

"그런 것이 아닙니다. 이 마을은 산중에 있어서, 산그늘만 내려오면 하얀 호랑이가 마구 내려와서 일하지 못합니다."

61 한국학중앙연구원 한국구비문학대계 디지털 자료, "호랑이를 퇴치한 강감찬", 구술자 안두모, 1984, 경상북도 예천군 보문면.

"그 호랑이는 어디 있느냐? 나서라, 같이 가보자."

그래서 아랫사람을 거느려 그 동네를 나서게 됐다. 그날도 산그늘이 자꾸 내려오니 호랑이가 슬슬 내려왔다. 강감찬이 이를 해결하고자 호랑이에게 편지를 전해주는 사람에게는 벼슬을 준다고 했다. 그러니 머리가 더부룩한 사람 하나가 나섰다.

"제가 가겠습니다."

이 사람이 호랑이가 어디 있는지를 몰라, 산중까지 쫓아갔는데. 나이가 많은 늙은 호랑이부터 젊은 호랑이까지 삥 둘러앉아 있었다. 더벅머리 사람은 나이가 가장 많아 보이는 꼬부래진 하얀 호랑이에게 다가가 큰 소리로 말했다.

"상감님께 편지가 왔습니다."

가장 나이 많은 호랑이가 그 편지를 읽더니 눈물을 뚝뚝 흘리기 시작했다. 결국 편지를 전달한 더벅머리가 무사히 돌아와 벼슬을 받았다.

나라에서 또다시 어사를 보내 호랑이를 잡아들이라고 명하였다. 그러나 잡을 도리가 없었다. 어사가 해결할 방도가 없어 그 고을 이방을 찾아가 방법을 물었다. 이방이 결국 강감찬에게 이 사실을 알렸다. 산천초목에 명이 떨어져, 결국 호랑이들이 모두 강감찬 앞에 모이게 되었다. 가장 늙은 호랑이가 강감찬에게 물었다.

"저희는 어디로 갑니까?"

"대국으로 넘어가거라."

그래서 호랑이가 명을 받들어 모두 대국으로 쫓겨 넘어갔다. 이때 제일 약한 호랑이가 다리를 다친 와중에 새끼를 배서 가지 못하고 눈물을 흘리니 강감찬이 그 한 마리가 남는 것은 허락하였다. 결국 그 한 마리가 새끼를 낳아 조선에 호랑이가 퍼지게 되었다.

〈밤재 호랑이 물리친 강감찬〉[62]

강원도 속초시 양양읍 설화이다. 옛날 삼척으로 가는 길에 '밤재'라는 굴이 있었다. 그 굴에는 천년 묵은 호랑이가 나와 앉아 중의 행색을 하고 있었다. 호랑이는 중의 장삼을 입고 바둑판을 놓고 앉아 사람들과 내기를 했다. 밤재 호랑이는 사람들에게 바둑을 두자고 청해 바둑에서 지면 잡아먹고 이기면 잡아먹지 않았다.

강감찬이 이 이야기를 듣고 종이에 쾌괘를 써서 보냈는데, 호랑이가 그 편지를 받고 밤재에서 사라져 버렸다. 그때부터 이 나라에 호랑이가 없어졌다.

---

* 강감찬과 관련한 설화는 어림잡아 100건이 넘는다. 설화에서는 호랑이, 여우, 모기, 도깨비부터 여우와 관련한 탄생설화까지 다양하게 분포되어 있다. 특히 호랑이와 관련한 이야기들은, 현재 호랑이가 우리나라에 서식하지 않는 이유가 강감찬이 모두 쫓아냈다는 점에서 공통적이다.

62 한국학중앙연구원 한국구비문학대계 디지털 자료, "밤재호랑이 물리친 강감찬", 구술자 정연옥, 1981, 강원도 속초시 양양읍.

〈이율곡의 나도밤나무〉[63]

이율곡 선생의 어머니는 신사임당이다. 신사임당은 엄청 훌륭한 사람으로 정평이 나 있으나 신사임당의 남편은 조금 달랐다. 그의 남편이 과거를 본다고 떠났다가 도중에 도로 돌아왔다. 그래서 다시 억지로 떠나보냈는데, 또 떠나지 않고 어느 주막에서 술을 먹으며 웬 예쁜 아가씨와 하룻밤을 보냈다. 그리고 다시 돌아와서 신사임당과 동침을 하는데, 그 사이에 이율곡을 뱄다.

어느 날 스님이 시주를 하러 와서 신사임당을 보며 말했다.

"아, 태중에 아이를 잉태하셨군요. 참 훌륭하신 분이 나올 건데, 일곱 살이 되면 호식해 갈 팔자입니다."

신사임당이 놀라, 어떻게 하면 아이를 살릴 수 있느냐고 물었다. 그랬더니 중이 밤나무 백 그루를 심으라고 알려주었다. 그래서 그때부터 열심히 일꾼을 얻어 천안에 밤나무 백 그루를 부지런히 심었다. 어느덧 이율곡이 일곱 살이 되니 중이 다시 찾아왔다. 아이의 부모는 중을 데리고 밤나무골로 갔다. 밤나무를 세고 또 세는데 하나가 부족하여 아흔아홉 개 밖에 되지 않았다. 바로 그때, 나도 밤나무가 나서, "나도 밤나무다!"라고 외치니 중이 큰 호랑이가 되어 다시 산으로 올라갔다. 그래서 이율곡이 호식을 면할 수 있었다. 이율곡은 후에 효성이 지극하고 훌륭한 사람이 되었다.

---

63 한국학중앙연구원 한국구비문학대계 디지털 자료, "이율곡과 나도 밤나무", 구술자 구경자, 2015, 충북 보은군 속리산면.

〈호랑이 등을 탄 이퇴계〉[64]

충남 계룡시에 전해지는 이야기다. 이퇴계가 여섯 살에 증조부 제사가 있어 외갓집에 갔다. 사랑방에 손님들이 모여, 외손자와 친손자를 똑같이 낳아서 똑같이 키웠는데 사람들이 친손자만을 크게 될 인물이라고 칭찬하였다. 이퇴계의 외할머니와 외할아버지가 부아가 나서, 외손을 귀히 여기느니, 방앗공이를 귀하게 여기라고 말했다.

"그 외손자가 잘돼야 다 소용없다. 내 친손자가 제일이다."

퇴계가 자는 척을 하였으나 이 소리를 다 듣고 있었다. 이퇴계가 결국 참지 못하고 자리를 박차고 일어났다.

"저를 외손자라고 사람 취급도 안 하시니, 저는 저희 집으로 돌아가겠습니다."

안동은 산골짜기라. 밤에 호랑이가 돌아다녀 나가지도 못할 때였다. 퇴계는 손님들과 집안 어른들이 모두 말려도 기어코 고집을 피우며 돌아가겠다고 떼를 썼다.

"이 밤중에 가다가는 호랑이한테 물려간다. 그러니 가지 마라."

"상관없습니다. 호랑이한테 물려가도 괜찮습니다."

그러고는 지체 없이 떠나버렸다. 어른들은 절대 아이가 혼자서 돌아가지 못할 거라고 생각하며 내버려 두었다. 퇴계가 곧바로 포기하고 들어올 줄 알았으나, 한참이 지나도 들어오지 않았다. 사실 이퇴계는 이미 집으로 가버린 후였다. 어른들이 아이가 돌아오지 않자, 한참을 걱정하며 잠을 이루지 못했다. 결국 날이 밝아 모두 그 집으로 가보니, 아

64 한국학중앙연구원 한국구비문학대계 디지털 자료, "호랑이 등을 탄 이퇴계", 구술자 김재영, 2018, 충남 계룡시 금암2통 노인회관.

이가 멀쩡하니 돌아와 쿨쿨 잠만 잘 자고 있었다.

어른들이 놀라 어떻게 된 것이냐고 연유를 묻자, 이퇴계는 도중에 호랑이가 자신을 업어서 집으로 데려다줬다고 말했다. 사람들이 이퇴계의 비범함을 인정했다.

〈호랑이를 때려잡은 함양 권병사〉[65]

이 이야기는 경상남도 함양군 서하면 다곡리 다곡마을에 전해지는 이야기다. 함양의 생교 마을에 권 씨들이 많이 살았다. 함양의 권병사는 그때 무과의 벼슬이다. 그때는 큰 사람이 나면 역적이 된다고 삼족을 멸하는 일이 많았다. 혹시나 장군같이 큰 사람이 나면 집안이 망할까 싶어서 집안에서 걱정이 깊었다. 훗날에 큰일이 될까 어깨를 끌로 파는 일도 있었다.

한 번은 호랑이가 발가락을 싹싹 핥고 있었다. 호랑이가 사람을 잡아먹으면 창귀가 되는데 가만히 보니 그 창귀가 호랑이의 발가락 속에 있어서 떠나지 못하고 있었다. 창귀는 다른 희생자를 호랑이 아가리에 넣어줘야만 떠날 수 있었다. 창귀가 다른 호식할 희생자를 물색한 듯 호랑이에게 따라오라고 했다. 호랑이와 창귀는 호식을 하러 강진 남해까지 행차하였다.

권병사는 그때 축지법을 할 수 있었다. 지켜보던 권병사는 축지법으로 이 둘을 곧장 따라갔다. 도착해보니 이제 막 결혼식을 올리려는 참이었다. 호랑이는 권병사가 따라온 줄도 모르고 마루 밑에 들어가 있었

65 한국학중앙연구원 한국구비문학대계 디지털 자료, "호랑이를 때려잡은 함양 권병사", 구술자 박상규, 2009, 경상남도 함양군 서하면.

다. 호랑이가 마루 밑에서 춤을 추니, 신랑이 방에서 나오려고 발버둥을 쳤다. 방안에서는 옥신각신 싸움이 났다. 다시 호랑이가 춤을 추자 결국 신랑이 방문 밖으로 나오려고 문을 열었다. 권병사가 그 순간 호랑이에게 주먹을 콱 쥐어박자 호랑이가 뒤로 넘어가 자빠져버렸다.

호랑이의 죽는소리가 실로 거창했다. 집안사람들이 깨서 나와보니, 호랑이는 이미 죽어 자빠져 있었다. 그렇게 죽은 호랑이를 남겨두고 권병사는 돌아왔다. 권병사가 살려준 신랑이 그 후에 찾아와 형제간의 의리로 살기를 청하니, 둘은 의형제가 되었다.

---

* 이 이야기는 본문에서 이미 언급한 이야기인 〈박문수 덕에 백호살(白虎煞)을 면한 신랑〉과 중복된다. 다만 이 이야기에서 역시 권병사라는 이름이 등장하며, 훗날 희생자와 의형제가 되었다는 내용에 차이가 있어 따로 기록한다.
* 강감찬과 이율곡의 일화 역시 실제 이름이 등장한다는 점만 제외하고 비슷한 이야기들이 대거 발견되는 유형의 이야기라 할 수 있다.

〈호랑이를 잡은 김해 송장군〉66

이 이야기는 경상북도 밀양군 삼랑진읍 설화이다. 김해송 장군이 백장군과 우열을 가리기 어렵다고 하나, 굳이 논하자고 하면 송장군이 백장군보다 조금 더 나은 축이었다. 나라에서 힘이 가장 센 두 사람은 자주 왕복이 있었다. 그런데 서로 거주하는 장소의 거리가 상당했다. 산내면 시례리와 김해송 장군이 있는 곳이 거리가 멂에도 서로 만나고 싶으면 밤낮을 가리지 않고 찾아갔다. 서로 술도 한잔 마시고, 중대사도 논하며 지기지우의 관계로 사이가 좋았다.

한 번은 송장군이 저녁을 먹고 가만히 우두커니 앉아 있다가 불현듯 생각했다.

'내 백장군을 한번 만나봐야겠구나'

송장군은 이런 생각이 갑자기 들자 다음 날 날이 샌 후에 떠나도 되는데, 밤에 급하게 나서게 되었다. 송장군은 힘이 좋고 걸음도 한걸음에 천리를 가는 사람이었다. 빠르게 잘 걷는 사람이었다. 김해에서 나루를 건너 삼랑진을 지나 가물리를 거쳐 산고개를 넘어가야 하는 먼 길이었다.

중간에 단장면에 있는 마을의 국화밭을 넘어가는데 깊은 산골에 어스름달이 졌다. 산 위를 헤매고 있는데, 길 도중에 큰 호랑이가 죽방울 받기를 하며 놀고 있었다. 호랑이가 앞발로 훨씬 높이 던져 툭 떨어지니, 앞발로 다시 받아서 툭 치고, 떨어지니 다시 땅바닥에 놓기를 반복하였다. 자세히 보니 갖고 노는 것이 살아있는 여자였다. 아직 정신이

---

66 한국학중앙연구원 한국구비문학대계 디지털 자료, "호랑이를 잡은 김해 송장군", 구술자 류영수, 1981, 경상남도 밀양군 삼랑진읍.

붙어 있는 모양인지, 머리가 산발이 되니 도로 손으로 쓰다듬으며 정신을 차려보려는 모양인데, 도저히 어찌할 수 없는 상태였다.

송장군이 재빨리 뛰어가 주먹으로 사정없이 호랑이의 머리를 부숴다. 호랑이는 그 자리에서 고꾸라져버렸다. 그렇게 여자를 데려다 살리고 보니 자기 형수이자 백장군의 처였다. 천운이었다. 겨우 살려내었으나 형수는 정신을 차리지 못하고 의식이 없었다. 결국 먼 곳에 있는 백장군에게 가지 못하고, 다시 형수를 자기 집으로 돌아가서 겨우 구제했다고 한다.

〈유풍천과 호랑이〉[67]

구례군 구례읍 봉서리 동산마을에 전해지는 이야기다. 토지면 오미리에 유풍천이라는 사람이 살고 있었다. 유풍천은 축지법을 써서 하루 동안에 토지면과 서울을 오갈 수 있었다. 예컨대, 유풍천이 토지면에서 저녁밥을 먹고 다시 서울에 가서 친구들과 만나 술을 먹고 놀다가, 다시 읍내 동문 안에 와서 술집에 가 술을 한 잔 걸치고 자기 집에 가서 잔 적도 있었다.

어느 날 유풍천이 저녁에 저녁밥을 먹고 서울로 올라가는 길이었다. 도중에 웬 들개만 한 것이 달랑달랑 거리며 걸어가고 있었다.

'웬 개 발이 저렇게 달랑거리나'

유풍천이 쫓아가서 잡아놓고 보니 호랑이였다. 유풍천은 얼결에 호랑이를 잡아 가죽을 벗겨서 고기는 고기대로 먹고, 호랑이의 머리를 자기 집 대문에 떡하니 걸어놓았다. 가뜩이나 유풍천의 기가 세서 평소에도 사람들이 그 집 출입을 두려워하였는데, 특히 번개가 번덕번덕 치는 궂은 날씨에는 사람들이 유풍천의 집 뒤꼍에 절대 혼자 들어가지 못했다. 훗날 유풍천이 죽고 나서 '범딩'이라는 곳에 묘를 모셨다고 전한다.

67 한국학중앙연구원 한국구비문학대계 디지털 자료, "유풍천과 호랑이", 구술자 정원창, 2009, 구례군 구례읍 봉서리.

25 백호도(白虎圖)
사진제공: 국립민속박물관

호랑이가 나와서 애들을 찾다 우물을 들여다보니 아이들이 거기에 들어가 있었다.
"아이고 내 밥이 거기에 있었구나, 요것들을 조리로 건질까나?"

4절. 홀리는 호랑이

1. 창귀: 육혼, 육발호랑이

〈박지원, 『열하일기』「호질(虎叱)」〉[68]

호랑이가 개를 먹으면 취하고 사람을 먹으면 조화를 부리게 된다. 그리고 호랑이가 한 번 사람을 먹으면 그 창귀(倀鬼)가 굴각(屈閣, 창귀 이름)이 되어 호랑이의 겨드랑이에 붙어살면서, 호랑이를 남의 집 부엌으로 이끌어 들여서 솥전[69]을 핥으면 그 집주인이 갑자기 배고픈 생각이 나서 밤중이라도 밥을 지으려 하게 되며, 두 번째 사람을 먹으면 그 창귀는 이올(彛兀, 창귀 이름)이 되어 호랑이의 광대뼈에 붙어살며, 높은 데 올라가서 사냥꾼의 행동을 살피되, 만일 깊은 골짜기에 함정(陷穽)이나 묻힌 화살이 있다면, 먼저 가서 그 틀을 벗겨 놓으며, 호랑이가 세 번째 사람을 먹으면 그 창귀는 육혼(鬻渾, 창귀 이름)이 되어 호랑이의 턱에 붙어살되 그가 평소에 알던 친구들 이름을 자꾸만 불러댄다.[70]

---

68 한국고전번역원, 한국고전종합 DB, 참조〈http://db.itkc.or.kr〉

69 솥 몸의 바깥 중턱에 납작하게 둘러 댄 전. 솥을 들거나 걸 때 쓴다.
국립국어원 표준국어대사전, 참조〈https://stdict.korean.go.kr〉

70 한국고전번역원의 해석은 본래 '범'이라고 표기하였으나 본고의 해석상 '호랑이'의 의미와 상응하여 '범'을 '호랑이'로 수정하였다.
한국고전번역원, 한국고전종합 DB, 참조〈http://db.itkc.or.kr〉

〈이익, 『성호사설』 제6권 「만물문(萬物門)」〉[71]

물에 빠져 죽은 자의 혼(魂)을 창귀(倀鬼)라 하는데, 범에게 물려 죽은 자도 마찬가지라 한다. 사람이 혹 물에 빠져 죽은 뒤에는 그의 친척 중에 귀신이 부르는 것처럼 물로 들어가는 자가 있는 것을 허다히 보겠으니, 참으로 괴이하다.

〈육발호랑이〉[72]

호랑이가 사람을 잡아먹으면 귀가 찢어지는데 하나를 잡아먹으면 한쪽 귀가 찢어지고, 둘을 잡아먹으면 양쪽 귀가 찢어진다. 그리고 사람 셋을 잡아먹으면 말을 하고, 사람을 많이 잡아먹으면 육발이 된다.

---

71 한국고전번역원, 한국고전종합 DB, 참조<http://db.itkc.or.kr>

72 '육발호랑이'의 이야기 경우, 류경자의 논문에서 언급되었으나 제목화 되지 않아 본고에서 가칭하였다.
류경자, 앞의 논문, 273쪽.

2. 사람을 홀리는 호랑이

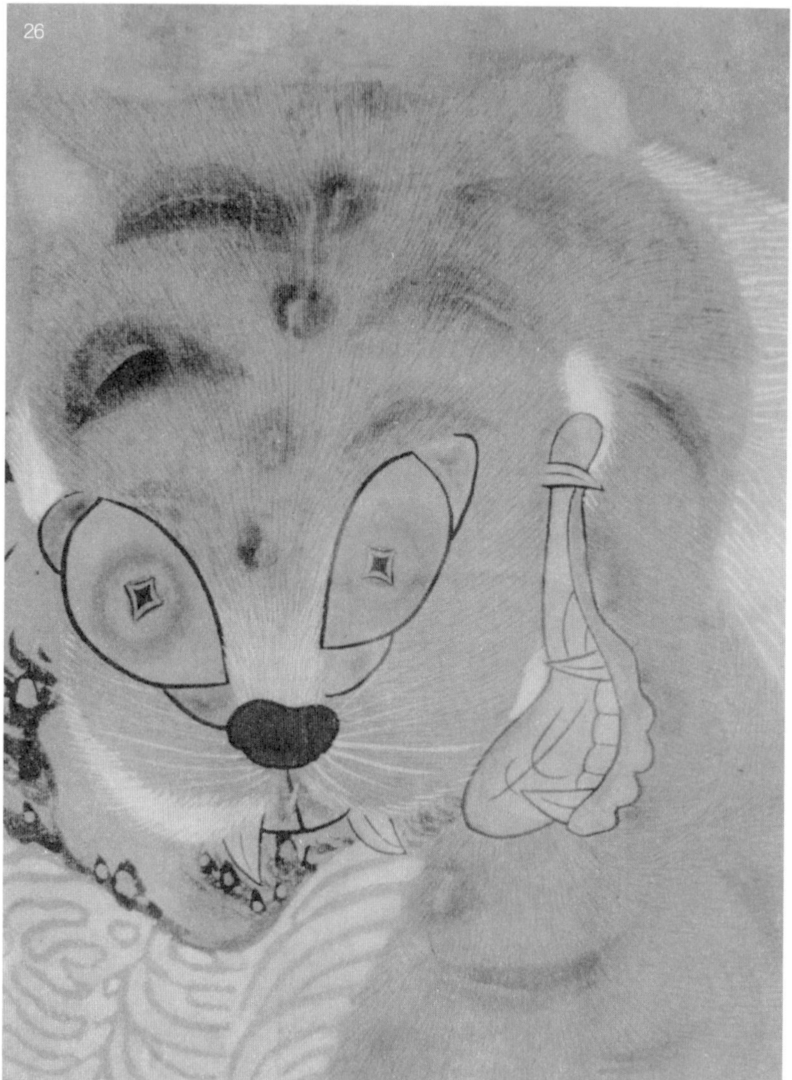

26 산신도(山神圖) 부분

사진제공: 국립민속박물관

〈물 흐르는 소리를 내는 호랑이〉[73]

어떤 여자가 고사리를 뜯으러 깊은 산속으로 올라갔다. 한참 나물을 뜯고 있는데 갑자기 목이 말라 물이 마시고 싶은 나머지 자기도 모르게 "물이 먹고 싶어 큰일 났네."라고 말했다. 그러자 어디선가 갑자기 쫄쫄쫄 시냇물 흐르는 소리가 들렸다. 목이 말랐던 여자가 황급히 그 물소리를 따라가 보니 개울은 없고 웬 집채만 한 호랑이가 입으로 물소리를 내고 있었다.

〈호랑이에게 홀린 여자〉[74]

야심한 밤에 어떤 부인이 아주 슬프게 울며 산과 같이 큰 호랑이의 뒤를 따라 올라가고 있었다. 그 남편이 그 광경에 놀라, 쫓아가서 호랑이에게 망치를 냅다 휘두르니 호랑이가 그만 푹 고꾸라지며 쓰러졌다. 남편이 호랑이를 따라가던 부인이 의아해 그 이유를 묻자 부인이 말하기를 "아이고 누가 와서 자꾸 나오라고 그러니, 이리 따라왔다."라고 대답했다. 그러나 그 길로 부인은 얼마 살지 못하고 죽었다.

73 한국학중앙연구원 한국구비문학대계 디지털 자료, "물흐르는 소리를 내는 호랑이", 구술자 구경자, 2015, 충북 보은군 속리산면 북암리 324-1.

74 한국학중앙연구원, 『한국구비문학대계』 7집 17책, 한국학중앙연구원, 1984, 100-101쪽.

〈호랑이에게 홀렸다 돌아온 아이〉[75]

밭일을 하고 저녁에 들어오는데 딸아이가 없어져 온 동네 사람들에게 물어 여기저기를 찾아 헤맸다. 그중 누군가 아이가 어느 골로 들어갔다는 이야기를 듣고 모두 횃불을 들고 찾아 들어갔다. 아이의 어미가 횃불을 들고 먼저 바위 안으로 들어가니 발가벗은 딸이 옷을 홀딱 벗은 채 서 있어 서둘러 아이를 안고 나왔다. 집에 돌아와 아이에게 포대기를 씌워서 눕혀 재웠는데 아이를 깨우고 나니 말을 더듬거리며 잇지 못했다. 집 밖에서 호랑이가 먹이를 찾는 듯 자꾸 집 둘레를 빙빙 도는 것 같이 인기척이 들려 아이의 어미가 계속해서 빌며 밤새 잠들지 못했다.

〈호랑이에게 홀린 사람〉[76]

해가 넘어가 어둑어둑해질 때, 세 명이 길을 가다 한 명이 갑자기 뛰어갔다. 쫓아가 보니 호랑이에게 홀려 위에 거꾸로 매달려 있었다. 노인들이 밤중에 업고 돌아왔으나, 결국 한참을 정신 차리지 못하고 죽고 말았다.

75 한국학중앙연구원 한국구비문학대계 디지털 자료, "호랑이에게 홀렸다 돌아온 아이", 구술자 이금예, 2014, 강원 화천군 화천읍 상승로 92 이상익 댁.

76 한국학중앙연구원 한국구비문학대계 디지털 자료, "호랑이에게 홀린 사람", 구술자 정택천, 2012. 경기 광주시 남종면 수청리 220번지 수청리 마을회관.

〈호랑이 보고 죽은 여인〉[77]

아낙네 여럿이 모여 고사리를 꺾으러, 산 위쪽으로 올라가다 호랑이 굴을 발견하고 들어갔다. 그 안에는 새끼 두 마리에게 젖을 먹이고 있는 호랑이가 있었다. 한 사람이 고양이인줄 알고 호랑이를 불렀으나, 호랑이가 새끼를 해치는 것이 두려운지 모른 체하였다. 같이 간 일행이 결국 호랑이임을 알아채고 서둘러 굴속을 빠져 나왔다. 그렇게 겨우 살아 돌아왔으나, 결국 그때 혼이 빠진 듯 몇 해 있다 교통사고로 죽었다.

77 한국학중앙연구원 한국구비문학대계 디지털 자료, "호랑이 보고 죽은 사람", 구술자 김종옥, 2017, 충남 청양군 화성면 화암리 화암경로당.

〈호랑이 보고 죽은 여인2〉[78]

어느 시부모가 며느리의 시집살이를 심하게 시켰다. 어찌나 그 정도가 심했던지 며느리가 물항아리를 이고 우물에 �으러 나가면, 배가 너무 고파서 그 옆집에 들어가 밥을 훔쳐 먹을 지경이었다. 하나뿐인 신랑은 보급대를 나가, 언제나 옆자리를 비우기 일쑤였다. 남편의 부재 때문인지, 아이도 하나뿐이었다.

어느 날 며느리가 하도 배가 고파 살 수가 없어서, 달밤에 자기 아이를 버리고 멀리 있는 친정으로 도망치려 했다. 고개를 넘고 또 두 번째 고개를 넘으니 산꼭대기에서 "우웅"하는 호랑이 울음소리가 들렸다. 소리가 나는 곳을 쳐다보니 불이 빨갛게 핀 것처럼 형형한 눈의 호랑이가 며느리에게 혼을 내듯 "으흥"소리를 냅다 지르고 있었다. 며느리 생각에 '아 저 호랑이도 내가 자식을 떼 놓고 가니까 저렇게 성을 내는구나' 싶어, 마음을 고쳐먹고 집으로 되돌아갔다. 그러나 결국 며느리는 그때 혼이 나가 버린 듯, 조금 더 살다가 죽어버렸다.

78 한국학중앙연구원 한국구비문학대계 디지털 자료, "호랑이 보고 혼이 나가 죽은 사람 이야기", 구술자 임영희, 2011, 경기 안산시 단원구 대부남동 남3리 항낭골 경로당.

〈호랑이에게 팔 하나 떼어주고 살아난 할머니〉[79]

한 할머니가 자신의 호식당할 날짜를 알았다. 호식은 사주라, 며칠이 지나면 자신이 범에게 물려 갈 것이 팔자소관이었다. 그날이 되자 할머니가 마을 사람들을 타일렀다.

"오늘 저녁 몇 시가 되면 나를 데리고 갈 짐승이 올 것이다. 그러니 불을 일찍 켜고 웅어리 있는 불을 화로에 태산같이 담고, 저녁을 일찍 먹은 후에 그날 꼭 나를 끌어안고 뒤에 붙어 앉아있어야 한다. 그래야 내가 그 짐승을 맡아서 해치울 수 있다. 만약 내가 시키는 대로 하지 않으면 오늘 모두 죽는다."

할머니가 일찍이 참나무 장작불을 넣어서 숯을 만들어 화로에 넣었다. 그리고 영감의 등허리를 끌어안고 꼭 붙어서 방에 앉아 있었다. 이 영감이 소상팔경 책을 꺼내 들고 외우고 있는데, 시간이 되자 깜빡 잠이 들어버렸다. 깜짝할 순간에 문소리가 나서 퍼뜩 눈을 떠보니, 할머니가 문을 열고 나가고 있었다. 그래서 다짜고짜 할머니 허리를 꼭 끌어안았는데, 범이 데리고 다니며 먹잇감을 인도하는 창귀가 거기에 있었다. 할아버지가 그 귀신을 발견하고 사정했다.

"네가 정 원통하거든, 이 할머니 팔뚝 하나라도 떼어 가거라."

그 말을 듣고 범이 할머니 팔뚝 한 짝을 물고 늘어지더니 할머니 어깨에서 팔 하나가 뚝 떨어졌다. 범이 그 팔을 물고는 마당에서 던졌다가 받았다가, 던졌다가 받았다가, 던졌다가 받았다가 즐기더니 실컷 놀고는 사라졌다. 할머니는 다행히 팔 한쪽만 잃고 살게 되었다.

79 한국학중앙연구원 한국구비문학대계 디지털 자료, "호랑이에게 팔 하나 떼어 주고 살아난 할머니", 구술자 김유한, 2012, 경상북도 영양군 수비면.

* 호식한 팔자와 호식담, 홀림형 이야기가 복합적으로 구성되어 있다.

27

27 민화 부분

사진제공: 국립민속박물관

3. 해와 달이 된 오누이[80]

〈해와 달이 된 오누이〉[81]

엄마가 삼 남매를 두고 딸네 집에 무명을 메러 갔다. 한 사흘 동안 메밀묵을 해줘서 바구니에 담아서 이고 오는데 고개를 훌훌 넘어오다가 호랑이 한 마리를 만났다.

"아주머니, 아주머니, 그게 뭐요? 그거 하나 주면 안 잡아먹지."

그래서 한 모를 주게 되었다. 그렇게 한 모 주고, 두 모 주고 다 주고 나자, 나중에는 바구니까지 다 뺏기고 말았다.

그다음 고개에도 호랑이가 나타났다.

"팔 한 짝 잘라주면 안 잡아먹지."

엄마는 하는 수 없이 팔을 한쪽만 뚝 떼어 주고 나니 호랑이가 정말로 잡아먹지 않고 보내주었다. 그러나 또다시 다음 고개에서도 호랑이를 만나게 되었다. 결국 엄마는 여러 고개를 넘으면서 이런 거 저런 거 다 떼 주고 나니 팔다리가 잘려 머리만 하나 덩그러니 남아 데굴데굴 굴러갔다.

80 〈해와 달이 된 오누이〉는 크게 두 양상의 문답으로 이야기가 진행된다. 초반에는 어머니와 호랑이가, 후반에는 오누이와 호랑이의 대립으로 이루어진다. 이때 구술자의 구술능력에 따라 이 문답의 내용이 풍부해지고 극이 진행될수록 긴장감이 배가 된다. 동화에서 많이 등장하는 이야기이지만 채록본에서 초반에 어른을 상대로 대립이 진행될 경우에 어머니가 잡아먹히는 과정이 그로테스크(grotesque)할 정도의 과한 공포를 내포하고 있다. 이때 호랑이라는 존재가 인간을 대상으로 죽음을 놀이화하는 것으로 보인다. 이 유형은 이야기의 내용이 풍부하므로 구술자료로서 가치가 높다. 이러한 까닭에 이야기의 전개가 비슷하더라도 구술이 상세하고 구체적인 경우가 많아 따로 수록하였다.

81 한국학중앙연구원 한국구비문학대계 디지털 자료, "해와 달이 된 오누이", 구술자 오수영, 1982, 경기도 용인군 이동면.

엄마를 다 잡아먹은 호랑이는 엄마 옷을 딱 입고 둔갑을 해서 곧장 아이들이 있는 집으로 찾아갔다. 그리고는 문틈에다 털이 북실한 손을 내밀고는 아이들을 친근하게 불렀다.

"얘들아. 문 열어라, 엄마 왔다."

"어. 우리 엄마 목소리가 아닌데."

"왜 너희 엄마 목소리가 아니라고 하니. 겻불을 피우고서 사흘을 메밀을 쑤는데 몸이 고단해서 이 목소리가 다 변했다. 문 열어라. 아가, 어서."

호랑이가 아이들을 계속해서 타일렀다. 그리고는 다시 한번 오누이 엄마의 목소리로 "문 열어라."라고 말했다.

"이 문으로 손을 한번 넣어보면 알지. 우리 엄마가 아닌가, 맞는가. 이쪽으로 손을 한 번 넣어봐요."

영특한 아이는 호랑이에게 문구멍으로 손을 내밀어보라고 했다. 호랑이가 창호지를 푹 찍어 손을 그 안으로 넣으니 털이 까맣게 나 있었다.

"우리 엄마 손은 털이 안 났는데."

아이들이 호랑이의 손을 보고 대답하자 호랑이가 아이들을 타일렀다.

"아니다, 네 어미가 사흘 동안 메밀을 메는데 풀 딱정이가 앉아서 그렇다."

아이들은 이상한 마음이 들었지만 결국 문을 열어주었다. 큰 애들은 안방에 있고 어린애가 윗방에 있었다. 호랑이가 윗방에 들어가서는 갓난아기에게 자꾸 해코지를 하자 아이가 울기 시작했다. 아기의 울음소리를 들은 아이들이 물었다.

"엄마, 아기가 왜 울어요?"

"사흘이나 아기를 못 봐서 귀여워 손가락을 깨무니까 이렇게 우는구나!"

겁이 난 아이들은 도망가고 싶었다. 큰애가 꾀를 내어 호랑이에게 사정했다.

"어머니, 똥이 마려워요."

그러나 호랑이는 아이들을 밖에 나가지 못하게 했다.

"윗목에 그냥 누어라."

"아이, 윗목에 누다 아버지가 와서 혼내면 어떻게 해요."

호랑이는 강경했다.

"그냥 거기다 누어도 괜찮아."

그러나 아이들이 계속 요청하니, 방문을 열어젖히고 보이는 곳에 얼른 누고 오라고 말했다. 아이들이 결국 소피를 보러 간다는 핑계로 방안을 빠져나와 우물가에 있는 큰 고목나무 위로 올라갔다. 아이들이 먼저 나무 위에 올라가 있으니, 호랑이가 아이들이 도망간 것을 눈치채고 윗목에 있는 갓난아기를 냉큼 잡아먹어버리고는 방안을 빠져나왔다. 그리고는 오누이를 마저 먹으려 두리번거리며 나머지 아이들을 죄다 찾아다녔다. 아이들이 미룹나무 위에서 그 모습을 지켜보고 있었다.

"아이고! 내 밥 잃어버렸다!"

호랑이가 이리저리 아이들을 찾으며 흉흉하게 돌아다니고 있었다. 그러다 우물을 들여다보니 이달 그믐이 걸린 고목나무에 오누이가 올라앉아 있는 것을 발견했다. 호랑이가 아이들에게 물었다.

"너희는 어떻게 거기 높은 곳까지 올라갔니?"

똑똑한 오빠가 얼른 대답했다.

"아랫집에 가서 저기 참기름을 바르고 올라갔다."

호랑이가 그 길로 기름을 훔쳐다 손에 쫙쫙 바르고 올라서려 하니, 미끄러져 오를 수가 없었다. 그런데 그 여동생이 그 모습이 우스워 낄낄거리다 호랑이에게 답을 일러버렸다.

"아랫집에 가서 도끼를 얻어다가 콕콕 찍고 올라왔지."

호랑이는 옳거니 외치고는, 곧장 여동생의 말대로 도끼로 나무를 찍어 올라가기 시작했다. 호랑이가 오누이 근처에 다다를 때쯤 남매가 간절한 마음으로 하늘에 기도하기 시작했다.

"하느님, 하느님, 우리를 살리려면 새 동아줄을 내리시고, 우리를 죽이려면 헌 동아줄을 내리소서."

그러자 하늘에서 새 동아줄을 내려줬다. 아이들은 얼른 성큼성큼 그걸 타고 하늘로 올라갔다. 호랑이 역시 그 모습을 보고 하늘에 기도를 올렸다. 그러자 하늘에서는 새 동아줄 반절, 썩은 동아줄 반절을 내려보냈다. 이제 그걸 타고 오르던 호랑이는 반쯤 올라가다 썩은 줄이 뚝 끊어져서 수수밭 위로 떨어졌는데, 똥구멍이 수수에 죄다 찔려서 나자빠져 죽었다. 수수밭이 곧 호랑이의 피로 빨갛게 물들었는데, 그때부터 수수밭이 붉었다고 전한다.

결국 오누이는 하늘에 올라 여자는 달이 되고 남자는 해가 되는데, 어느 날은 동생이 오빠에게 말했다.

"오빠, 오빠, 나는 밤에 다니니 무서워. 그러니 나하고 바꾸자."

그래서 여동생은 해가 되고 오빠는 달이 되었다. 해를 볼 때 눈이 시린 이유는 여동생이 남부끄러워 바늘로 사람 눈을 콕콕콕 찌르기 때문이다. 그래서 사람들이 해를 쳐다보면 눈이 시려 해를 제대로 보지 못했다. 제 오라비는 결국 달이 되어 밤이면 돌아다녔다고 한다.

〈해와 달이 된 오누이 2〉[82]

옛날에 산골마을에 부부가 남매를 낳고 살고 있었다. 남편은 멀리 장돌뱅이로 돌아다니면서 장사를 하고 남매와 그 부인만이 살고 있었다. 그러나 살림이 곤궁하여 세 식구가 찢어지게 가난했다.

엄마는 열두 고개를 넘어 마을에 가서 베도 짜고 명주도 짜고 남의 일을 해주며 벌어다 먹고사는데, 하루는 베를 매러 갔더니 팥죽을 쑤어 줬다.

"이거 가지고 가서 아이들하고 같이 먹으시오."

엄마가 팥죽을 이고 장동을 한 고개 넘어오는데 호랑이가 나타났다.

"팥죽을 한 그릇 주면 안 잡아먹지."

엄마가 팥죽 한 그릇을 톡 떠주니 그걸 먹고 사라졌다. 그렇게 또 한 고개를 넘었는데 또다시 호랑이가 나타났다.

"팥죽을 한 그릇 주면 또 안 잡아먹지."

이번에도 팥죽 한 그릇을 똑 떠주었다. 그러다 보니 팥죽이 다 없어져 버렸다.

다음 고개를 넘어오는데 호랑이가 또 나타났다.

"팔 한 짝만 떼 주면 안 잡아먹지."

엄마는 하는 수없이 팔뚝 한 짝을 떼주었다. 그리고 또 한 고개를 넘었다. 호랑이가 또다시 나타났다.

"이쪽 팔 한 짝 마저 떼 주면 안 잡아먹지."

그래서 나머지 팔 한쪽을 떼 주게 되었다. 엄마가 또다시 고개를 넘

82 한국학중앙연구원 한국구비문학대계 디지털 자료, "해와 달이 된 오누이", 구술자 조영애, 2010, 강원도 원주시 호저면.

는데 이번에도 호랑이가 어김없이 나타났다.

"다리 한 짝 떼 주면 안 잡아먹지."

그래서 다리 한 짝을 떼 주었다. 또 한 고개를 넘으니 호랑이가 나타났다.

"다리 한 짝 마저 떼 주면 안 잡아먹지."

"그럼 난 어떻게 가라고 이걸 마저 떼 달라고 하느냐?"

"그 한 짝다리 깨금깨금 뛰어가면 되지 않느냐?"

엄마가 결국 다리 한 짝을 또 떼 주었다. 마지막 고개까지 지나니 나머지 다리 한 짝 마저 떼줘 버렸다. 결국 한 고개를 넘으니 머리만 뒤굴뒤굴 굴러왔다. 호랑이가 그걸 보고 얼른 집어 먹어 버렸다.

호랑이가 아이들을 마저 잡아먹으려 엄마의 옷을 입고 아이들이 있는 집을 찾아갔다.

"애들아, 애들아, 엄마 왔으니까 문 열어라."

"우리 엄마 목소리가 아닌데? 우리 엄마라면 손을 한번 내밀어 보세요."

호랑이가 손을 쑥 내밀었는데 털이 수북이 달려 있었다.

"아우, 우리 엄마 손이 아닌데요. 여기 이렇게 털이 달린 것이 엄마 손이 아니에요."

호랑이가 뒷집에 가 손에 밀가루를 바르고 다시 왔다. 그리고 손을 내미니 그 손이 빤들빤들하였다.

아이들이 속아 결국 호랑이에게 문을 열어줬다. 방안에 들어오니 웬 아기가 있었다. 호랑이는 아기에게 젖을 먹인다고 윗방으로 데리고 올라갔다. 아이들이 가만히 들으니 무슨 와닥와닥거리는 소리가 났다.

"엄마, 엄마, 뭘 먹고 있어요?"

"저 뒷 너머 집에서 콩을 볶아 줘서 콩을 먹는다."

"그럼 나도 줘 봐요."

그랬더니 호랑이가 아기 손톱을 조금 떼서 주었다. 그것을 보고 두려운 애들이 어찌하지 못해 발을 동동 굴렀다. 결국, 무서움을 참고 꾀를 내었다.

"엄마, 엄마, 나 똥 마려워요."

"거기서 눠라."

"아버지 오면 혼나. 아 엄마 나 똥 마려워요."

"저기 나가, 마당에 가 누워라."

"거기에 눠도 아버지 오시면 혼나."

결국 애들이 잿간에 가서 눈다고 밖으로 나갔다. 집 근처에는 두레우물이 있었다. 두레우물 근처에 큰 나무가 하나 있는데 아이들이 도망쳐 그 위로 올라갔다. 호랑이가 나와서 애들을 찾는데, 아무리 찾아도 보이지 않았다. 그러다 우물을 들여다보니 아이들이 거기에 들어가 있었다.

"요것들을 조리로 건질까나?"

호랑이가 조리로 우물 속 아이들을 건지려고 하는데, 도무지 건져지지 않았다. 그 모습이 우스웠던지 나무 위에 올라가 있던 남매가 까르르 소리를 내어 웃어버렸다. 호랑이가 바로 나무꼭대기 위를 쳐다봤다.

"애들아, 거기를 어떻게 올라갔니?"

"저 뒷집에 가서 들기름을 바르고 올라갔지?"

호랑이가 들기름을 발라 올라가려 하였으나 미끄러워 오를 수 없었다.

"애들아, 너희 거기에 어떻게 올라갔니? 나에게만 말해주렴."

"저기 도끼로 퍽퍽 찍고 올라갔지."

과연 그 말대로 하니 잘 올라갈 수 있었다. 겁이 난 아이들이 하나님한테 빌었다.

"하나님, 하나님, 저희를 살리려면 새 동아줄을 내려주시고, 저희를 죽이려면 헌 동아줄을 내려주십시오."

호랑이가 다 올라온 찰나에 하늘에서 동아줄이 내려왔다. 두 오누이는 서둘러 동아줄을 타고 올라갔다. 호랑이가 그걸 보고 빌었다.

"하나님, 하나님, 저를 살리려면 새 동아줄을 내려주시고, 죽이려면 헌 동아줄을 내려주십시오."

그러더니 동아줄이 내려왔다. 그러나 이 동아줄은 썩은 동아줄이라 호랑이가 쑥 올라가다 도중에 뚝 떨어지고 말았다. 하필 호랑이는 수수밭에 떨어져 호랑이의 피가 붉게 번졌다. 올라간 애들은 해와 달이 되었다. 동생이 밤을 무서워해서 남자는 달이 되고, 여자는 해가 됐다.

〈해와 달이 된 오누이 3〉[83]

어떤 사람이 딸네 집에 베를 매 주러 갔다 오면서 묵을 한 쟁반에 가지고 왔다. 그리고 열두 고개를 넘는데 호랑이가 나타나 물었다.

"할머니, 이고 가는 그것은 뭐요?"

"딸네 집에서 베를 매 주고 대신 묵을 해서 가는 거네."

"그거 한 덩어리 주면 안 잡아먹지."

할머니가 묵 한 덩어리를 확 던져주니, 냉큼 묵을 먹고 사라졌다. 할머니가 또 한 고개를 넘어가니 또 길을 딱 가로막고 서서 다시 물었다.

"할머니, 할머니, 이고 가는 그거는 뭐요?"

"그래, 묵이다. 딸네 집에 배 매러 가면서 묵을 해서 간다."

"그거 한 덩어리 주면 안 잡아먹지."

그렇게 묵 한 쟁반을 호랑이에게 모두 집어다 주고 말았다.

이제 빈 몸으로 훨훨 팔을 흔들고 가는데 호랑이가 다시 나타났다.

"할머니, 할머니, 그 흔들고 가는 거는 뭐요?"

"팔일세."

"그 팔 한 짝 떼 주면 안 잡아먹지."

할머니가 이제 팔을 한 짝 똑 떼어주었다. 그리고 한 고개를 또 넘어가자 또다시 호랑이가 나타나 물었다.

"한 짝 그거 흔들고 가는 것이 뭐요?"

"팔 한 짝을 호랑이에게 떼 주고 나서 마저 한 짝만 흔들고 간다."

"그럼 그거 한 짝 마저 떼 주면 안 잡아먹지."

---

83 한국학중앙연구원 한국구비문학대계 디지털 자료, "해와 달의 유래", 구술자 김선옥, 충청북도 영동군 황금면, 1982.

그래서 할머니가 미련하게 팔 양짝을 호랑이에게 다 떼 주고 말았다. 죽지 않으려 한 어쩔 수 없는 선택이었다. 할머니는 이제 팔 두 개를 다 떼 주고 두 다리로 걸어갔다. 그런데 호랑이가 다시 나타나 물었다.

"아이, 할머니, 할머니. 그 키다리같이 걸어가는 그것은 뭔가?"

"호랑이한테 걸려서 팔을 다 떼어 주고 다리만 남아서 간다."

"그마저 떼 주면 안 잡아먹지."

"그렇다면 나는 이제 어떻게 가느냐?"

"깨금발로 뛰어서 가면 되지."

결국 할머니가 다리 하나를 마저 떼 주고 깨금발로 껑충껑충 뛰어가게 됐다. 호랑이가 다시 튀어나왔다.

"할머니, 할머니, 그 깡충깡충 뛰어가는 게 뭔가?"

"호랑이한테 다 뜯기고 다리 한 짝 밖에 안 남았다. 그렇다면 나는 어떻게 집에 가나?"

"데굴데굴 굴러가라."

할머니가 나머지 다리마저 떼 주고 머리로 데굴데굴 굴러가니 호랑이가 나타나 머리를 날름 집어먹어 버렸다. 그리고는 할머니의 집으로 찾아갔다. 호랑이가 집에 가니 아이들만 있었다.

"아가, 아가. 문 좀 열어다오."

아이들 둘이 자다 깨서 호랑이에게 되물었다.

"우리 엄마 목소리가 아닌 것 같은데."

"아이고, 베를 매느라고 하도 춥고 떨어서 목이 쉬어서 이렇다."

"그럼 손을 좀 내밀어 봐요."

호랑이가 문구멍으로 손을 내밀었다. 손에는 털이 수북하게 나 있었다.

"우리 엄마 손이 아닌데요."

"아유, 너희 언니 집에 가서 베를 매다가 손이 얼어 터져서 그렇다. 풀손이라 그래."

아이들이 결국 문을 열어줬다. 문을 열어주자마자 호랑이가 아기를 찾았다.

"아기는 어디 갔니?"

"아기는 저기 구석에서 자요."

"아이고, 우리 아기 젖을 줘야지."

호랑이가 아기를 쫓아가더니 데리고 드러누웠다. 그러더니 갑자기 무언가를 오독오독 깨물기 시작했다.

"엄마 뭘 먹어요?"

"너희 언니네 집 베를 매 주고 오다가 콩을 볶아 줘서 그거 먹는다."

아이들이 가만히 눈치를 보는데 아무리 생각해도 이상했다. 더 이상 안 되겠다 싶어서 도망칠 결심을 했다.

"엄마, 엄마, 나 똥 마려워요. 좀 나가서 똥을 누어야겠어요."

"아이고, 거기 앉아서 그냥 누어라."

"아이고, 여기 앉아서 누우면 아버지한테 혼나요."

"그러면 조금 더 나가서 누어라."

"아버지 오시다 미끄러워져서 안돼요."

"아이고, 그럼 마당에 나가서 누어라."

오빠가 변소를 간다고 하고 나가니 마당 끝에 샘이 하나 있는 곳에 큰 정자나무가 있었다. 오빠가 그곳으로 폴짝 뛰어 올라갔다. 여동생도 나가고 싶어 거짓말을 했다.

"엄마, 나도 똥이 마렵다."

"너도 그럼 방에 앉아 누어라."

"아버지한테 혼난다."

"그럼 너도 밖에 나가서 누어라."

여동생이 따라 뛰어나갔더니 오빠가 나무 위에 앉아서 여동생을 불렀다.

"이리 올라와라."

두 오누이가 정자나무 꼭대기에 올라앉아있으니 호랑이가 갓난아이를 다 잡어먹고 나와서 큰 아이들을 찾았다.

"아유, 우리 아무개가 어디를 갔나?"

호랑이가 먼저 샘으로 갔다. 샘을 들여다보니 나무 위에 앉아 있는 아이들이 샘에 비쳐 그 안에 들어가 앉아 있는 것처럼 보였다.

"아유, 너희들 어떻게 거길 들어가 있니? 함박[84]으로 건질까, 조랭이로 건질까?"

호랑이가 아이들을 잡아먹을 생각에 신이 나 말했다. 그 어리석은 꼴에 아이들이 그만 나무 위에서 웃음소리를 내고 말았다. 호랑이가 고개를 번쩍 들고 웃음소리 나는 곳을 찾으니 아이들이 나무 위에 있었다.

"아유, 너희들 거기를 어떻게 올라갔니?"

"저 뒷집에 가서 도끼를 얻고 앞집에 가서 기름을 얻었지."

호랑이도 기름을 빌려다 착착 발라서 올라가려고 하니, 미끄러워서 도저히 오를 수가 없었다. 그렇게 애를 쓰다가 어디서 톱을 가지고 와서는 나무를 베려고 했다. 오누이가 하늘을 쳐다보고는 기도했다.

"하느님. 저희를 죽이려거든 썩은 줄을 내리고, 살리시려거든 산 줄을 내려주세요."

---

84 통나무의 속을 파서 만든 큰 바가지 또는 그릇.

그랬더니 정말 하늘에서 줄 하나가 설렁설렁 내려왔다. 줄에는 쪽박이 달려 있었다. 오누이가 그 박을 타고 하늘로 올라갔다. 호랑이가 그 모습을 보고 자기도 하늘에 기도했다.

"저를 죽이려면 썩은 줄을 내리고, 살리려거든 산 줄을 내려주십시오."

그러니 하늘에서 썩은 줄이 설렁설렁 내려왔다. 호랑이는 그 줄이 썩은 것인지 모르고 줄을 타고 올라가다 그만 줄이 끊어지고 말았다. 호랑이는 불행히 수수밭에 떨어져 수수에 똥꼬가 찔려 죽고 말았다. 그 이후로 수수밭이 빨갛다고 한다. 오빠가 여동생을 보고 자신은 달이 될 테니, 여동생에게는 해가 되라고 말했다. 여동생이 해가 됐기 때문에 부끄러움이 많아, 해를 쳐다보면 바늘로 송송 꼽는 것처럼 아프다고 전한다.

---

* 해와 달이 된 오누이는 의성어와 의태어가 많아 생생한 현장감이 있다. 전반에는 호랑이와 오누이의 어머니, 후반에는 호랑이와 오누이의 문답이 주를 이룬다. 얼핏 장난처럼 보이나 호랑이의 대사가 곧바로 호식과 연결된다는 것을 깨닫는다면 놀이와 공포 사이에서 발생하는 그로데스크한 공포의 감각을 느낄 수 있다.
* 특히 이 이야기는 다른 이야기에 비해 생동감이 있고 이야기의 흐름이 매끄러우며 내용이 상세하다.

〈팥죽과 호랑이〉[85]

옛날에 엄마가 팥죽을 얻어먹을 정도로 가난했다. 어느 날 시집 간 딸네 집에 비를 매러(옷감을 짜기 위하여 날아 놓은 날실에 풀을 먹이고 고루 다듬어 말리어 감는 것을 뜻함) 갔다. 그리고 돌아오는 길에 팥죽을 가지고 온다고 아이들에게 약속했다.

해가 져서 어두워지고 있었다. 엄마가 팥죽을 머리에 이고 돌아오고 있는데, 호랑이가 나타나 팥죽을 달라고 하니 엄마가 아이들을 줘야 한다고 내어주지 않았다. 그러니 호랑이가 팥죽을 빼앗고 엄마를 잡아먹어 버렸다.

그 후에 호랑이가 아이들이 있는 집을 찾아왔다.

"얘들아, 엄마 왔다, 문 열어라."

"엄마 소리가 아닌걸?"

아이들이 알아채고 문을 열어주지 않았다. 그리고는 호랑이에게 말했다.

"만약 우리 엄마라면 이 안에 손을 밀어 넣어 보세요."

과연 호랑이가 손을 쑤욱 집어넣으니 손이 꺼끌꺼끌했다.

"우리 엄마 손이 아닌걸?"

그러나 결국 아이들이 문을 열어주었고, 호랑이가 아이들마저 잡아먹고 말았다.

---

* 이 이야기는 호식담이면서, 해와 달이 된 호랑이의 실패담으로도 볼 수 있다.

85 한국학중앙연구원 한국구비문학대계 디지털 자료, "팥죽과 호랑이", 구술자 엄재순, 2010, 경북 문경시 산양면.

"사람들의 말에 따르면 그것은 호랑이가 아니라 범이었다."

5절. 현대괴담에 나타난 호랑이

1. 버스담

〈호랑이가 버스를 세워 호식한 이야기 1〉[86]

어느 날 사람들이 차를 타고 가는데 호랑이가 나타나서 버스 앞을 가로막았다. 마치 지나가지 못하도록 버스를 세운 것이다. 호랑이는 두 눈을 벌겋게 뜨고 버스 앞을 가로막고 있었다. 사람들이 영문을 몰라 어리둥절하다, 호랑이가 먹잇감을 구하는 것을 눈치챘다. 우선 이 상황을 탈출하기 위해서는 희생자를 물색해야 했다. 사람들은 자신의 소지품을 하나씩 내기로 했다.

"여러분 모두 여기에 손수건을 내서라."

그렇게 모두가 모은 손수건을 창문 밖으로 탁 던지니, 차창 밖으로 손수건이 무덤처럼 쌓였다. 호랑이가 뭉텅이가 된 손수건들 사이에서 발로 더듬더듬 뒤져 딱 하나를 딱 건져내더니 갑자기 입으로 확 물어뜯어 버렸다. 사람들은 도무지 누구의 손수건인지 알 수가 없었다. 무리 중 누군가가 말했다.

"사람 하나 때문에 이리 지체할 수 없고, 누구 수건인지도 모르겠으

86 한국학중앙연구원 한국구비문학대계 디지털 자료, "호랑이가 버스를 세워 사람을 잡아먹은 이야기", 구술자 하영덕, 2009, 경상남도 함양군 유림면 서주리 서주마을.

니 할 수 없다. 우리 모두 버스 밖으로 나갑시다.”

사람들은 ‘차 밖으로 나가면 호랑이가 그 임자를 선택할 것이다’라고 생각하여 모두 차에서 하나둘씩 내리기 시작했다, 멀리서 내리는 사람들을 지켜보던 호랑이가 다가와 그중 한 사람만을 싹 빼내어서 물고 가 버렸다. 결국 호랑이에게 죽을 팔자가 따로 있어, 호랑이가 그걸 알고 버스를 세워 사람을 물어간 것이다.

〈호랑이 덕으로 횡사를 면한 아이와 노인〉[87]

경상북도 군위군 산성명에서 전해지는 이야기다. 밤에 자동차를 타고 강원도 산 고개를 넘어가는데 큰 범 한 마리가 앞에 와 앉았다. 범이 자동차에 달려들어 흙을 끼얹는데, 운전사가 정신을 차리지 못했다. 차를 세우니, 더욱 흙을 갖다 던졌다.

"이 안에 반드시 호식할 사람이 하나 있다. 그러니 누가 호식할 사람인지 시험을 한 번 해보자."

그래서 소지품을 하나씩 던져보았다. 범이 앞발로 던져지는 물건들을 쳐냈다. 그러다 한 열셋 정도 먹은 아이가 소지품을 던지니, 그 물건을 턱 받아 자리에 깔고 앉았다.

"아 이 애가 호식할 애다. 자, 여기서 내려라."

아이가 범에게 죽고 싶지 않아, 사람들에게 매달리며 애원했다. 그중 동정심이 있는 몇몇 사람들이 '죽으려면 같이 죽고, 살려면 같이 살자'라는 심정으로 문을 닫고 뻗대보자며 이야기를 했으나, 대부분의 사람들이 기어이 아이를 끌어내려고 했다. 그런데 그 아이는 삼대독자로 외갓집에 가는 길이었다. 사람들은 제 목숨을 부지하고자 기어코 버스에서 아이를 끌어내었다. 나이 많은 노인 하나가 그 모습을 보며 한탄했다.

"이 사람들아, 젊은 아이를 범에게 끄집어내면 어떻게 하나? 사람의 도리상 아이를 그냥 두고 갈 수 없다."

그러자 사람들이 노인까지 나무라기 시작했다.

"한 사람 때문에 다 죽으란 말이오?"

---

87 한국학중앙연구원 한국구비문학대계 디지털 자료, "호랑이 덕으로 횡사 면한 아이와 노인", 구술자 김태우, 1982, 경상북도 군위군 산성면.

“자 그럼 나랑 같이 내려가자. 아이를 내리라고 하고, 나는 이 자동차를 타고 가지 못하겠다. 그러니 범한테 죽어도 같이 죽고 나랑 같이 내려가자.”

결국 노인이 아이를 데리고 같이 버스에서 내려왔다. 둘이 내리자마자 자동차는 지체하지 않고 떠나버렸다. 그런데 자동차가 간 뒤에 보니, 범 또한 가버리고 없었다. 노인이 아이의 손을 잡았다.

“야, 다행히 범이 갔다. 너랑 나랑 둘이서 걸어 내려가자.”

그리고는 둘이서 그 고개를 털썩 털썩 걸어 내려왔다. 걸어서 200~300m 정도 내려와서 보니 자동차가 천 길 만길에 굴러 떨어져 그 속에 탔던 사람이 다 죽어버렸다. 결국, 호랑이에게 선택받은 노인과 아이만이 살아남은 꼴이 되었다.

〈삼대독자 살린 호랑이〉[88]

강원도 평창군 봉평면에 전해지는 이야기이다. 할머니가 버스를 타고 세 살 먹은 손주를 끌어안고 가고 있었다. 그런데 갑자기 호랑이가 길가를 막고 앉아서는 가지 않았다. 사람들이 입을 모아 할머니와 손자 때문에 그런 것 같다며, 할머니를 끌어내리려고 했다. 그래서 시험 삼아 어린아이의 옷을 벗겨서 훅 던지니, 호랑이가 두 팔을 모아 옷을 끌어안았다.

사람들에게 등 떠밀려 할머니가 손자를 안고 따라 내려갔다. 손자는 그 집안의 삼대독자였다. 이미 며느리와 아들도 죽고 아이 하나 덜렁 남아있는데, 그 아이마저 호식될 처지였으니 할머니의 가슴이 미어졌다. 그런데 결국 할머니와 손자가 내리고 난 후, 버스가 조금 가다가 차가 전복되어 그 안에 있던 승객이 모두 죽게 되었다.

호랑이가 호식하려는 것이 아닌, 손자와 할머니를 살리기 위해 그랬던 것이었다. 결국, 할머니와 손주만 살아남고 모두 그 고개를 넘지 못하고 죽고 말았다.

---

* 이 이야기는 호식담의 변이형으로, 신성형이면서 또 다른 선택담이 된다. 이야기는 호식이 아닌 긍정적 결말로 귀결된다.

88 한국학중앙연구원 한국구비문학대계 디지털 자료, "삼대독자 살린 호랑이", 구술자 한경호, 2009, 강원도 평창군 봉평면.

〈중국의 버스괴담〉[89]

시골 마을버스 안에서 건달 두 명이 여성을 희롱하다가 운전사에게 차를 세우라고 명령했다. 두 괴한은 불응하는 운전사를 때려서 차를 세운 뒤 근처 풀밭에서 여성을 겁탈한다. 승객들이 이 광경을 외면하거나 훔쳐보고 있는 가운데 한 남자 승객이 나서 이를 말리려다 칼에 찔리게 되고, 그 뒤 건달들은 달아난다. 피해 여성은 울면서 버스로 돌아온 뒤 운전할 수 없게 된 운전사를 대신해서 운전석에 앉는다. 칼에 찔린 남자가 버스에 오르려 하자 여자는 "남의 일에 왜 참견이냐."며 도와준 남성을 버려둔 채 버스 문을 닫아버리고 떠나버렸다. 남자가 하는 수 없이 절뚝절뚝 걸어가다 한 교통사고 현장을 만나게 된다. 바로 조금 전 자신이 탔던 버스가 낭떠러지로 추락한 것이었다.

---

* 이 괴담은 중국에서 기사화된 내용으로 실제 사건으로 전해진다. 이 괴담과 버스 선택담과의 선후 관계는 알 수 없으나 유사한 이야기의 구조를 가지고 있다는 점이 흥미롭다.

89 홍은택, "중국괴담 공포… 휴대폰 한 대에 목숨 걸고 길 떠나다.", 중앙선데이 276호, 12면, 참조〈https://news.joins.com/article/8552519〉, 게시일자 2012년 6월 24일.

2. '범': 장산범[90]

29 산신도(山神圖) 부분

사진제공: 국립민속박물관

90 범과 관련한 내용은 뉴미디어에 업로드된 장산범의 목격담으로 2011년 12월 31일에 웹에 게시된 게시물에서 장산범의 목격담을 각색하였다.
작성자 고양이렌즈, "93세 할머니께서 겪으신 이야기", 루리웹, 참조<http://bbs.ruliweb.com/hobby/board/300145/read/16556472>

〈장산범 목격담 1〉

1930년대 말 북한 황해도에서 있었던 일이다. 한 여성이 한국전쟁 이후 월남한 뒤, 20세 때 이미 결혼하고, 동네 친구들과 산에 고사리를 뜯으러 갔다. 그때 친구 중 한 명이 평소에 가던 길 말고 그날은 더 깊은 어느 산을 가자고 졸랐다. 인적이 드문 곳이 고사리가 더 많을 거라고 했다. 여자 4명이 깊은 산중으로 들어갔는데 거긴 인적이 아예 없는 곳이라 고사리가 너무 잘 올라와서 네 명은 더욱더 깊숙이 들어갔다.

길도 없는 산속을 한참을 올라가면서 고사리 이외에도 갖가지 산나물을 뜯을 수 있었다. 어찌나 많은지 큰 광주리랑 보자기에 한가득 담았다. 이윽고 점심때가 되어 산 정상부근의 바위에 앉아서 다 같이 모여 점심을 먹었다. 싸 온 점심은 보리밥에 된장, 오이김치였다. 끼니를 맛있게 해치우고 나물도 이미 많이 캤으니 그만 내려가자는 이야기가 나왔다. 이미 낯선 곳까지 온 터라, 동네로 돌아가는 길이 꽤 멀었다.

날씨는 비가 오려는 듯 조금 흐렸고, 바람마저 불었다. 모두 밥을 먹는 대로 내려가자고 입을 모았다. 그런데 가져온 물이 부족했다. 사람은 넷인데, 두 사람이 목을 축이고 나니 물통이 바닥이 나 두 사람은 물을 거의 마시지 못했다. 식사를 다 하고 산에서 내려오는 도중에 친구 하나가 목이 너무 마르다고 칭얼거리기 시작했다. 그러나 이미 산의 정상부근이라 물이 있을 턱이 없었다. 점점 비가 오려는 듯 주변은 어두컴컴해졌다. 갑자기 날씨가 흐려지기 시작했다.

모두 서둘러 내려오고 있었다. 목마르다는 친구는 맨 앞에 서서 남들보다 더 바쁘게 걷고 있었다. 그런데 갑자기 어디선가 물 흐르는 소리가 나기 시작했다. 졸졸졸 청명하고 맑은 시냇물 흐르는 소리가 선명하게 들렸다. 친구들은 목마른 친구에게 어서 가서 물을 마시고 오라고 채근했다. 그러나 목마른 친구가 혼자 가기 무서우니 같이 가자고 사정하자, 결국 모두가 물 흐르는 계곡을 찾아 아래로 내려가게 되었다. 그 소리를 따라서 내려가는데 아무리 가도 계곡이 보이지 않았다. 이상하게 물소리는 간헐적으로 들렸다. 어느 때는 들렸다가 어느 때는 들리지 않았다.

다들 너무 지친 나머지, 그냥 다시 올라가서 산길을 따라서 내려가자고 하는데 어디선가 인광이 하얀 두 개의 불빛이 나타났다. 올라가는 길목에서 그 인광의 존재가 아래를 내려다보고 있었다. 솜과 같이 아주 고운 긴 하얀 털이 덮인 무언가가, 네 명을 내려다보고 있었다. 아주 곱다는 느낌이 드는 털을 가지고 있었으나. 눈빛이 굉장히 강렬하고 딱 서서 아래를 굽어보고 있었는데, 얼굴에서 입으로 추정되는 곳에서 졸졸졸 계곡 소리를 내고 있었다. 그것을 본 네 명의 여자들은 광주리고 보자기고 손에 든 물건들을 다 집어 던져버리고 걸음아 날 살려라 하고 도망쳤다. 모두 온몸이 나뭇가지에 긁혀 엉망이었다.

네 명이 다 뭉쳐서 소리를 지르고 정신없이 아래로 내려오다 보니, 산 중턱에 약초꾼들이 임시로 쓰는 오두막이 보였다. 원래 있던 암자의 스님들이 나가고, 약초꾼들이 약초를 캐다 어두워지면 묵고 다음 날 아침에 내려가던 장소인 것 같았다. 부지불식간에 그곳으로 정신없이 도망쳐 들어갔다. 위에서는 계속 졸졸졸 소리가 따라붙고 있었다. 방안에는 작은 불상과 염주가 있었고, 말려놓은 약초들이 벽에 걸려 있었다. 벽에 있는 약초들이 마르는 냄새가 굉장히 고약했다.

문고리를 걸어 잠그고 다들 울고불고 정신을 놓고 있는 사이, 갑자기 졸졸졸 소리가 딱 멈추었다. 그다음 뭔가가 스윽 내려오는 소리가 들리더니, 움막 주위를 돌며 그 목마르던 친구의 이름을 부르기 시작했다. 그 목소리는 아주 다정스럽고 부드러웠다. 그 목소리는 목마르던 친구 어머니의 목소리였다. 다들 무서워서 벌벌 떨고만 있었다. 그 누구도 대꾸할 기력이 없어 숨죽이고 있는데, 밖에서는 비마저 내리기 시작했다. 소나기가 거침없이 쏟아지고 있었다.

얼마나 시간이 지났을까. 밖은 웬일인지 잠잠했다. 내려갈 생각도 하지 못하고, 어느덧 네 명이 잠깐 잠이 들었다. 새벽녘에 깨어보니 목마르다고 한 친구는 사라지고 없었다. 비는 여전히 계속 내리고 있었다. 나머지 세 친구가 정신없이 밖에 나가 찾아봐도 보이지 않았다. 결국 세 명만이 만신창이가 되어 마을로 겨우 내려올 수 있었다. 그 뒤로 마을은 발칵 뒤집어졌다. 칼을 찬 일본 순사가 열 명 넘게 찾아와 그 마을을 조사했으나 그 친구의 시신조차 찾지 못했다. 사람들의 말에 따르면 그것은 호랑이가 아니라 '범'이었다. 범은 머리가 굉장히 좋았으며, 걸을 때 소리도 나지 않고 굉장히 빨랐다고 한다.

〈장산범 목격담 2〉

부산시 북구에 있는 ○○초등학교 뒤에는 커다란 산이 있다. 지금은 산 중턱 너머로 아파트가 빼곡하게 들어섰지만, 그 당시에는 말 그대로 산이었다. 교문에서 바라보면 산자락 속에 있는 학교가 있는 듯이 보일 정도였다. 산 중턱에는 멀리서도 보이는 커다란 당산나무가 있었다.

4학년 2학기 어느 날이었다. 아침부터 안개비가 내려서 쌀쌀하게 느껴지던 아침 조회시간이었다. 준비물을 챙겨보다가 분명히 가방에 넣었다고 생각했던 철가루가 없어서 당황했다. 당시에는 자연이라는 과목이 있었는데, 철가루를 책받침에 올려두고 아래에서 자석을 움직여 철가루의 움직임을 관찰하는 실험을 하는 날이었다. 시계를 보니 수업 시작까지 시간이 남아, 우산도 쓰지 않고 텅 빈 운동장을 가로질러 교문 바로 옆에 있는 매점으로 뛰어갔다. 철가루를 손에 쥐었을 때는 이미 수업 시작종이 울린 뒤였다.

종소리에 놀라 뒤돌아보는 순간, 무엇인가에 이끌리듯 산 중턱 위쪽에 시선이 고정되었다. 처음에는 흰옷을 입은 사람이 산을 오른다고 생각했다. 그러나 흰옷을 입은 사람은 어떻게 저렇게 빨리 산을 오를 수 있나 싶을 정도로 엄청난 속도로 산을 오르고 있었다. 더 이상한 것은 산마루 쪽에는 안개가 서려 있는 흐린 시야 속에서도 흰 물체가 신기할 정도로 선명하게 보였다는 것이다. 머릿속으로는 '수업이 시작되었는데, 어서 빨리 들어가야 되는데, 선생님한테 꾸지람을 들을 텐데' 등을 생각했지만, 거짓말처럼 몸이 움직이지 않았다. 멍하니 그 존재를 쳐다보았다. 그런데 자세히 보니 그 흰 물체는 두 발로 산을 오르고 있는 것이 아니었다. 사람으로 치자면 네발로 기어서 산을 오르고 있었다. 머리부터 발끝까지 온통 하얀색이었는데, 왠지 옷이 아니라 흰 털들이 휘날리고 있는 것처럼 보였다. 흰 털이 난 물체가 네발로 빠르게 산을 오르고 있었다.

사람으로는 도무지 불가능한 자세였다. 마치 사람이 아닌 것 같다는 생각이 들자, 공포감이 스멀스멀 피어올랐다. 갑자기 친구들에게 이 신기한 걸 자랑하고 싶다는 생각이 들자 순간적으로 몸이 움직였다. 두려움 반, 자랑하고 싶은 마음 반으로 미친 듯이 내달리기 시작했다. 숨을 거칠게 쉬며 교실문을 열어젖혔다. 아까 본 그것을 친구들에게 알려주려는 순간 어디 갔다 온 것이냐는 담임선생님의 꾸지람에 쏙 들어가고 말았다.

〈장산범 목격담 3〉

이 목격은 2008년 때 겪은 일로, 내가 하사 때 겪은 일이다. 철원지역 부대의 이야기이다. 이 지역은 비개발 지역이 많아서 야생동물을 자주 볼 수 있었다. 내가 있던 부대는 산중턱에 있었다. 그리고 그 뒤에는 700M 정도 되는 산이 있었다.

그날은 내가 당직사관의 임무를 받고 있었다. 야간에 밤샘하는 것은 쉽지 않다. 그래서 졸음도 깰 겸 제대로 근무를 서지 않는 녀석들을 털 겸해서 상황병에게 순찰을 갔다 온다고 전달했다. 그리고 GOP 하고는 25km나 떨어져 있지만 혹시 몰라 부대 내규상 K-2 소총과 공포탄 10발이 들은 탄알집 1개와 대검을 끼고 순찰을 나갔다.

그때 시각은 3시경이었다. 그날은 월광이 좋지도 나쁘지도 않은 정도였고, 시야 확보가 가능한 상태였다. 평소대로라면 들렸을 올빼미나 부엉이 같은 새소리와 개구리 우는 소리도 들리지 않는 고요하고 묘한 밤이었다. 맨 처음 위병소로 순찰을 하러 가서 그곳에 있던 순찰일지에 서명하고 탄약고로 이동했다. 탄약고로 가려면 7-8분 정도 걸어가야 했다. 탈영을 방지하기 위해 부대의 울타리들은 2m 정도 되는 높이로 철조망을 둘렀다.

한 중간쯤 갔을까, 탄약고에 가기 직전에 부대 울타리 너머로 한 50m 거리에 커다란 바위가 있었다. 10명 정도 앉을 수 있는 곳으로, 야외작업할 때 그곳에서 쉬곤 했던 장소였다. 그곳을 지나가는데 그 바위에 사람 같은 형체가 앉아있었다.

'저게 뭐지?'

구름에 가려진 달빛이 드러나자 그것의 형태가 제대로 보이기 시작했다. 새벽녘 소리없이 소복이 쌓인 눈처럼 새하얗고 아름다운 털을 가진 생물이 그 바위 위에 앉아 있었다. 그제야 그 생물체는 나의 존재를 인식했는지 번뜩이는 안광으로 노려보기 시작했다. 나는 저 존재가 무엇인지는 알 수 없으나, 분명히 사람은 아니고, 뭔가 위험한 존재라고 판단되었다. 즉시 탄입대에 있던 공포탄이 삽탄된 탄알집을 꽂고 대검도 혹시 몰라서 착검을 하고 조용히 그 생물체와 맞대면하여 바라보았다.

그렇게 한 5분 정도 서로 바라보다, 그 생물체가 나에게 흥미를 잃었는지 새하얀 털을 날리면서 기분 나쁜 소리를 내며 700고지를 엄청 빠르게 기어 올라갔다. 얼마나 재빠른지 이내 나의 시야에서 사라졌고, 의외로 빠른 속도에 나는 당황했다.

혹시 그놈이 나에게 덤볐다면 무슨 일이 벌어졌을지 알 수 없었다. 긴장을 풀기 위해 수통에 있던 물을 다 마시고 겨우 정신을 가다듬은 후, 탄약고로 갔다. 순찰일지를 작성하면서 근무자들에게 넌지시 물었다.

"야, 뭐 이상한 거 안보이던?"

"아무것도 못 봤지 말입니다. 뭐 보셨습니까?"

혹여 쓸데없는 말을 해서 부대에 이상한 소문이 퍼질까봐, 나는 함구하였다.

"아냐, 내가 잠이 덜 깨서 그런가 보다."

"아, 예!"

"야, 그래도 모르니까, 다음 근무자들에게 인수인계사항으로 이상한 게 보이면 바로 지통실로 연락하고 사이렌 울리라고 전달해라. 책임은 내가 질 테니."

"네, 알겠습니다."

그렇게 전달하고, 지통실로 돌아왔다. 그리고 내내 그 존재가 거슬렸다. 그래서 다음날 우리 부대 제일 연장자이신 행정보급관님에게 밤새 있었던 일을 넌지시 이야기했다. 갑자기 행보관님의 인상이 굳으시더니 잠시 나보고 따라오라고 하셨다.

나는 행보관님을 따라 인적 없는 야외 건조장으로 갔다. 행보관은 담배 한 대를 물고 연기를 길게 내뿜더니 나에게 한마디 했다.

“이 이야기 누가 알지?”

“저하고 행보관님밖에 모릅니다.”

“그래 잘했다. 내 짧게 이야기하지. 어제 네가 본 것은 ‘범’이라고 사람을 잡아먹는 짐승이다.”

“사람 먹는 짐승말입니까? 범이면 호랑이 말입니까? 그런데 그러기엔 덩치가 너무 작았습니다.”

행보관님은 다 핀 담배를 바닥에 던지고 전투화로 짓밟았다.

“그 호랑이 말고 사람같이 생겼는데 새하얗고 산을 엄청 빨리 오르고 이상한 소리를 내지.”

“그럼 그게 뭔지도 모른다는 겁니까?”

“그래, 아무튼 조심해라. 엄청 빠르고 영악한 놈이니까. 아니 그냥 못 본 걸로 해. 그리고 이 이야기는 너와 나만 알고 있어라. 괜히 애들한테 이상한 소문 퍼지면 안 되니까.”

“예, 알겠습니다.”

그러면서 행보관님은 다시 막사로 돌아가고 나도 며칠 동안 생각이 났지만, 군대에 있다 보니 어느새 잊게 되었다.

그리고 2010년도 겨울이 거의 끝나가는 시즌이었다. 철원에 내리는 눈은 치우면 또 그만큼 쌓여있는 지옥의 형벌처럼 끝도 없이 내린다.

그날도 내가 근무를 섰는데 하늘에서 함박눈이 내리기 시작했다. 그리고 평소와 같이 순찰을 돌고 탄약고로 올라가던 중 뭔가가 나를 노려보고 있다는 느낌이 들었다. 아니나 다를까. 예전에 보았던 그 자리 그대로 그놈이 있었다. 그때와 다른 것이 있다면 그때는 내가 그 녀석을 먼저 보았지만 이번에는 그 녀석이 나를 먼저 보고 있었던 것이다. 시퍼런 안광을 번뜩이고 있었다. 나는 너무 놀랐지만, 행보관의 사람을 잡아먹는다는 말이 생각나 그 즉시 공포탄창을 삽탄하고 대검을 착검하여 만반의 태세를 갖추었다.

지금이야 그냥 별생각 없이 그때를 떠올렸지만, 그때 당시 나는 한겨울임에도 등짝에 식은땀이 흘렀고, 다리가 후들거렸다. 처음부터 기가 죽어있던 것이었다. 그렇게 긴장의 시간이 얼마나 지났을까. 문득 이렇게 있다간 죽도 밥도 되지 않을 것 같아서 공포탄을 허공에 쐈다. 갑작스러운 공포탄 소리에 녀석은 놀랐는지, 기괴한 쇠 긁는 소리를 내며 엄청난 속도로 도망쳤다. 그리고 녀석이 간 걸 확인한 나는 이내 다리에 힘이 풀려서 그 자리에 주저앉았다. 긴장감이 사라지지 않아 수통에서 물을 꺼내 마시면서도 주변을 계속 살필 수밖에 없었다. 다행히 그 녀석은 혼자만 돌아다니는 것 같았다. 5분 정도 지나니 상황병이 뛰어왔다.

"무슨 일이십니까? 거수자입니까?"

"아냐 내가 단발로 되었는지 모르고 안전인 줄 알아서 그냥 방아쇠를 눌렀는데 그것이 격발된 거다."

"휴, 전 또 큰일이 난 줄 알았습니다. 내일 탄약관님 화내시겠지 말입니다."

"그러게 말이다."

그리고 난 다시 지통실로 돌아왔고, 다음날 탄약관의 호통을 받으며 경위서를 썼다. 그리고 그 후로 그 녀석이 올지도 모른다는 생각에 후배들이나 선배들, 그리고 장교들에게까지 근무시간에 순찰을 할 때 반드시 대검과 공포탄을 휴대하라고 일러두었다. 그러나 대부분 나의 말을 흘려들었고, 다행히 그 뒤로 그 녀석의 목격담은 들리지 않았다. 그리고 나는 가을에 다른 부대로 전출을 나갔다.

---

* 목격담은 실제 본인이 겪은 이야기를 구술한 경우로, 1인칭인 경우가 많다.

〈장산범 목격담 4〉

한 가족이 초가집에 살고 있었다. 방 한 칸에 한 부부와 두 딸, 그리고 아들이 옹기종기 모여 잠을 청하고 있었다. 다른 가족은 출가 중이었다.

부스럭거리는 특별한 소리가 들리지 않았지만, 왠지 모를 육감이 딸을 깨웠다. 눈을 떴을 때 혹시 꿈이 아닐까 해서 눈을 비비적거리며 아버지를 쳐다보려 노력했다. 시야가 점점 선명해질 때 눈에 들어온 것은 아버지가 방문 앞에 앉아 땀을 뻘뻘 흘리며 방문에 대고 초로 원을 빙빙 그리고 있는 모습이었다. 잠에서 갓 깬 딸은 아버지의 행동을 기이하게만 여겼다. 그냥 가만히 숨을 죽이고 그 모습을 지켜볼 뿐이었다.

그것도 잠시 잠깐이었다. 나중이 되니 목이 마르고 발에 쥐가 나면서 어지러웠고, 소변이 마려워졌다. 아버지에게 말을 하려고 했으나, 너무 진지한 의식을 치르는 것 같은 행동에 차마 입이 떨어지지 않았다. 쥐가 나는 발을 풀어보려 요리조리 움직이던 중, 아버지의 어깨너머로, 달빛에 비치는 창호지 문밖에서 웬 사람이 다소곳이 앉아 있는 형상이 보였다.

아버지는 문밖의 형상 머리 윗부분에다 초를 천천히 돌리고 계셨다. 딸은 발에 쥐가 나는 것보다 더 큰일이 벌어지고 있는 것 같아 고통스러움도 잊은 채, 아버지의 행동에 몰입하고 있었다. 아버지가 초를 한참을 돌리고 있으니, 삐걱삐걱 마루 갈라지는 소리와 함께 문밖에 그것이 일어섰다. 방문 바로 앞 마루를 왔다 갔다 하더니 다시 방문 앞에 멈춰 서더니 갑자기 엎드렸다. 마치 아래로 엉금엉금 기어 내려가는 느낌이었다. 그것의 다음 행동은 시야에서 차차 흐려졌고, 그와 동시에 아버지는 초 돌리는 걸 멈추었다.

촛농이 방바닥에 뚝뚝 떨어지고 있었다. 아버지는 눈에 보이진 않으니 소리로 밖에 있는 존재의 동태를 파악해 보려고 애쓰고 계셨다. 여기저기 무언가를 질질 끌고 다니는 소리, 흙을 살살 파는 소리, 흙 위를 사박사박 밟고 다니는 소리, 분명 일어설 때와 걸을 때는 허리를 꼿꼿이 세우는 것이 영락없는 사람이었는데, 땅에 내려가서는 사박사박 걷는 소리가 짐승 소리마냥 발소리가 여러 개였다.

그렇게 얼마나 마당을 돌아다녔을까, 다시 방문 앞 마루 위로 올라설 때는 사람이 걷는 것 마냥 허리를 세우고 걸어왔다. 전과 같은 모양으로 다소곳이 앉았다. 그런데 그것이 뒤돌아 앉아 있는 느낌이 아니라, 마치 아버지와 마주 보고 앉아 있는 느낌이었다. 아버지는 또 뒤질세라 초를 그것의 머리 쪽에다 대고, 문 위로 빙빙 돌렸다. 한참을 돌리고 있으니 그것이 팔을 한 짝 들고 손으로 창호지를 살살 긁기 시작했다. 생각지도 못했던 뜬금없는 행동에, 양반다리를 하고 초로 원을 그리던 아버지는 파르르 떨리는 팔과 함께 엉덩이가 흠칫 들썩거렸다.

어린 딸의 눈에는 그것이 무엇인지 몰랐다. 저렇게 집 밖만 돌아다니다 가겠지 싶었는데, 마치 집안으로 침입하려는 느낌이 들자 순간 고요하던 심장이 요동치기 시작했다. 처음에는 손가락 한 개로 살살 긁어대던 소리가 손가락 여러 개로 문을 긁어대니 서걱서걱 대는 소리로 바뀌었다.

이때는 한기가 느껴지는 것이 아니라 정확히 알 수 없는 눈에 보이지 않는 어떤 걱정이 들었다.

'얼마 있다가 저 문이 뚫릴 텐데'

한 번씩 숨소리가 간간히 들렸는데, 그 소리는 짐승소리마냥 거칠었다. 아버지는 딸이 깼다는 걸 눈치챘는지 뒤도 돌아보지 않고 조용히 말했다.

"퍼뜩 눈 감고 자거라."

딸은 덜렁 누워 억지로라도 눈을 감았지만 쉽사리 잠이 오지 않았다. 방안을 죽 훑어보고 옆에서 아무 일 없다는 듯 너무나 평안히 잠들어 있는 나머지 식구들을 들여다봤다.

그것이 자리를 뜬 후에도, 날이 밝아 왔음에도 아버지는 방문 앞을 묵묵히 지키고 있었다. 딸은 차마 잠들지 못하고 휑한 천장만 멀뚱히 쳐다보고 있었다. 무엇이었을까. 딸은 끝까지 보지 못했다. 그것의 모습은 아버지만이 봤을 것이다. 다만 다음날, 창호지 문에는 손톱자국이 여러 개 있었다.

〈장산범 목격담 5〉

봄이었다. 두 오누이와 동네 젊은 처녀들과 처자들이 삼삼오오 모여 산을 올랐다. 집을 나서기 전, 정상 가까이에 있는 큰 바위 쪽으로 절대 가지 말라는 엄마의 신신당부가 있었다. 그러나 산을 타던 중 어디가 어디인지 몰라 뿔뿔이 흩어져, 두 오누이가 위험한 턱까지 오르게 되었다.

사람들의 발길이 잘 닿지 않은 곳이 바로 엄마가 이야기한 곳이었던 것 같았다. 남동생은 큰 바위를 낑낑대며 오르고 있었고, 누나는 신나게 꽃도 꺾어보고 나물도 캤다. 그러다 갑자기 휑한 느낌이 들어 주위를 둘러보니, 이미 같이 왔던 사람들과 너무 멀어졌음을 깨달았다.

남동생이 궁금해서 고개를 들어 위를 봤다. 작은 바위에 발을 딛고 큰 바위에 매달린 채 한참 동안 내려오지도 않고 올라가지도 않는 남동생이 이상해서 그 누나가 그쪽으로 다가갔다. 남동생의 바지 아래로 흐르는 소변 줄기가 보였다. 뭔가 이상한 것을 발견한 모양이었다.

바위를 탈 줄 모르던 누나는 이제 그만 내려오라고 밑에서 다그쳤고, 남동생은 요지부동이었다. 몇 분이 지났을까. 스스로 정신을 차렸는지 남동생이 눈물 콧물을 빼며 엉금엉금 내려왔다. 그리고 누나가 꽃과 나물을 따던 자리에 잠시 멍하니 앉아 있다 벌떡 일어서며 소리쳤다.

"누이야 당장 내려가자, 당장 안 내려가면 우린 죽는다."

그 말이 너무 다급하고 절박하게 느껴져 두 오누이는 뒤도 돌아보지 않고 걸음아 나 살려라 도망을 쳤다.

남동생이 그때의 일을 추억하여 말하기를, 큰 바위 위로 얼굴을 쑥 올려보니 동굴이 하나 있었고 그 앞에 동굴 입구만 한 큰 바위로 입구를 막아놓았다고 한다. 그리고 그 바위 위에는 어른이 입을 만한 옛날 한복 윗도리 하나가 턱 하니 올려져 있었는데, 피투성이였다고. 그 주위에 작은 바위도 몇 개 있었는데, 그 바위 위에도 역시 피칠한 한복이 몇 개 놓여있었다고 한다. 일부러 피칠을 해놓은 듯한 느낌도 들어 다가오지 말라는 경고 같았다고.

결국, 이 일이 젊은 청년들과 처자들의 귀에까지 들어갔고, 그들의 입에서 동네 어르신들의 귀에까지 들어갔다.

"그 근처에 오지 말라고 그렇게 해놓은 거지."

"범이 한 짓 아니겠나?"

동네 어르신들이 말씀하였다. 그리고 두 오누이는 엄마에게 호되게 야단을 맞았다.

"그 깊은 곳까지 들어가지 말라고 안 했나, 다 이유가 있어서 하는 말이지."

남동생이 벌벌 떨며 말했다.

"그 바위 위에 어린애들 옷도 몇 벌 있었는데, 우리 어렸을 때 놀던 애들 중에 사라진 아이가 한 명 있었다. 혹시 그 애도 우리가 아까 갔던 그곳에서 사라졌던 것 아닐까?"

---

* 이 이야기는 <장산범 목격담 4>의 내용에 이어지는 이야기이다. 내용이 달라서 따로 분류하였다.

〈범〉[91]

범은 호랑이와 다르다. 예전 살던 동네에 섬에서 살다가 오신 할머니가 계셨는데 호랑이는 산에서 나고 범은 바다에서 난다고 하셨다. 육지 사람들은 범이랑 호랑이를 동의어로 사용하지만, 바다 사람들은 범과 호랑이를 다른 존재라고 생각한다. 섬에서는 밤에 배를 띄우면 안 된다. 특히 달도 뜨지 않는 밤에는 바닷가 근처에도 가선 안 된다. 범은 바다 밖으로 나가지는 못하지만 굉장히 긴 손을 가지고 있어, 그 손으로 사람을 잡아갈 수 있다.

---

* 위의 이야기는 '범'과 관련한 이야기로, '장산범'과 마찬가지로 '범'과 '호랑이'를 구분하고 있다. 특히 이때의 '범'은 물귀신인 터럭손귀신과 비슷한 이야기의 구조와 특징을 가진다.

91 해연갤, "ㅃ하게 장산범에 대한거 생각하면 되게 흥미롭고 기분 이상함", 참조〈-hygall.com/66093876〉, 게시일자 2017년 10월 5일.
아이디 @hokagohorror, 참조〈https://twitter.com/HOKAGOHORROR/status/1415999257069322247 ?s=09〉, 게시일자 20201년 7월 17일, 검색일자 2021년 7월 17일. 재인용.

6절. 기타

30 민화 부분
사진제공: 국립민속박물관

〈호랑이 형님 1〉[92]

경상북도 안동군 일직면 설화이다. 옛날 어느 산중에 홀어머니를 모신 아들이 살고 있었다. 땅 한 마지기 없이 가난한 살림으로 산중에서

92 한국학중앙연구원 한국구비문학대계 디지털 자료, "호랑이를 효자로 만든 사람", 구술자 김영술, 1981, 경상북도 안동군 일직면 조탑동.

나무를 팔아 어머니를 봉양했다. 장에 가서 나무를 팔아 곡식이나 반찬을 조금 살 수 있는 정도였다. 이 사람이 나이가 이미 많았으나 장가를 갈 상대가 없었다. 나이도 많았고, 재산도 없었으며, 외로운 첩첩산중에서 노모를 모시고 살고 있었으니, 장가갈 여력이 되지 않았다. 이미 그 나이가 차고 넘쳐 삼십이 되었다. 그러나 효성만은 지극하였다.

하루는 산에 나무를 하러 갔는데 산골짜기에 큰 호랑이가 길을 턱 막고 입을 벌리고 있었다. 가만히 생각해도 해볼 묘책이 따로 생각나지 않았다. 냅다 엎드려 절을 하면서 호랑이에게 생각나는 대로 떠벌리기 시작했다.

"아이고 형님요, 집 나가셔서 십 년이 지나도 돌아오지 않으셔서 이제 형님 얼굴도 몰라보겠습니다. 지금 인자 집에 가셔서 같이 삽시다. 형님 이것이 다 무슨 일입니까? 산에서 고생을 하셔서 온몸에 털이 다 나시고, 이런 고생이 어디 있습니까?"

호랑이가 이걸 잡아먹으려다 보니, 마음에 감동하는 바가 있어 잡아먹을 수가 없었다. 결국 눈물을 철철 흘리며 말했다.

"그렇단 말이냐. 이것 참. 나이 많은 어머님 모시고 네가 얼마나 고생이 많았느냐. 내가 낮에는 몸이 이 꼴이니 갈 수 없고, 밤에는 종종 찾아가마."

그리고는 산으로 돌아갔다. 이 사람은 나무를 한 짐 해서 집에 돌아왔는데, 과연 그날 저녁에 호랑이가 찾아왔다. 호랑이가 문밖에서 넙죽 인사를 하면서 눈물을 철철 흘리며 무언가를 물어다 놓는데, 보니까 한 마리 토끼였다. 어머니를 드리기 위해 사냥해 온 것이었다. 그다음에는 노루를 잡아다 놓았다.

이렇게 몇 해가 지났다. 호랑이도 사람도 나이를 많이 먹었다. 그 어머니가 연세가 워낙 많아, 도저히 연명할 수 없어 돌아가시고 말았다. 아들이 호랑이를 만나기 위해 골짜기를 찾아갔다. 결국 호랑이를 만나 인사를 나눴다.

"형님, 어머니께서 돌아가셨습니다. 이 일을 어떻게 하면 좋겠습니까?"

"그러냐. 네가 어머니를 뫼시고 이 산으로 들어오면 좋은 곳에 터를 잡아주겠다. 내가 준비를 다 해놓을 테니, 너는 어머니만 모시고 오거라."

아들이 집으로 돌아와 어머니를 염(殮)하고, 홀로 지게에 짊어졌다. 호미와 낫으로 숲을 헤치며 깊은 산중으로 들어가니 과연 호랑이가 양지바르고 따뜻한 곳에 터를 잡아놓았다. 그리고 이미 새끼 호랑이를 불러다 발톱으로 구멍까지 파놓았다.

거기에 어머니 시신을 모시고 묘를 써서 돌아왔다. 호랑이는 어머니 곁을 떠나지 않고 시묘살이를 했다. 그렇게 날마다 묘 앞에서 3년 동안 지키고 살았다. 결국 호랑이는 노상 그곳만 지키다 먹지를 못하더니 기력이 쇠하여 죽어버렸다. 아들이 나무를 하러 가서 보니 호랑이가 자기 어머니 산소 옆에 죽어있었다. 아들은 그의 효성에 감복하여 자기 어머니 산소 옆에다 호랑이의 묘를 써줬다.

---

* 호랑이 형님에서 처음에 호랑이가 인간에게 속는 모습은 희화화에 가까우나, 결국 인간보다 더 지극 정성스러운 효를 실천했다는 점에서 〈신성형〉으로 평가받을 수 있는 여지가 있다.

〈호랑이형님 2〉[93]

이 이야기는 강화군 길상면 설화이다. 어떤 사람의 집이 어찌나 가난하던지 호랑이에게 잡아먹히겠다고 산을 넘어가다 결국 호랑이와 마주치게 되었다. 죽으러 가긴 했으나 막상 호랑이와 마주치니 마음이 급해졌다.

"아유, 형님, 어떻게 이렇게 넘어오십니까?"

"아우님이신가?"

호랑이 역시 당황하였으나, 눈앞의 사람을 자신의 아우라고 생각하고 말았다. 결국, 잡아먹히러 간 남자와 호랑이는 형제가 되었다.

어느 날은 어딘가로 가는 호랑이를 보고 그의 아우가 물었다.

"형님, 어디 가십니까?"

"어디에 좀 가는 길이네, 아우님은 어디 가시나?"

"저는 저 너머 좀 갑니다."

"자네 그 넓은 길로 가지 말고 좁은 길로 가게."

왜 이 형님이 넓은 길로 가지 말고 좁은 길로 가라는지 알 수 없으나 우선은 좁은 길로 갔다. 좁은 길 끝에는 큰 기와집이 있었다. 그런데 기와집에 아무도 없이 웬 색시 한 명만 있었다.

"아니 이렇게 큰 부잣집에 어떻게 처녀 한 명만 혼자 있나?"

"저녁마다 우리집에 호랑이가 와서 우리 식구들을 모조리 잡아먹고, 오늘 저녁에 나마저 잡아먹으러 오는 날이라 그렇습니다."

"그럼 안팎으로 불을 켜 놓고 있어라."

---

93 한국학중앙연구원 한국구비문학대계 디지털 자료, "호랑이 형님", 구술자 김순이, 1981, 경기도 강화군 길상면.

그래서 처녀가 불을 켜놓고 있는데 갑자기 '쿵' 하고 담 넘어가는 소리가 났다. 호랑이가 색시를 잡아먹으려고 담을 넘어오는데, 이 사람이 냅다 문으로 달려가 소리쳤다.

"형님이 어쩌자고 남의 처가를 이렇게 했소. 그 식구를 다 잡아먹고 어떻게 하려고 이렇게 했소."

"그런가? 나는 몰랐네."

"우리 장인과 장모 산소나 좀 알려 주시오."

"아우, 대신 나 흰 죽 한 동이만 쒀주라."

아우가 흰 죽을 쒀서 한 동이를 주니 호랑이 형님이 그걸 먹고 떠났다. 그리고는 호랑이가 일러준 명당에 처녀의 부모를 묻었다.

다음날 호랑이가 이 산소에 와서 온종일 저녁까지 산소에 엎어져 있다 돌아갔다. 호랑이는 삼 년을 그렇게 엎어져 있다 결국 죽었다고 한다. 호랑이 아우는 색시와 살림을 차려 잘 살았다.

---

* 호랑이가 흰 죽 한 그릇을 요청하는 것은 호식 대신이기 때문이다. 원래대로라면 호식될 팔자를 가진 사람이 호식되어야만 하지만, 아우의 청으로 호식을 하지 못했으므로 흰 죽을 대신한 것이다. 이러한 내용은 본문의 금제에서 확인할 수 있다.

〈사위가 된 호랑이〉[94]

경상남도 밀양군 무안면 설화이다. 어느 집에서 아이를 뱄는데, 태몽에 호랑이가 보였다. 그 후 아이를 잉태한 지 10개월을 채운[95] 후에 딸을 낳았다. 어느 날 딸이 밤에 머리를 감다 호랑이에게 물려가 버렸다. 호랑이는 여자를 산으로 데리고 올라가 버렸는데 도착해 보니 기와집이었다. 호랑이가 가죽을 벗으니 훌륭한 사람이 되었다. 이 둘은 부부가 되어 함께 살게 되었다. 그리고 삼 년이 지나자 세 명의 아이를 낳았다. 어느 날 처녀가 어머니를 보고 싶어 했다.

"우리는 이만하니 천상배필입니다. 이제 어머니에게 가보고 싶습니다. 당신도 저와 함께 제 친정에 가십시다."

이 집에서는 자식이 호식되어 죽은 줄만 알고 있었다. 그런데 그 딸의 목소리가 사립문 밖에서 들렸다.

"어머니! 아버지!"

"우리 딸은 호식을 당해 죽은 지 육 년이 되었습니다. 누가 나보고 어머니라 하고, 아버지라 합니까?"

그런데 들어오는 것이 과연 자기의 딸이 맞았다. 그 뒤에는 호랑이 금가죽을 입고 들어오는 사위도 있었다.

"저희 아버지와 어머니가 놀라십니다."

딸이 놀랄 부모가 걱정돼 말하니, 사위가 호랑이 금가죽을 벗어 마루 끝에 놓았다. 그랬더니 아주 절세가인의 남자가 되었다. 아이들도 호

---

94 한국학중앙연구원 한국구비문학대계 디지털 자료, "사위 호랑이", 구술자 정남이, 1981, 경상남도 밀양군 무안면.

95 아이를 잉태하여 십개월을 채우는 것을 "배실"이라고 한다.

랑이 가죽을 벗기니 어여쁜 사람이 되었다. 그리고는 장인과 장모에게 절을 하고, 아이들 또한 절을 시켰다.

"아이고 호식당한 줄 알았던 내 딸이 이제 저렇게 되었구나. 이만큼 부귀영화를 누리며 잘 사는구나."

딸의 부모가 크게 기뻐했다.

---

*「김현감호」의 남성형으로 보인다. 여기서는 호랑이가 남성의 역할이다. 그러나 「김현감호」의 내용과 다르게 이 이야기에서는 호랑이와 사람의 결혼이 실패로 끝나지 않는다.

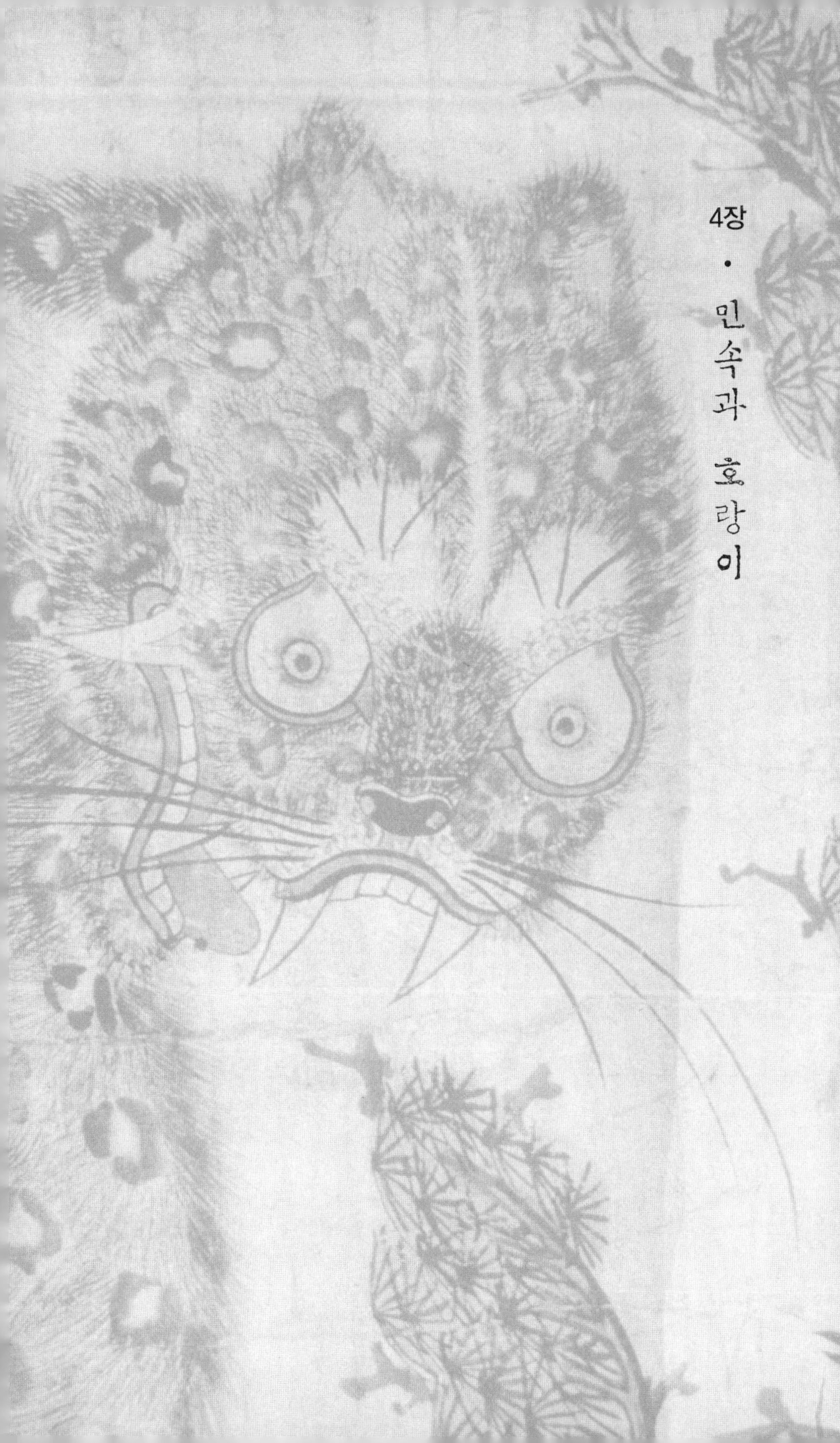

4장 · 민속과 호랑이

31 호도(虎圖)

사진제공: 국립민속박물관

4장

민속과 호랑이[1]

호랑이는 오랫동안 민간에서 중심적인 캐릭터로 자리를 잡았다. 이러한 인기를 반영한 듯 민속에서는 설화, 무속, 민화, 사람들이 품에 지니던 장신구까지 호랑이를 모티프로 한 예술작품들이 대거 생산되었다. 4장에서는 2, 3장에서 살펴본 호랑이의 유형이 민속의 여러 장르에서 어떻게 표현되었는지를 자세히 살펴볼 예정이다.

민화에서는 호랑이의 모습이 자주 등장한다. 민화 속 호랑이는 특히 까치호랑이와 산신도에서 자주 보인다. 산신도의 대부분은 호랑이를 옆에 끼고 앉은 산신의 모습을 형상화하고 있다. 이때 호랑이는 〈호랑이설화〉의 유형 중 [신성형]에 가깝다. 까치호랑이는 [해학형]에 근접한 외형의 호랑이들이 자주 출현한다. 산신과 호랑이가 특히 신성성을 강조하는 조합이라면, 까치와 호랑이의 조합에서 호랑이는 우스꽝스러운 얼굴과 만화적인 요소가 가미되어 있어 대부분 해학성을 강조하는 편이다.

1 4장 본문에서 디지털 자료를 인용할 경우, 위의 주소와 검색일자는 중복되므로 이하 생략하되, '한국학중앙연구원 한국구비문학대계 디지털 자료, "제목", 구술자 ooo, 채록년도, 채록지'의 순으로 표기한다.

32

33

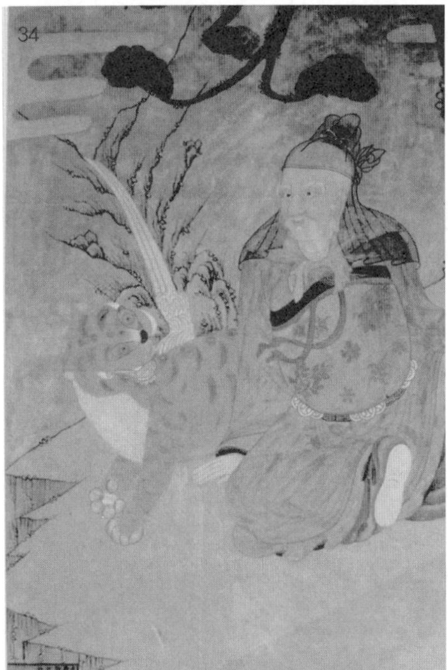
34

35

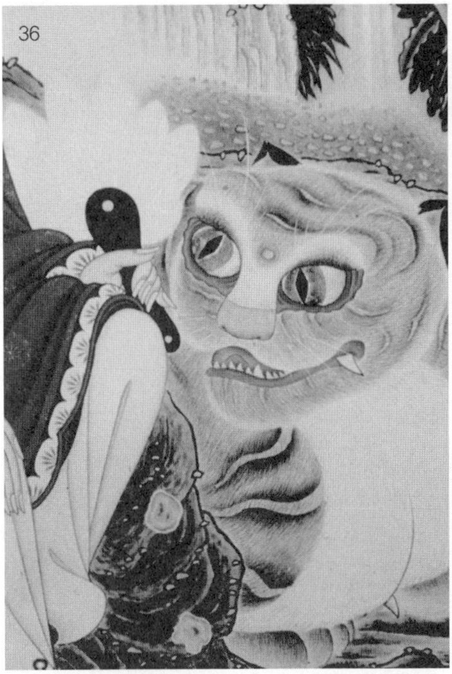

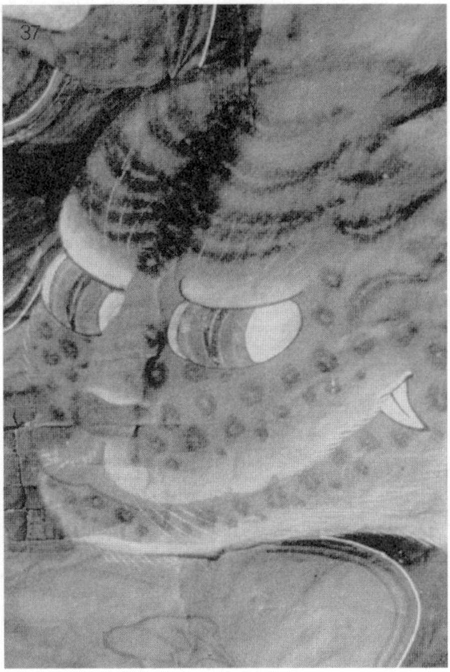

32 산신도

사진제공: 국립중앙박물관

33 산신도

사진제공: 국립민속박물관

34-35 산신도(山神圖)

사진제공: 국립민속박물관

36-38 산신도(山神圖) 부분

사진제공: 국립민속박물관

39

40

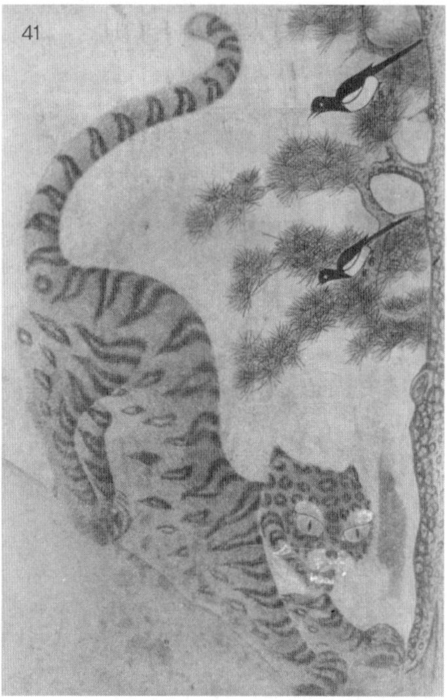
41

42

39 까치호랑이그림
사진제공: 국립민속박물관

40-42 까치호랑이(鵲虎圖)
사진제공: 국립민속박물관

감로도는 업과 인연의 굴레에서 고통받는 중생을 구제한다는 내용의 불화이다. 감로도에서도 호랑이가 자주 등장한다. 이때의 호랑이는 인간의 업이자 지옥의 고통을 형용하는 존재이자 해악을 끼치는 공포의 존재이다.[2] 탱화에 등장하는 호랑이는 인간을 호식하기 위해 쫓고 있는 모습이 그려진 경우가 많다. 그런 의미에서 탱화 속 호랑이는 〈호랑이설화〉의 [호식형]에 가깝다.

민화가 [신성형]과 [해학형]의 내용이 주류를 이루었다면, 무굿의 경우 [호식형] 및 [홀림형]과 관계가 깊다고 할 수 있다. 무가에서 '범굿'은

---

2 고성 운흥사 감로도 (固城 雲興寺 甘露圖)의 설명에 따르면, 다음과 같다.
"이 그림은 크게 세 부분으로 표현되었다. 그림의 맨 윗부분에는 불·보살의 모습이 표현되었고, 중간에는 부처님께 올리는 여러 가지 음식을 차려 놓은 성반(盛飯)이 마련되어 있으며, 그 아래에는 먹지 못해 고통받는 아귀왕과 함께 지옥 장면, 싸우는 모습, 형틀에 묶여있는 모습, 광대패 놀이, 호랑이에게 쫓기는 모습 등등 인간이 그 업보에 따라 겪게 되는 갖가지 장면들이 묘사되어 있다."
문화재청, 출처〈https://www.heritage.go.kr/heri/cul/culSelectDetail.do?pageNo=1_1_1_1&ccbaCpno=2113803560000〉 검색일자 2022년 10월 31일.
하동쌍계사감로탱 (河東 雙磎寺 甘露幀)도 마찬가지이다. 하단은 시식대와 아귀를 빙둘러 육도제상들이 묘사되어 있는데, 향좌측에는 유희를 즐기는 사당패와 재주를 넘는 아이들, 사미승을 질책하는 승려, 인간의 각종 죽음, 객사나 횡사자의 생전의 모습 등 다양한 모습들이 전개되어 있다. 제단 좌측의 제단에 가깝게 배치된 장면에는 장수가 스스로 목을 자르는 모습과 好佛先王과 후비와 관료, 이에 관련한 인물들이 묘사되어 있고, 화면의 외곽과 아래에는 들불이 일어나 사람이 불길에 휩싸여 있는 모습이나 말발굽에 깔려 죽는 사람, 호랑이에 물려 죽는 사람, 우물에 빠져 이를 보고 슬퍼하는 유가족 등 예기치 않은 죽음을 묘사하고 있다.
문화재청, 참조〈https://www.heritage.go.kr/heri/cul/culSelectDetail.do?pageNo=1_1_1_1&ccbaCpno=2113804800000〉, 검색일자 2022년 10월 31일.

43 동해안별신굿(포항 구룡포)-강사리 범굿
사진제공: 국립민속박물관

호식과 관련한 굿이다. 호랑이굿, 범굿, 호탈굿이라 불렸으며 동해안 지역의 별신굿, 호살량굿[3] 등도 여기에 해당한다. 호탈굿은 호식을 방액·방비하기 위해서 민간에서 전해지던 주술적 무극이다. 특히 이 극은 '창귀'와 관련한 내용을 다루고 있다.

사진 44, 45는 범 굿의 과정을 촬영한 사진이다. 동해안별신굿의 사진에서는 호랑이의 역할을 맡은 공연자가 호랑이의 탈과 복장을 하고 있다. 민간에서는 이러한 제례 속 과정을 통해 호환에 대한 공포성을 극복하려는 의지를 보였다. 특히 이 극에서는 호랑이의 껍질을 벗기

---

3 황해도굿의 굿거리 중 하나로 호환을 겪은 호영산을 달래기 위해서 하는 굿놀이 형태로 연행되는 굿거리.
국립민속박물관 한국민속대백과사전, 참조〈https://folkency.nfm.go.kr/kr/topic/detail/3045〉, 검색일자 2022년 10월 20일.

는 듯 호랑이를 잡으려는 모의적인 행위로서 호환을 방비하고자 하였다.

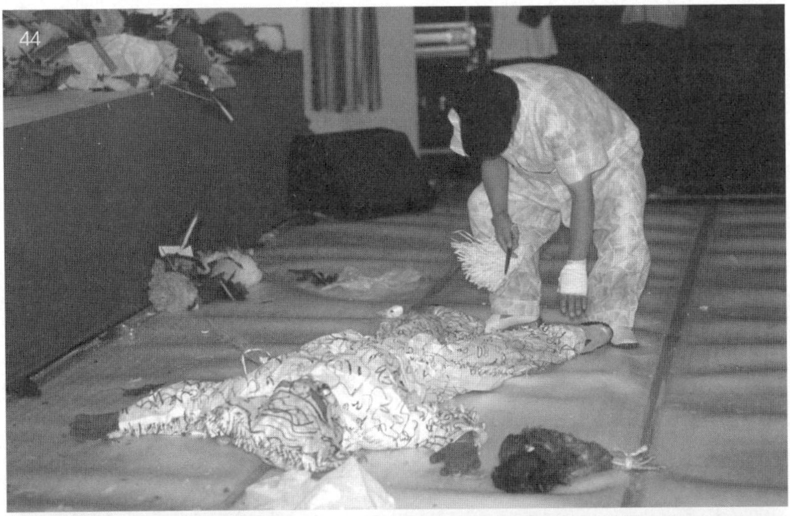

44-45 범굿-호랑이의 가죽을 벗김

사진제공: 국립민속박물관

민간에서는 호랑이놀이가 있었다. 『조선의 향토오락』[4]에 따르면, 서울 지방에 호랑이놀이가 있어, 여름에 어린이를 대상으로 행해졌다고 한다. 이 놀이에서는 호랑이와 나무꾼이 대립군으로 설정되어 두 패로 나뉘어 놀이가 진행되었다고 전한다. 이외에도 청양 범놀이 등이 전해진다.[5]

이 장에서는 호랑이와 관련한 속신들과 금제, 속담 등을 살피고 그 유래담을 통해 기원을 밝히고자 했다. 또한 호랑이와 관련한 각 지역의 지명과 유래담을 찾아 그 내용을 수록하였다. 지명에서는 이미 조사가 착수되었던 국토지리정보원의 내용을 참조하되, 기존에 조사된 내용과 상반된 내용이나 유사한 내용이 있으면 추가 보완하였다.

---

4 호랑이놀이: 호랑이와 나무꾼으로 편을 나누어 다소 멀리 떨어져서 마주선다. 나무꾼 편이 "나무를 할까"라고 말하면서 모두가 호랑이 편 쪽으로 가서 나무를 하는 흉내를 내면 호랑이는 재빨리 나무꾼을 잡아서 호랑이집으로 데리고 가서 가둔다. 갇힌 나무꾼은 몇몇 호랑이가 감시한다. 그러나 잡히지 않은 나무꾼이 갇혀 있는 나무꾼을 손으로 쳐주면 갇혀 있던 나무꾼은 다시 살아서 그 집에서 나올 수가 있다. 이런 식으로 나무꾼을 모두다 붙잡아 가두면 호랑이 편이 이기게 된다.
촌산지순(무라야마 지준) 저/박전렬 역, 『조선의 향토오락』, 집문당, 1992, 60쪽.

5 청양 범놀이는 도림리 마제마을에서 전해온 놀이로, '마제범놀이'라고도 전한다. 『재고장 청양』의 조사 자료에 따르면, 산신령의 사자인 호랑이를 마을에 보내어 집집마다 방문케 해서 마을에 재난이 없어지고 풍년이 들도록 하는 놀이로 기록되어 있다고 한다.
한국민속대백과사전, https://folkency.nfm.go.kr/topic/detail/10292?pageType=search&keyword=%ED%98%B8%EB%9E%91%EC%9D%B4%EB%86%80%EC%9D%B4, 검색일자 2024년 1월 10일.

1절. 금제 및 속신[6]

호랑이와 관련한 금제(금기) 또는 속신은 다음과 같다.

① 호식 당해 죽은 사람의 제사 때는 흰죽을 쒀서 문밖에 놓으면 호랑이가 와서 먹고 간다.

② 호식 당한 시체는 가지고 오지 말고 호식 당한 곳에서 장례를 치러야 한다.

③ 호식 당한 집/익사한 집/목매달아 죽은 집과는 혼인하지 않는다(호식은 대를 잇는다).

④ 부녀자가 생리혈을 잘 간수해야 아이가 호식당하지 않는다.

⑤ 잠자는 자리를 조심해야 한다.

⑤-㉠ 부부간에 자도 애기는 가에 눕히고, 부부간은 함께 자야 한다.

⑤-㉡ 아이는 문 앞에다 재우지 않는다.

⑤-㉢ 호랑이는 앞에 가는 사람도 뒤에 가는 사람도 아니고 가운데 자는 사람을 빼간다.

⑥ 호식한 집터에는 새로 집을 짓지 않는다./호식하는 자리가 있다.

---

6 8.(속신)은 호랑이와 관련한 미신으로, 다음 논문의【부록 1】이야기 기능 분석에서 다시 확인할 수 있다.
오정미, 앞의 논문. 2020, 389-391쪽.

⑦ 밤에 호랑이가 들어오지 못하게 대창을 문 앞에 꽂아 둔다.

⑧ 저녁에는 호식을 당하므로 화장실에 가지 말아야 한다.

⑨ 호랑이는 수수밭에서 떨어져 항문이 찢어져 죽어 항문(똥꼬)이 벌겋다.

⑩ 호랑이는 저녁 늦게 화장실을 가거나 볼일을 보다 만난다.

⑪ 호랑이는 사람을 던졌다가 땅에 떨어지면 더럽다고 가져가지 않는다./호랑이는 외로 쓰러지면 먹지 않는다.

⑫ 범이 먹다 남은 개는 약이 된다.

⑬ 범이 개를 먹으면 취하고 사람을 먹으면 조화를 부린다.

⑭ 창귀는 다른 사람을 범에게 잡아먹히게 해야 역할의 임무가 교대된다.

⑮ 호랑이는 아무나 먹지 않는다.

⑮-㉠ 호랑이는 사람이 개로 보여야 먹는다.

⑮-㉡ 호랑이는 산신령이 허락해야 먹는다.

⑯ 호식될 팔자를 피하기 위해서는 이름에 범호(虎)자를 넣어야 한다.

⑰ 호랑이가 침입하지 못하게 줄을 쳐놓아야 한다.

⑱ 호랑이도 불쌍한 사람은 잡아먹지 않는다.

⑲ 호식할 사람은 따로 있다.

⑳ 백호살 방액은 흰 닭을 잡는 것이다.

㉑ 당산나무 들독 위에 절대 앉지 말아야 한다.

㉒ 밤에 어두울 때 호식해 간다.

㉓ 호식될 팔자는 개로 대체된다.

㉔ 호랑이는 싫어하는 금제(사물이나 행위)가 있다: 주인공이 호랑이와 대결하기 위해 호랑이가 '거부'하는 것을 제시한다. 이때 세부 기능은

크게 사물과 행위 차원으로 나뉜다.

㉔-㉠. 주인공이 호랑이가 '거부'하는 것을 '사물'로써 제시한다(사물 거부).

㉔-㉠-Ⓐ 대/대창/대나무/뱁대/빗대/옥수수대/간대

㉔-㉠-Ⓑ 대변

㉔-㉠-Ⓒ 도리깨/방망이/작대기

㉔-㉠-Ⓓ 돌(돌/뜨거운 돌/뜨거운 호박)

㉔-㉠-Ⓔ 붉은 것(생리혈/수수떡/수시떡)

㉔-㉠-Ⓕ 밤나무/밤송이/밤나무골/정자나무

㉔-㉠-Ⓖ 불

㉔-㉠-Ⓗ 담배/담뱃불/담배연기

㉔-㉠-Ⓘ 고슴도치

㉔-㉠-Ⓙ 바가지 소리(박으로 만든 바가지 소리/바가지를 박박 긁음)

㉔-㉠-Ⓚ 쇳소리(꽹과리/징/북)

㉔-㉠-Ⓛ 뜨거운 것(뜨거운 돌/뜨거운 호박)

㉔-㉠-Ⓜ 나팔/통나발[7]

㉔-㉠-Ⓝ 삼베로 새끼를 꼬아 문 양쪽에 세움

㉔-㉡. 호랑이가 거부하는 것을 행위로서 제시한다(행위 거부).

㉔-㉡-Ⓐ 주인공이 옷을 벗는다.

㉔-㉡-Ⓑ 주인공이 생리혈을 보인다.

㉔-㉡-Ⓒ 주인공이 성기/음문을 노출한다.

7 '나팔', '통나발' 모두 사전에 없는 용어이나, 『한국구비문학대계』에 기록된 화자의 구연상의 표현이므로, 본고에서 그대로 표기한다.

㉔-㉡-Ⓓ 주인공이 거꾸로 서거나 걷는다.

㉔-㉡-Ⓔ 주인공이 경문을 읽거나 진언을 한다.

㉔-㉡-Ⓕ 주인공이 쌀을 계속 씻는다.

㉕ 호랑이가 사람을 먹으면 취한다.

㉖ 사람이 밤에 목욕하러 가면 호식을 당한다.

㉗ 범은 굿을 좋아한다.

㉘ 사람이 개를 잡아먹으면 호식을 당한다.

㉙ 호랑이가 호식한 자리가 명당이다.

㉚ 문창호를 바르면 호랑이가 들어오지 못한다.

㉛ 호랑이 발가락에 사람의 혼이 들어가 있다.

㉜ 호랑이가 사람 한 명을 잡아먹으면 한쪽 귀가 찢어지고, 둘을 잡아먹으면 양쪽 귀가 찢어지며, 셋을 잡아먹으면 사람의 말을 하고, 넷을 잡아먹으면 육발이 된다. 이백 명을 잡아먹으면 호랑이 귀가 국화꽃처럼 200가닥으로 갈래갈래 찢어진다.

㉔-㉠-Ⓐ는 대나무와 관련한 것이다. 예로 대/대창/대나무/뱁대/빗대/옥수수대/간대/간짓대 등이 있다. '뱁대'는 베틀로 베를 짤 때 쓰는 연장의 하나로 나뭇가지로 만들며 도투마리에 날실을 감을 때 날실끼리 엉기는 것을 막기 위하여 날실 사이사이에 끼우는 것을 의미한다.[8] 간짓대는 대나무로 된 긴 장대를 말한다. 대나무와 관련한 금제의 기원은 산신령과 호랑이의 이야기에서 찾을 수 있다. 산신령이 대나무에게 패한 호랑이를 대밭에서 때리거나 굶겨 죽인 이후에 호랑이가 대나무

8 국립국어원 표준국어대사전 <https://stdict.korean.go.kr>, 참조.

를 두려워하기 시작했다고 전한다.

㉔-㉠-Ⓒ는 도리깨와 방망이로, 호랑이 뱃속에서도 등장한다. 호랑이는 방망이의 등장만으로 '거부'의 태도를 보이기도 한다.

㉔-㉠-Ⓓ는 돌과 행위가 결합한 경우이다. 산을 넘을 때 돌멩이를 하나씩 주워 고개 꼭대기에 두고 넘어가게 하였는데, 만약 호랑이가 덤벼들면 쌓아두었던 돌을 던질 수 있게 하기 위함이었다고 전한다.

㉔-㉠-Ⓔ는 수수와 관련한다. 연관단어로는 수수/수숫대/수수깡/수수밭 등이 있다. 수수는 붉은 것이라는 색상 외에도 호랑이가 동아줄을 잡고 하늘로 올라가다가 수수밭에서 떨어져 죽었던 이야기와도 연결된다.

금제로 등장하는 사물은 단일하게 작용할 수도 있으며, '단일+단일'이 결합하여 복합적으로 기능하는 경우도 있다. 돌과 뜨거움이 결합하여 '뜨거운 돌'로 등장하거나, ㉔-㉠-Ⓕ에서와 같이 밤(송이)과 나무가 결합하여 '밤나무' 등이 되기도 한다. 대나무의 경우도 비슷하다.

㉔-㉠-Ⓖ은 불과 관련한다. 주인공은 천장에 꽂아둔 송진을 꺼내 촛불을 붙여 호랑이를 쫓는다. 관련단어로는 관솔불과 횃불이 있다.

㉔-㉠-Ⓙ과 ㉔-㉠-Ⓚ, ㉔-㉠-Ⓜ은 소리와 관련한다. 이 경우, 바가지 소리나 쇳소리, 나팔과 통나발로

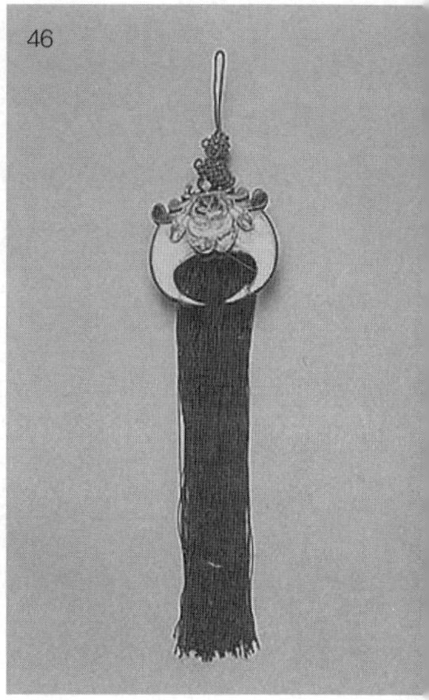

46 칠보 호랑이발톱 단작 노리개
사진제공: 국립중앙박물관

47 호랑이 부적 그림
사진제공: 국립중앙박물관

호랑이를 쫓는다. 이야기에서는 단순한 파열음만으로 호랑이의 금제가 된다고 설명될 뿐, 자세한 기원의 이야기는 따로 전하지 않는다.

㉔-㉠-Ⓝ은 삼베와 관련한 이야기이다. 삼베나 삼베옷 등이 등장하며 삼베로 새끼를 꼬거나 문에 짚으로 새끼를 꼬아다 양쪽에다 세우면 호랑이의 공격을 방비한다고 한다.

〈호랑이설화〉에서 호랑이가 거부하는 사물은 기원에 대한 특별한 일화보다 생략되는 경우가 더 많아 사물 자체에 특별한 의미를 찾기 어렵다. 금제 자체가 주물로서 작용하기보다 주인공이 평범한 사물을 통해 예기치 못한 상황이 발생하면서 호랑이를 퇴치하게 되는 경우가 많다.

㉔-㉡은 호랑이가 두려워하는 주인공의 행위로 구성된다. 주인공은 옷을 벗거나 '거꾸로'의 의미가 드러나는 행위를 통해 호랑이와 대결한다. 특히 ㉔-㉡-ⓒ에서 주인공은 성기나 음문 등을 노출한다. 남성의 성기가 노출된 경우, 호랑이가 조총으로 오해하면서 두려워한다.

㉔의 기능은 L(우연)의 결합을 통해 전개되는 경우가 많다. 행위와 사물 기능 역시 중복적으로 결합한다. 예를 들면 '붉은 것'이 치마를 거꾸로 쓰는 행위와 결합하면서 기능의 의미가 강조될 수 있다.

호랑이와 관련한 금제 역시 호식에 대한 공포성과 두려움에서 발발한 것이다. 이러한 두려움은 생활에서 사용하는 물건과 행동만을 규제하는 것이 아닌, 장식품과 노리개 같은 사치품에서부터 부적과 같은 민간신앙의 영역까지 확대되었다.

〈사진 46〉은 호랑이 발톱 두 개로 만든 노리개이다. 호랑이는 두려움과 공포의 대상이면서 동시에 신성한 존재이다. 특히 사람들에게 호랑이는 재앙과 액운을 막고 자손을 번성하게 하고 부귀공명에 오르게 도와주는 신성한 존재였다. 조선시대 사람들은 호랑이 그림이 그려진 가마덮개, 호랑이의 신체인 뼈나 이빨, 발톱과 수염 등을 몸에 지녀 액운을 막고자 하였다. 이 노리개에 달린 호랑이 발톱 역시 장식의 기능 외에도 잡귀를 쫓고 재앙을 물리치기 위한 부적의 기능을 지닌다.[9] 부적은 액운에 대해서 보다 직접적인 주술효과를 지닌다. 이러한 부적은 현재 판화로도 활용될 수 있는 예술적 가치를 지닌다.[10]

9 "칠보 호랑이발톱 단작 노리개"의 내용은 국립민속박물관의 소장품 정보를 참조하였다.

10 부적은 이 책의 가장 마지막 장에 수록하였다.

2절. 속담과 유래

1. 속담

호랑이와 관련한 속담은 총 129개이다.[11] 속담에서는 '범'과 '호랑이'의 용어가 혼용되어 있다. 본고에서는 이야기에서 드러나는 '기능'을 통해 '범'과 '호랑이'를 구분하고 있지만, 속담에서는 기능의 구분이 어려우므로 함께 정리하였다. 그 외에도 내용과 표현이 유사한 것들이 많아 중복된 것들은 통합하였다. 호랑이와 관련한 속담은 다음과 같다.[12]

【표 21】 호랑이 관련 속담 목록

구분	내용
1	개미 나는 곳에 범 난다
2	계집 둘 가진 놈의 창자는 호랑이도 안 먹는다
3	귀신을 피하려다가 호랑이를 만났다
4	그림의 호랑이다
5	길을 무서워하면 범을 만난다
6	깊은 산에서 목마르다고 하면 호랑이를 본다

11 <【표 21】 호랑이 관련 속담 목록>은 정형화된 표현을 추려 자음 순서대로 정리한 것이다.

12 속담의 뜻은 대중에게 익숙하지 않은 경우에만 각주로 정리하되, 한국콘텐츠진흥원, <www.culturecontent.com>의 내용을 참조하였다. 검색일자는 2022년 10월 20일로 동일하므로 이하 생략한다.

7	까마귀가 운다고 범이 죽을까/까마귀 짖어 범 죽으랴
8	껍질 상치 않게 호랑이를 잡을까
9	나가던 범이 돌아선다[13]
10	날개 돋친 범
11	노루 피하니 범이 온다
12	덫에 치인 범이요 그물에 걸린 고기
13	돈이라면 산 호랑이 눈썹이라도 빼온다/산 호랑이 눈썹 찾는다
14	되로 오는 호랑이는 속여도 앞으로 오는 팔자는 못 속인다
15	떨어져도 범의 아가리에 떨어진다
16	똥개도 백 마리면 범을 잡는다
17	막다른 골목에 든 강아지, 호랑이를 문다
18	몰려드는 범을 안 잡고 어이리
19	무는 호랑이는 뿔이 없다/송곳니를 가진 호랑이는 뿔이 없다
20	물 건너 범 보듯 한다/물 건너온 범
21	물고 놓은 범
22	미친개 범 물어간 것 같다/미친개가 호랑이를 잡는다
23	바닷가 개는 호랑이 무서운 줄 모른다
24	밭에서 호랑이가 새끼 치게 되었다/밭에 풀이 무성하면 범이 새끼 친다
25	배고픈 호랑이가 원님 알아보나
26	범 가는 데 바람 간다
27	범 같은 장수/범 탄 장수 같다
28	범꼬리 잡는 격/호랑이 꼬리를 잡은 듯 봄 얼음을 디딘 듯 하다
29	범 나비 잡아먹은 듯/범 나비 잡아먹듯
30	범 날고기 먹는 줄 모르느냐/호랑이 날고기 먹는 줄은 다 안다
31	범 아가리에 날고기 넣은 셈
32	범 없는 골에 토끼가 스승이라[14]
33	범 잡아먹는 담비가 있다
34	범 잡은 포수

13 나가던 위험이 다시 돌아온다.

14 범 없는 골에 삵이 범 노릇한다./범 없는 산에서 오소리가 왕질한다.

35	범과 용의 싸움
36	범과 이리의 마음[15]
37	범도 개에게 물릴 때가 있다
38	범도 고슴도치는 못 잡아먹는다
39	범도 과부 외아들이라면 물어가다가도 놓아준다
40	범도 굶주리면 고자 대감을 잡아먹는다
41	범도 대호(大虎)라면 좋아한다
42	범도 뛰어야 토끼를 잡는다
43	범도 보기 전에 똥 싼다/범도 보기 전에 똥을 싼다
44	범도 새끼 둔 골을 두남둔다/자식 둔 골은 호랑이도 돌아본다
45	범도 시장하면 가재(왕개미 나비)를 먹는다/주린 범의 가재다
46	범도 위엄을 잃으면 쥐가 된다
47	범도 있고 개도 있다
48	범도 잡고 나면 불쌍하다/호랑이도 쏘아 놓고 보면 불쌍하다
49	범도 제 굴에 들어온 토끼는 안 잡아먹는다
50	범도 죽을 때 제 굴에 가서 죽는다
51	범에게 개를 빌려준 셈
52	범에게 아이 보아 달란다
53	범에게 열두 번 물려가도 정신만 차리면 산다
54	범은 그려도 뼈다귀는 못 그린다
55	범을 그리어 뼈를 그리기 어렵고 사람을 사귀어 그 마음을 알기 어렵다
56	범을 길러 화를 받는다
57	범을 보니 무섭고 범 가죽을 보니 탐난다
58	범의 입보다 사람의 입이 무섭다
59	범이 담배를 피우고 곰이 막걸리를 거르던 때
60	범이 범 새끼를 낳고 용이 용 새끼를 낳는다
61	범이 불알을 동지에 얼리고 입춘에 녹인다
62	범이 사람 셋을 잡아먹으면 귀가 째진다
63	범의 아가리를 벗어나다

15 매우 포악한 사람이다.

64	산 호랑이 눈썹도 그리울 게 없다
65	산보다 호랑이가 더 크다
66	산이 깊어야 범이 있다[16]
67	삵이 호랑이를 낳는다
68	새벽 호랑이/새벽 호랑이 중이나 개를 헤아리지 않는다
69	선불 맞은 호랑이[17]/약박골 호랑이 선불 맞은 소리
70	세 사람만 우겨대면 없는 호랑이도 만들어 낼 수 있다
71	소문난 호랑이 잔등이 부러진다[18]
72	술 담배 참아 소 샀더니 호랑이가 물어갔다
73	승냥이를 쫓는다고 호랑이에게 문을 열어 준다
74	쌍태 낳은 호랑이 하루살이 하나 먹은 셈[19]
75	썩은 새끼로 범 잡기
76	앞 남산 호랑이가 뭘 먹고 사나
77	앞문으로 호랑이를 막고 뒷문으로 승냥이를 불러들인다
78	여우를 피해서 호랑이 만난다
79	오뉴월 손님은 호랑이보다 무섭다
80	오죽하여 호랑이가 개미를 핥아 먹겠는가
81	용의 수염을 만지고 범의 꼬리를 밟는다[20]
82	우둔한 것이 범 잡는다
83	이리 떼를 막자고 범을 불러들인다
84	이빨 빠지고 발톱 없는 호랑이/이빨 빠진 호랑이
85	인왕산 모르는 호랑이가 있나

16 1. 자기에게 덕망이 있어야 사람들이 따르게 됨을 비유적으로 이르는 말.
2. 일정한 바탕이나 조건이 갖추어져야 그것에 합당한 내용이 따르게 됨을 비유적으로 이르는 말.

17 선불을 맞은 호랑이가 분에 못 이겨 매우 사납게 날뛰듯이 마구 날뛰는 모양을 비유적으로 이르는 말.

18 세상에 떠들썩하게 소문이 나면 오히려 좋지 아니한 일이 끼어들기 쉽다는 말.

19 쌍태를 낳느라고 배가 홀쭉한 호랑이가 아주 적은 먹이를 잡아먹은 것과 같다는 뜻으로, 먹는 양은 큰데 먹은 것이 변변치 못하여 양에 차지 않음을 비유적으로 이르는 말.

20 '용이 여의주를 얻고 범이 바람을 탐과 같다'와 동일.

86	자는 호랑이 불침 놓기
87	자는 호랑이 코 찌르기/자는 범 코침 주기
88	자식 잘못 기르면 호랑이만 못하다
89	재미난 골에 범 난다[21]
90	집장 십 년이면 호랑이도 안 먹는다
91	참새는 굴레 씌울 수 없지만 호랑이는 길들일 수 있다
92	포수 집 강아지 범 무서운 줄 모른다
93	포수 집 개는 호랑이가 물어가야 말이 없다
94	하늘로 호랑이 잡기
95	하룻강아지 범 무서운 줄 모른다
96	함정에 든 범/함정에서 뛰어난 범
97	호랑이 개 어르듯
98	호랑이(범) 굴에 가야 호랑이 새끼를 잡는다/호혈에 들어가지 않고서 호자를 얻지 못한다(북한)
99	호랑이 담배 피울 적/호랑이 담배 먹을 적
100	호랑이 보고 창구멍 막기/범 본 여편네 창구멍을 틀어막듯
101	호랑이 새끼는 자라면 사람을 물고야 만다
102	호랑이 안 잡았다는 늙은이 없다
103	호랑이 어금니 아끼 듯[22]/호랑이 어금니 같다[23]
104	호랑이 없는 골에 토끼가 왕 노릇한다[24]
105	호랑이 잡고 볼기 맞는다
106	호랑이 잡는 칼로 개를 잡는 것 같다
107	호랑이 제 새끼 안 잡아먹는다
108	호랑이 코빼기에 붙은 것도 떼어먹는다
109	호랑이가 굶으면 환관도 먹는다

21 1. 지나치게 재미있으면 그 끝에 가서는 좋지 않은 일이 생김을 이르는 말.
2. 편하고 재미있다고 위험한 일이나 나쁜 일을 계속하면 나중에는 큰 화를 당하게 됨을 이르는 말.

22 몹시 아끼고 귀중히 여긴다는 말.

23 아주 든든하고 믿음직한 것을 비유적으로 이르는 말.

24 '호랑이 없는 동산에 토끼가 선생 노릇한다'와 동일.

110	호랑이가 미친 개 물어간 것 같이 시원하다/호랑이 개 물어간 것만 하다
111	호랑이가 새끼 치겠다
112	호랑이가 시장하면 코에 묻은 밥풀도 핥는다
113	호랑이가 호랑이를 낳고 개가 개를 낳는다
114	호랑이도 새끼가 열이면 스라소니를 낳는다
115	호랑이는 세 살인 어린애가 봐도 호랑인 줄 안다
116	호랑이는 썩은 고기를 먹지 않는다
117	호랑이는 제 새끼를 벼랑에서 떨어뜨려 본다
118	호랑이는 죽어서 가죽을 남기고 사람은 죽어서 이름을 남긴다
119	호랑이도 곤하면 잔다
120	호랑이도 제 말하면 온다
121	호랑이도 제 새끼를 곱다고 하면 물지 않는다
122	호랑이도 제 숲만 떠나면 두리번거린다
123	호랑이를 그리려다가 고양이를 그린다
124	호랑이를 잡으려다가 토끼를 잡는다
125	호랑이에게 고기 달란다
126	호랑이에게 물려가도 정신만 차리면 산다
127	호랑이에게 물려갈 줄 알면 누가 산에 갈까
128	호랑이한테 쫓기우는 토끼
129	횃대 밑에서 호랑이 잡고 나가서 쥐구멍 찾는다

속담의 내용적인 면에서는 호랑이가 절대적 공포의 존재로서 그 위엄을 드러내거나 호랑이와 다른 존재를 비교·대조하는 경향이 짙다. 이러한 경우에 그 상대로서 동물들이 다수 출현한다. 속담에서 호랑이와 관련한 동물들은 가재, 개미, 고슴도치, 고양이, 곰, 까마귀, 노루, 담비, 여우, 용, 쥐 등이다. 특히 삵/시라소니/승냥이/이리는 비슷한 계통이므로 하나의 유형으로 통합하였다.

가장 연관성이 깊은 동물은 단연 '개'이다. 개와 관련한 속담은 대략 14개이다. 개는 호랑이가 특히 좋아하는 고기로 알려져 있다. 호식될 사람이 자신의 목숨과 교환할 대상으로 삼는 것 역시 개다. 그러나 개는 때때로 호랑이에게 대적할 수 있는 존재로 등장한다. “똥개도 백 마리면 범을 잡는다.”, “막다른 골목에 든 강아지, 호랑이를 문다.”, “범도 개에게 물릴 때가 있다.” 등에서는 약자의 위치에 있던 개가 우연한 계기로 호랑이와의 대결에서 전복할 수 있는 기회를 얻는다. 토끼 역시 개와 마찬가지로, 언제나 호랑이에게 쫓기는 위치에 처해 있지만 전복의 대상으로 활용된다. 예컨대 우화에서 비롯된 “호랑이 없는 골에 토끼가 왕 노릇 한다.” 등은 희화의 맥락에 이용되기도 한다.

삵/시라소니/승냥이/이리는 호랑이에 비견되지는 않지만, 여전히 위험한 존재로서 속담에 등장한다. 특징으로는 “승냥이를 쫓는다고 호랑이에게 문을 열어준다.”나 “앞문으로 호랑이를 막고 뒷문으로 승냥이를 불러들인다.”에서 같은 존재를 대상으로 삼아 호랑이와 비교하면서도 서로 다른 의미를 생성한다는 데 그 의미가 있다.

속담에서도 설화에서 보이는 대조적인 유형군을 확인할 수 있다. 반드시 호식을 당해야 하는 조건이나 공포나 죽음을 부여하는 존재로서 호랑이가 등장하고, 호식을 극복할 수 있는 지혜와 공포를 넘어서는 신성한 존재로서의 의미가 모두 속담 내부에 포진해 있다.

특정 인물군을 폄하하는 경우에도 호환의 의미가 사용된다. 예를 들면 배고픈 호랑이가 사람을 가리지 않는다는 뜻의 속담에서는 ‘원님’, ‘환관’, ‘고자대감’ 등의 인물군이 등장한다. 이 인물군은 결국 호랑이가 배가 고프지 않다면 결코 먹고 싶지 않다는 의미에서 사용되었다. 즉, 사회적 시선에서 기피 대상으로서 규정되는 인물군으로 평가된다.

2. 속담 관련 유래담

속담의 기원은 실질적인 공포에서 비롯된 금제나 이야기에서 유래한 기원들이 눈에 띈다. 예컨대 "이빨 빠진 호랑이.", "범꼬리를 잡은 격.", "호랑이 꼬리를 잡은 듯 봄 얼음을 디딘 듯하다."의 일화는 <토끼 꼬리와 호랑이 꼬리>[25]의 이야기에서 보인다. "깊은 산에서 목마르다고 하면 호랑이를 본다."는 <물 흐르는 소리를 내는 호랑이>[26]에서 보이며, "자식 둔 골은 호랑이도 돌아본다." 와 "호랑이도 제 새끼를 곱다고 하면 물지 않는다."는 본문의 <나물바구니를 날라다 준 호랑이>[27]에서 찾을 수 있다. <호랑이 잡은 형제>[28]는 "자는 호랑이 불침 놓기"와 연결된다. 속담과 관련 이야기의 선후 관계를 명백하게 확인할 수 없지만, 설화와 속담의 상관성을 확인할 수 있는 귀중한 자료라고 할 수 있다.

"범이 사람 셋을 잡아먹으면 귀가 째진다."는 <황팔도 전설>[29]에서 등장한다. 황팔도는 전에 사람이었으나 아내의 실수로 결국 호랑이가 되어버린 사람의 이야기이다. 끝내 사람으로 돌아오지 못한 황팔도를 잡고 보니 조선 사람을 이백 명이나 잡아먹어 귀가 국화꽃처럼 갈래갈

---

25 한국학중앙연구원 한국구비문학대계 디지털 자료, "김진호", 구술자 김진호, 1982, 경북 군위군 고로면.

26 한국학중앙연구원 한국구비문학대계 디지털 자료, "물흐르는 소리를 내는 호랑이", 구술자 구경자, 2015, 충북 보은군 속리산면 북암리 324-1.

27 한국학중앙연구원, 한국구비문학대계 디지털 자료, "나물바구니를 날라다 준 호랑이", 구술자 류수림, 1984, 경상북도 예천군 풍양면.

28 한국학중앙연구원 한국구비문학대계 디지털 자료, "호랑이 잡은 형제", 구술자 함태수, 1983, 강원도 횡성군 안흥면.

29 한국학중앙연구원 한국구비문학대계 디지털 자료, "황팔도 전설" 임태순, 1982, 충남 부여군 구룡면.

래 찢어져 있었고, 실제로 확인해 보니 그 가닥이 모두 200개였다고 전한다.

이외에도 설화의 곳곳에 금제나 속담이 될 만한 요소들이 숨어있다. 이러한 요소들은 문맥을 이해하고 이야기의 구조를 분석하는 데 큰 도움이 된다. 이 장에서는 속담이나 관용어구의 기원이 되는 '호랑이도 제 말하면 온다', '호랑이 잡고 볼기 맞는다', '호랑이 담배 필 적에', '호랑이 장가간다' 등의 유래담을 수록하였다.

48 송호도(松虎圖)부분

사진제공: 국립민속박물관

“호랑이도 제 말 하면 온다.”[30]

광주의 삼합리는 두메산골이다. 거의 끝이라고 할 수 있는데, 그 앞에 원적산이 있었다. 현재는 천덕봉, 천덕산이라고 부른다. 어느 날 사 형제가 원적산 근처의 논에서 벼를 심기 위해 땅을 평탄하게 하는 써레 작업을 하고 있었다. 써레를 어깨에 메고 땅을 고르게 갈고 있었는데, 사 형제 중에 막내가 도중에 입방정을 떨었다.

“이 원적산에 무슨 호랑이가 있다는 것인가.”

막내의 말이 씨가 되어 호랑이가 불현듯 나타나서는, 사 형제에게 흙을 막 들이붓기 시작했다. 결국 사 형제가 호랑이에게 몸이 찢겨 돌아왔다.

그 일이 있고 나서 마을 사람들이 하는 말이, 산에 가서 궂은일을 할 때 호랑이 얘기를 절대 해서는 안 된다고 당부했다. 다른 동물들은 상관이 없지만, 호랑이만큼은 절대로 이야기해서는 안 된다고, 동네의 아이들에게 특히 신신당부하였다고 전한다.

---

* ‘호랑이도 제 말하면 온다’는 속담과 관련한 이야기다. 이 이야기는 〈호식형〉에 가까우며, 호랑이가 호식할 때 흙을 뿌린다는 내용도 첨부되어 있다.

30 한국학중앙연구원, 한국구비문학대계 디지털 자료, “말실수로 호랑이 만난 조부”, 구술자 백천기, 2012, 경기도 광주시 곤지암읍.

“호랑이 잡고 불기 맞는다.”

경기도 인천시 북구에 있는 이야기이다. 오광산이라는 포수가 살았다. 오포수는 성이 오가이고, 이름이 광산이다. 오포수는 산짐승을 잡아서 먹고 장사하는 사람이었다. 이 마을 구석에 김성호라고 하는 영감이 살고 있었다. 이 사람은 아들 없이 딸만 있었는데, 집에 필요한 땔감은 그의 부인이 전부 마련했다. 그 마을 뒤에 큰 산이 있는데, 바로 지금의 호두산이다. 예전에는 이 마을에서 이 산의 이름을 범의 머리라는 뜻에서 범의 범거지[31]라고 불렀다.

오포수의 부인이 땔감을 얻기 위해 날마다 칼퀴를 가져다가 솔가래를 긁어서 망태를 담았다. 큰딸은 엄마의 새참을 준비하고, 둘째 딸은 그 일을 거들었다. 부인이 집을 나서며 딸들에게 말했다.

“애들아, 내가 범머리에 가서 나무를 해서 올 테니, 집 잘 보고 있어라.”

부인이 홀로 산에 올라 나무를 구하고 있었다. 우거진 솔에 붙은 노란 솔가래를 갈퀴로 긁고 들어가는데, 소 크기만 한 짐승이 그냥 “앙” 하고 덤벼들었다. 화들짝 놀란 부인이 갈퀴고 나무망태고 다 내버리고 데굴데굴 굴러서 집으로 돌아왔다. 그리고 동네사람들에게 말했다.

“아이고, 범허리에 가서 나무를 하는데 늑대(소 크기만 한 짐승)가 들이덤벼서 아주 죽을 뻔하고 쫓겨왔다.”

동네가 발칵 뒤집혔다. 그때 이 마을은 60호밖에 살지 않았다.[32] 동네사람들이 결국 오포수를 불러서 부탁했다.

---

31 현재 문서에는 호두산이라고 한다.

32 지금은 200호 정도 된다.

"지금 늑대가 새참어미 나무하는 걸 덤벼들어서 새참어미가 헐레벌떡 쫓겨왔다. 지금 동네가 위험하니, 다 나서서 그 늑대(호랑이의 오인)를 잡자."

동네 사람들은 우선 아이들을 방안에 두고 문을 걸어 잠갔다.

"나가면 늑대에게 잡아 먹힌다."

그리고는 쇠스랑, 괭이, 몽둥이 등 무기가 될 만한 것들을 들고 나섰다. 뱀허리 산을 빙 둘러싸고 불소리를 치면서 몰려 올라갔다. 늑대는 파란 치마를 입은 사람한테 덤빈다는 이야기가 있었다. 그래서 오포수는 자기 부인에게 푸른 치마를 두르게 하고선 길목을 지키고 앉아있게 했다. 그 부인이 목을 지키고 앉아 있는데 이 짐승이 산을 넘어 마을 방수관까지 그냥 뛰어넘고 질포리란 동네 안으로 쉽게 들어와 집 뒤에 와서 웅크리고 앉아 있었다. 오광산 포수는 일명 바람개비 포수라, 짚신을 신고서 뛰는데 벌써 여기서 간다하면 어느새 벌써 저기 건너가서 서 있었다. 오포수가 날래게 쫓아가서 보니 늑대가 정말 소만했다. 사실 오포수는 호랑이라고 알았다면 그곳에 가지 않았을 텐데, 사람들이 늑대라고 해서 쫓아간 것이었다. 오포수가 달려가서 소만한 짐승 앞에 닥쳐 총을 쏘니 커다란 짐승이 "앙" 소리를 치고 아가리를 벌리고 죽었다. "앙" 소릴 하는 것을 보니 과연 호랑이었다.

오포수가 다시 한번 확인차 그 벌린 입에 총을 대고 쏘았다. 총을 쏴도 꼼짝하지 않은 것을 보아 이미 죽은 것이 확실했다. 온 동네 사람들이 드디어 호랑이를 잡았다고 소리치며 모두 모여서 서너 개의 기다란 나무를 죽은 호랑이에게 갖다 들이대고 8명 정도의 장정이 매서 내려놓고선 호랑이 가죽을 벗겼다. 그리고 그 고기를 60호가 두세 근씩 나눠 먹었다. 호랑이를 잡은 지 사흘이 되었다. 그 부평에 원이 한 명 있었는데, 어느 날 마을의 원님이 호랑이를 잡았다는 소식을 뒤늦게 듣고 포졸들에게 명을 내렸다.

"오광산이를 잡아와라."

곧바로 원에서 사람이 나와 영문 모를 오포수를 끌고 갔다.

"저를 부르셨습니까?"

"오, 그래. 네가 바로 오광산이냐?"

"네, 그렇습니다."

"내 들으니, 네가 호랑이를 잡았다더구나."

"네, 제가 잡았습니다."

"네 이놈! 산중호걸을 허락도 없이 네 맘대로 잡았단 말이냐. 저놈을 당장 갖다 놓고 그 볼기짝을 때려라!"

원님은 갑자기 오포수의 볼기를 때리라고 명했다. 옆에 있던 포졸들이 그 명을 받들어 오포수의 볼기를 치기 시작했다.

"살려주십시오."

오포수가 살기 위해 통사정을 하자 원님은 그제야 제 본심을 이야기하기 시작했다.

"네가 만약 살고자 한다면 네가 잡은 그 호랑이 가죽을 내게 바치거라."

"네, 당연히 가죽을 바치고 말고요."

이미 그 고기는 동네 사람들과 나누어 먹어 남아 있지 않았고, 다만 가죽만이 남아 오포수가 가지고 있었으니 원님은 그것이 탐이 났던 것이었다.

결국 오포수는 볼기 아홉 대를 맞고 가죽마저 원님에게 바치게 되었다. 그래서 호랑이를 잡은 오포수가 돈 한 푼 구경하지 못하고, 볼기만 아홉 대를 맞았다는 말이 전해지게 되었다.

---

* 위의 이야기는 〈오광산 이야기〉[33]로, 포수였던 오광산 또는 오포수의 이야기라고도 할 수 있다. 오포수가 마을 사람들의 요청으로 호랑이를 잡았으나 결국 마을의 탐관오리가 호랑이의 가죽을 탐하여 오포수를 겁박하여 강탈했다는 이야기이다.

3. 호랑이 담배필 적에/호랑이 담배 먹던 적에

"호랑이 담배필 적에/호랑이 담배 먹던 적에"는 옛날이야기의 서두에 자주 등장하는 관용구이다. 아주 먼 태곳적 시절을 이야기하는 듯하지만, 담배가 등장한 것은 그리 오래되지 않았다. 근래 몇몇 논의에서 호랑이와 관련된 담배 이야기가 황팔도의 이야기에서 나오며 호랑이가 되어 다시는 사람으로 돌아올 수 없는 황팔도가 자신을 잡으러 온 친구와 대면하게 되고, 황팔도를 알아본 친구가 서글픈 마음에 담배를 건넸다는 일화에서 전해진 것이라고 설명한다. 그러나 실제로는 확인되지 않는다.[34]

효자의 호랑이 변신담은 호랑이가 변신해서 병든 부모를 구완하였으나, 결국 부인의 실수로 사람으로 돌아오지 못한다는 이야기이다.

---

33 한국학중앙연구원 한국구비문학대계 디지털 자료, "오광산 이야기", 구술자 노정봉, 1982, 경기도 인천시 북구.

34 이 논의는 한 신문의 칼럼에서 제언한 것으로 시작되었다. 그러나 칼럼에서는 이야기의 출처를 밝히지 않았고, 그 지역 설화의 내용을 확인하였으나 전혀 다른 내용이었으므로 실제 출처라고 보기 어렵다. 이를 확인하기 위해 관련한 이야기를 수록하여 기원의 진위 여부를 확인했다.

효자가 부모님을 봉양하기 위해 호랑이로 둔갑한 이야기는 『한국구비문학대계』에서 총 23개[35]로 발견된다. 가설리 최씨, 황팔도, 금산의 김생원, 황산곡의 조생원, 이진사, 부귀산의 김용담, 왕선달, 선각산 벽채도사, 백년굴의 호랑이 등이 있다. 대개 장소나 이름 중 하나는 제목에 꼭 등장한다는 특징이 있다. '황팔도'라고 명시된 내용은 7개이다. 그중 경북 군위군 고로면에 1개, 충남의 당진군, 보령군, 부여군, 공주군에서 6개가 발견된다.

실제로 황팔도에서 담배 이야기가 등장하는 것은 한 편 뿐이나, 호랑이에게 건네준 것이 아닌 포수가 호랑이를 잡기 전에 부싯돌을 이용해 담배를 피우는 내용만이 나온다. 다만 금산의 김생원 호랑이[36]와 몇몇 이야기에서 마을 사람들이 호랑이가 된 김생원을 안쓰러워하여 담배가 아닌 밥을 갖다 줬다는 내용은 확인된다. 다음은 〈호랑이 황팔도〉의 이야기와 〈담뱃대로 호랑이를 잡은 이야기〉이다. 두 이야기에서 모두 호랑이와 담배가 등장하고 있으나, 내용의 양상이 다르다. 자세한 내용은 다음과 같다.

---

35 〈범이 되어 효도하다 죽은 황팔도〉, 〈호랑이 황팔도〉(1)(2), 〈호랑이 황팔도〉, 〈황팔도 전설〉, 〈황호랑이 황팔도〉, 〈효자 황팔도〉(1)(2), 〈가설리 최호랑이〉, 〈개를 잡아 어머니에게 효도한 호랑이 아들〉, 〈금산의 김생원 호랑이〉, 〈둔갑법으로 호랑이가 된 채 죽은 사람〉, 〈사람으로 변하지 못하고 호랑이가 되어 백년굴에서 죽었다는 이야기〉, 〈호랑이가 되어버린 이진사〉, 〈호랑이가 되어서 효도한 아들〉, 〈호랑이가 된 김용담〉, 〈호랑이가 된 효자 김용담〉, 〈호랑이가 된 효자 이야기〉, 〈호랑이가 된 효자남편〉, 〈호랑이로 둔갑하는 왕선달〉, 〈호랑이로 변신을 했던 벽채도사〉, 〈호랑이로 변신한 효자〉, 〈호랑이로 변한 남편〉, 〈호랑이로 변한 사람이 백년굴에서 죽었다는 이야기〉.

36 구술자 김원채, "금산의 김생원 호랑이", 『한국구비문학대계』, 257쪽.

〈담뱃대로 호랑이를 잡은 이야기〉[37]

이 이야기는 충청북도 단양군 가곡면에 전해지는 이야기이다. 옛날 옛적 더벅머리 아이 적에, 처자가 까투리일 적에, 장끼 도령일 적에 범이 하나 내려온다. 이 범이 어떤 범이냐. 범이 거드름을 피우며 담배를 피우면서 내려오는데 고기에다 술을 잔뜩 먹은 노인이 갈가에서 자고 있었다.

범이 이 늙은이를 잡아먹으려고 꼬리에 물을 묻혀서 노인의 얼굴에 뿌리는데, 노인도 어느새 잠이 깨서 범이 하는 꼴을 보고 있었다. 그런데도 술이 덜 깨서 도망치지 못하고 누워만 있었다. 범은 다시 꼬리를 적시러 강가로 내려갔다.

늙은이 옆에는 호랑이의 담뱃대가 놓여있었는데 그 모양이 꽤나 길죽했다. 노인은 범이 잠깐 떠난 사이에 그것을 손에 꼭 쥐었다. 범이 또 다시 올라와서 꼬랑지에 묻힌 물을 뿌리려고 휘휘 흔드는데, 갑자기 노인이 호랑이의 담뱃대를 들고 호랑이의 똥구멍을 퍽하고 쑤셨다.

'앗!'

호랑이가 외마디 비명을 질렀다. 노인을 깨워 잡아먹으려고 했던 호랑이가 결국 자신이 즐겨 피던 담뱃대에 찔려 죽고 말았다.

---

37 한국학중앙연구원 한국구비문학대계 디지털 자료, "담뱃대로 호랑이를 잡은 이야기", 구술자 박삼웅, 1981, 충청북도 단양군 가곡면.

〈호랑이 황팔도〉[38]

이 이야기는 충청남도 보령군 오천면에 전해지는 이야기다. 병오년 무렵의 일이다. 황팔도가 모친을 모시고 사는데, 어머니가 병이 들어 백약이 다 무효였다. 황팔도는 항상 어머니의 병을 고치지 못해 시름에 겨웠다. 어느 날 황팔도가 저녁에 잠이 들었는데, 웬 산신이 그의 꿈속에 나타났다. 산신이 황팔도의 머리맡에 책을 갖다 놓으며 말했다.

"이 두 권의 책을 너에게 주마. 네가 이 책을 한번 보고 나서 바깥에 나가 재주를 넘으면 범[39]이 될 것이다. 그리고 나머지 한 책을 읽고 재주를 넘으면 다시 사람으로 돌아올 것이다. 너의 어머니는 흰 개 천 마리의 간을 먹어야 나을 수 있는 병이다. 그러니, 네가 범으로 변하여 개를 구해 잘 봉양토록 하여라."

과연 황팔도가 책을 읽고서 재주를 넘으면 범이 되었다. 그날부터 범이 되면 흰 개를 잡아서 그 간을 빼어 어머니를 대접했다. 범이 되고 나서, 흰 개로 생긴 것은 전부 잡아 배를 가르고 간을 꺼내와 어머니에게 드렸다. 그리고 집에 들어와 책 한 권을 외우고 재주를 넘으면 다시 사람이 되었다. 그렇게 호랑이가 되어 조선 팔도를 휩쓸고 다녔다. 어느덧 어머니의 병환이 거의 나아가고 있었다. 한 번은 범이 되어서 개를 잡아다 간을 갖고서 어머니를 드리고 방에 가보니 책이 두 권 다 사라지고 없었다.

"부인, 방에 있는 책 두 권을 보지 못했소?"

그러나 사람의 말소리가 아닌 범이 엉엉거리는 소리만 들릴 뿐이다.

---

38 한국학중앙연구원 한국구비문학대계 디지털 자료, "호랑이 황팔도" 김재식, 1981, 충청남도 보령군 오천면.

39 본고에서는 '범'과 '호랑이'를 구분하고 있으나, 이 이야기에서 '범'은 인간이 변신한 내용으로 논외로 한다. 이에 원전의 기록에 따라 '범'이라 표기한다.

황망한 황팔도는 없어진 책을 찾느라 더욱더 부인에게 소리를 쳤다. 그 소리가 범이 고함을 지르는 소리와 같이 우렁찼다.

"사시사철 범이 되어 싸돌아다니는 것이 마뜩잖아 내가 아궁이에 갖다 태웠습니다."

그의 부인은 황팔도가 사시사철 밤낮으로 전국을 쏘다니는 것이 보기 싫어 그 책을 그만 아궁이에 갖다 불쏘시개로 써버린 것이었다. 자기 어머니 병은 거의 나았으나 자신의 부인을 죽일 수는 없는 일이었다. 황팔도는 어찌할 수 없어 신세 한탄을 하며 울부짖었다. 책을 보고 재주를 넘어야 범의 허물을 벗을 수 있었는데, 책이 사라졌으니 속수무책이었다. 그러나 황팔도는 쉽게 포기하지 않았다. 어떻게든 사람으로 돌아갈 방법을 찾으려 밥도 먹지 않고 샅에서 구렁 소리가 나게 돌아다닐 뿐이었다. 동네 사람들 역시, 호랑이가 황팔도인지 알고서는 만나면 알은체를 했다.

"여, 황팔도, 자네 황팔도 아닌가?"

그러면 호랑이가 고개를 끄덕끄덕하였다. 황팔도는 동네 사람들과 친구들을 만날 때마다 눈물을 철철 흘렸다. 그러다 동네를 떠나 산으로 툭 올라갔다. 처음에는 산에 올라가 산짐승을 잡아먹고 사는데, 점점 밥을 먹지 않고 짐승을 잡아먹다 보니 사람의 본성을 잃고 짐승에 가까워졌다. 결국 덩치가 커지더니 사람까지 잡아먹는 지경에 이르렀다.

마을에서는 어느새 황팔도가 사람을 잡아먹는다고 야단이 났다. 옛날에는 관청에서 소속되어 있는 관포수가 있었다. 결국 나라에서 관포수를 모두 풀어 황팔도를 잡으라는 명이 떨어졌다. 그 마을에는 성지산(聖住山)이라는 흉악한 산골이 있었는데 특히 안개가 자주 끼었다. 황팔도가 그곳에서 사람을 해치며 돌아다니고 있었다. 포수들 역시 황팔도 잡기에 혈안이 되어 산속을 이 잡듯 뒤지는 중이었다. 관포수 중 하나인 권표수가 산중을 돌아다니다 힘이 들어 잠깐 쉬려고 자리에 앉았다. 그리고는 돌을 부딪쳐서 담배에 불을 붙이고 담배를 먹고 앉았는데, 아래를 보니 새끼 범이 돌팍을 뒤집어 세우면서 가재를 잡아먹고 있었다.

포수는 '황팔도는 못 잡아도 저 개만하게 조그마한 것이라도 내 잡아야겠다'는 마음이 들었다. 그렇게 바위틈에 은신하다가 총으로 호랑이의 목구멍 안을 쏘았다. 결국 총을 정통으로 맞은 호랑이가 재주를 넘으며 크게 넘어지는데, 죽지 않으려 용을 쓰다 결국 쓰러지고 말았다. 가까이서 보니 개만한 것이 아닌 소만한 크기였다. 이때 다른 포수들은 함께 모여 산골로 돌아오고 있는 중이었다. 그러다 갑자기 총소리가 나고, 재차 또 총소리가 나니 다들 가던 길을 멈추고 이곳으로 모여들었다. 총성이 들린 곳에 도착해 보니 엄청나게 큰 범이 죽어있었다. 다시 보니 황팔도였다.

황팔도를 잡았다고 소문이 나자 보령골로, 남포골로, 오천장까지 사람들이 구경하러 몰려들었다. 자기 어머니의 병을 고치기 위해 호랑이 되기를 마다하지 않았던 효성스러운 황팔도는 자신의 부인 때문에 비참한 최후를 맞이하게 됐다.

---

* 호랑이가 사람으로 둔갑하여 내기하는 <나도밤나무>, <강감찬 장군>의 일화와 다르게, <호랑이 황팔도>에서는 사람이 호랑이로 변신하며 사냥 당하는 내용이다. 이 이야기에서 호랑이의 사냥은 마치 사람을 살인하는 것처럼 느껴진다. <호랑이 황팔도>의 이야기에서는 '담배를 피우다'가 아닌 '담배를 먹다'는 표현이 직접적으로 등장한다.[40]

40 그리고는 돌을 부딪쳐서 담배에 불을 붙이고 담배를 먹고 앉았는데, 아래를 보니 새끼범이 돌팍을 뒤집어 세우면서 가재를 잡아먹고 있었다.

〈담뱃대로 호랑이를 잡은 이야기〉[41]에서는 두 가지의 속담을 유추할 수 있다. 바로 "호랑이 담배 피울 적/호랑이 담배 먹을 적"과 "호랑이 안 잡았다는 늙은이 없다."이다.[42] 이처럼 해학이 드러난 이야기나 우화적인 이야기에서 담배를 피우는 호랑이가 간혹 등장한다. 민화에서 담배를 피는 호랑이 역시 해학적 요소로서 등장하는 경우라 할 수 있다. 그러나 위의 예문과 같이 이야기에서 호랑이가 직접 담배를 먹는다는 표현은 발견되지 않았다. 실제로 호랑이와 담배의 상관성을 이야기 내에서 찾기는 어렵다. 다만 잠정적으로 유추해 볼 수 있다.

호랑이가 담배와 관련한 이야기는 '금제'와 관련한 곳에서 발견된다. 『한국구비문학대계』의 자료 중, 〈담뱃불을 무서워하는 호랑이〉[43]에서는 담배를 피고 앉아있으면 호랑이가 사라진다고 했다. 이외에도 〈호랑이 쫓는 담배연기〉[44], 〈산에서 호랑이 만난 이야기〉[45]에서 모두 담배연기가 피어오르면 스르륵 호랑이가 사라졌다고 전한다. 이때의 담배는 호랑이와 친숙한 관계성을 가진 물건으로 보기에는 무리가 있다. 차라리 호랑이를 방비하고 방액하는 금제/금기의 물건에 가깝다.

결과적으로 그 기원이 되는 이야기는 설화 안에서 확인할 수 없지만,

---

41 한국학중앙연구원 한국구비문학대계 디지털 자료, "담뱃대로 호랑이를 잡은 이야기", 구술자 박삼웅, 1981, 충청북도 단양군 가곡면.

42 이외에도 이야기의 중간에 뜬금없이 "호랑이 없는 골에 토끼가 왕 노릇 한다."는 내용이 있어 삭제하였다.

43 한국학중앙연구원 한국구비문학대계 디지털 자료, "담뱃불을 무서워하는 호랑이", 구술자 김천심, 2011, 경기 광주시 도척면.

44 한국학중앙연구원 한국구비문학대계 디지털 자료, "호랑이 쫓는 담배연기", 구술자 이가매, 2012, 경상남도 산청군 금서면 화계리 화산마을 화산경로당.

45 한국학중앙연구원 한국구비문학대계 디지털 자료, "산에서 호랑이 만난 이야기", 구술자 김판달, 2009, 경상남도 함양군 유림면 손곡리 지곡마을 마을회관.

〈담뱃대로 호랑이를 잡은 이야기〉에서 호랑이가 담배를 피우는 행동은 해석이 가능하다. 이때의 호랑이의 담배를 먹는 행위는 거드름을 피우는 것과 흡사한 행위로 보인다. 18세기말, 유득공의 『경도잡지』에는 담배를 피우는 데에 신분의 차별을 두는 내용이 나온다. 그에 따르면 귀천에 따라 담배가 제한되며, 장소와 신분의 차이에 따라 함부로 필 수 없었다. 이런 맥락에서 추측하건대, 어쩌면 우화에서조차 상석을 차지한 호랑이가 그 신분과 지체 높음을 보여주는 도구로서 담배가 등장한 것일 수도 있다. 더 나아가 우화 안에서 호랑이의 담배와 토끼의 존재는 마치 가면극에서 말뚝이에게 놀림은 받는 양반의 허세와 허위가 전복되는 상황을 보여주는 맥락으로도 짐작할 수 있다.

담배 자체에 관련한 내용도 문헌의 기록에서 찾아볼 수 있다. 최완식(崔完植)의 광해초상록(光海初喪錄)에 따르면, 1616년에는 우리나라 처음으로 남령초(南靈草 담배)가 유구(琉球)에서 들어와 크게 유행하였다.[46] 지금은 일상적으로 '담배를 피우다'라는 표현을 사용하고 있지만, 과거에는 '담배를 먹다'의 표현이 더욱 일반적이었다. 호랑이가 '담배를 먹던' 의미는 다른 속담과의 비교를 통해 자세한 의미를 확인할 수 있다. 〈호랑이 담배 먹던 적〉은 지금과는 형편이 아주 다른 까마득한 옛날을 이르는 말이다. 비슷한 말로, 〈범이 담배를 피고 곰이 막걸리를 거르던 때〉로 이야기하기도 한다.

담배가 등장하는 대부분의 속담은 '피우다'보다 '먹다'의 서술부를 빈번하게 사용한다. 예컨대, 〈철록어미냐 용귀돌이냐 담배도 잘 먹

---

46 최완식(崔完植), 『광해초상록(光海初喪錄)』, 1971년 7월 30일. 한국고전종합 DB, 2022년 10월 20일 검색.

는다>는 늘 담배만 피우고 있는 사람을 놀림조로 이르는 말이다. 이때 '철록어미'나 '용귀똘'이란 말은, 여자들 가운데서는 철록(哲祿)의 어머니가, 남자들 가운데서는 용귀돌이란 자가 골초 중에 상골초라는 월단평(月旦評, 인물에 대한 비평)이다.[47] <잔나비 담배 먹듯> 역시 '먹다'의 서술부를 사용하고 있다. 이는 실상도 모르면서 남의 흉내만 내는 경우를 비유적으로 이를 때 쓴다.

「열녀춘향수절가(烈女春香守節歌) 下」에서도 농부가 나서 "담배 먹세"라고 이야기하는 대목이 나온다.[48] 민요의 <고추 먹고 맴맴>과 <담바구타령>에서 역시 '담배를 먹다'라는 표현이 나온다. 특히 <고추 먹고 맴맴>은 교육적 목적을 위해 '담배 먹고'를 '달래 먹고'로 수정한 바 있다.

---

47 이문구, 『줄반장 출신의 줄서기』, 학고재, 2000, 45-46쪽.

48 한참 이러할 제 한 농부 썩 나서며 "담배 먹세. 담배먹세." 갈멍덕 숙여 쓰고 두덕에 나오더니 곱돌조대 넌짓 들어 꽁무니 더듬더니 가죽 쌈지 빼어 놓고 세우 침을 뱉아 엄지가락이 자빠지게 비빗비빗 단단히 넣어 짚불을 뒤져 놓고 화로에 푹 질러 담배를 먹는데 농군이라 하는 것이 대가 빡빡하면 쥐새끼 소리가 나것다. 양 볼때기가 오목오목 코궁기가 발심발심 연기가 홀홀 나게 피워 물고 나서니 어사또 반말하기는 공성이 났지.

【표 22】 민요 속 "담배 먹다."

<고추 먹고 맴맴>[49] 고추먹고 맴맴 아버지는 나귀 타고 장에 가시고 할머니는 건너 마을 아저씨 댁에 고추 먹고 맴맴 담배 먹고 맴매	<담배노래>[50] 그담배씨//받아다가 사레길고 장친밭에 옹게종게 모종해서 화초로 좋게존데 어양어양//나거덜랑 가물엘랑//물을주고 장마엘랑//약을주고 울섶겉이(울타리처럼)//좋거덜랑 겉잎을랑//젲혜놓고 속잎어리//깔려다가 어양모양//성노짚에(좋은 짚에) 배식배식//엮었다가 남풍에//달았다가 서풍에//재렸다가 한대먹고//두대먹으이

호랑이가 담배를 피우던 이야기의 기원은 불분명하지만, 후에 관용구로 사용됐던 기록들은 확인할 수 있다. 아래의 사진은 "호랑이 담배 피던 시절"과 관련한 기사이다.

49 한국학중앙연구원 한국구비문학대계 디지털 자료, "고추 먹고 맴매", 구술자 이필자, 2018, 경기도 안양시 만안구.

50 한국학중앙연구원 한국구비문학대계 디지털 자료, "담배 노래", 구술자 유을놈, 1981, 경상북도 안동군 서후면 저전동.

〈『동아일보』 1925년 8월 13일〉[51]

“호랑이 담배 먹든 것은 녯날일이오. 시방은 고양이『아이스크림』마시는 세월이외다. 호랑이가 문명하엿스닛가. 고양이 됨도 무괴하고 담배가『아이스크림』으로 변함도 개화 물든 결과인가 봅니다.”

〈『동아일보』 이규, 동화「두꺼비의 꾀」, 1화, 1926년 2월 2일〉

“ᄯᅢ는 오래녯날이엿습니다. 지금은 고양이가『아이스크림』을 먹지마는 그 ᄯᅢ는 호랑이 담배를 먹고 득겁이(두꺼비)가튼 동물들이 말하는 ᄯᅢ이엿습니다.”

49 Pix cat series, ice cream cake cat12 November 1940

Online State Library Digital Collections, “Pix cat series, ice cream cake cat12 November 1940

51 기사 사진은 언론사의 저작권 문제로, 비슷한 사진인 49, 50번의 사진으로 대체한다.

50 Pix cat series, ice cream cake cat12 November 1940

Online State Library Digital Collections, "Pix cat series, ice cream cake cat12 November 1940

1925년 8월 13일 동아일보의 기사에는 새로운 관용구의 탄생을 유머러스하게 이야기하고 있다. 내용에 따르면, 호랑이가 담배를 먹는 것은 과거의 일로, 이제 인류가 개화되어 문명을 이루었으니 호랑이가 고양이가 되어도 이상하지 않고 담배가 아이스크림으로 변해도 이상하지 않다. 이러한 관용어구는 1926년에 다시 한 번 사용되면서 강조된다. 1926년 2월 2일 동아일보에 게재된 이규의 소설에서는 시간을 설명하기 위해 이와 같은 관용적 표현을 소설의 서두에서 사용하고 있다. "때는 오래된 날이었습니다. 지금은 고양이가 아이스크림을 먹지만, 그때는 호랑이가 담배를 먹고 두꺼비 같은 동물들이 말을 하는 때였습니다."에서 언급된 동물들은 과거 이야기 속에 존재하는 동물들이다. 사람의 말을 했던 그 옛날 신화 속 동물들은, 이유원의 『임하필기』에서 확인할 수 있다.

〈이유원, 『임하필기』 제35권 「벽려신지(薜荔新志)」〉[52]

“100년 묵은 여우는 미녀가 되고, 100년 묵은 박쥐는 신선이 된다. 두꺼비는 1000년이 되면 머리에 뿔이 나고 이마 밑에 단서(丹書)가 생긴다. 범은 500년이 되면 하얀색으로 변하고, 1000년이 되면 이빨이 빠지고 뿔이 난다. 제비는 1000년이 되면 호염(胡髯)이 나고 문을 북쪽으로 향해서 집을 짓는다. 거북은 1000년이 되면 사람의 말을 알아듣고 연잎 위에서 논다. 사슴은 1000년이 되면 푸른 사슴이 되고, 500년이 더 되면 흰 사슴이 되고, 또 500년이 더 되면 검은 사슴이 된다.”

위의 예문은 오랜 시간의 경과로 인해 동물들의 상태가 변화할 수 있음을 보여준다. 우리가 이야기에서 만나는 신화적 동물들은 시간의 경과를 내재하고 있다 해도 과언이 아니다. 그러나 문명의 발달로 우리는 새로운 변화를 맞이한다. 과거 신화적 산물이던 호랑이의 신성성이 축소되면서 일반적인 존재의 고양이가 되어도 이상하지 않다. 민간에서 즐겨 찾던 담배가 현대 식품인 아이스크림이 되는 것도 어찌 보면 자연스러운 일이다.

동화의 서두는 마치 신화가 인류 최초의 철학이라고 부르짖으며, 동물이 사람이 되고, 사람이 동물이 될 수 있다고 믿었던 과거의 신화적 세계관을 떠오르게 한다. 그 먼 옛날 호랑이가 담배를 먹던 시절에서 호랑이가 담배를 피우던 시절을 맞이하고, 이제는 고양이가 아이스크림을 먹는 현재의 시간에 다다랐다. 우리는 현재의 시간에서 더는 닿지 못하는 과거의 시간을 회상하며 그 옛날의 이야기를 떠올린다. 그리고

52 한국고전번역원, 한국고전종합 DB, 참조〈http://db.itkc.or.kr〉.

그 '때'를 가리켜 '호랑이가 담배를 먹던' 시간이라고 가름한다. 이 관용어구가 가지는 세월의 깊이는 두텁다. 그것은 전승되는 이야기 속에 켜켜이 쌓인 시간의 두께이기 때문이다.

현재 우리가 이야기 속에서 '고양이가 아이스크림을 먹는 시절'을 사용하지 않는 이유는 그 시간이 여전히 현재를 의미해서이지 않을까. '고양이가 아이스크림을 먹는 시절'은 우리에게 아직 완벽한 과거가 되지 못했고, 과거를 내포한 이야기 속 시간을 형상하지 못했다. 우리가 여전히 현재의 시간 위에서 과거 속에 머무는 호랑이의 이야기를 복기하기 위해서는 그 오래된 과거의 시간을 내포하는 용어를 꺼내 드는 것, 그것이 말 그대로 과거의 시간을 의미하는 관용이 되는 것이다. 고양이가 아직은 우리에게 과거를 대체할 수 없기에, 호랑이가 담배피던 대과거의 시간은 여전히 우리의 이야기 서두에 남아있을 수밖에 없다.

4. 호랭이 장가가는 날/여우 시집가는 날[53]/여우비

51 민화

사진제공: 국립민속박물관

53 이 장의 내용은 2024년 1월 26일에 진행된 한국구비문학 동계학술대회에서 발표한 내용을 수정·보완한 논문을 참고하였다. 토론을 맡아주신 박성혜 선생님과 고견을 주신 서대석 교수님, 신동흔 교수님께도 다시 한번 감사를 드린다.
오정미, 「'여우비' 유래담의 전승양상과 의미변화 고찰」, 『구비문학연구』 72집, 한국구비문학회, 2024.

우리나라는 개부심, 건들장마, 그믐치, 악수, 웃비, 목비, 먼지잼, 는개비, 작달비 등 비와 관련한 순수 우리말이 많은 편이다. 이러한 언어의 양상은 농업이 주가 되었던 과거의 문화를 보여주는 지표이다. 그중 '여우비'는 "볕이 있는 날 잠깐 오다가 그치는 비" 또는 "맑은 날에 잠깐 뿌리는 비"[54]로, 소나기의 일종이다. '여우가 시집간다(여우가 시집가는 날)', '호랑이가 장가간다(호랑이 장가가는 날)'와 같은 관용구 또한 '여우비'와 비슷한 쓰임을 갖는다.

그동안 여우비와 관련한 관심과 수요는 많지 않았으나, 근래 들어 세계의 기후 변화로 인해 여우비가 내리는 일이 잦아지면서 대중들의 관심이 쏠리게 되었다. 환경의 변화로 인해 사장되어 가고 있던 표현들이 다시 한번 수면 위로 떠오르자, 그 기원에 대한 궁금증도 커졌다. 특히 각종 검색 포털에서 '호랑이 장가가는 날'의 기원에 대한 문의가 쇄도했다.[55]

국립국어원의 <온라인가나다>[56]에서도 관련 문의가 있었다. 질문자는 '여우비', '여우볕', '여우 눈' 등의 단어를 들어 간단한 띄어쓰기 문제와 함께 동일한 어근으로 쓰인 '여우-'의 뜻과 어원에 대해서 질문했다. 이 문의에 대해 국립국어원은 "여우비' 등에 쓰이는 '여우'의 어원 정보가 없어 뜻과 어원에 대해서는 안내하기 어렵다고 답변했다.

---

54 안용순, 「정보가 많아서 진실이 가려지는 시대에 진실을 보는 지혜를 죽는 책으로 거듭나길」, 『새국어생활』 20(4), 국립국어원, 2010, 163쪽.

55 검색 포털인 아하(aha)에서만 이와 같은 문의가 14개 정도 게시되었다. 특히 2019년 1개, 2022년 3개, 2023년에 10개로 2023년에 특히 많은 문의가 게시되었다.
아하, https://www.a-ha.io/, 접속일자 2024년 1월 10일.

56 <온라인가나다>는 국립국어원에서 운영하는 포털로, 어문 규범, 어법, 표준국어대사전 내용 등에 대하여 문의하는 곳이다.
국립국어원, 온라인가나다, <https://www.korean.go.kr/front/onlineQna/onlineQnaList.do?mn_id=216.>

동물명과 비의 결합어인 '여우비'는 왜 날이 맑으면서 비가 내리는 모순적 상황을 설명하게 되었을까? 일설에는 '변신'의 귀재인 여우의 요괴성에서 비롯되었다거나 맑은 날에 짧게 내린 비가 요술에 홀린 것과 같아서 여우비라는 등 많은 이견들이 존재한다. 이러한 추정은 구비문학에서 '여우'가 가지고 있는 캐릭터의 성격에서 유추한 것으로 볼 수 있다. 필자 역시 〈호랑이설화〉[57]를 연구하면서, '호랑이'와 '비'에 대한 관련성을 확인하고 후에 '비'와 '불', 그리고 '홀림군'의 친연성까지는 규명할 수 있었다. 그러나 이 연구 자체만으로 모든 관용구의 기원을 설명하기는 어려웠다.[58]

관용어는 2개 이상의 단어로 결합되어 구나 문장을 이루는 어휘군으로서 개개 단어의 의미 결합이 아닌 제3의 의미로 고정되어 화석화된 것을 말한다.[59] 고로 이 논의의 쟁점은 관용어 및 관용구의 문제로 귀속될 수 있다. 대부분의 관용어와 관용구에 대한 논의는 텍스트 언어학적 접근이 일반적이나, 관용구를 이루는 특별한 구성요소인 동물명과 동태의 결합성은 설화적 측면에서도 논의할 여지가 있다.

동물을 의미하는 단어들은 세계 모든 언어들 속에서 가장 오래된 어

---

57 오정미, 「호랑이설화에 나타난 공포성 연구」, 전북대학교 대학원 박사학위논문, 2020.

58 호랑이와 여우, 도깨비는 사람을 홀리는 공통의 존재들로서, '비'라는 물질과 결합했을 때 특히 공포의 자질이 드러나는 특성을 보였다. 홀림군은 관습적으로 '비'라는 물질과의 친연성을 이미 지니고 있다고 볼 수 있다. 이때, '비'는 공포의 공간이자 죽음의 공포를 실재화 한 은유의 상징으로 볼 수 있다. 특히 이 캐릭터군은 비라는 물질을 공간적으로 활용하기도 하지만, 희생자를 정신적 죽음까지 내몰 수 있는 기제로 사용할 수 있는 공포적 존재였다.
오정미, 「물질 이미지와 공포성의 관계 연구-'불'과 '물'을 중심으로」, 『문화와융합』 44, 한국문화융합학회, 2022, 715-734쪽.

59 박영순, 「관용어에 대하여」, 『국어교육』 35, 한국국어교육연구회, 1985, 119쪽.

휘 층을 이루며,[60] 고유한 민족의 사고방식과 그 문화가 형성되어 온 가치와 관념들이 투영되어 있다. 이러한 언어적 표현들은 곧 그 문화의 정체성을 대표하는 지문이라고도 할 수 있다. 우리는 설화를 해석하는 방법을 통해 문화의 지층을 읽어내기도 한다. 동물명과 동태의 결합 구성 역시 프롭이 이야기한 서사를 이루는 가장 작은 단위인 '기능[61]'에 상응할 수 있기 때문에, 숨겨진 의미의 관용구를 인물과 기능의 도식으로 치환하여 여백의 이야기를 완성할 수 있다.

또한 '여우비'와 '호랑이 장가간다', '여우가 시집간다'는 구술성을 담지한 매체가 변화하면서 유래담의 의미 역시 변화하는 특징을 보이므로 구술성의 맥락에서도 재논의할 가치가 있다. 특히 동물명과 동태가 결합한 관용구들은 그동안 독립적으로 사용되어 왔으나 현재는 의미적으로 서로 결합된 상황이라 연구 결과의 귀추가 주목된다.

본고에서는 시대적 요구에 따라 문학과 매체에서 사용되는 여우비의 관용적 표현이 가진 개념적 은유[62]의 의미를 찾고 관용구 간의 관계성

60 최윤희, 「러시아 동물명 관용구의 개념적 은유를 통한 의미 확장 연구」, 『언어와 언어학』 82, 한국외국어대학교 언어연구소, 2018, 173쪽.

61 '기능'은 블라디미르 프롭(Vladimir Propp)의 용어로, 등장인물의 행위를 중심으로 분절된 서사의 최소 단위를 말한다. 프롭에 따르면, 이야기의 분석은 최소 서사 단위인 기능으로부터 시작하고 기능은 등장인물의 행위를 기준으로 정의된다. Vladimir Propp, Theory and History of Folklore, The University Minnesota, 1984.; 블라디미르 프롭 저/유영대 역, 『민담형태론』, 새문사, 2007, 35-36쪽.

62 개념적 은유와 관련한 이 단락의 내용은 아래의 책을 참고하였다. 개념적 은유는 Lakoff와 Johnson의 용어로서, 은유를 개념적 은유로 대체하여 표현하고 있다. 특히 Lakoff와 Johnson에 따르면, 인간의 사고 과정의 대부분이 은유적이며, 은유적 개념은 체계적인 방식으로 연결된다. 은유의 본질은 한 종류의 사물을 다른 종류의 사물의 관점에서 이해하고 경험하는 것으로, 개념이 은유적으로 구조화되고 행위가 은유적으로 구조화되고, 언어가 은유적으로 구조화된다. 관용구 역시 이러한 이론의 토대 아래에 설명할 수 있는 요소로서, 관련 관용구들 간에 관계를 맺는 방식을 해결할 수 있을 것이라 생각한다.

과 그 유래가 형성된 과정을 정치하게 고찰해보고자 한다. 더불어 개념적 은유의 변화가 이루어진 과정과 현대적으로 변이된 의미 또한 살펴봐야 할 것이다.

마지막으로 '여우비'와 관련한 향유층의 인식조사를 위해 설문조사를 실시하였다.[63] 설문조사는 2023년에 온오프라인에서 실시하였으며, 온라인에서는 208명, 오프라인에서는 142명의 인터뷰를 진행하여 총 369명의 자료를 추가 조사하였다. 이 연구 조사를 토대로 여우비에 대한 지역별·세대별 인식과 변화양상을 살펴 대중들의 인식변화가 이루어진 변곡점을 찾고 관용적으로 사용되고 있는 언어의 다른 표현과 그 기원의 문제를 해결하고자 하였다.

4.1. 여우비 유래담

4.1.1. 공포담

이 장에서는 여우비의 기원을 설화적 맥락에서 찾고 있는 사례들을 살펴보고, 그 해석의 내용을 종합해보고자 한다.

『한국구비문학대계』에서는 여우비와 관련된 표현이 직접적으로 드

George Lakoff ·Mark Johnson, Metaphors We Live By, Chicago: University of Chicago Press, 1980; G. 레이코프·M. 존슨 저/노양진·나익주 역, 『삶으로서의 은유』, 박이정, 2011[2006], 24쪽.

63 본 설문조사는 전북대학교 IRB 심의통과 후 진행되었다. 온오프라인에서 2023년 8월 1일부터 12월 31일까지 시행하였으며, 논문의 내용은 12월 31일을 기준으로 작성되었다. 내국인과 외국인을 포함하여, 남자는 123명, 여자는 246명, 10대는 12명, 20대는 109명 30대는 61명 40대는 25명 50대는 34명 60대 61명, 70대 35명, 80대 19명, 90대 4명이었다. 본고에서 언급되는 설문조사는 이 각주의 내용으로 대체하며, 이하 '설문조사'로 통칭한다.

러나거나 비슷한 상황을 유추할 수 있는 이야기들이 다음과 같이 발견된다. 관련된 내용은 다음과 같다.[64]

❶ 호랑이 비[65]

나그네가 하루는 팽나무 밑으로 지나가는데 비가 우수수 떨어졌다. 하늘이 총총한데 어째서 하늘에서 비가 내리나 싶어 저만치 걸어가니 또다시 물이 우수수 쏟아졌다. 하늘은 멀쩡한데 비가 오는 것을 이상하게 여기며 괴덕 광석리 모퉁이까지 가기 위해 계속 걸었는데, 소나기가 내리는 것마냥 한참 가다 보면 비가 떨어지고 가다 보면 비가 떨어지고는 했다. 그러다 결국 주위가 환하게 밝혀진 광석리 역전 근처에 도착하니 드디어 비가 그쳤다. 그 연유가 궁금하여 어른들에게 물어보니, 호랑이가 와서 꼬리에 물을 적셔 먹이에 표시를 하기 위해 물을 뿌린 것이었다.

❷ 호랑이비 2[66]

술을 마시고 길가에 쓰려저 자다보니 비가 내리기 시작했다. '비가 오는가'하고 하늘을 쳐다보니 별이 총총하게 떠 있었다. 술이 슬슬 깨서 정신을 차려보니 옆에 웬 커다란 호랑이가 앉아있었다. 덜컥 겁이 들어 정을

64 본문에서 디지털 자료를 인용할 경우, 주소(한국학중앙연구원, 한국구비문학대계, <https://gubi.aks.ac.kr/web/Default.asp>)와 접속 일시(2023년 10월 31일)가 중복되므로 이하 생략하되, 다음과 같은 규칙을 따른다. 한국한중앙연구원의 모바일웹은 '한국학중앙연구원 한국구비문학대계 디지털 자료, "제목", 구술자 성명, 채록지, 채록 연도'의 순으로 표기한다.

65 한국학중앙연구원 한국구비문학대계 디지털 자료, "호랑이 비", 구술자 이선재, 충남 계룡시 엄사면 버들골길 12-8 유동1리 경로당, 2018.

66 한국학중앙연구원 한국구비문학대계 디지털 자료, "호랑이 때문에 술 끊은 사람", 구술자 최용시, 강원도 양양군 현남면, 1981.

차리고 보니 몸이 으슬으슬했다. 호랑이가 그 모습을 보더니 다시 꿈실하고 가는데, 자세히 보니 논에 내려가서 꼬리에 물을 묻혀오고 있었다. 그리고는 꼬리에 묻은 자신의 얼굴에 뿌리는 것이었다. 호랑이는 술취한 사람은 잡아먹지 않고, 술을 깨워 잡아먹는 법이라,

❸ 여우비[67]

(-중략-)술도 마시지 않은 남자가 맨 정신으로 길에서 한참을 자고 있었는데, 차디찬 것이 얼굴을 치는 것이 느껴졌다. 그리고 또 한참 있다가 차가운 것이 철썩하고 닿았다. 자세히 보니 여우가 꼬리에 물을 묻혀서 자는 사람의 얼굴에 철썩 물을 뿌리고 가는 것이었다. (-중략-)

❹ 여우비 2[68]

한 남자가 영산 장에 갔다가 고개를 넘어 오다가 여우를 만났다. 이 남자가 가까스로 여우 앞에서 죽은 척을 하는데 여우가 제 꼬리에 물을 적셔서 남자의 얼굴에 꼬리를 갖다 대며 남자가 살았는지 죽었는지 자꾸만 확인했다. 담력이 센 남자는 대뜸 일어나 여우에게 큰 소리를 쳤다. 여우는 큰 소리를 듣자 놀라서 가버렸다. 그 틈을 이용해 남자는 도망쳐서 목숨을 구할 수 있었다.

67 한국학중앙연구원 한국구비문학대계 디지털 자료, "여우 꼬리를 뽑아온 아버지", 구술자 김종수, 충남 예산군 예산읍 대회리 경로당, 2013.

68 한국학중앙연구원 한국구비문학대계 디지털 자료, "여우에 홀리지 않은 담 큰 사람", 구술자 김말숙, 경남 창녕군 남지읍 시남리 시남마을 마을회관, 2015.

예문 ❶과 ❷에서는 호랑이가 살아있는 신선한 먹이를 잡아먹기 위해 습관적으로 하는 행동에서 호랑이비의 의미가 형성되었음을 보여준다. 호랑이는 실제 동물을 지칭하는 명칭이며, 공포를 유발하는 상위 포식자를 상징한다. '비'는 '명사'이면서도 호랑이의 동태를 함축적으로 담고 있는 어휘라 할 수 있다. 다시 말해, 호랑이비는 맑은 날 호랑이가 신선한 상태의 먹이를 잡아먹기 위해 꼬리에 물을 묻혀 사람에게 뿌리는 물이다. 이러한 의미의 구성은 동물의 생태적 특징을 축약하여 은유로서 언어에 적용한 사례라 할 수 있다.

위의 이야기들은 있음직한 상황으로 생생한 공포성을 발생시키는 공포담이다. 과거 산에서 호식을 당한 희생자의 무덤인 호식총의 수[69]만 보더라도 설득력이 있다. 호식의 공포는 언제나 가까이에 있었다. 맑은 날 떨어지는 빗방울은 일상의 어딘가에서 누군가가 곧 식인당할 수 있는 죽음의 공포와 정면으로 마주하고 있다는 상황을 상상케 하며, 이러한 상황을 상상하는 것만으로 충분히 공포에 다다를 수 있다. 그러한 까닭에 이 관용구를 포함한 이야기는 현실과 괴리가 있는 환상적 이야기보다는 언제든지 우리가 마주칠 수 있는 일상적 이야기에 해당한다

69 우리나라는 산악이 많은 곳으로 범이 서식하기 좋은 환경을 갖추고 있어 예로부터 많은 사람들이 호환을 당하였고, 그 가운데 대부분이 호식되어 버렸다. 그래서 전국의 평야지대를 제외한 산악지대에 호식의 사례가 없는 곳이 없을 정도로 그 피해가 막심하였다. 사람이 범에게 물려가 잡아먹힌 것이 호식이요, 범이 잡아먹고 남긴 시체를 유족이 발견하고는 그것을 그곳에서 화장하고 그 화장을 한 곳에 돌무덤을 만들며 그 돌무덤 위에 시루를 엎어 놓고 그 시루 구멍에 가락을 꽂아 두는 형태의 무덤이 호식총이다. 현재 호식총은 태백산을 중심으로 한 산간마을에 더욱 많이 분포되어 있다. 이미 오래되어 흔적도 없는 곳은 제외하고 현재까지 작은 흔적이라도 남아있는 곳을 조사한 결과 태백시에 50여 개소, 정선군에 약 80여 개소, 삼척국에 약 70여 개소의 호식총이 확인되고 있으며, 그 밖에 봉화군, 영월군, 울진 등 수십 개소의 호식총이 발견되고 있다.
김강산, 『虎食葬』, 태백문화원, 1988, 24-29쪽.

고 할 수 있다. 여기서 공포는 누군가를 잡아먹기 위해 꼬리에 물을 터는 호랑이이므로, 맑은 날에 내리는 '비'는 바로 공포의 기제이자 신호이다. 호랑이비라는 용어 자체가 일상의 '낯선 상황' 속에서 공포의 발생을 예고하는 복선이 될 수 있다.

❸과 ❹에서 역시 비슷한 상황이 연출된다. 특히 위의 예문에서 알 수 있듯이, '호랑이'와 '여우'는 같은 기능(fucntion)을 공유하는 인물군으로서, 서로의 캐릭터를 교차해도 큰 문제가 없다. 바로 같은 동태를 공유하고 있기 때문이다. 사실상 구비문학에서 등장하는 여우, 호랑이, 도깨비는 서로 의미대체가 가능한 '홀림군'으로, 실제로 비와 관련돼서도 공통점을 보인다. '여우비', '호랑이비', '도깨비비'는 모두 '비'와의 친연성이 깊다.[70] 그중 '호랑이비'와 '여우비'는 공포에서 발원하는 물질이자 존재로서, 실제적인 공포성을 갖는다. '도깨비비'는 실제로 등장하는 것이 아닌 은유적 상태인 도깨비불로서 무리 지어 나타난다. 그러나 불과 비의 목격은 다음 날 뜨는 고깃배의 풍어를 상징하므로[71] 공포로 직접 연결되진 않는다. 이와 다르게 여우비와 호랑이비의 경우에는 바로 죽음이라는 공포적 상황으로 전개되므로, 공포성이 가중되어 있다고 볼 수 있다.

과거 호랑이비와 여우비는 그 자체만으로 공포를 상징하고 있지만, 이 공포를 표지하는 관용적 표현이 모순적 날씨를 함의하였을 때 일상에서 겪는 비일상의 낯선 감정이 더욱 극대화된다는 특징이 있다. 맑은

70 오정미, 앞의 논문.

71 도깨비불을 보고 나면 비가 내리는데, 그 비로 꼭 설거지해야 한다는 속설이 전해진다. 도깨비의 불을 보면 다음 날 출항하는 배가 만선이 된다는 이야기도 함께 전해져 도깨비불은 '풍어'를 상징하기도 한다.

날에 내리는 비는 일상 속에서 불현듯 나타난 비일상적 상태나 상황을 의미하며, 이는 다시 우리의 삶 속에서 소나기처럼 불쑥 찾아오는 공포의 죽음으로 치환된다. 우리에게 죽음은 예고 없이 찾아오는 비일상성이다. 곧 여우비는 갑자기 일상으로 찾아온 낯선 죽음의 징조를 상징한다고 할 수 있다.

이렇듯 과거 설화에서 호랑이비와 여우비의 의미는 공포에 가까웠으나, 현재는 양가적 성향을 가진 것으로 보인다. 설문조사에 따르면, '여우비'를 바라보는 대중의 시선에 대한 상반적 결과가 도출되었다. 여우비와 관련한 인식조사에서는 '두렵다/공포스럽다'가 32명, '아름답다/낭만적이다'가 198명, 기타는 119명이었다. 그러나 기타의 경우, 대부분 부정적 감정을 술회하였으므로 1번에 가깝다고 볼 수 있어, 결과적으로 여우비를 대하는 응답자의 시선이 상반적임을 알 수 있다. 또한 여우비와 유사한 표현을 모순에 대한 결합으로 이해한 응답자들도 다수였다.

4.1.2. 혼인담

여우비의 기원에 대한 접근이 전무후무한 것은 아니다. 각종 어원을 다루고 있는 서적에서는 여우비의 혼인담을 통해 그 기원을 설명하고자 했다. 내용은 아래와 같다.

❶ 여우비[72]

㉠ 꾀가 많은 여우가 어느 날 호랑이와 마주치자 살기 위해 머리를 썼다.

---

72 중앙일보 어문연구소 '우리말 바루기'팀, 『한국어가 있다 3: 중앙일보 200만 독자가 열광한 우리말 바루기, 삶의 현장에서 다시 태어나다』, 커뮤니케이션북스, 2005, 281쪽.

"내가 이 세상에서 가장 힘이 세다는 것을 아느냐, 나를 따라와 보면 안다." 호랑이가 말했다. "그럴 리가 있냐? 한번 해 보자, 그래." 여우가 앞서가고 호랑이가 뒤를 따랐다. 정말로 모든 짐승이 겁을 먹고 도망치고 있었다.

㉡ 호랑이도 헷갈리기 시작했다. 여우는 한술 더 떠 호랑이와 살면 좋겠다고 생각했다. 호랑이 옆에 있으니 무서울 게 없으니까. 온갖 여우 짓으로 호랑이를 꾀어 드디어 결혼하게 된다.

㉢ 사실은 그동안 여우를 짝사랑했던 구름이 있었다. 바보같이 먼발치에서 바라만 보고 있었다. 여우와 호랑이가 결혼하던 어느 맑은 날 구름은 애써 환한 미소를 지으며 눈물을 흘렸다.

❷ 여우별/여우비/호랑이장가[73]

㉠ 첫 번째 예문의 '여우별'은 비 내리는 날 잠깐 비치는 별을 이르는 우리말이다. 그 시간이 매우 짧기에 '여우별에 콩 볶아 먹는다'라는 속담이 생겼다. 행동이 매우 민첩함을 비유적으로 이르는 말이다. '여우비'는 여우별에 반대되는 우리말이며, 햇볕이 있는 날 잠깐 내리다가 곧 그치는 비를 가리킨다. 여우비는 구름 한 점 없는 맑은 날씨에 내리고, 소나기는 비구름이 있는 어두운 날씨에 내리는 차이점이 있다. 맑은 날씨에 잠깐 비가 내리면 '여우비' 혹은 '호랑이 장가간다'라고 말하는데, 여기에는 다음과 같은 유래가 있다.

㉡ 꾀 많은 여우가 산에서 주인 행세하고 싶어 호랑이를 유혹했다. 햇살 좋은 날 혼례식을 올렸는데, 평소 여우를 짝사랑하던 구름이 눈물을 흘렸

73 박영수, 『우리말의 발견』, 사람in, 2023, 25-26쪽.

다. 눈물은 비가 되어 땅에 내렸고, 비 맞은 여우가 하늘을 쳐다보자 구름은 애써 미소를 지으며 화창한 날씨로 행복을 빌어주었다.

박영수의 『우리말의 발견』과 중앙일보에서 발간한 『한국어가 있다3』에서는 '여우비'의 유래담을 위와 같이 밝히고 있다. 사실상 ❶의 ㉠부분은 <호랑이설화>에서 자주 보이는 해학담의 일부이다. 호랑이와 토끼의 대결은 강자와 약자의 대립으로서, 약자의 전복적인 승리로 인해 해학을 유발하는 서사구조의 형태를 가진다. 그런데 이 기존의 서사에 갑자기 ㉡과 같은 '결혼'이 추가되었다. 이러한 전개는 그동안 <호랑이설화>에서 보지 못한 서사의 진행이라 낯설다.[74]

또한 박영수는 여우비에 얽힌 얘기를 나름대로 재구성한 것이라 밝히며, 기원의 내용을 ❷-㉡과 같이 제시하고 있다. 이 내용은 ❶에서 ㉡이 탈락한 서사로, ㉢과 유사하다. 여우 어근에 대한 해석도 덧붙였다. '여우' 자체가 잔꾀가 많아 매우 교활한 사람이나 하는 짓이 깜찍하고 영악한 계집아이를 비유적으로 일컫는 말이라고 설명한다.[75] 『한국어가 있다 3』에서도 역시 여우비 외에 여우별이란 낱말이 있는 걸로 보아 단순히 여우처럼 약삭빠름에서 붙여진 말이라 추정하며 어근인 '여우'의 의미를 해석하고 있다. 그러나 이들 모두 이야기와 유래의 출처를 명확히 밝히고 있지 않아 자료 자체에 신빙성을 얻기 어려운 실정이다.

74 본고에서 다루고 있는 동화책의 경우, 이 진행과 흡사하다. 그러나 동화책에서는 ❶-㉢의 부분이 나오지 않는다는 차이가 있다.

75 중앙일보 어문연구소 '우리말 바루기'팀, 앞의 책, 281쪽.

4.2. 여우비의 관용적 표현과 유래담의 상관관계

매체 속 여우비는 일반적으로 날씨를 형용하는 범위에서 크게 벗어나지 않으나, 그 개념 안에서 간혹 변용 또는 전용의 사례들이 나타난다. 여우비 역시 유사한 관용구와 관용어가 서로의 영역에 간섭하며 의미구조를 형성한다. 이때 여우비의 개념적 은유의 의미구조는 유래담과 밀접한 관련을 갖는다. 각각의 관용어구들은 일종의 개념적 은유로서 어떤 개념의 한 측면을 다른 개념의 관점에서 이해하도록 설화적 맥락을 형성한다. 즉, 한 개념이 다른 개념의 관점에서 은유적으로 구조화된다고 볼 수 있다.

기존에 거론되었던 여우비의 유래담은 다음과 같다.[76] 첫째, 호랑이나 여우가 맑은 날 사람을 잡아먹을 때 꼬리에 물을 묻혀 자는 사람을 깨우니 그 물을 보고 사람들이 여우비/호랑이비가 내린다고 하였다. 둘째, '호랑이가 장가간다'는 '동지'의 다른 표현이었으나, 소나기를 의미하는 표현으로 전용되었다. 셋째, 홀아비도 장에 갈 때 갓 쓰고 간다는 말에서 호랑이가 장가간다는 것으로 전용되었다.[77] 넷째, 여우가 호랑이에게 시집가는 것이 슬퍼서 우는 비가 여우비라는 설이다. 마지막으로 여우가 호랑이에게 시집갈 때 여우를 짝사랑하던 구름이 슬퍼서 우는 눈물이 여우비라는 설도 있다. 이 장에서는 각 매체 안에서 나타나는 여우비의 개념적 은유와 의미구조가 앞에서 제시한 다섯 가지의 유래담과 어떤 상관관계를 가지는지 면밀히 살펴볼 예정이다.

---

76 설문조사에서도 기원과 유래에 대한 몇 가지의 내용이 발견되어 추가하였다.

77 구술자: 장○○, 70대, 인천 출신, 현재 경기도 거주.

◎ 여우비

문학 작품에서도 '여우비'에 대한 활용을 볼 수 있다. 아래의 시들은 '여우비'의 가장 보편적인 은유를 활용한 예시로 볼 수 있다.

❶ 여우비[78]

뙤약볕 나는데도/ 오는 비/ 여우비

시집 가는 꽃가마에/ 한 방울 오고

뒤에 가는 당나귀에/ 두 방울 오고

오는 비/ 여우비/ 쨍쨍 개었다

-박목월

❷ 독립기념관(独立紀念舘)을 바라보며[79]

소월(素月) 김정식(金廷湜)의 하늘이란 것이 있다. 갠 날에도 가랑비가 내린다. 여우의 암컷이 시집가는 우리는 그것을 우리 한국인(韓国人)의 여우비라고 한다. 그렇다면 단재(丹齋) 신채호(申采浩)선생의 하늘은 왜 없는가. 선생 가신지 어언 54년. 이 땅의 허인(許人)들은 보라.(답답하구나.) 하늘에는 왜 아직도 입이 없는가.

-김춘수(金春洙)

78 이상준, 「충북지명산책-여우골과 여우고개」, 충북일보, <https://www.inews365.com/news/article.html?no=740981>, 게시일자 2022년 11월 23일.

79 김춘수, <독립기념관(独立紀念舘)을 바라보며>, 조선일보 뉴스 라이브러리, 게시일자 1990년 5월 30일, 접속일자 2023년 12월 30일, <https://newslibrary.chosun.com/view/article_view.html?id=2126419900503m1105&set_date=19900503&page_no=10.>

위의 두 예시에서 사용한 '여우비'의 문맥적 의미 역시 현재의 '여우비'와 동일하다. ❶작품에서는 '뙤약볕'과 '비'의 결합으로 풀이하고 있으며, 본래 관용적으로 따라붙는 '시집(결혼)'과 함께 사용하고 있다. 김춘수의 글 ❷에서는 동일한 날씨를 '갠 날'과 '가랑비'로 선택해, 시인에 따라 은유가 풀이되는 방식을 확인할 수 있다.

또한 김춘수 시인은 작품 안에서 여우의 암컷이 시집가는 것을 한국인의 여우비라고 밝히고 있으나 그가 말한 어원의 출처를 확인하긴 어렵다. 다만 박목월(1915~1978)과 김춘수(1922~2004)의 생몰 연대를 근거로 1910년대부터 '여우비'라는 관용어이자 문학의 개념적 은유가 존재했던 사실만큼은 확인할 수 있다.

❸ 햇비

아씨처럼 나린다
보슬보슬 햇비
맞아 주자 다 같이
욱수숫대처럼 크게
닷 자 엿 자 자라게
해님이 웃는다
나 보고 웃는다

하늘 다리 놓였다
알롱달롱 무지개
노래하자 즐겁게
동무들아 이리 오나

다 같이 춤을 추자

해님이 웃는다

즐거워 웃는다

-윤동주

위의 작품은 시인 윤동주(1917~1945)가 1936년에 발표한 시로, '여우비' 대신 순우리말 '햇비'로 기록하고 있다. 이 시는 순우리말로만 이루어진 시로서, 이때의 여우비도 굳이 '햇비'라고 표현하고 있다. '햇비'는 여우비의 함경남도 방언으로 북한어와 형태가 유사하다. 여우비의 북한어는 '해비'이며, 규범표기는 '햇비[해삐]이다.[80] 이외에도 우리나라에 나타난 여우비의 양상을 살펴보면, 전라남도가 여시비, 경상도에서는 야시비, 강원도는 '영깨이비', '영꼥이비'로도 불린다.[81] 대개의 방언이 여우비에서 변용 및 활용된 것이라면 함경남도의 경우는 날씨 그대로를 표현하는 용어라는 점에서 차이가 있다.

함경남도를 제외한 전국적 용어 분포를 살펴보면 확실히 여우비에서 가장 중요한 의미부는 '여우'이다. 혹자는 여우처럼 재빠르게 갑자기 내리다 그치기 때문에 여우비라고 부른다는 설도 있다. 실제로 개념적 은유로서 '여우'와 비슷한 의미를 공유하는 표현들이 다수 발견된다. 단어나 속담 중에서 여우를 어근으로 사용하는 표현들은 다음과 같다.

---

80 예문으로는 '볼이며 팔을 적시는 해비', '해비에 촉촉이 젖은 얼굴' 등이 있다. 통일부 북한정보포털 북한용어사전, <https://nkinfo.unikorea.go.kr/nkp/term/termDicaryList.do>, 검색일자 2023년 10월 20일.

81 이 표현은 다음의 자료에서만 보인다. wordrow, <https://wordrow.kr/%EC%82%AC%ED%88%AC%EB%A6%AC/392641/%EC%97%AC%EC%9A%B0%EB%B9%84/>, 접속일자 2023년 10월 20일.

· 여우비 = 여우 + 비(볕이 나 있는 날 잠깐 오다가 그치는 비)
· 여우별 = 여우 + 별(궂은 날 구름 사이로 잠깐 났다가 사라지는 별)[82]
· 여우잠 = 여우 + 잠(겉잠의 북한어로, 깊이 들지 않고 설풋 자는 잠)
· 여우눈 = 여우 + 눈(볕이 나 있는 날 잠깐 내리다가 그치는 눈)
· 여우볕 = 여우 + 볕(비나 눈이 오는 날 잠깐 났다가 숨어 버리는 볕)
· 여우볕에 콩 볶아 먹는다/장마철의 여우볕

각 단어들의 어근이자 개념적 은유의 중요한 의미부인 '여우'는 '순간', '잠깐', '찰나' 등의 일시적 순간을 의미하며, 시간과 관계된 부사나 형용사의 의미로서 종합된다. '여우비'는 '짧다'라는 시간적 은유를 내재한 동물명칭과 '비'가 결합하여 '짧은 시간 동안 잠깐 내리는 비'라는 의미로 전이된 관용어로 보인다.

'여우'와 '비', 두 명사의 결합은 모순된 날씨를 표현하기 위해 만들어졌다. 앞서 '호랑이비'와 마찬가지로 언어 자체에 모순적 결합이 보이지 않지만, 사람들은 이 표현 자체만으로 어떤 모순을 읽어냈다. 설문조사의 결과에서는 여우비와 유사한 표현을 묻는 문항에 대해 '변덕'과 관련 깊다는 답변이 상당했고 이외에도 '마른하늘에 날벼락' 등과 연관 짓는 경우도 많았다.

이렇듯 응답자들은 날씨뿐만이 아닌 모순적 언어의 결합 자체를 '여우비'와 같은 맥락으로 생각하는 경향을 보였다. 특히 제주도의 한 구술자의 경우, '벨(볕)난디 벼락 맞을 켜'를 여우비의 유사한 표현으로 생

82 박남일, 『좋은 문장을 쓰기 위한 우리 말 풀이사전』, 서해문집, 2011[2004], 34-45쪽.

각하고 있었다.[83] 별과 벼락의 결합을 별과 비의 동일 선상에서 사유한다는 것이 특징적이다.

◎ 여우가 시집간다/호랑이가 장가간다

여우비 외에도 '여우가 시집간다', '호랑이가 장가간다' 등의 동일 표현이 있다. 그러나 여우비와 마찬가지로 이 두 개의 관용구가 형성하게 된 계기나 유래담을 찾기 어려웠다. 여우비에서 '여우가 시집간다'와 '호랑이가 장가간다'의 표현은 어떻게 이루어진 것이며 과연 이 표현들은 서로 관계가 있을까? 또한 여우비와도 관계가 있을까? 가장 먼저 '호랑이가 장가간다'는 24 절기 중 동지(冬至)를 달리 부르는 말이다. 동지는 낮이 가장 짧고 밤이 가장 긴 절기이다.

> 동짓날 저녁은 호랑이 장가가는 날인데 몸이 뜨거운 호랑이가 교미하라고 날씨가 아주 춥다. 그리고 이날 방사(房事)를 하면 자식이 호랑이처럼 적다고 금한다.[84]

위의 내용에 따르면, 민간에서는 호랑이가 열이 많은 동물이라고 믿어, 밤이 긴 동짓날에 날씨가 추워 호랑이가 교미를 할 것이라고 여겼

83 구술자: 고○○, 70대, 제주도 출신, 현재 제주도 거주.
이 표현은 "너무 없는 말을 하니까 분통이 터진다. 너 그렇게 하다가는 벼락 맞겠다."라는 뜻으로, "마른 하늘에 날벼락"보다 조금 의미가 확장된 표현으로 보인다.

84 임동권, 『한국세시풍속연구』, 집문당, 1985, 392-393쪽.

다. 이 때문에 의미상 동지와 동일한 표현[85]으로 호랑이 장가가는 날을 사용하였다고 전한다. 특히 경상남도 세시 풍속에 따르면 이와 관련한 내용이 상세하게 기술되어 있다.[86] 처음에 동지는 밤이 가장 긴 것을 나타내기 위한 용어였다가, 호랑이의 생태적 특성과 '시간'이 연결되어 방사의 의미로 전이되었고, 결국 이 방사가 다시 가장 긴 밤의 공포와 결합하면서, 액운과 급사를 초래하게 만들었다. 훗날 대부분의 의미가 탈락하고 사람의 방사를 금지하는 금기만이 동지에 남게 된다. 이때 '호랑이'와 동지는 '결혼', '위험'의 의미를 축약하고 있다고 볼 수 있다.

여우의 경우, 짧게 내리는 비를 표현하기 위해 의미부가 사용되었다면, 호랑이는 평소에는 어려웠던 일이 동지라는 한정된 시간 동안에 이루어진 방사를 설명하는 동시에 그 위험성을 함께 내포하고 있다고 볼 수 있다. 흥미로운 점은 맑은 날에 짧게 내리는 소나기를 관용구로 만들기 위해, 기존에 있던 비슷한 관용구를 재활용한 점이다. 이렇듯 민

---

85 〈한국학영문용어용례사전에〉서도 역시 "호랑이 장가가는 날"을 동짓날(춥고 밤이 긴 날에 호랑이가 교미를 할 거라는 민간신앙에서 유래)의 이칭이라 설명하였다.
한국학중앙연구원, 〈호랑이 장가가는 날〉, 한국학영문용어용례사전, 〈http://waks.aks.ac.kr/rsh/dir/rview.aspx?rshID=AKS-2013-KCL-1220001&callType=srch&dataID=AKS-2013-KCL-1220001_DES@023568〉, 접속일자 2023년 12월 30일.

86 이 말은 호랑이의 생태적 특성과 관련되어 유래되었다고 한다. 한편 이날은 부부간의 방사(房事)를 금기시한다. 그 이유는 호랑이가 동짓날 교미를 하여 평생 한 마리의 새끼만 낳기 때문에 사람도 방사를 하면 자식이 적다고 믿었기 때문이다. 경상남도를 중심으로 이러한 세시풍속이 전해지고 있는데 현재 그 의미는 다소 변하였다. 곧 호랑이의 생태적 특성에 대한 언급은 탈락되고 단순히 방사를 금해야 한다는 의미로만 전승되고 있다. 방사 금기의 이유도 달라졌다. 동지는 일년 중 밤이 가장 길기 때문에 잡귀의 활동이 왕성하다고 하여 방사를 하면 잡귀가 시기하여 남자에게 액운이 닥치며 심지어는 급사하게 된다고 믿고 있다.
한국민속대백과사전, 〈https://folkency.nfm.go.kr/topic/%ED%98%B8%EB%9E%91%EC%9D%B4%EC%9E%A5%EA%B0%80%EA%B0%80%EB%8A%94%EB%82%A0〉, 검색일자 2023년 10월 11일.

간에서 기존에 사용하고 있던 관용적 표현이 은유의 활용을 통해 재이식됐다는 점에서 다른 관용적 표현보다 '호랑이가 장가간다'의 이른 형성이 일견 더 타당해 보이기도 한다.

과거에는 '여우가 시집간다', '호랑이가 장가간다'는 관용적 표현이 독립적으로 자생했다. 설문조사에서도 두 관용구의 독립적 자질이 확인된다. 그러나 갑자기 두 독립적인 관용구에 변형이 생긴다. 2000년대에 이르러, '여우가 시집간다'와 '호랑이가 장가간다'의 표현과 더불어 기원의 문제가 불거지다 어느 순간 이 두 관용구에 '구름'의 내용이 삽입되어 새로운 기원의 내용이 전파되기 시작했다. 내용에 따르면 여우가 산의 주인이 되고 싶어 호랑이와 결혼하고, 여우를 짝사랑하던 구름이 이 결혼을 슬퍼해서 눈물을 흘렸다는 것이었다.

옛이야기에서 구름과 관련한 내용을 찾았으나 『한국구비문학대계』나 다른 문헌 자료에서는 찾기 어려웠다. 현재 구름의 이야기를 유래담이라고 작성한 기록 역시 확실한 출처를 밝히고 있지 않다. 사실상 대부분의 관용적 표현의 기원이나 유래가 밝혀지지 않는 경우가 다수이나, 확실하지 않은 정보가 사실화되어 전승되는 경우는 일반적 사례로 보기 어렵다.

특히 『한국어가 있다 3』에서는 '여우비'가 생기고 나서 '여우 시집가는 날'과 '호랑이 장가가는 날'이 파생된 것으로 보고 있다.[87] 그러나 '호랑이가 장가간다'의 의미가 이미 동지와 상응하고, 생태계적 특성에서 기인한 것을 감안했을 때 그와 같은 추정은 다분히 성급해 보인다. 이러한 내용들은 사실상 조사를 통하지 않고 무분별하게 수집되어 오염에

87 중앙일보 어문연구소 '우리말 바루기'팀, 앞의 책, 281쪽.

동원된 경우이다. 나무위키나 위키백과 등과 같은 오픈 서비스에서도 이러한 내용을 각주 삼아 사실인 것처럼 호도하고 있는 실정이다.

여우비의 유래담에서 구름이 언급된 사례를 보면 대부분 2004년 이후부터 발생한 것으로 보인다. 네이버에 게시된 자료를 기준으로 추적하자면, 확실히 본격적인 구름의 등장은 2004년부터 시작되었다. 이들의 출처는 대부분 "옛이야기"라고 명시되어 있으나 명확하지 않고, 관련 내용이 게시된 시기 또한 2004년부터인 것으로 보아 의혹의 여지가 있다. 이와 관련하여 비슷한 시기의 2002년 7월 4일에 대중가수 쿨이 발매한 〈여우비〉라는 노래에 주목할 필요가 있다. 쿨의 가사를 살펴보면 다음과 같다.

> 오늘 그녀가 행복한 모습으로 멀리 떠나갑니다. 지금 밖에는 여우비가 내립니다. 아주 먼 옛날 작은 마을에 여우를 너무도 사랑한 구름이 있었죠. 하지만 그 곁에 다가갈 수 없기에 그저 바라보는 사랑으로 행복해했죠. 그렇게 시간이 흘러 햇살이 맑은 어느 날 그런 사랑도 모른 채 여우는 볼 수 없는 먼 곳으로 떠나야 했죠. 사랑했던 그 구름처럼 내 말하지 못한 사랑에 널 이대로 보내고 내 눈물이 비가 되겠지. 떠나버린 사랑처럼 나 가끔은 많이 그리워 할 것 같아 맑은 날에 비가 내리면 가질 수 없는 사랑임을 알기에 구름은 여우를 원망하지 않았습니다. 한동안 맑은 햇살을 등뒤로 조심스런 눈물로 바라볼 뿐이었죠. 나도 그녀를 미워하지 않습니다. 말하지 못한 내 사랑만 후회 할 뿐이죠 여우를 보낸 구름처럼 애써 환한 미소로 그녀를 보냅니다.
> 그렇게 사랑했었던 여우가 시집가던 날 햇살도 가리지 못해 멀리서 비가 되어 눈물 짓던 사랑이었죠. 사랑했던 그 구름처럼 내 말하지 못한 사랑에 널 이대로 보내고 내 눈물이 비가 되겠지. 떠나버린 사랑처럼 나 가끔

은 많이 그리워 할 것 같아 맑은 날에 비가 내리면 바라만 보는 사랑에 가끔은 행복했었지. 하지만 다신 없기를. 이렇게 널 아직도 보내지 못해 그저 바라만 보고 있어 널 사랑해 every day every night 내 힘들던 사랑도 이제는 쉴 수 있기를. 바보같은 저 구름처럼 나 언젠가 다시 눈물 흘릴지 몰라. 여우비가 오는 날에는.

검색포털을 조사한 결과, 처음으로 '구름'이 언급된 것은 위의 노래이다. 노래의 가사에서는 우리에게 익숙한 '여우가 시집가는 날', '여우비'가 등장하지만, 호랑이는 등장하지는 않는다. 새로운 캐릭터의 등장은 '비'와 밀접한 관계를 맺고 있지만, 나머지 캐릭터들과의 관계는 찾아보기 힘들다. 과거에는 간혹 '여우비'의 언급만이 있었을 뿐 기원 자체에 대한 능동적인 요구가 보이지 않았다면, 2004년부터 여우비에 대한 기원의 문제가 거론되면서 구름의 이야기가 언급되기 시작한 것으로 보인다.

설문조사에서 역시 이 노래를 통해 해당 내용을 알게 됐다고 답한 사람들이 있었다. 설문조사에서 구름과 관련한 유래담을 작성한 사람은 총 4명이다. 그중 3명은 50대이며, 1명은 40대로 비슷한 연령대이다. 그렇다면 응답자들은 20-30대에 이 대중가요를 접했던 연령대로 볼 수 있다. 특히 연령대가 높을수록 호랑이가 장가간다는 표현은 알고 있으나, 여우와 관련한 용어는 잘 인지하지 못하는 경향을 보였다.

결국 2002년에 발매한 노래를 통해 구름의 캐릭터가 새롭게 등장했고 기존에 존재하던 캐릭터와 새로운 캐릭터의 조합을 통해 또 다른 의미까지 생성된 것으로 파악할 수 있다. 새로운 인물의 등장과 함께 짝사랑이라는 새로운 의미적 맥락을 제시하게 된 것이다. 이것은 매체를 통한 이야기의 변형이자 원형의 변형이다. 기존에 전승되던 내용에 새로운 이야기가 덧입혀지며 정보의 변화가 발생한 것이다.

쿨의 〈여우비〉에 호랑이가 등장하지 않았음에도 불구하고, 나머지 두 관용구에도 변화가 생겼다. 구름이 기원 문제에 개입하고 난 이후에 '여우의 시집'과 '호랑이의 장가'가 의미적으로 결합하기에 이른다.

· 여우가 + 시집가다

· 호랑이가 + 장가간다

· 여우비/여우가 시집간다 + 호랑이가 장가간다 + 구름

우선 '여우가 시집간다'와 '호랑이가 장가간다'는 동일한 의미의 관용구가 병렬적 통합을 이루었고 이로 인해 의미의 확장까지 진행됐다. 이전에는 유사한 동태에 주어부인 동물명만 교체되는 관형구의 구조로 동일한 맥락에서 선택적으로 사용하였다면, 2004년 이후부터 두 관용어구에 의미의 연결이 생기면서 스토리텔링이 이루어졌다.

· 여우가 ( )에게 시집간다 [선택] 호랑이가 ( )에게 장가간다

· 여우가 ( )에게 시집간다 [결합] 호랑이가 ( )에게 장가간다

· 여우가 (호랑이)에게 시집간다 + 호랑이가 (여우)에게 장가간다

→ 여우와 호랑이가 결혼한다

→ (구름이 여우를 좋아한다) + 여우와 호랑이가 결혼한다 + 비가 내린다

→ 구름이 여우를 좋아하는데 여우와 호랑이가 결혼해서 구름이 눈물을 흘려 비가 내렸다

즉, 과거에는 여우가 시집을 가거나 호랑이가 장가를 가는 선택의 문제였다면 현재는 이 두 의미가 자연스럽게 연결되면서 새로운 문맥이 형성되었다. 여우와 호랑이 모두 결혼 상대가 불분명하였으나, 어느 순간 상호 정보의 공백이 엇물리며 독립적이었던 두 의미가 결합되고 이 병렬구의 결합을 통해 의미 또한 새롭게 변화되었다. 그레시아노(Greciaono)는 제2의 창조적 구체화를 '관용구 빈자리의 상황적 채움 현상'이라 부른다.[88] 숙어적 결합을 통한 의미의 은유적 확장이 이루어진 셈이다. 이 은유적 확장은 설화적 맥락 안에서 가능한 것이다. 이것은 대중가요를 통해 이루어진 것이므로, 매스 커뮤니케이션(mass communication)[89]에 의한 창의적 언어 현상이라 볼 수 있다.

· (맑은 날)호랑이의 꼬리로 물을 털다

· (맑은 날)여우의 꼬리로 물을 털다

『한국구비문학대계』에서 나타난 여우비/호랑이비도 비슷한 맥락에서 발생된 표현이다. 여우와 호랑이의 서술부가 중복되는 경우 이와 같이 동일한 상황이 발생한다. 두 캐릭터의 중복된 동태와 기능(function)에서 캐릭터의 구분에 대한 인지가 불분명해졌고, 여우비와 호랑이비의 의미부 역시 공유하게 된다.

『한국어가 있다 3』에서는 관용어 및 관용구가 생성된 순서를 '여우

88 장기성, 「관용어의 변형」, 『언어과학연구』 70, 언어과학회, 2014, 390쪽.

89 매스 커뮤니케이션은 신문, 잡지, 라디오, 텔레비전 영화 등 매스 미디어라는 현대적 기술적 수단을 통하여 대중에게 대량으로 전달되는 의사소통을 말한다.
정철수, 『매스·커뮤니케이션 연구』, 학문사, 1985, 14쪽.

비', '여우 시집가는 날', '호랑이 장가가는 날'로 보고 있으나[90], 굳이 발생 순서를 규명하자면, 필자는 역순이라고 판단된다. 설문조사 결과에 따르면, 여우비를 인지하고 있는 사람은 274명이며, 75명은 '여우비'라는 단어를 모른다고 대답하였고, 대신 '호랑이가 장가간다'라는 표현으로 인식하고 있었다. 특히 연령대가 높을수록 '호랑이 장가간다'의 인지도가 압도적으로 높았다. 즉, 시간 순서상으로 여우비보다 '호랑이가 장가간다'의 사용이 앞선 것으로 확인된다. 특히 50대 이상은 여우비의 사용보다 주어와 동태부가 결합한 관용적 표현을 더 기억하고 선호하는 편이었다.

순서상 민간에서는 이미 호랑이 장가가는 날을 동지와 연결하여 사용하고 있었다. 그런데 호랑이와 여우의 캐릭터 간에 의미 교란이 생기면서 유사한 관용구로 전이되었고, 그 뒤에 '여우가 시집간다'의 관용구가 여우비로 축약되면서 관용어로 정착된 것이 아닐까 추정한다. 그 뒤에 새로운 미디어의 전승으로 동태가 탈락한 여우비에 구름의 개념이 덧붙어지면서 은유의 영역이 정서적 개념까지 확장된 것으로 보인다.

그동안 여우는 부정적인 인식이 형성된 캐릭터에 가까웠다. 여우 뒤에 연결된 의미부인 강제된 결혼 역시 긍정적인 측면으로 보긴 어렵다. 사람들은 구름의 서사를 개입시켜 부정적 개념이었던 여우에게 동정과 연민이라는 심리적이고 정서적인 개념을 이입시킨다. 호랑이와 여우가 기존에 존재했던 전통적인 동물 캐릭터이자 개념이었다면, 구름은 그에 비해 상대적으로 현대적인 캐릭터에 해당한다.

실제로 구비문학에서 '구름'은 캐릭터이기보다는 '지명'이나 '공간'을

---

90 중앙일보 어문연구소 '우리말 바루기'팀, 앞의 책, 281쪽.

대표한다. 문학상에서 '구름'과 관련한 내용은 높은 지대나 위치를 나타내기 위한 은유적 표현에 지나지 않는다. 예컨대, 〈구름산에 살던 호랑이 새끼〉[91]와 〈이여송이 혈 찌른 구름 고개〉[91] 등에서 지명이 삭제된 공간의 익명성을 보여주는 동시에 인적이 드문 험하고 높은 지대를 표현하는 정도로 볼 수 있다.

'구름'과 같은 관용구와 비유적으로 동기화된 단어들은 문화적 표식의 자료가 되기도 한다.[93] 구름을 통해 짝사랑이라는 정서적 개념으로 확장된 여우비는 뉴미디어에서 뉴뉴미디어[94]로 이어지는 과정에서 새롭게 탄생한 개념이자 은유라 할 수 있다. 매체의 흐름 속에서 개념의 전이가 이루어지고, 환경과 문화 속에서 언어가 변화한다. 구름으로 오염된 여우비의 새로운 원형은 뉴미디어를 연계한 뉴뉴미디어의 관용어적 새로운 변형 모델이라 할 수 있다.

---

91 한국학중앙연구원 한국구비문학대계 디지털 자료, "구름산에 살던 호랑이 새끼", 구술자 이상덕, 경기도 광명시 소하 2동, 2013.

92 한국학중앙연구원 한국구비문학대계 디지털 자료, "이여송이 혈 찌른 구름고개", 구술자 임영기, 경상북도 예천군 개포면, 1984.

93 최윤희, 앞의 논문, 171쪽.

94 뉴뉴미디어는 폴 레빈슨이 제언한 신문, 텔레비전 같은 고전적 미디어와 구별되는 미디어로서, 이메일과 웹사이트 같은 뉴미디어보다 새롭게 출현한 미디어를 정의한다. 뉴뉴미디어는 모든 소비자가 생산자가 될 수 있다는 특징이 있으며, 블로깅, 유튜브, 위키피디아, 페이스북, 트위터(X) 등이 해당한다.
Paul Levinson 저/설진아·권오휴 역, 『뉴뉴미디어(NEW NEW MEDIA)』, ㈜피어슨에듀케이션코리아, 2011, 15-25쪽.

◎ 홀아비도 장에 갓 쓰고 간다

앞서 다룬 두 관용구 이외에도 설문조사에서 여우비와 관련한 새로운 표현이 발견되었다. 바로 "홀아(애)비도 장에 갈 때 갓 쓰고 간다."는 표현이다.[95] 문장의 구성상 여우나 호랑이와의 상관성이 눈에 띄지 않으며, '비'나 '결혼'을 의미하는 표현도 보이지 않아 '여우비'와 상관성을 찾기 어려웠다. 그런데 설문 조사에서 구술자는 이 말에서 전용되어 '호랑이 장가간다'는 말이 나왔다고 구술했다. 현재 이 표현은 어디에도 남아 있지 않다. 70대의 구술자 역시 옛 어른들에게 들었을 뿐 그 뜻과 기원은 자세하게 기억하지 못했다. 즉, 현재 사장되어 가는 표현으로 추정된다.

그런데 뉴뉴미디어에서 이와 비슷한 어원을 제기한 내용을 발견했다. 한 개인 블로그 작성자는 "분명 하늘은 맑고 햇빛이 있으니 비가 올 거라는 생각을 하지 못한다. 그런데 갑자기 비가 내리면 피할 거라곤 갓뿐이다. 평소 갓을 쓸 일이 없던 홀아비도 이런 날이면 장마당에 갓을 쓰고 간다."[96]라고 표현의 의미를 밝히고 있다.

표현의 구성을 보면, 주어부인 '홀아비'와 '갓을 쓰다'는 동태부가 결합되어 있으며, '(시)장'이라는 장소성이 함께 제시되어 있다.

· 홀아비도 장에 갓 쓰고 간다.
  호랑이 + 비와 관련한 동태

95 구술자: 장○○, 70대, 인천 출신, 현재 경기도 거주.

96 작성자 임○○, 네이버 블로그, 〈https://blog.naver.com/blue12345a/222089324752〉. 게시일자 2020년 9월 14일, 검색일자 2023년 10월 30일.

중요한 부분은 주어부인 '홀아비'다. 구술자는 주어부의 형성이 홀아비와 호랑이의 발음의 유사성에서 비롯되었을 것으로 추정하고 있으나, 의미의 맥락에서는 주어부와 동태부의 연결이 필수적인 것으로 보인다. 홀아비는 행색이 초라하고 고달파 보이는 사람을 비유적으로 이르는 말로, '양주 사는 홀아비'에서도 그 뜻을 유추할 수 있다.

이 관용적 표현에서 '갓'은 홀아비의 신분과 행색을 보여주는 도구이자 비를 가리기 위한 본래의 용도로 보인다. 즉 이 관용구는 허름한 행색을 한 홀아비가 갑자기 내릴지 모르는 비를 피하기 위해 평소에 쓰지 않은 갓을 쓰고 장에 간다는 뜻으로 해석할 수 있다. 여기서 '갓을 쓰다'는 '비'를 연상케 하는 전조 행위를 뜻한다는 점에서 '호랑이 장가간다'의 전용의 흔적을 짐작할 수 있다.

앞의 두 사례와 마찬가지로 동태부가 '비'와 직접적인 연관성을 갖지 않고 의미의 여백을 갖는다는 점이 공통적이다. 새롭게 등장한 이 관용구는 갓 쓸 일이 없는 홀아비조차도 비를 피하고자 갓을 준비한다는 의미로, 민간에서 예고 없이 찾아오는 여우비에 대한 대처가 엿보인다. 앞서 살펴본 유래담의 유형인 공포담과 혼인담의 상관관계를 찾을 수 없어 독립적으로 발생된 여우비의 또 다른 관용적 표현으로 파악된다. 그러나 사장되어 가는 표현을 새롭게 발굴한 것으로 그 의의가 있다.

4.3. 새로운 미디어에 나타난 여우비의 의미

과거 '호랑이비'나 '여우비'의 표현이 비가 오는 와중에 햇빛이 찌는 이중적 날씨의 상황을 형용하거나 호식의 공포성에 집중됐다면 여우비의 현대적 활용은 '짝사랑'의 의미에 가깝다. 현대의 뉴미디어에서 '여우비'를 다루는 양상을 보면, 변형된 의미가 관용적 표현으로 굳어지고 있음을 확인할 수 있다. 이 장에서는 새로운 미디어의 커뮤니케이션에서 나타난 '여우비'의 관용적 사용을 통해 그 변형된 의미를 파악하고자 한다.

앞서 다룬 쿨의 〈여우비〉 외에도, 드라마 OST인 노래에 여우비가 또다시 등장한다. 〈내 여자친구는 구미호〉의 OST 역시 "여우비"라는 제목을 달았다.

❶ 음악: 여우비

사랑을 아직 난 몰라서 더는 가까이 못가요 근데 왜 자꾸만 못난 내 심장은 두근거리나요 난 당신이 자꾸만 밟혀서 그냥 갈 수도 없네요 이루어질 수도 없는 이 사랑에 내 맘이 너무 아파요 하루가 가고 밤이 오면 난 온통 당신 생각뿐이죠 한심스럽고 바보 같은 날 어떻게 해야 좋을까요 마음이 사랑을 따르니 내가 뭘 할 수 있나요 이루어질 수도 없는 이 사랑에 내 맘이 너무 아파요 두비루비루랍퐈 두비루비루 퐈 두비루비룹 두비루비룹 두비루비루 퐈 두비루비루 파 두비루비루 퐈 두비루비룹 두비루비룹 하루가 가고 밤이 오면 난 온통 당신 생각뿐이죠 한심스럽고 바보 같은 날 어떻게 해야 하나요 내 아픔이 무뎌져 버릴 날이 언제쯤 내게 오긴 할까요 한심스럽고 바보 같은 날 어떻게 하란 말인가요 달빛이 너무나 좋아서 그냥 갈 수가 없네요 당신 곁에 잠시 누워 있을게요 잠시만 아주 잠시만 두비루비루랍퐈(반복)

-노래 이선희, 2010.

위의 노래는 2010년에 발매한 이선희의 드라마 OST로 드라마의 여주인공인 '여우'의 관점에서 작곡된 노래이다. 꾸준히 사랑받는 노래로서, 최근에도 새로운 커버곡[97]이 발매되었다. 이 노래는 이루어지지 못한 비운의 사랑 이야기를 주로 다루고 있어 앞서 살펴봤던 구름의 이야기를 연상케 한다. 하지만 이 노래에서 여우비가 내리는 이유는 구름이 아닌 여우이다. 맥락상 주체의 감정에서 연원한 비가 여우비가 된 것이므로, 구름의 이야기보다는 언어의 형성면에서 더 자연스러운 결과로 보인다.

비록 노래의 가사에 '여우', '호랑이', '구름' 등이 등장하지 않지만, "이루어질 수도 없는 이 사랑에 내 맘이 너무 아파요" 등의 가사를 통해 '짝사랑' 또는 '이루어질 수 없는 사랑'을 노래하고 있다. 쿨의 여우비가 여우와 구름의 관계성에서 비롯한 정서를 노래했다면, 이 노래에서는 비록 여우와 호랑이, 구름이 등장하지 않아도 여우비 자체가 여우의 짝사랑의 의미를 표상하고 있다고 할 수 있다.

애니메이션과 드라마, 각종 방송 매체를 포함한 뉴미디어에서 역시 '여우비'에 대한 활용이 활발했다.[98]

---

97 '커버(cover:덮다/씌우다)'와 노래라는 의미의 '곡'의 합성어로, 다른 사람의 노래에 자신의 목소리를 씌운다는 것을 의미한다. 즉 자신이 다른 사람의 노래를 자신만의 음색으로 편곡해서 부른 노래를 말한다.

98 애니메이션 〈천년 여우 여우비〉는 여우비 자체가 주인공 이름으로 설정되어 있을 뿐, 인간이 되고 싶은 구미호에 착안한 이야기이다. 여우비라는 이름 역시, '비'와 관련이 없고, 실제로 비에 대한 이야기도 극 중에서 다뤄지지 않아 이 장에서 제외한다.

❷ 영상매체: 2008년 도쿄, 여우비 드라마 중[99]

정현수: 아우 웬 여우비…. 호랑이 장가가나.

이수진: 호랑이가 장가가는데 왜 여우비라 그러지?

정현수: 여우가 시집가니깐.

이수진: 호랑이가 사랑했는데 여우가 딴 데로 시집갔구나? 어후, 안됐다.

정현수: 바보야. 구름이 우는 거야.

이수진: 구름이? 왜?

정현수: 사랑한 건 여우랑 구름이니까. 여우가 구름을 배신하고 호랑이한테 시집가니깐 구름이 슬퍼서 우는 거 아니야. 햇님 뒤에 숨어서 몰래 그러니까 구름도 없는데 비가 오지.

이수진: 어머. 정말 그러네? 세상에서 제일 슬픈 비네. 불쌍해라.

- 도쿄, 여우비 中

2008년 방영된 도쿄 여우비 드라마 중에서도 여우비의 기원에 대해서 설명하는 부분이 나오는데 앞에서 언급한 박영수와 중앙일보의 어문연구소의 유래담과 흡사하다. 드라마 〈도쿄, 여우비〉에서는 관용어 및 관용구 모두가 등장한다. 드라마의 대사 중에서 언급된 기원 역시 비와 결합한 주체인 구름의 감정에 이입해서, 그의 눈물이 비로 내린다고 설명한다. '여우비'는 날씨를 형용하는 단순 개념에서 개념의 정서적 은유화가 일반적인 상황이 되었다. 또한 쿨의 〈여우비〉와 어원서적처럼 ❷에서도 여우를 사랑한 구름이 비를 내리게 한 주체인 것

99 〈도쿄, 여우비〉는 SBS에서 편성된 4부작 드라마로, 2008년 6월 2일부터 2008년 6월 10일까지 방영하였다.

도 동일하다.

'여우비'와 관련한 동화책도 있다. 바로 『여우 시집가고 호랑이 장가가고』,[100]이다. 이 이야기는 구비문학에서 자주 볼 수 있는 여러 가지 이야기가 뒤섞여 있다. 이야기의 내용은 다음과 같다.

❸ 동화책: 여우 시집가고 호랑이 장가가고

① 호랑이와 여우가 만났다.

② 호랑이가 여우를 잡아먹으려고 하였다.

③ 여우가 호랑이에게 자신이 하늘이 정한 숲의 여왕이라고 말했다.

④ 여우가 앞장서고 호랑이가 뒤따라갔다.

⑤ 동물들이 여우와 호랑이의 모습을 보고 도망쳤다.

⑥ 호랑이가 여우에게 속아 여우를 놓아주었다.

⑦ 여우가 호랑이를 생각하고 있는데, 토끼가 와서 호랑이가 아프다고 전했다.

⑧ 여우가 호랑이에게 와서 목에 걸린 커다란 가시를 꺼내주었다.

⑨ 여우와 호랑이가 사랑에 빠졌다.

⑩ 여우가 까치를 불러 호랑이와 자신의 중매를 서달라고 부탁했다.

⑪ 호랑이와 여우가 혼례를 올렸다.

⑫ 여우가 꽃가마를 타고 호랑이네 집으로 갔다.

⑬ 햇볕이 쨍쨍한데 빗방울이 떨어졌다.

⑭ 사람들이 해가 나 있는데 비가 오면 여우가 시집가고 호랑이가 장가간다고 말했다.

---

100 글 유다정, 그림 유승하, 『여우 시집가고 호랑이 장가가고』, 책읽는곰, 2013.

이 이야기는 총 3가지의 이야기가 얽혀 있다. 첫 번째 서사인 ①~⑥까지는 구비문학에서 자주 등장하는 해학담의 일종으로, 호랑이와 여우의 대립구도가 앞쪽에 배치되고, 해학으로 재미있게 풀어낸다. 약자로 표상되는 여우가 강자인 호랑이를 이기기 위해 꾀를 쓰고, 어리석은 호랑이가 여우에게 속아 결과가 전복되는 이야기를 다루고 있다.

⑦~⑧은 호랑이의 보은담에 해당한다. 대체로 여우가 아닌 사람이 대상이 되어, 훗날 호랑이의 목숨을 구완한 대가로 필요한 것들을 증여받는 이야기다. 대개의 이야기에서는 아녀자를 잡아먹은 호랑이가 목에 비녀가 걸려 괴로워할 때 사람이 나타나 도와준다는 전개이나, 여기에서는 원인이 생략되었다. 또한 이야기의 결말 역시 호랑이가 생명의 은인에게 필요한 물건을 증여함으로써 보은한다는 내용으로 전개되지만, 여기에서는 물건의 증여가 아닌 사랑하는 관계로 전환되었다는 차이가 있다. 즉, 물질의 보상이 정서적인 형태로 변형·대체되면서 두 캐릭터 간의 '일회적 관계'가 아닌 '지속적 관계'가 형성되었다.

⑨~⑭는 그동안 발견되지 않은 내용으로, '호랑이가 장가간다', '여우가 시집간다'의 의미적 결합이 스토리화되어 있다. 특히 전통 혼례에 대한 과정을 세세하게 다루고 있어, 민속과 관련한 지식 전달 차원에서도 의미가 있다. 그러나 기존에 삽입되었던 '구름'의 존재가 없으며, '여우비' 역시 단순히 두 존재의 결합에서 나타난 우연한 날씨로만 서술되어 있어, 의미적 공백이 느껴진다. 그러나 이 동화책 역시 여우가 시집가고 호랑이가 장가간다는 두 의미를 어떻게든 해결하고자 하는 노력이 보인다.

과거부터 지금에 이르기까지 '여우비'는 이야기의 '원형'으로서 무궁무진한 가능성을 내포한다. 커뮤니티에서 '여우비'는 이야기의 좋은 원천 소스가 된다. 그만큼 여우비와 관련한 이야기를 전승하거나 개인의 순수 창작물들 또한 많이 배출하고 있다. 커뮤니티에서는 앞서 다뤘던 '구름'과 관련한 '여우비'의 이야기를 개인 경험담으로써 구술하는 경우도 있다. 아래의 내용은 '여우비'를 모티프로 삼아 커뮤니티에서 구술된 이야기이다.

❹ 커뮤니티: 여우비 이야기-移也記[101]

"옛날에 할머니는 맑은 날 하늘에서 비가 내리면 여우가 시집을 가는 거라고 했다. 여우를 멀리 시집보내는 게 너무 서운해서 여우의 엄마, 아빠가 우는 거라고 했다."

❺ 커뮤니티: 여우비[102]

① 섬에서 1년에 몇 번씩 비가 많이 내려서 홍수가 자주 났다.

② 사람들이 여우가 시집을 가서 구름이 슬퍼해 눈물을 흘리는 거라고 했다.

③ 사람들이 비를 멈추게 하려고 무당을 찾아갔다.

④ 무당이 여우를 잊지 못해 구름이 우는 것이니 여우를 대신할 신부를

101 작성자 tinyroom, 네이버 블로그 출처, <https://blog.naver.com/tinyroom/60002533333>, 게시일자 2024년 5월 19일.

102 이 이야기의 처음은 다음과 같이 시작한다.
"너희 여우비라는 단어 알아? 예전에 여우를 사랑한 구름이 있었는데 어느 날 여우가 시집을 가자, 구름이 너무나도 슬픈 마음에 흘린 비를 여우비라고 불렀대. 내가 할 이야기는 이 여우비에 관한 거야. 이 이야기는 우리 할머니의 할머니의 할머니 때부터 내려온 아주 옛날 이야기야."
스레딕, 스레드 <https://thredic.com/index.php?document_srl=64643892>, 게시일자 2021년 10월 2일, 검색일자 2023년 10월 31일.

찾아야 한다고 말했다.

⑤ 마을의 처녀 중 가난한 여성(작자의 할머니)이 신부가 되겠다고 나섰다.

⑥ 혼례가 시작되자 무당과 몇몇 마을 남자들이 신부를 데리고 깊은 산으로 들어가니 무당이 굿을 시작했다.

⑦ 무당이 굿을 끝낸 뒤 신부에게 여우 털로 만든 노리개를 손에 쥐여주며 손에 꼭 쥐고 있으라고 당부하고 마을 사람들과 함께 산에서 내려갔다.

⑧ 구름이 걷히고 밝은 달빛이 비치자, 키가 6척(약 181.8cm)이나 되는 이방인의 외모를 지닌 사람이 서 있었다.

⑨ 신부가 남자를 따라 그의 집으로 갔다.

⑩ 신부가 남자의 집에서 잠이 들었다.

⑪ 신부가 남자에게 말을 걸었으나 남자가 대답하지 않았다.

⑫ 남자가 방에서 귀한 옷 여러 벌을 꺼내 신부에게 주었다.

⑬ 남자가 준 옷에서 동물 털이 계속 나왔다.

⑭ 신부가 산에 버려진 이후 비가 내리지 않았다.

⑮ 어느 날 갑자기 비가 몇 방울 툭툭 떨어졌다.

⑯ 신부가 집으로 달려오니, 남자가 집 뒤편에서 첫날 신부에게 주었던 옷을 꽉 껴안고 울고 있었다.

⑰ 신부가 남자를 위로하자 남자가 더욱 서럽게 울기 시작했고, 무서울 정도로 비가 쏟아졌다.

⑱ 남자가 울음을 그치자 비도 점점 그쳤다.

⑲ 신부와 남자가 한 달을 함께 살기로 약속했다.

⑳ 한 달이 되기 마지막 날, 남자와 신부가 대화하며 밤을 지새웠다.

㉑ 신부가 떠날 시간이 되자, 남자가 신부가 첫날 입고 있던 혼례복을 주고, 연지를 꺼내어 신부의 얼굴에 찍어주었다.

㉒ 신부가 처음처럼 혼례복을 입고 방을 나서자, 남자가 신부에게 처음 와서 주었던 고운 한복을 주며 여우 털로 만든 노리개를 두고 가라고 말했다.

㉓ 신부가 고운 한복을 받고, 여우 털로 만든 노리개를 남자에게 주었다.

㉔ 남자가 신부에게 "愛別離苦"이라고 써진 종이를 건네며, 나중에 글자의 뜻을 알게 되더라도 다시 이곳에 찾아오지 말라고 당부했다.

㉕ 신부가 산을 떠날 때, 날은 흐렸지만, 빗방울은 떨어지지 않았다.

㉖ 신부가 산에서 내려와 무당을 찾아가 겪었던 일들을 말했다.

㉗ 무당은 신부와 구름의 부부 연이 끊어졌다고 말했다.

㉘ 신부가 다시 산으로 뛰어 올라갔지만 돌아가는 길을 찾을 수 없었다.

㉙ 신부가 3일 밤낮을 울다 마을의 다른 남자와 혼인했다.

㉚ 신부는 자신의 딸에게 구름에 관한 이야기를 밤마다 하며, 죽기 전까지 매일 구름을 쳐다보며 남자를 그리워했다.

❻ "이 얘기가 정말 실화인지 아니면 그저 허구의 이야기인지는 나도 잘 모르지만. 신기하게 나랑 우리 엄마가 일 년에 한두 번씩 섬에 가게 되면 우리가 섬에 있는 동안은 하늘이 매우 밝고 쨍쨍해서 섬사람들이 우리만 오면 날이 더 좋아지는 것 같다고 그러셔ㅋㅋ 그리고 나랑 우리 엄마랑 할머니가 섬 밖에만 나가면 꼭 비가 오는 것 같다고 막 그러시고."[103]

103 이름없음, 〈여우비〉, 스레딕, 〈https://thredic.com/index.php?document_srl=64643892〉, 접속일자 2023년 10월 31일.

❹ 여우비 이야기에서는 여우비를 여전히 맑은 날에 비가 내리는 날씨로 형용하면서 여성의 결혼이 중요한 의미부가 된다. 이 이야기에서는 우는 주체가 여우나 구름이 아닌, 여우의 엄마와 아빠 혹은 여성의 가족으로 대체됐다는 점이 특이하다. 여우를 짝사랑하는 제삼자와 여우의 가족을 같은 기능의 선상에서 다루고 있다.

❺ 여우비는 스레드에 게시된 '구름과 관련한 여우비의 이야기다. 171개 스레드의 적지 않은 분량으로 작성된 개인 경험담이자 개인 청취담이다. 내용이 풍부하고, 서사의 구성면에서도 완성도가 있다. ❺의 ⑦에서 처음 등장하는 여우 털은 이야기 속 여성과 여우가 동일시되는 기능을 수행하는 존재임을 암시한다. 내용상 여성 주인공이 여우를 대체하고 있으므로, 이 역시 동태적 관점에서는 여우의 기능이 수행되고 있다고 할 수 있다.

그러나 이 여우 털은 가짜다. 여성의 정체는 '거짓'으로 결코 여우 털을 대체할 수 없을 것이나, 서사 전개상 남성이 여성을 사랑하게 되면서 '여우'의 기능을 대리 수행하게 된다. 여우와 남성이 애초에 온전하게 결합하는 관계성을 가질 수 없는 이유는, 이야기 속에 관습화된 기능 때문이다. 구름이 결국 사랑하는 여성과 결합하지 못하고 떠나보내는 것이 그의 동태이자 기능이므로, 여우가 여성으로 대체된다고 하더라도 '여우비'의 결말은 달라지지 않는다. 이것이 여우비 서사의 관습이며, 이 여성마저 그 관습을 그대로 답습하고 있다.

또한 여우비의 81번 스레드인 ❻에서 구연자는, 이 이야기가 자신의 할머니가 직접 경험한 이야기이며, 자신의 어머니나 자신 또한 구름의 피가 섞여 있을지도 모른다고 부연한다. 결국 이 이야기는 앞서 다룬 혼인담을 표방한 구름인 남성과 여우를 가장한 여성의 이야기라 할 수 있다. 남녀가 끝내 이루어지지 않는 결말 또한 여우비 유래담의 관습에 따른 것으로, 여성이 여우를 대체했다는 결과로 볼 수 있다.

4.4. 미디어에 따른 개념변화

현대에 나타난 '여우비'의 외연은 다른 용어보다 더 넓은 영역을 관장한다. 즉, 이미 과거의 유래담이 잊혔음에도 불구하고 형용사 또는 형용사적 표현이 아닌, 주어와 동태적 결합만으로도 감정을 형용할 수 있는 맥락을 형성한다. 4.1.절에서 제시된 사례들에서 보였던 '결혼'이 원치 않은 '결혼'으로 연결되고, 다시 '짝사랑'의 의미로 진행된다.

즉, 동물명과 동태의 결합에서 시작한 관용구가 새로운 제3의 의미인 정서의 영역까지 확대된다. 관용어와 관용구는 끊임없이 의미를 교환하며, 결국은 그 의미가 확장된다. 여기에서는 개념의 은유적 확장까지 이루어진다고 볼 수 있다. 즉 동태적 표현에서 정서표현까지 관여하게 된다. 우리가 흔히 '짝사랑'에서 느껴지는 정서는 불완전함의 감정이다. 이 부정적 감정의 형태는 제삼자에게 안타까움의 정서를 유발한다. 구름의 이야기는 효용론적 관점에서 관용적 표현을 통해 정서의 의미까지 함의하였다.

그러나 구름의 개입은 어쩐지 부자연스럽다. 특히 ❺ 여우비의 경우, 기원의 문제를 해결하기 위해 구름의 역할을 강화하는 거라면 의문이 생긴다. 주체는 구름이므로 관용어 역시 '구름비'가 되어야 마땅한데, 객체이자 원인 제공인 여우와 비가 결합되어 관용어를 형성한 이유는 무엇인가? 구름의 입장에서 발화된 용어가 아닌, 구름이 내리는 비에 대한 직접적인 원인이 되는 의미적 거리가 있는 여우가 비와 결합한 것이다.

다시 한번 여우비 용어에 대한 의문이 생긴다. 눈물의 원인이 되는 여우를 비와 결합하는 것은 어쩐지 부자연스럽다. 사실상 '여우비'라는 표현은 여우가 눈물을 흘려 비가 내리는 것이 가장 자연스럽다. 비를 내리게 하는 요인은 누군가의 눈물이고, 눈물을 흘리는 주체가 유래담마다 자주 바뀌는 양상을 확인할 수 있다. 어느 때는 여우, 다음에는 구름이나 여자의 엄마나 아빠일 때도 있다. 비를 흘리게 하는 주체는 다양하지만 비의 이름만큼은 '여우비'로 귀결된다. 이러한 불규칙성은 뉴뉴미디어에서 직접 생산하고 창조하는 유저들에 의한 일종의 '변형'의 결과로 보인다.

이러한 불규칙적 변화는 변형의 생산자들이 관용구를 창의적 방법으로 바꿀 수 있는 의도성에 기인한다.[104] 그러므로 이 석연치 않은 연결 또한 새로운 미디어 유저들의 불규칙한 '규칙'으로 파악할 수 있다. 앞서 살펴본 두 관용구의 결합을 통한 변형은 의미의 여백을 채우기 위한 작업으로, 일종의 문맥과 문맥을 연결하는 문맥화 기능이다.[105] 그리고 이러한 문맥화 기능을 통해 뤼거가 말한 것처럼 의미의 변화가 이루어지면서 관용구에 감정의 작용 기능까지 생성된다.[106] 관용어와 관용구 간의 여백에 설화적 문맥이 개입되면서 새로운 관용구가 탄생하고, 관용의 의미부 역시 확장되었다. 이러한 연결에 언어나 규칙은 최우선으로 고려되지 않는 것 또한 뉴미디어에 의한 창의적 언어 현상의 특징이

---

104 장기성, 앞의 논문, 392-393쪽.

105 장기성, 위의 논문, 394쪽.

106 장기성, 위의 논문, 395쪽.

라 볼 수 있다.

대중 매체가 '대량의 정보를 대중에게 전달하는 매체'라는 의미처럼 매스 커뮤니케이션은 많은 양의 정보를 수많은 사람에게 신속하고 정확하게 전달한다.[107] 그러나 라디오와 텔레비전이 익숙한 2세대의 미디어, 즉 뉴미디어의 시대에 구비성은 일방적 소통만이 가능했다.[108] 정보의 코드를 해독하는 과정으로 인식하는 것은 인간 의사소통과 관련되는 것처럼 보이지만 거의 관련성이 없고 원형을 벗어난 의사소통을 왜곡하고 있는 것이다.[109] 대중가요를 통해 1차적으로 변형된 원형의 확산은 그것에 대한 효과를 확인하는 계기가 되었다.

특히 구술성의 2세대라 할 수 있는 라디오와 방송이 음악이라는 수단을 이용해 원형에 깊숙이 침투한다. 이러한 일방적 구비성의 침투력은 놀라웠다. 매스 미디어의 마치 장애물이 없는 것과 같은 침투력과 전승력의 힘은 '소리'가 가진 구비성의 힘을 다시 한번 보여줬다. 미디어는 시대와 함께 변천하고 있다. 미디어와 함께 지속적으로 주목받고 있는 구술성의 항존성에 대해서는 이견이 없다. 뉴미어든 뉴뉴미디어든 구술문학의 또 다른 현장성의 입지를 가진다는 의견 또한 지지한다.

이를 증명이나 하듯, 이 2세대의 구비성은 막혀 있는 일방통행적 소

---

107 박창균·조재윤, 「구술성 변화에 따른 의사소통의 관점 탐색」, 『국어교육연구』 52, 서울대학교 국어교육연구소, 2023, 101쪽.

108 매스 커뮤니케이션은 발신자와 수신자 간에 역할 교환이 없는 일방적 의사소통이다. 박창균·조재윤, 위의 논문, 102쪽.

109 Ong, W. J., *Orality and literacy: Technologizing of the word*. London and New York: METHUEN, 1982.
Ong, W. J. 저/이기우·임명진 역, 『구술문화와 문자문화: 언어를 다루는 기술』. 문예출판사, 1996, 261쪽.

통의 방식으로 주입식 '기억'이 될 수밖에 없어 더욱 강력했다. 매체로 인해 변형된 '원형'은 사람들의 인식 속에 빠르게 뿌리를 내리고 고착화되어 갔다. 매스 커뮤니케이션에서 변형되어 복원된 원형은 상호 연결된 제3의 구술성인 뉴뉴미디어에서 유래담을 재생산하는 움직임을 통해 더 활발하게 문화적 원형으로서의 그 위상을 회복하고 있다.

뉴뉴미디어의 유저들은 참여자 간의 활발한 상호 소통과 적극적인 참여성으로, 스스로의 문화적 원형을 재건 중이다. 특히 이 미디어를 향유하는 대중들은 사라진 의미의 여백을 강박적으로 채우고, 설화적 맥락에서 과거의 원형을 복원의 의의로서 재생산하고 다시 소비하려는 움직임을 보였다는 것이 가장 큰 특징이라 할 수 있다.

2023년에는 특히 여우비가 많이 내렸다. 변화되는 기후 환경 속에서 사람들은 새로운 현상을 이해하고 인지하기 위해 언어를 떠올린다. 예컨대 과거 람기(嵐氣)라는 단어는 해 질 무렵 멀리 보이는 푸르스름하고 흐릿한 기운이나 비구름이 산을 타고 오르는 자연의 현상을 형용하는 용어였으나 지금은 대부분 인지하지 못하고 용어마저 사라지고 말았다. 여우비 또한 2023년의 기후 변화가 아니었다면 언어의 사멸로 가는 수순이었을 것이다.

그런데 시간의 변천 속에 잠시 사라졌던 언어가 기후 변화로 인해 우리의 눈앞에 자주 등장하게 되자 우리는 다시 인지하기 시작했다. 그리고 시대는 다시 그 존재를 설명할 수 있는 언어를 요구하게 된다. 인지는 곧 언어이며, 언어가 곧 인지이다. 2023년에 특히나 여우비와 관련한 관심이 증폭된 것 또한 이러한 배경에 기인한다. 본 연구는 이러한 시대적 요구에 맞춰 과거부터 형성되어 온 '여우비'와 관련한 여러 표현과 관용어의 흔적을 찾고 그 의미와 기원의 문제를 지금까지 전승되고 있는 유래담을 통해 구비성의 맥락에서 해석해보고자 했다.

기존의 연구성과만 보더라도 관용어와 관용구가 형성된 기원을 찾는 일은 쉽지 않다. 언어의 자의적 성격을 상기하더라도 설화적 맥락 안에서 관용구, 관용어의 형성이 이루어졌다는 추론은 마냥 낭만적일 수 있다. 그러나 '여우'라는 동물형 명사와 동태가 주는 설화적 맥락은 원형 안에 도사리고 있는 낯선 이야기를 꿈꾸게 한다. 본 연구는 이러한 이상적인 낭만에서 시작되었다 해도 과언이 아니다.

'여우비'의 기원 문제를 살펴보면, 언어와 이야기, 그리고 이제는 매체로 이어지는 공생의 관계가 여실히 드러난다. 이러한 관계 양상을 통해 매체와 구비성의 변천 과정을 일부 확인하였다. '여우비'가 공포성이 강조되는 과거에 반해, 현재는 낭만성만이 극대화됐다는 사실도 중요하다. 즉 과거 이야기의 맥락 속에서 공포성만을 강조했던 원형의 상징은 매스 커뮤니케이션을 통해 변형되어 낭만적 의미로써 착상 중이다.

2차 구술성인 매스 커뮤니케이션은 폐쇄적 성격으로, 일방향의 소통이 진행된다. 라디오와 TV는 기록되어 변형이 이루어지지 않고, 언제든지 재생이 가능한 '소리'로, 일방적인 방향성을 가진 정보의 파급력을 보여준다. 1차의 구술성이 상호 소통의 원리로써 오염된 원형을 정화할 수 있었다면 이 흐르지 않은 구비성은 기존의 원형을 변형시켜 기억에 고착화시킬 정도의 위력을 선보였다. 그리고 다음 세대인 뉴뉴미디어 시대에 이르러 상호 소통의 창구가 열리면서 1차 변형된 원형이 또 다른 변이로 재확산되는 구비성의 새로운 저력을 다시 한번 내보인다. 뉴뉴미디어에서는 꾸준히 '여우비'에 대한 수요와 창작이 이루어지고 있고, 여우비는 새로운 체계 안에서 단순한 관용적 표현을 넘어 개념의 확장과 창작성에 대한 욕구를 불러일으키는 문학적 원형으로서의 가능성을 증명하는 중이다.

언어는 살아있다. 여우비의 유래담에 대한 고찰은 시간 속에 퇴적되었던 언어를 찾아 그 안에 적층 되어 있던 숨어있는 구술문화를 다시금 읽어낼 수 있는 계기를 마련했다. 결국은 구술성의 항존성과 더불어, 매체는 변화할 뿐 소멸하지 않는다는 사실을 다시 한번 입증한 셈이다. 매체는 구술성 위에 새롭게 누적될 뿐이다. 그 지층을 지켜보는 일이 결국은 흐르는 시간 위에서 유동하는 구비성의 흐름을 놓치지 않는 것이므로, 구비문학연구의 가장 중요한 과업이 되지 않을까 조심스레 추측해 본다. 마지막으로 필자는 윤동주 시인이 사용했던 '햇비'라는 표현 역시 여우비의 또 다른 규범표기로 제언하고 싶다. 다른 세계 언어의 형태를 보더라도, 현상적 측면에서 가장 원형의 형태를 표방하는 단어의 형태이므로, 추후 진행될 비교 연구의 초석을 위해서라도 필요한 수순이라 생각한다.

52 맹호도(猛虎圖)
사진제공: 국립민속박물관

3절. 지명과 유래[110]

호랑이와 관련한 지명은 국토교통부 국토지리정보원에서 두 차례 시행된 조사와 연구로 자세한 통계화 현황을 확인할 수 있다. 국토교통부에서 2010년 호랑이해(경인년, 庚寅年)를 맞이하여 전국의 자연지명 100,509개를 대상으로 호랑이와 관련한 지명의 사용실태를 파악하기 위하여 지명의 유래 등을 조사하였다. 그 결과, 호랑이 관련 지명은 총 389개로 나타났다. 이 중 대부분을 차지하고 있는 전체의 73%가 마을 명칭(284개)인 것으로 나타났고 그다음은 산의 명칭(47개), 고개명(28개) 등이었다.

2021년에 국토교통부 국토지리정보원에서 전국에 고시되어 있는 지명 약 10만 개를 대상으로 조사한 결과, 십이지 동물 관련 지명은 4,109개로 확인되었다. 이 수치는 전체의 4.1%에 해당한다. 십이지 동물과 관련한 지명의 빈도수를 가장 높은 순서대로 나열하면, 다음의 표와 같다.[111]

---

110 이 장의 내용은 2009년 국토지리정보원의 자료를 참조하여 작성하였다.
대한민국 정책브리핑, "우리나라 지명 속에 살아있는 호랑이 이야기", 국토해양부, 참조 <https://www.korea.kr/news/pressReleaseView.do?newsId=155416931>, 2009년 12월 29일.
국토지리정보원 국토조사과, 「참고자료」, 2009년 12월 29일.
국토교통부 국토지리정보원, 『우리 국토 곳곳에 담겨있는 십이지 동물 "띠 지명 이야기"』 킨코스코리아, 2021.

111 빈도수대로 정리하면, 용(1,261), 말(744), 소(731), 닭(561), 호랑이(289), 뱀(208), 토끼

【표 23】 12 간지 동물 관련 지명 빈도수

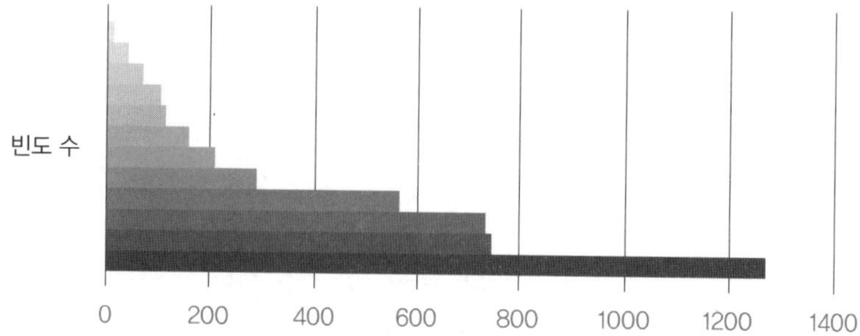

호랑이는 12 간지 동물 중 5번째로 높은 비중을 차지한다. 관련 지명은 호장골 등 235개(전체의 60.4%)의 명칭이 단독적으로 사용됐지만, 그 외의 범바위, 호암, 호동, 범골, 호암산, 복호, 범성, 호명산, 용호 등은 보편적으로 중복되는 경향을 보였다.[112] 호랑이지명 유래담은 크게 세 가지 유형으로 분류할 수 있다. 호랑이의 형상과 지형이 유사한 경우(230곳), 호랑이가 출현한 곳(132곳), 설화가 존재하는 곳(25), 기타(2) 등으로 나뉜다.[113]

첫째, 지형의 모양이 호랑이의 외형과 유사하여 그대로 지명이 된 경우이다. 호랑이가 엎드리는 모습을 비유한 복호, 호복, 복림 등이 여기에 해당한다. 일례로 전남 고흥 복호산을 들 수 있다. 한반도의 전

---

(158). 돼지(112), 개(101), 쥐(64), 양(40), 원숭이(8) 순이었다.
국토교통부 국토정보지리원, 위의 자료 참고.

112 국토지리정보원 국토조사과, 앞의 자료, 6쪽.

113 그러나 국토지리정보원의 자료에서는 출현한 곳과 출현 설화의 경우를 나누지 못한 것으로 보인다.

체를 호랑이로 묘사했을 경우, 꼬리의 부분에 해당한다고 하여 지명을 바꾸게 된 경우도 있다. 바로 경북 포항이 남구 대보면의 호미곶이다. 원래 장기곶이었으나 호랑이는 꼬리의 힘으로 달리고 꼬리로 무리를 지휘한다는 의미를 차용하여 지명이 변경된 사례이다.[114] 그 외 범이 웅크리고 있는 모양이라고 해서 '범직이'(마을, 충남 연기군 남면), 포구가 있던 곳에 생긴 마을로 이곳에 있는 바위 형태가 입을 벌리고 있는 호랑이 형상을 딴 '호구포'(인천광역시 남동구 논현동)가 있다.[115]

둘째는 호랑이와 관련한 설화와 지명이 연결된 경우이다. 이 경우에는 크게 호식과 보은으로 나뉠 수 있다. 특히 호식과 관련한 지명이 빈번하게 발견된다. 『한국지명유래집』[116]에서는 다음과 같은 내용을 확인할 수 있다. 강원도 횡성군 갑천면에 전해 내려온 이야기에 따르면, 호랑이가 사람을 물어간 후 사람들이 아무리 찾아봐도 사람이 없고 저고리만 덩그러니 남아있다 해서 저고리골로 불렀다고 한다.[117] 이러한 유사한 이야기가 여러 지역에서도 보인다. 명칭만 같은 것이 아닌 유래된 이야기 또한 비슷한 양상으로 전승되고 있음을 알 수 있다.

참고로 저고리골은 여러 지역에서 사용하는 지명이다.[118] 저고리골의 유래 역시 단순한 형상을 설명하기 위한 지명담과 설화에서 유래한 지명담으로 나뉠 수 있다. 형상의 경우, 저고리를 벗어놓은 모양과 지형

114 국토지리정보원 국토조사과, 위의 자료, 2쪽 참조.

115 국토지리정보원 국토조사과, 위의 자료, 3쪽 참조.

116 국토지리정보원, 『한국지명유래집』 중부편, 진한엠앤비, 2015.

117 국토지리정보원 국토조사과, 위의 자료, 3쪽 참조.

118 양구군 양구읍 웅진리에서 역시 저고리골의 흔적이 보인다.

의 형세가 똑같아 붙여졌다는 설과 저고리처럼 두 갈래로 골이 갈라져 있다고 해서 부르게 됐다는 설로 나뉜다. 경기도 성남시 중원구에 전해지는 이야기에서는 헤매기골 쪽에 높이 솟아있는 산을 바라보면 남자들이 저고리를 벗어놔서 펼쳐 놓은 모양의 골이 있다고 해서 저고리골이라고 불렀다고 전한다.[119]

설화에서 유래된 경우에는 호랑이와 간접적으로 관련된다. 특히 이 유형에는 한(恨)과 관련한 이야기가 대부분이다. 예를 들어 〈저고리골 유래담〉[120]에서 구술자는 아침 먹을 때 숟가락이 하나 남을 때가 있는데, 그럴 때 숟가락을 남는다고 말하지 않고 그냥 치워버리는 것이 관례라고 한다. 숟가락이 남는다는 것은 사람이 하나 없어지는 것으로 밤새 호식을 당한 것이라고 여겼다. 사정을 모르는 사람은 그 산에서 호랑이가 사람을 잡아먹는다고 생각하지만 실상은 다르다. 이야기에 따르면, 한 처녀가 산에 나물을 뜯으러 갔다가 산에서 겁탈을 당하고, 그 한이 깊어 지네로 변해 사람들을 해쳤다고 전한다. 같은 명칭이라 하더라도 유래의 기원이 다름을 보여주는 일례라 할 수 있다.

현재 호미곶과 복거마을은 '호랑이'를 문화콘텐츠로 활발하게 활용하여 두 마을의 명칭을 개정하였다. 경상북도 포항시 남구 대보면 대보리에 있는 호미곶은 과거의 문헌에 호미등, 즉 호랑이의 꼬리로 기록되었다는 점을 근거로 삼아 변경된 명칭이다.[121] 결국 호미(虎尾)는

119 한국학중앙연구원 한국구비문학대계 디지털 자료, "저고리골", 구술자 방영기, 2016, 경기도 성남시 중원구.

120 한국학중앙연구원 한국구비문학대계 디지털 자료, "저고리 골 유래담", 구술자 고근록, 1983, 강원도 영월군 영월읍.

121 경상북도 포항시 남구 대보면 대보리의 호미곶은 약 400여 년 전 격암 동해산수비록의 저

한반도의 호랑이 지도론을 적극적으로 수용하여, 호랑이의 꼬리라는 호미와 지형의 모양[122]을 결합한 명칭인 호미곶으로 지명을 고시하였다. 복거마을 역시 유사하다.[123] 경기도 안성시 금광면 신양복리 복거마을의 옛 지명이 호동(虎洞) 또는 복호리(伏虎里)였으나, 복거 또는 복거리로 불리워짐에 따라, 사람들의 쓰임을 중요시하여 복거로 확정했다.

호랑이는 명당과 함께 자주 등장한다. <통진을 등진 덕바위>[124]에서는 위치와 형상으로 명당의 의미를 스토리텔링하고 있다. 덕바위는 호랑이가 앞다리를 쭉 펴고 새끼를 젖먹이고 있는 형상으로, 와중에 문수산을 바라보는 자리이다. 문수산은 김포시에서 제일 높은 산으로 문수산이 강화 쪽으로 삼태기 안같이 아늑한 형국이다. 문수산 자체가 역

자인 南師古는 장기산맥의 최단부 즉 장기갑을 호미등(범꼬리)이라고 기록하고 있고 대동여지도를 저술한 고산자 김정호도 장기산맥의 최동단을 장기갑호미등이라고 기록하고 있으며, 육당 최남선은 백두산 호랑이가 연해주를 할퀴고 있는 형상으로 한반도를 묘사하면서 이곳을 호랑이꼬리라고 명명하였다. 호랑이는 꼬리의 힘으로 달리며 꼬리로 무리를 지휘한다고 하여 호랑이 꼬리는 국운상승과 국태민안의 상징이겠기에 호미곶으로 지명을 변경하였고 국토지리정보원에서는 호미곶으로 지명을 고시('02.01.05) 하였다.
국토지리정보원 국토조사과, 앞의 자료, 9쪽 참조.

122 '곶'은 바다 쪽으로 부리 모양으로 뾰족하게 뻗은 육지를 말한다. 갑(岬) 또는 단(端)이라고 일컫는다.

123 복거마을은 안성시 금광면에 자리하고 있다. 마을을 둘러싸고 있는 뒷산이 호랑이가 엎드려 앉아 있는 것과 같으며, 마을 앞에는 숲이 있는데 개숲이라고 불려서 옛날에는 이 마을의 지명을 호동(虎洞) 또는 복호리(伏虎里)라 불렀으나 어느 성인이 복호보다는 복거가 좋다고 말한 바 있고 사람들도 마을의 풍요를 기원하기 위하여 복호리를 복거리(福巨里)로 불렀으니 이에 따라 국토지리정보원에서는 마을의 이름을 복거로 확정('61.4.21 고시)하였다.
국토지리정보원 국토조사과, 앞의 자료, 10쪽 참조.

124 한국학중앙연구원 한국구비문학대계 디지털 자료, "통진을 등진 덕바위", 구술자 남기복, 2009, 경기도 김포시 월곶면 고막리 305-1번지 고막리 마을회관.

사가 있는 산이며 성도 가지고 있다. 그런데 호랑이가 보기 싫어서 돌아앉은 바람에 강화가 부자가 많이 났다는 이야기가 있다. 즉, 호랑이가 거꾸로 등을 지고 있는 통진은 가난하고, 호랑이가 감싸 안 듯 바라보고 있는 강화가 부자가 많이 났다는 설이다.

'견두산' 역시 호식에서 유래한 지명이다. 그와 관련한 전설은 「호석전설」로, 호두산(虎頭山)에서 개들이 짖을 때마다 남원부에 호환이 일어나는 등 재앙과 괴변이 발생하자 호환을 막기 위해 호두산을 견두산(犬頭山)이라 개명해 호환을 없앴다는 이야기다.[125] 호두산의 이야기는 오광산 이야기[126]에서 전한다. 경기도 인천시 북구에 있는 이야기이다. 이 마을에 호두산이 있었는데, 포수의 이름은 오광산, 오광선, 오강산으로 오기되어 있다. 조사자가 오광산으로 표기하였으므로, 본고에서도 '오광산'으로 표기한다. 호두산은 과거 그 명칭이 '범거지'였다. 그 옛

---

125 전라북도 남원시의 수지면 고평리와 전라남도 구례군 산동면 계천리의 경계에 위치하고 있는 산이다(고도 : 775m). 산의 동쪽에서 발원한 하천이 대두천에 합류한 후 서시천이 되고 서쪽에서 발원한 하천은 고평천 등에 합류해 수지천이 된다. 옛날에는 범의 머리를 닮았다고 하여 호두산(虎頭山)이라고 하였는데, 남원에서 호랑이에게 물려 죽는 일이 많아, 남원읍내에 호석을 세우고 견두산으로 개명한 후 호환이 없어졌다는 유래가 있다. 또한, 산봉우리가 개머리와 같이 생겨서 붙여진 이름이라는 유래도 전한다. 『한국의 산지』에 의하면 견두산은 '견수산(犬首山)'으로도 기록되었다고 한다. 『신증동국여지승람』(남원)에 "견수산(犬首山)은 부의 남쪽 45리에 있다."고 하였다. 이후 『동여비고』(전라도), 『용성지』, 『대동여지도』(18첩 4면), 『조선환여승람』 등의 지리지와 고지도에도 견수산으로 기록되어 있다. 하지만 『여지도서』(남원지도), 『1872년지방지도』, 『조선지형도』(구례) 등에 '견두산'으로 표기되어 있다. 이를 통해 조선 후기부터 일제강점기까지 견수산과 견두산을 혼용해 사용한 것으로 보인다. 산의 북쪽 골짜기에는 삼국 시대의 사찰로 추정되는 극락사가 있었다고 한다. 현재 산에 견두산마애여래입상(도 유형문화재 제199호)이 남아 있다.
한국민족문화대백과사전, 참조<http://encykorea.aks.ac.kr/Contents/Item/E0012061>, 검색일자 2022년 10월 6일.

126 한국학중앙연구원 한국구비문학대계 디지털 자료, "오광산 이야기", 구술자 노정봉, 1982, 경기도 인천시 북구.

날 범이 서식했던 곳이라는 뜻에서 범의 범거지로 불리게 되었다. 현재 사용하고 있는 호두산의 '호두'는 범의 머리라는 뜻이다. 더이상 호랑이가 서식하지 않으므로, 바위의 형세를 따서 호두산으로 개명한 것으로 보인다. 결국 지명과 관련해서는 형상과 설화가 결합된 경우가 대부분이며, 비슷한 지형을 가진 지역의 경우 그 명칭과 유래된 설화 역시 비슷한 양상을 띠는 것을 확인할 수 있다.

명칭과 관련해서는 설화에서 '범바위'와 관련한 이야기가 특히 많이 보인다.[127] 이 장에서는 본문에서 언급된 몇몇 이야기와 '범바위'의 이야기인 〈마을 전체가 개를 키우는 개골마을〉, 〈호랑이가 엎드린 형국의 돌북마을과 소구대〉, 〈범바우〉, 〈범바위와 노루목〉, 〈범바위의 유래〉, 〈범바위와 말바위〉, 〈인릉산, 범바위의 유래〉, 〈산신령이 쫓아낸 호랑이가 잡을 자서 유래된 범여 이야기〉, 〈비녀봉이 된 사연〉, 〈정태란 청년이 호식당한 정태골〉을 수록하였다.

127 전국의 23곳에서 이 지명을 중복으로 사용하고 있다.

〈호곡, 녹산, 새여〉[128]

경상남도 거제군 둔덕면 학산리의 큰 마을에 전해지는 설화이다. 둔덕면 안에 호곡과 녹산이란 부락이 있었다. 그 앞바다에 '새여'라는 작은 섬이 있었는데, 어찌나 작은지 암초같이 보였다.

녹산에는 사슴 한 마리가 살고 있었다. 호랑이가 그 사슴을 잡아먹으려고 늘상 벼르고 있었다. 어느 날 호랑이가 날을 잡아 사슴을 잡아먹으려고 하자, 그곳에 있던 새 하나가 작은 섬에서 시끄럽게 지저귀며 사슴에게 위험을 알렸다.

"사슴아, 너를 잡아먹으려 하니, 어서 피해라."

결국 사슴이 도망치니 호랑이가 잡아먹지 못했다. 이 때문에 그 섬을 '새여'라고 부르게 되었다.

---

* '호곡', '녹산', '새여'의 지명은 한 이야기에서 파생한 것이다. 특히 '호곡'과 '새여'는 이야기와의 연관성을 지니고 있다.

128 한국학중앙연구원 한국구비문학대계 디지털 자료, "호곡, 녹산, 새여", 구술자 장재형, 1979, 경상남도 거제군 둔덕면.

〈마을 전체가 개를 키우는 개골마을〉[129]

상리면 오산리 개골전설이다. '개골'은 오산리에 속한 마을 이름이다. 현재 상이면 면사무소가 최초로 위치했던 곳이라 할 수 있다. 개골은 앞산의 형상이 꼭 범 두 마리가 앉아 있는 모양이었다. 과거부터 마을 사람들은 반드시 호랑이에게 먹이를 주어야 한다고 생각했고, 호랑이가 먹이 중에 제일 좋아하는 개를 주기 위해 마을 전체가 개를 키웠다. 이러한 연유에 개의 명칭을 따서 '개골'이라고 이름 붙였다. 현재에도 개를 키우는 집이 많다고 한다.

129 한국학중앙연구원 한국구비문학대계 디지털 자료, "마을 전체가 개를 키우는 개골마을", 구술자 김연수, 2012, 고성박물관.

〈호랑이가 엎드린 형국의 돌북마을과 소구대〉[130]

경상남도 함양군 함양읍에 전해지는 이야기다. 함양군에는 백연서원(栢淵書院)이 있고, 천신당이라고 하늘에 기우제를 지내는 곳이 있다. 그리고 이곳에 이상한 바위가 있는데, 처음에는 동네에서 이 바위를 일러 '돌북'이라고 칭했다. 그 까닭은 호랑이가 엎드리고 있는 형국이었기 때문이다.

예전에 최고운 선생이 소구대에 들렀는데, 소구대라는 돌 탓에 강이 산 밑의 이상한 방향으로 흐르고 있었다. 최고운 선생이 보다 못해 그 돌의 방향을 돌려버리고, 그 돌이 이상하다고 하여 이름 또한 소구대라고 지었다. 훗날 마을 사람들이 이 바위를 소구대라고 부르고, 지금의 바위에 그 이름을 새겼다.

---

* 함양군의 백연서원 근처에 있는 돌과 관련한 지명 이야기이다. 처음에 돌복이라고 불렀다가 나중에 '소구대'라고 개명한 이유를 밝히고 있다. 구술의 순서가 뒤섞여 있어, 편의를 위해 일부 수정하였다.

지명과 관련한 이야기의 대부분은 단순한 목격담과 〈호식형〉의 이야기가 많은 편으로,[131] 범바우와 관련한 전설들 역시 이 유형에 해당한다. 특히 '범바위'는 여러 지역에서 중복으로 사용되고 있는 명칭 중의 하나이다.

130 한국학중앙연구원 한국구비문학대계 디지털 자료, "호랑이가 엎드린 형국의 돌북마을과 소구대", 구술자 김병오, 2009, 경삼남도 함양군 함양읍 함양유도회 회관.

131 호랑이가 사람을 해치거나 괴롭혀 유래된 지명으로는 경기도 양평의 '비호고개', 경남 산청의 '원팅이', 경북 경주의 '호명' 등이 있다.
국토지리정보원 국토조사과, 앞의 자료.

〈범바우 1〉[132]

고산굴은 아주 높은 위치에 있던 아주 큰 굴이다. 그 고산굴에 올라가면 범바우가 세 개 있었다. 이 범바우는 큰 굴의 가운데에 있었는데 그 굴이 바로 호랑이 굴이었다. 호랑이가 그곳을 들락날락하며 새끼를 치고 살고 있었다.

한 아이가 그 굴을 물끄러미 쳐다보고 있는데, 나무꾼처럼 보이는 백발의 노인이 머리에 띠를 질끈 동여매고 그 굴 안으로 들어가고 있었다. 저녁이 되어, 아이가 어머니에게 낮에 봤었던 일을 물었다.

"엄마, 범바우에 하얀 할아버지가 머리에 띠를 매고 나무지게를 지고 들어갔어요. 내가 그걸 봤어요. 엄청 먼 곳인데도 내가 봤어요."

"그럼 산신령인가 보다."

아이의 엄마가 대답해 주었다. 지금도 고산굴에 올라가면 범바위가 남아 있다. 그러나 지금은 현재 고속도로가 나서 범바위가 한쪽으로 비켜서 길이 나 있다고 한다.

---

* 〈신성형〉과 민화에서 확인한 바와 같이 호랑이는 산신과 떼려야 뗄 수 없는 존재로 산신을 수호하는 신성한 동물이거나 산신 그 자체로 인식되는 경우가 많다. 위의 〈범바우〉에서는 호랑이가 산신과 같은 존재로 여겨지고 있음을 확인할 수 있다.

132 한국학중앙연구원 한국구비문학대계 디지털 자료, "범바우", 구술자 이희재, 2016, 성남시 수정구 고등동.

〈범바우 2〉[133]

이 이야기는 전남 장흥군 용산면 어산리 어동마을에 전해지는 이야기이다. 이 마을의 높은 산에 있는 바위가 바로 범바위다. 바위가 범처럼 생겨서 붙여진 이름이다.

어떤 여자가 시집을 왔는데, 시댁의 집에 있는 대청이 무척이나 넓었다. 그러나 대청이 모두 막혀 있어 이상스럽게 여겼다. 나중에 보니, 호랑이가 자주 들어온다고 하여 집안 곳곳이 모두 막혀 있던 것이었다. 호랑이는 저녁에 대문으로 들어왔다. 이 때문에 마을 사람들이 집마다 모두 붙어 있는 것처럼 대문을 물레와 같이 큰 물건들로 막았다고 한다.

---

* 이 이야기에서 '범바위'는 처음에 형상을 설명하기 위한 지명 유래처럼 보였으나 실제로는 실질적인 호환의 위협을 방비하기 위한 목적으로 만들어진 명칭이었음을 확인할 수 있다. 이러한 지명의 기원은 호식에 대한 위험과 공포성에서 비롯된 것이다.

133 한국학중앙연구원 한국구비문학대계 디지털 자료, "범바우", 구술자 김재순, 2013, 전남 장흥군 용산면 어산리 어동마을 마을회관.

〈범바위 3〉[134]

범바위는 산에서 범이 내려오는 형국으로 생겼다. 그러나 그 형국이 좋지 않았다. 앞가슴과 같이 너르게 생긴 바위가 갑자기 무너진 것처럼, 마치 범이 앞발을 딛고 내려오다가 툭 떨어진 모양이었다. 그래서인지, 그 건너편에 묘를 쓴 사람은 가문이 망했다고 한다. 만약 범이 내려와서도 힘차게 용맹한 모양새였다면 큰 인물이 났을 자리이지만, 이 범바위는 범의 중심부 가슴이 어긋나버려 풍수지리적으로 좋지 않았다. 그래서 그곳에 묘를 쓴 집안은 망했다는 말이 전해진다.

---

* 호랑이와 관련한 땅은 대부분 명당으로 등장하지만, 그 형세에 따라 명당이 아닌 경우도 있다. 이 이야기는 그에 대한 일례이다.

134 한국학중앙연구원 한국구비문학대계 디지털 자료, "범바위", 구술자 김영섭, 2018, 전라남도 완도군 신지면.

〈범바위와 노루목〉[135]

전남 무안군 일로읍 죽산리 죽산마을에 전해지는 이야기이다. 이 마을의 뒷산은 호암산이다. 그 산의 모양이 꼭 범과 같았다. 특히 그 명칭이 범바위인 이유는 이 마을의 위치가 마치 호랑이의 젖가슴 안에서 젖을 먹고 있는 것 같았기 때문이다.

마을의 바로 앞이 범 머리이고, 그 강 건너 삼향땅에 노루목이 있었다. 이 형세 또한 호랑이의 머리가 노루를 잡아먹으려고 하는 모양이었다.

---

135 한국학중앙연구원 한국구비문학대계 디지털 자료, "범바위와 노루복", 구술자 정덕균, 2012, 전남 무안군 일로읍 죽산리 죽산마을 마을회관.

〈범바위의 유래〉[136]

전라남도 신안군 압해면에 전해지는 이야기다. 이 마을의 가룡리란 곳에 범바우가 있었다. 옛날 옛적에 호랑이가 그곳에 살고 있었다. 호랑이가 새끼를 몇 마리 데리고 다니면서, 먹이를 구하기 위해 부락을 돌아다니며 가축들을 자주 해쳤다. 참다못한 부락민들이 가축들을 지키기 위해 나섰다. 마을의 장정들이 모여 호랑이를 잡기 위해 모의하였다.

결국에는 호랑이가 가축을 지키고 있던 사람들과 마주치게 되었는데, 사람들이 일시에 돌격하여 그 어미 호랑이를 죽였다. 호랑이 새끼들은 제 엄마가 먹이를 구해올 것을 날마다 기다리다 지쳐서, 결국 그 바위에 올라 울다가 전부 절벽 밑으로 떨어져 죽었다. 그 후, 새끼 호랑이가 떨어진 곳에 바위 네 개가 우뚝 솟았으니, 사람들이 말하길 그때 떨어진 새끼가 아마 네 마리였을 거라고 하였다.

나중에 간척사업을 하면서 네 개의 바위는 밑으로 떨구어버려 지금은 남아 있지 않다. 그러나 호랑이 새끼가 떨어진 큰 절벽바위는 아직 남아있어 대신 범바우라고 전해오고 있다.

136 한국학중앙연구원 한국구비문학대계 디지털 자료, "범바위의 유래", 구술자 최인섭, 1984, 전라남도 신안군 압해면.

〈범바위와 말바위〉[137]

경남 창원시 성산구에는 범바위와 말바위에 관한 전설이 있다. 옛날 공동묘지 중턱에 범바위와 말바위가 있었다. 범바위는 예전부터 있었던 자연석이었지만, 말바위는 돌 위에 말의 형상을 새겨 넣은 바위였다. 말바위 아래에는 돌을 정으로 판 흔적이 있고, 어떤 글도 새겨져 있었으나 현재는 희미하게 남아있어서 그와 관련한 상세한 내용은 전해지지 않는다.

혹자가 말하기를, 과거에 이 바위가 있던 자리가 묘터로 땅이 좋다고 소문이 났다. 그래서 누군가 거기에다 그 바위를 밀어내고 자기 조상의 묘를 썼다. 그런데 그날 이후부터 마산의 청년들이 아무 이유 없이 죽어 나가는 일이 벌어졌다. 연유를 알아보니, 이 말바위가 있던 자리에 묘를 써서 마산의 젊은 사람들이 자꾸 죽어 나가는 것이었다.

바닷가에 사는 청년들이 이 사실을 알고 궐기하여 다함께 그 묘를 파버리고, 말바위를 원래 있던 자리에 갖다 놓았다. 그래서 현재 범바위가 말바위와 마주 보게 서 있다고 한다. 그 이후에는 청년들이 이유 없이 죽지 않았다.

범과 말이 마주 보면 범이 말을 잡아 먹는 것처럼 마을이 잡아먹힐 것 같지만, 사실은 말바위가 범바위라는 원래 있던 바위의 신들에게 계속 먹이를 갖다 주는 형상이었다. 그래서 말이 없어지면서, 젊은 사람들을 말 대신 희생시킨 것은 아닐까?

137 한국학중앙연구원 한국구비문학대계 디지털 자료, "범바위와 말바위", 구술자 남효숙, 2013, 경남 창원시 성산구.

* 이때 범바위와 말바위는 죽음의 공간으로 묘사된다. 이 내용은 구술자와 조사자가 함께 이야기를 구술하였다. 특히 범바위와 말바위의 위치와 관련한 해석은 조사자들을 중심으로 이루어졌다.

〈인릉산, 범바위 유래〉[138]

대부분 마을은 배산(背山)의 형세로, 마을이 들판을 바라보고 그 뒤로는 산이 둘러싸고 있는 경우가 많다. 이 마을에 영장산 또는 인릉산이라고 하는 산이 있었다. 이 마을에서 제일 높은 산이 인릉산이었다. 인릉산은 남쪽에서 오는 봉화불을 바로 볼 수 있는 제일 높은 곳이었다.

이 마을 뒷산에 범바위가 있었다. 범바위라는 명칭은 호랑이가 그곳에서 잠을 잤는지, 바위 밑에 굴과 같은 아늑한 장소가 있어 붙여진 이름이다. 이 마을에는 호랑이가 남한산성으로 건너갔다는 이야기와 함께 전해진다. 그 바위 밑에 굴이 있는데, 그 바위에서 산신제를 지냈다. 산신제에서 쓰는 음식은 어떤 날에는 날 것만 쓰고, 어떤 날에는 익힌 음식을 올렸다고 한다.

138 한국학중앙연구원 한국구비문학대계 디지털 자료, "인릉산, 범바위 유래", 구술자 김복남, 2016, 성남시 수정구 오야로.

〈산신령이 쫓아낸 호랑이가 잠을 자서 유래된 범여 이야기〉[139]

대항마을 앞에 작은 섬이 있었다. 그 섬 안에 산이 있는데 바로 연대산이다. 어느 날 호랑이가 사람을 잡아먹으러 연대산에 들어왔다. 그런데 연대산의 산신이 나다나 호랑이에게 말했다.

"여기 너의 밥그릇은 없다, 돌아가거라."

결국 호랑이는 그곳에서 아무것도 먹을 수 없었고, 어쩔 수 없이 하룻밤을 자게 되었다. 호랑이가 연대산에 묵었기 때문에 그날 밤 영이 생겨 범녀가 되었다. 이러한 까닭에 그곳을 '범여'라고 하였다.

---

* '범여'는 부산의 한 마을의 지명이다. 섬과 산의 기운이 영험한지, 사람을 호식하러 들어온 호랑이가 '영'을 갖게 되어 결국 여자가 되었다는 결말이다.

139 한국학중앙연구원 한국구비문학대계 디지털 자료, "산신령이 쫓아낸 호랑이가 잠을 자서 유래된 범여 이야기", 구술자 이차연, 2010, 부산시 강서구 천가동.

〈비녀봉이 된 사연〉[140]

옛날에 장을 갔다 돌아오는 길에 산을 지나가야 하는데, 그때마다 호랑이가 사람을 쫓아왔다. 개처럼 사람 뒤를 졸졸 쫓거나, 사람이 등에 맨 지게 위에 폴짝 튀어 올라앉아 그 집에 쑥 들어갔다. 그렇게 그 사람이 집에 딱 들어가면 호랑이가 지게에서 내려 산으로 갔는데 그러면 호식할 사람도 따라서 산으로 올라갔다.

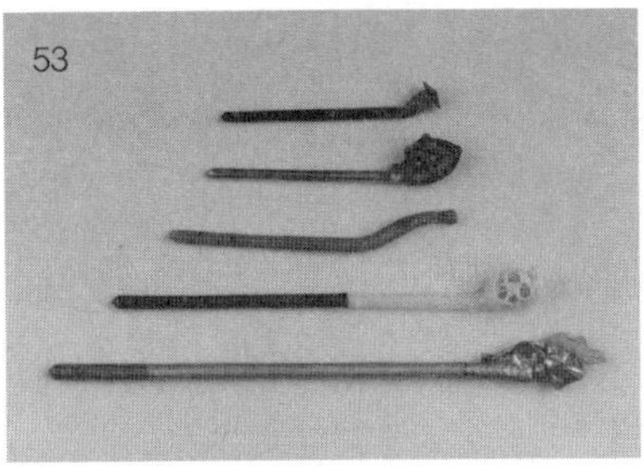

53 비녀
사진제공: 국립민속박물관

옛날에 사람들이 호환을 무서워해 안에서 여럿이 모여 잤다. 호랑이가 밖에 있는 사람을 물어가지 않고 안에 있는 사람만 물어간다고 했기 때문이다. 그러나 호식할 팔자에는 장사가 없었다.

호랑이는 호식하고 나면 언제나 그렇듯 표식을 남겼다. 그리고 호식된 사람의 뼈와 옷가지들을 남겼다. 어느 날 호랑이가 마을의 봉우리에서 여자를 잡아먹고 비녀봉만 남겨놓았다. 그래서 사람들이 그 봉을 '비녀봉'이라 부르게 되었다.

* 위의 이야기는 〈홀림형〉과 〈호식형〉, 〈신성형〉과 관련한다. 특히 비녀와 관련해서는 〈신성형〉의 호랑이의 보은에서 목에 걸린 비녀를 빼주는 이야기와 연관지어 설명할 수 있다. 즉, 주인공이 목에 비녀가 걸린 호랑이를 만나기 전의 일화라고 할 수 있다.

140 한국학중앙연구원 한국구비문학대계 디지털 자료, "비녀봉이 된 사연", 구술자 염임순, 2009, 상남도 함양군 휴천면 문정리 문상마을 마을회관.

〈정태란 청년이 호식당한 정태골〉141

옛날 경상남도 함양군 휴천면 문정리에 장작제라는 고개가 있었다. 사람들이 함양장에 가기 위해 지게를 지고 이곳을 자주 다녔다. 이 동네 마을에 정태라는 청년이 살았는데, 남의 집에 얹혀사는 머슴이었다. 이 머슴이 장작제에서 호랑이에게 뜯어먹힌 이후 사람들이 그 골을 정태골이라고 불렀다.

---

* 경상남도 함양군 휴천면 문정리 문상마을에 전해지는 이야기다. 이곳에는 비녀봉과 정태골이 있는데, 모두 호랑이와 연관된 지명이다. 이 지역의 지명 유래는 여성이 죽고 남은 비녀를 기려 '비녀봉', 정태란 청년이 죽은 '정태골'로, 결국 호식당한 희생자의 넋을 기르기 위함이라 할 수 있다.

141 한국학중앙연구원 한국구비문학대계 디지털 자료, "정태란 청년이 호식당한 정태골", 구술자 염임순, 2009, 경상남도 함양군 휴천면.

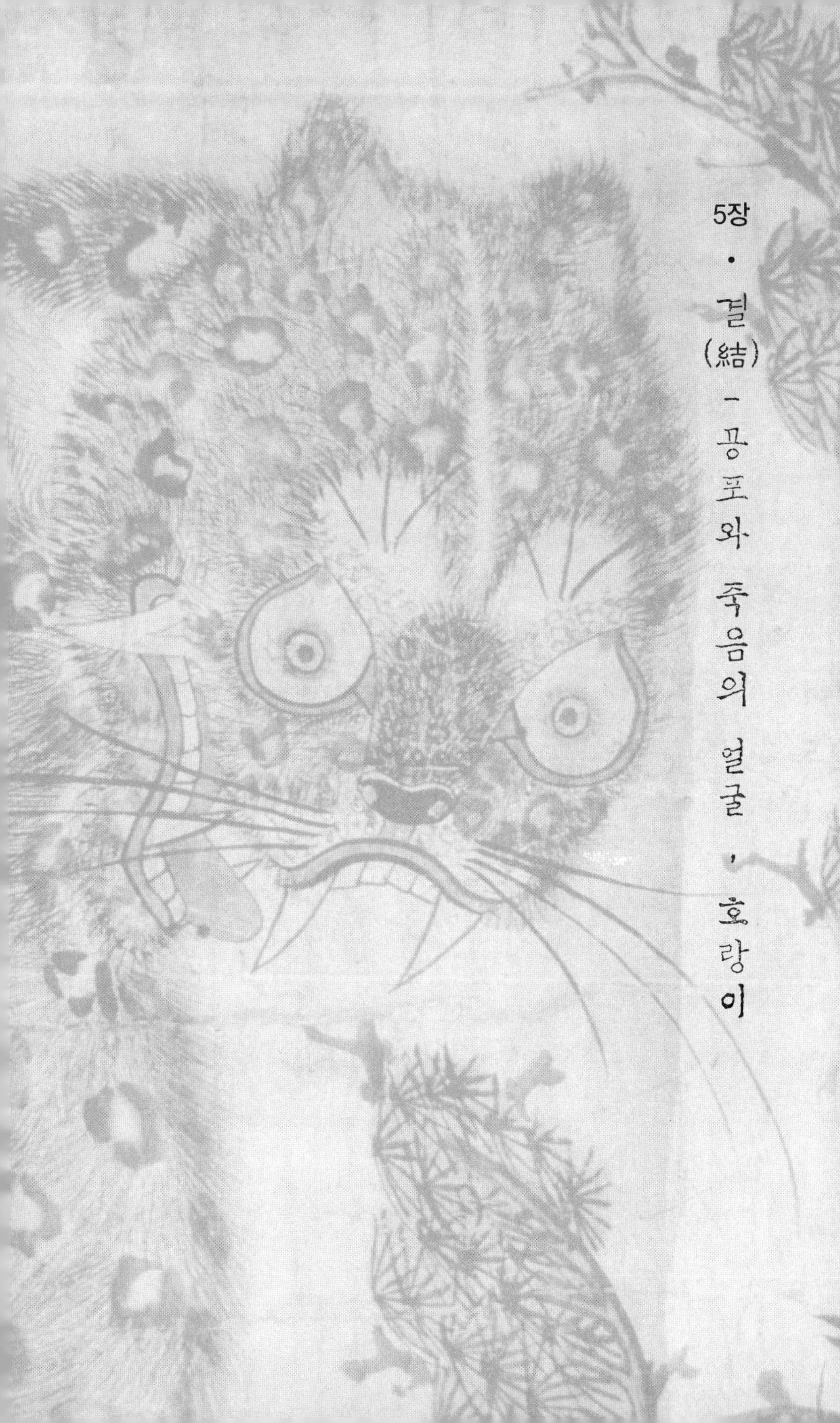

5장 · 결(結) – 공포와 죽음의 얼굴, 호랑이

54 까치호랑이

사진제공: 국립중앙박물관

5장

결(結): 공포와 죽음의 얼굴, 호랑이

한국인에게 호랑이에 대한 두려움과 공포는 지속적이었으며 근원적이었다. 〈호랑이설화〉와 관련 있는 자료만 하더라도 천여 개 정도이며, 여전히 끊임없이 이야기의 반복과 재생산이 이루어지고 있다. 현재까지도 웹툰, 드라마, 게임, 영화 등 여러 대중 매체에서 호랑이와 관련한 이야기들이 소비되고 있어 여전히 연구 가치가 있는 대상이라고 할 수 있다. 방대한 자료만큼이나 관련 연구들 역시 활발하게 이루어졌지만 근래에 출현한 새로운 캐릭터와 기존 유형과의 연속성은 찾기 어려웠다. 현대까지 소비되고 있는 〈호랑이설화〉의 전승의 맥락을 찾기 위해서는 기존의 유형을 해체하여 재검토할 필요성이 있었다.

호랑이에 대한 상징성을 논의하는 일은 오랜 시간 인간의 무의식에 자리 잡은 하나의 원형을 탐구하는 작업인 동시에 공포 자체를 규명하기 위한 일련의 작업이라 할 수 있다. 본 연구는 〈호랑이설화〉의 총체적 구조를 분석하고 세부 유형과의 연관성을 도출하여, 호랑이라는 원형이 갖는 고태성(古態性)에서 현재의 파생된 의미까지 두루 살펴보고자 하였다. 이를 통해 〈호랑이설화〉의 구비문학으로서의 가치와 정체성을 확인하는 것을 연구의 목적으로 하였다. 또한 구비문학적 자료 이외에도 민속학적 자료를 활용하여 호랑이와 관련한 속담이나 금기, 무가와 민화 등 민속의 여러 측면에서 상징의 의미를 폭넓게 다루고자 했다.

이러한 목적 아래에 〈호랑이설화〉의 전체를 구성하는 제한된 수효의 기능과 연쇄기능을 도출하여 이야기의 기본구조를 찾고 유형을 분류하였다. 〈호랑이설화〉는 [호식형], [해학형], [신성형], [홀림형] 등 4개의 유형으로 분류된다. 이 중, [홀림형]은 본 논문에서 새롭게 제언한 유형군이다. 앞서 3장 5절에서는 현재까지 소비되고 있는 '버스괴담'과 '장산범'의 이야기를 확인하였다. 특히 '장산범'은 국내에서 아직까지 구전되고 있어 이야기의 연속성을 확인할 수 있었다. '장산범'의 발견은 창귀에서 시작되어 온 [홀림형]이 과거에서부터 지금까지 전승되어 왔다는 연속성을 확인시켜 주는 증거라는 점에서 의미가 있다.

유형을 분류한 다음에는 각 유형들의 기본구조의 의미를 분석하였다. [호식형]은 호식될 팔자와 호식이라는 연쇄가 강조된 유형이다. [해학형]은 호랑이와의 대결과 금제제시, 우연이 결합하여 승리하는 구성을 취한다. [신성형]은 과제제시와 과제해결 후, 원조라는 기능이 결합하면서 조건적 원조라는 연쇄기능이 가장 중요한 유형이다. [홀림형]은 본고에서 새롭게 제언한 유형군으로, 변신과 홀림, 정신적 죽음이라는 연속적 기능의 결합을 보여준다.

〈호랑이설화〉는 죽음에 대한 공포 자체가 결핍이 되어 서사가 진행되는 이야기이다. 〈호랑이설화〉의 도입은 결핍에서 시작된다. 모든 유형은 공통적으로 호식될 팔자를 이야기의 결핍으로 포함하고 있다. 호식될 팔자는 곧 죽음에 대한 전조를 의미한다. 더불어 유형의 기본구조를 결핍과 결핍해소로 재구성하여 공포담으로서의 주제적 의미를 밝히고자 하였다.

'공포성'은 결핍의 여부에 따라 크게 안은공포성과 안긴공포성으로 나뉜다. [호식형]은 안은공포성이고, [해학형], [신성형], [홀림형]은 안긴공포성에 해당한다. [호식형]이 호식될 팔자라는 죽음을 주요 결핍으로 삼은 안은공포성이라면, 그 외의 유형들은 호식의 공포성을 수단으로 삼아 새로운 주제를 파생하는 안긴공포성이다. 안긴공포성은 호식이라는 근원적인 결핍을 통해 개별적 결핍을 해소한다.

각 유형은 호랑이를 통해 '공포'를 인지하는 과정을 담고 있다. '호식'은 인간의 죽음에 대한 불안과 두려움이 구체화된 경우라 할 수 있다. 안은공포성의 결핍은 호식될 팔자이고, 유한적 존재가 처한 운명적 죽음이 결핍해소가 된다. 안은공포성이 죽음에 대한 운명적 순응을 이야기한다면 안긴공포성은 공포와의 공존을 선택하거나, 극복하는 방향으로 서사가 진행된다.

[호식형]의 공포는 유한한 존재가 갖는 죽음에 대한 공포이다. [홀림형]의 공포는 호식의 공포라는 점에서 [호식형]과 동일하나 개별적 결핍이 동시에 진행된다는 점에서 차이를 보인다. [해학형]은 [호식형]과 정반대되는 경우로, 호식에 대한 공포의 부정이 결핍이 되는 유형이다. [신성형]은 주인공의 인과적 보상과 함께 공포는 해소되지 않고 신성성이 더해져 경외에 가까워진다. 이러한 진행은 이야기의 결핍양상에 따라 달라지며, 서사 자체에서 공포가 진행되는 방식 또한 다르다. '신성'은 구조적으로 결국 극복되지 못한 공포이며, '해학'의 공포는 극복하고자 하는 공포이다. 마지막으로 '홀림'은 공포 자체를 욕망한다.

또한 〈호랑이설화〉의 연쇄기능이 갖는 여러 가지 결합방식을 살펴보았다. 결합방식은 필연성, 인과성, 우연성이다. 필연성은 [호식형]과, 인과성은 [신성형]과, 우연성은 [해학형]과 관련이 있으며, 결국 모든 이야기는 호식될 팔자라는 필연성에 수렴된다는 특징을 갖는다. 〈호랑이설화〉 연구에서 호랑이는 죽음을 부여하는 존재이자 인간과 소통하는 절대적 존재로서, 어느 때는 친숙한 존재이지만 어느 때는 낯선 감각을 불러일으키는 존재이다. 주인공은 사선에서 기묘한 감각을 동반하여 호랑이라는 대상을 통해 공포를 느낀다. 두려움은 문턱에서 생기는 전형적인 느낌이자, 미지의 것으로 넘어가는 이행의 장소다.[1] 호랑이는 경계에서 태어나 경계에 선 존재이다. 홀림은 이 경계를 넘나드는 기능이라고 할 수 있다. 호랑이는 신이면서 낯선 존재의 이방인, 그리고 괴물과 동물의 영역을 넘나들며 공포의 넓은 영역을 관장한다. 이를 통해 '호식'은 '호랑이와 마주치게 되면 죽는다'라는 단순한 공식에서 해학과 신성, 홀림과 같은 복잡한 기능으로 확장된다.

홀림군에서 나타난 공포의 진원은 '죽음'이지만 진원지는 '결핍'이다. 홀림군의 괴물은 타자를 통한 자아의 또 다른 현현으로, 주인공은 타자라는 괴물을 통해 결핍과 공포를 매개한다. 그러나 주체의 결핍은 결코 해결할 수 없는 불완전한 결핍이다. 결코 해소될 수 없는 결핍을 충족하기 위해 출현한 양가적 존재들이 바로 홀림군이다. 그리고 주체는 낯설지만 친숙한 홀림군을 통해 결핍을 잠정적으로 해소할 뿐이다.

홀림의 양가성은 이 결핍에서 동시에 태어난 '친숙함'과 '낯섦'에 있다. 이야기에서 '친숙함'과 '낯섦'의 두 가지 측면은 서로 길항작용을 하면서 상서로운 공포심을 유발한다. 홀림군은 양가적 존재로서, 주인공의 환대와 적대 사이에 존재하며 유혹과 공포의 교집합으로서 타자화된 우리의 모습을 투영한다. 홀림군은 타자화된 우리의 가장 친숙한 적이자 타자이면서 자아의 동일화를 꿈꾸는 새로운 유형의 공포군이다. 적과 나를 구분할 수 없는 이러한 공포군의 출현은, 보드리야르가

---

1 한병철 저/이재영 역, 앞의 책, 55쪽.

말한 가장 소규모화된 바이러스보다 진보된 형태로 보인다. 그리고 우리는 홀리는 존재의 목격만으로도, 곧바로 '죽음'이라는 상상력에 다다를 수 있다.

호랑이와 관련한 이야기는 어떤 유형이라도 공포가 전제되어 있으며 공포의 변모 양상에 따라 호랑이 자체의 상징성 또한 변화한다. 호랑이는 죽음을 부여하는 인간의 대립자였다가 인간의 결핍을 해소해주는 원조자이면서, 결국은 인간의 결핍 자체를 보여주는 또 다른 얼굴일 수 있다. 호랑이는 독립적인 존재이면서, 주인공이라는 자아와 결부된 또 다른 자아의 일면을 보여준다. 즉, 자아의 투영된 결핍이며, 소외며, 부정적 감정이 결합된 '공포' 그 자체인 것이다. 호랑이가 가지는 '공포'의 얼굴은 호랑이 자체의 상징인 동시에 자아가 투영하고자 하는 또 다른 공포의 실체라 할 수 있다.

본고에서는 호랑이라는 대상을 통해 설화에서의 '공포'의 상징성을 탐구하고자 시도하였다. <호랑이설화>는 죽음이 존재의 끝이 아닌 도입으로 시작되는 이야기이다. 주인공이 운명처럼 부여받은 죽음이라는 결핍요소를 해결하면서 죽음을 인식하는 일련의 과정이라 할 수 있다. <호랑이설화>의 각 유형은 공포를 통해 인간이 죽음에 직면하였을 때 존재하기 위한 방식을 보여준다. 결국 우리가 죽음을 인식하게 하는 일종의 매체이면서 치유할 수 있다는 환상을 갖게 하는 이야기라 할 수 있다.

끝으로 이 책의 다음 행보는, 호랑이를 중심으로 '홀림군'이라는 새로운 유형에 대한 논의로 이어진다.[2] '호랑이'를 필두로 한 '홀림군'은 도

2 '홀림의 미학'이라는 주제로 2022년 한국연구재단의 인문사회학술연구교수로 선정되어, 현재

깨비와 여우, 물귀신으로 요약할 수 있다. 특히 도깨비와 여우는 『한국구비문학대계』에서만 약 3천여 편의 이야기를 보유한 거대 캐릭터로서 이야기의 구조 내에서 홀림과 공포, 죽음의 연쇄 기능을 내포하고 있다. 동일한 기능을 가진 물귀신 또한 홀림군에 포함되며 특히 창귀와의 유사성이 주목된다. 홀림군의 유형은 유구한 구비문학의 흐름에서 현재까지 유전되는 홀림이라는 기능과 새로운 공포의 부면을 심도 있게 탐구할 수 있는 지반이 될 것이라 기대한다.

연구가 진행 중에 있다.

오정미, 「'홀림'에 나타난 공포의 양가성 연구」, 『구비문학연구』 61, 구비문학회, 2021.

오정미, 「<물귀신설화>에 대한 일고찰(一考察)」, 『실천민속학연구』 38, 실천민속학회, 2021.

오정미, 「물질 이미지와 공포성의 관계 연구」, 『Culture and Convergence』 44권, 한국문화융합학회, 2022.

오정미, 「세계 물귀신설화연구」, 『순천향 인문과학논총』 42 (4), 순천향대학교 인문학연구소, 2023, 39-71쪽.

부록

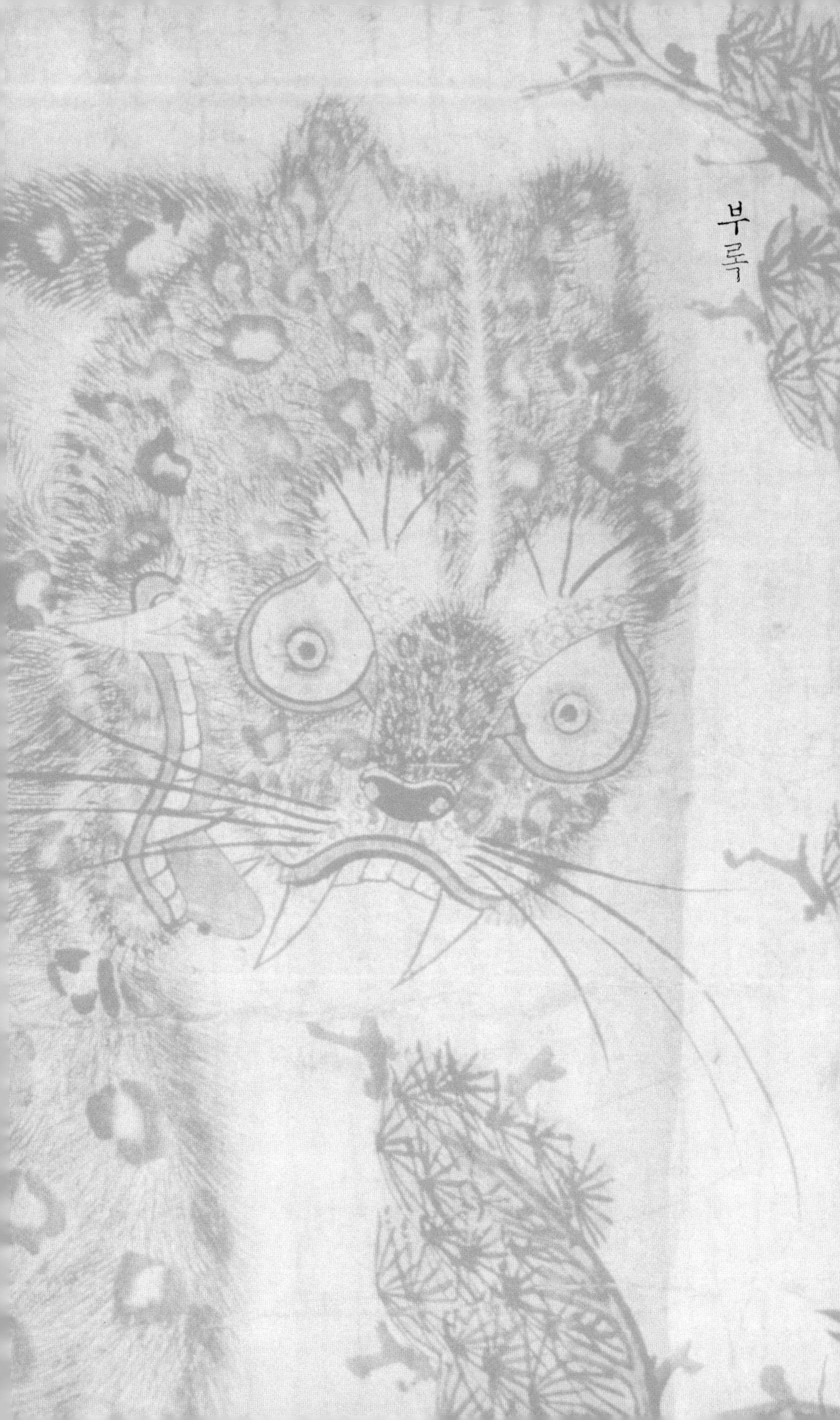

【부록 1】 호랑이설화의 기능 분석

이 장에서는 호랑이를 대상화한 이야기를 망라하되 유형을 선정하고 도식화하여 설화의 내용을 구조적으로 구성하고자 한다. <호랑이설화>의 기능(function)을 순서대로 정리하면 다음과 같다.

α. 주인공이 호식될 팔자를 가지고 태어난다.(호식될 팔자)

α-1. 주인공의 주변 인물이 주인공의 호식될 팔자에 대해 언급한다.

α-2. 중이 와서 주인공의 팔자를 알려준다.

신령한 존재가 주인공에게 꿈으로 제시한다.

'호식'은 사람이 호랑이에게 잡아먹히는 행위를 이르는 명칭이다. 그러므로 α[1]는 피동적 표현인 '호식될 팔자'로 명칭 한다. α는 <호랑이설화>에 전제된 결핍이자 최초의 기능이다. 또는 <호랑이설화> 전체를 대표하는 주요 기능이자 전제된 기능이라 할 수 있으며 간혹 생략되기도 한다. 호식될 팔자는 제삼자를 통해 설명되는 경우와 화자를 통해 이야기에 곧바로 삽입되는 경우로 나뉜다. α가 등장하지 않는 경우, A나 B로 대체되기도 한다.

β. 조력자가 희생자를 발견한다.(조력자 개입)

β-1. 조력자가 희생되기 직전의 희생자를 발견한다.

β-2. 조력자가 희생된 희생자를 발견한다.

---

1 이 장에서는 논의의 편의성을 위해 기능을 '알파벳(기능 설명)'의 형태로 표기한다.

β-3. 조력자가 마을이 호식으로 고통받는 상황을 목격한다.

β-4. 조력자가 희생된 시체를 발견한다.

β-5. 조력자가 미래의 희생자를 위해 호랑이를 쫓는다.

β의 경우, 주인공과 목격자, 조력자를 구분하기 위한 기능이라 할 수 있다. <호랑이설화>는 주인공이 중간에 바뀌며 혼선을 빚는 경우가 많다. 특히 조력자의 비중이 커질수록 처음의 주인공이 '희생자'로 전환되면서 조력자가 주동 인물로 전환될 때도 있다. β는 주인공을 구분하기 위한 기능이라 할 수 있다.

이야기 도중에 제3의 인물이 주인공과 호랑이 사이에 개입하게 되는데, 대개 주인공을 조력하기 위한 인물이다. 이때, 원래의 주인공이 희생자로 전환되고, 제3의 인물이 주인공이 되면서 호랑이의 직접적인 대립자로 설정된다. 조력자는 주인공이 이미 희생된 후 도착하거나 β-3과 같이 이미 마을이 호식으로 고통받는 상황에서 개인적 문제가 아닌 마을 공동체 전체의 문제로 대두되었을 때 이야기에 등장한다.

간혹 호랑이와 조력자가 희생자보다 먼저 마주치는 이야기도 있다. 조력자는 우연히 호랑이를 만나 추후 희생자가 발생할 것을 예견하고 호랑이를 쫓는다. 이때 주인공은 예비 희생자와 만나 우호적 관계를 형성하면서 호랑이라는 대립자를 퇴치하기 위한 전선을 구축한다.

조력자가 이야기에 개입한 경우 호랑이와 대립하면서 희생자를 구원하기도 하지만 희생자와 합심하여 호랑이를 퇴치하기도 한다. 조력자가 개입되지 않을 때는 주인공이 단독으로 호랑이와 대결한다. 즉, 조력자와 희생자는 동일한 기능을 수행하는 인물의 속성으로 간주된다.

γ. 주인공이 개별적 결핍에 처한다.(개별적 결핍)

γ-1. 주인공이 혼처를 구하지 못한다.

γ-2. 주인공에게 필요한 물건이 있다.

γ-3. 주인공에게 과제가 주어진다.

γ-4. 주인공이 벼슬길에 오르지 못한다.

γ-5. 주인공이 복수를 해야 한다.

γ-6. 주인공이 혼자 살고 있다.

γ-7. 주인공의 부모가 부재중이다.

γ-8. 주인공의 집이 가난하다.

γ-9. 부모가 주인공을 죽이려고 한다.

γ-10. 주인공이 이동해야만 한다.

γ-11. 주인공의 아이가 울음을 그치지 않는다.

γ-12. 주인공이 나물바구니를 놓고 온다.

γ-13. 주인공이 무능력하다.

γ-14. 부정한 사람이 주인공의 딸을 탐낸다.
주인공이 부정한 사람에게 속는다.

γ-15. 주인공의 부인이 계속 죽는다.

개별적 결핍(γ)은 〈호랑이설화〉에서 α 외에 또 다른 결핍이다. 이 결핍은 주인공의 속성에 따라 각기 다르게 발생하며, α(호식될 팔자)와 다르게 해결된다. 도입상황인 α, β, γ의 위치는 여타의 기능과 다르게 유동적이다. 간혹 도입상황에서 γ(개별적 결핍)가 생략되기도 하지만 결말에 이르러 결핍해소와 관련되어 노출되기도 한다.

γ-2에서는 주인공에게 필요한 물건이 곧 결핍의 요소가 된다. 주인공

의 부모님이 병환으로 약이 필요한 경우가 해당한다. 효자에게 필요한 물건은 대부분 부모님과 관련되어 있다.

γ-3에서는 주인공에게 과제가 주어진다. 만약 여기서 과제가 해결되지 않으면 주인공은 죽게 된다. 임지한 장군의 일화가 여기에 해당한다. 또한 정해진 기간 안에 돌아갈 수 없는 과제가 제시되는 이야기도 있다. 만약 기한을 지키지 않고 집에 귀환하면 호식을 당하기도 한다. 그 외, 호랑이를 잡으면 도적의 죄를 사해주기로 한 보상형 과제나 이미 호식을 당한 송장을 지켜야 하는 때도 있다.

γ-5에서는 주인공이 복수해야 하는 일이 발생한다. 이때 복수는 호랑이라는 대상과 관련한다. 주인공은 호랑이에게 호식당한 가족의 복수를 하거나 희생자의 가족들에게 복수를 청탁받는다. 희생의 대상이 소인 경우, 자신을 버린 주인에게 복수한다.

γ-8에서는 빈곤한 생활이 결핍의 요소로 등장한다. 노모와 단둘이 생활하는 조건도 포함된다. 이때 등장하는 주인공의 속성은 짚신 장사, 나무꾼, 소금장사, 하인, 소도둑 등이다.

γ-9에서는 부모가 주인공을 죽이려고 한다. 이 기능은 간부(姦婦)와 부정한 사람이 등장하는 이야기와 중복된다. 이때 간부는 주인공의 어머니이다. 이 경우 대립자였던 호랑이가 주인공의 조력자가 되면서 원조를 베푼다.

γ-10은 주인공이 어딘가로 이동해야 하는 상황에 처한다. 주인공의 부모나 시부모가 아파 약을 구해와야만 하거나, 친정 부모의 장례식에 참석해야 하는 등 친정집으로 이동해야 하는 이유가 발생한다.

γ-13에서는 주인공이 무능력한 점이 결핍으로 작용한다. 예를 들면 점쟁이가 점을 치지 못하는 경우가 여기에 해당한다.

A. 호랑이와 주인공이 만난다. (호랑이와 만남)

A-1. 호랑이가 (산중에서) 버스나 차를 세운다.

A-2. 호랑이와 산속에서/길목에서 우연히 만난다.

A-3. 호랑이가 (호식하기 위해) 내려온다.

A-3-1. 호랑이가 동물을 호식하기 위해 내려온다.

A-3-2. 호랑이가 사람을 호식하기 위해 내려온다.

A-4. 주인공이 호랑이 있는 곳을 찾아간다.

A-4-1. 주인공이 호랑이굴을 우연히 방문한다.

A-4-2. 주인공이 변신한 호랑이가 있는 집을 우연히 찾아간다.

A-4-3. 주인공이 호랑이를 사냥하기 위해 일부러 찾아간다.

A-4-4. 주인공이 죽기 위해 호랑이를 일부러 찾아간다.

A-5. 산그늘/햇그늘이 내리면서 호랑이가 주인공을 찾아온다.

A-6. 호랑이가 주인공의 신방에 침입한다.

A-7. 주인공이 호랑이불을 만난다.

A-7-1. 호랑이불이 나타난다.

A-7-2. 호랑이불이 따라다닌다./쫓아다닌다.

A-8. 주인공이 밤에 소변을 보거나 목욕을 하다 만난다.

A-9. 호랑이가 시묘살이/장례/제사/서낭당/당산제/씻김굿/절에 찾아와 주인공을 만난다./

주인공이 A-9의 장소를 다녀오는 길에 호랑이를 만난다.

A-10. 주인공이 희생자와 함께 있는 호랑이와 마주친다.

A-11. 주인공이 새끼 호랑이를 키운다.

A-12. 주인공이 나무를 하러 갔다가 호랑이를 만난다.

주인공이 나물을 뜯으러 갔다가 호랑이와 만난다.

A-13. 주인공이 가족을 마중하러 갔다가 호랑이와 마주친다.

A는 단순히 주인공과 호랑이가 만나는 것을 의미한다. 특히 장소나 주인공에 영향을 받는 기능이라 할 수 있나. 대개 산길이나 집에서 만나는 경우가 많으며, 주인공의 동선으로 인해 만나거나 호랑이가 의도적으로 찾아오기도 한다.

A-7-1은 주인공이 호랑이불을 목격하는 것이다. 이때 발견되는 호랑이불은 길을 타고 내려오며, 좀 푸른 기가 있거나 둥글고 큰 편이다. A-7-2의 경우, 구연자는 호랑이불을 발견했을 때 무서워하면 안 된다고 부연한다.

A-8은 주인공이 메주콩을 많이 먹어 밤에 화장실을 가는 도중에 만나거나 화장실에서 만난다. 또는 주인공이 목욕하러 가다 만나기도 한다.

호랑이불은 단순한 만남을 표상하는 하나의 기능으로서, 별다른 기능이 첨가되지 않는다. '호랑이와 만난다'라는 큰 행위항에 부속되는 단일한 의미만을 가진다.

B. 호랑이가 희생자에게 호식될 팔자를 증명한다. (호식될 팔자 선택)

B-1. 호랑이가 호식될 팔자의 희생자를 선택하거나 정해져 있다.

B-2. 주인공이 금기를 어긴다.

주인공이 부정을 저지른다.

B-3. 호랑이가 사람이 짐승으로 보이면 잡아먹는다.

B-3-1. 사람이 호식될 팔자는 짐승으로 보인다.

B-3-2. 호랑이가 배가 고프면 사람이 개로 보여 잡아간다.

B-4. 호랑이가 호식될 사람에게 모래를 끼얹는다.

호랑이가 흙으로 먹이를 덮어놓는다.

B-5. 호랑이가 호식될 사람에게 물을 뿌린다.

호랑이가 꼬리에 물을 묻혀 사람의 얼굴에 턴다.

B-6. 호랑이가 호식될 사람에게 자갈이나 돌을 던지거나 떨어뜨린다.

B-7. 호랑이가 호식될 사람에게 표식 한다.

B-8. 호식당할 사람만 호랑이 울음소리를 듣는다.

주인공이 호랑이가 솔나무 바람으로 보인다.

B-9. 주인공이나 조력자의 실수로 호랑이가 찾아온다.

B-9-1. 주인공이 방문을 열어둔다.

주인공이 아이를 바깥에서 재운다.

주인공이 한눈을 판다.

주인공이(부녀자) 생리혈을 제대로 관리하지 못해 개가 먹으면, 그때 생긴 애가 호식을 당한다.

B-9-2. 시어머니가 자기 딸은 산그늘이 내려오면 오라고 하고 며느리는 달이 뜨면 오라고 해서, 딸이 호식을 당한다.

B-9-3. 주인공이 도끼질을 해서 호랑이가 찾아온다.

B-9-4. 주인공이 말실수를 해서 호랑이가 찾아온다.

B-9-5. 주인공이 술에 취해 자다가 호랑이를 만난다.

주인공이 산속에서 자다가 호랑이를 만난다.

B-9-6. 주인공이 떨어진 대추를 아이에게 주자 호랑이가 나타난다.

B-9-7. 주인공이 집에 늦게 와 부인이 화가 나서 문을 열어주지 않자, 호랑이가 나타난다.

B-9-8. 주인공이 호식한 집터에서 잠을 자자 호랑이가 나타난다.

α(호식될 팔자)가 제시되지 않았을 경우, B(호식될 팔자 선택)의 기능이 등장한다. B(호식될 팔자 선택)는 호랑이가 희생자에게 과제를 제시함으로써 호식될 팔자를 증명하거나 선택하는 것을 말한다. 가끔 α(호식될 팔자)나 A(호랑이와 만남)의 기능 등과 중복된다. 이 경우에 호식될 팔자라는 의미가 더욱 강조된다.

B-1에서는 호랑이가 호식될 팔자의 희생자를 선택한다. 호랑이를 피하기 위해 사람들이 옷을 벗어던지게 되는데, 호식 팔자인 사람의 옷은 호랑이가 깔고 앉거나 대상자의 옷을 물어 표식 한다. 또는 군인들이 모자를 호랑이굴 안으로 던지거나 버스에 탄 사람들의 손수건을 걸게 해서 호랑이에게 호식될 인물을 선택하게 한다. 이때 사용되는 대상으로는 손수건, 양말, 수건, 모자, 옷 등이 있다.

버스에서 한 명씩 내리거나 지나가는 것으로 호식이 결정되기도 한다. 이때 노인과 초립동이/3대 독자 등이 등장하며 호랑이는 주인공을 꼭 한 명씩 지나가게 한다. 호식팔자인 사람을 호랑이 굴에 넣어주어야 길을 갈 수 있다는 것[2]과 같은 방에서 여러 사람이 무리 지어 있어도 호식될 사람인 한 사람만 데려간다는 설정도 유사하다. 호랑이는 선택의 과정을 통해 호식될 대상을 물색하며, 선택이 완료되어야만 나머지 사람들이 지나갈 수 있다.

B-3-1에서는 호식될 팔자는 짐승으로 보인다고 설명한다. 이 경우 호랑이 속눈썹이 필수적이며, 호랑이 속눈썹으로 보아야만 확인할 수 있다고 전한다. 간혹 속눈썹이 생략되는 경우도 있다.

B-4에서는 호랑이가 호식될 사람에게 모래를 끼얹거나 흙으로 먹이

2 '<호랑이설화>이야기 목록' 49번에 해당.

를 덮어놓는다. 간혹 내용이 전(轉)하여 주인공이 호랑이가 던진 흙 때문에 넘어지면 호랑이가 잡아먹기도 한다. 호랑이와 포수가 나오는 이야기가 이에 해당한다.

B-7의 경우 호랑이가 호식될 사람에게 미리 표식 한다. 호랑이가 호식될 사람의 머리에 침을 발라 가르마를 타놓거나, 호랑이가 호식될 사람인 신랑의 신을 혀로 핥는다. 호랑이(창귀)가 호식될 사람 옆에 깃대를 꽂고 가거나 호랑이가 발로 호식될 사람을 잡아당기기도 한다.

B-9에서는 주인공이나 조력자의 실수로 호랑이가 주인공을 찾아온다. B-9-4에서는 주인공이 호랑이가 존재하지 않는다고 말실수를 해서 호랑이가 찾아오며, B-9-5에서는 주인공이 술에 취해 산속에서 자다가 호랑이를 만난다. 이 경우 구연자는 희생자가 경각심을 가져야 한다고 전한다.

C. 호랑이가 (호식하기 위해) 주인공을 공격한다. (호랑이 공격)

C-1. 호랑이가 주인공을 호식하기 위해 벽을 뚫는다.

C-2. 호랑이가 자기 새끼에게 먹이로 주기 위해 주인공을 상처 입힌다.

C-3. 호랑이가 주인공을 공격한다.

C-4. 호랑이가 주인공의 혼을 호식하기 위해 자기 발가락을 핥는다.

C-5. 호랑이가 주인공을 잡아먹으려고 한다.

C-6. 호랑이가 주인공을 한입에 삼킨다.

C-7. 호랑이가 주인공을 호식하기 위해 쫓아온다.

C-8. 호랑이가 주인공을 호식하기 위해 거꾸로 매단다.

C는 호랑이가 호식하기 위해 주인공에게 공격적 행위를 하는 것을

말한다. 이는 호랑이가 호식하기 전에 하는 전조 행위라고 할 수 있다. C-4에서는 호랑이가 주인공의 혼을 호식하기 위해 자기 발가락을 핥는다. C-5는 호랑이가 주인공에게 잡아먹겠다고 선포하거나 호랑이가 주인공을 잡아먹기 위해 입을 벌리고 있는 경우이다. 그 외에 '잡아먹으려고 하였다', '공격하였다' 등 단순하게 표현된다. 주인공은 C의 기능이 전개된 이후에 호식에 순응하거나 거부하는 행위 중 하나를 택하여 행동한다.

C-7에서는 호랑이가 주인공을 호식하기 위해 쫓아온다. 이때 호랑이는 주인공을 호식하기 위해 주인공의 집을 방문하는 등 끈기를 보여준다. 이러한 호랑이의 행위를 통해 '호식은 절대 피할 수 없다'라는 속신이 확인된다.

D. 호랑이와 관련한 과제가 제시된다.(과제제시)

D-1. 호랑이가 주인공에게 비녀를 뽑아달라고 요청한다.

D-2. 호랑이가 주인공에게 덫에서 빼내 주기를 요청한다.

D-3. 호랑이가 주인공에게 부정한 중과 간부(姦婦)를 대신 처단하기를 요구한다.

D-4. 호랑이가 자기 새끼를 대하는 주인공의 태도를 확인한다.

D-5. 주인공이 호랑이의 원수를 만나 호랑이와 대결 시에 옆에서 주문을 외워주기를 부탁받는다.

D-6. 주인공이 먹을 것을 가져다주기로 호랑이와 약속한다.

D-7. 주인공이 호식을 피하기 위해 30년 동안 집에 돌아오지 않아야 한다.

D-8. 주인공이 호식당하지 않기 위해 정승댁에 장가를 가야한다.

D-9. 호랑이와 주인공이 서로 재주를 겨룬다.

D-10. 주인공(열녀)에게 개가의 기회가 생긴다.

D-11. 주인공이 부모에게 효도를 해야 한다.

D-12. 호랑이가 주인공에게 떡을 달라고 한다.

D-13. 호랑이가 주인공이 아이를 두고 밖에 나오지 못하게 한다.

D-14. 호랑이가 자신의 속눈썹을 주인공에게 주고, 나중에 돌려주라고 한다.

기능 D는 주인공에게 부여된 일종의 시험이자 과제이다. B가 호식될 팔자의 주인공을 선별하기 위한 한정된 시험이라고 한다면, D는 B와 반대로 호식되지 않는 주인공을 가리기 위한 시험이라고 할 수 있다. 즉, D와 B는 동일한 역할인 것처럼 보이지만 정반대의 성향을 띠는 기능이라고 할 수 있다.

D는 주인공과 대상자가 우호적 관계를 맺기 위한 과제에 해당한다. 또한 호식이라는 위험을 피하기 위한 수단이라고 할 수 있다. 이 기능은 E(과제성공)라는 기능과 함께 이야기의 유형을 이루는 주요 요소가 된다.

D는 한 인물에게 과제가 부여되는 경우와 두 인물에게 동일한 과제가 부여되는 경우로 나뉜다. 인물이 한 명으로 설정된 경우는 대개 D-E로 진행되면서 과제를 성공시킨다. 인물이 두 명으로 설정된 경우, 인물 중 한 명이 성공하여 E로 진행되면 나머지 한 명은 반드시 실패하여 G로 진행된다. 두 개의 상반된 전개의 중복 진행을 통해 과제의 어려움과 인물의 비범함이 동시에 드러낸다. D-4가 여기에 해당한다. 호랑이 새끼에게 잘해주는 인물과 해코지를 하는 인물로 각각 나뉘어 과정

에 따른 결과의 차이를 보여준다.

D의 기능은 효자, 열녀, 효부 등과 관련한 이야기에서 다수 발견된다. 특히 D-10의 기능은 특성상 주인공이 열녀로 한정된다. 이때 D의 성공 여부에 따라 성공인 E나 실패인 G로 각기 전개된다. D-13과 D-5는 실패하는 과제로서 E까지 연결되지 않는다. 이 경우 D는 과제실패인 G로 연결된다.

E. 주인공이 과제를 성공시킨다. (과제성공)

E-1. 주인공이 부정한 사람을 활로 쏘아 죽인다.

E-2. 주인공이 아이와 시아버지의 목숨을 바꾼다.

E-3. 주인공이 호랑이 새끼를 구완한다.

E-4. 주인공이 덫에 걸린 호랑이를 구완한다.

E-5. 주인공이 호랑이 목에 걸린 비녀를 뽑아준다.

E-6. 주인공이 효심이나 우애를 보여준다.

주인공이 첫날밤임을 강조한다.

E-7. 주인공이 가족으로부터 떠나 있거나 폐쇄적 공간에 있다.

E-8. 주인공이 호랑이와의 대결에서 이긴다.

E-9. 주인공(열녀)이 개가를 거절한다.

E-10. 주인공이 호랑이 새끼를 돌려준다.

E-11. 주인공이 호랑이에게 떡을 준다.

E-12. 주인공이 집에 있는 아이에게 돌아온다.

E-13. 주인공이 호랑이 눈썹을 나중에 돌려준다.

E-14. 주인공이 호랑이에게 먹을 것을 준다.

E-15. 주인공이 목욕재계를 한다.

E는 주인공이 과제를 성공시키는 것을 의미한다. E는 D(과제제시)의 기능과 연결된다. E-3에서 주인공은 호랑이 새끼를 구완한다. 비슷한 내용으로 주인공이 호랑이를 귀여워하거나, 주인공이 호랑이 새끼를 대하는 모습을 보고 어미 호랑이가 웃었다는 이야기도 있다.

E-7에서 주인공은 호식을 피해 30년 동안 집에 돌아오지 않거나 함에 들어가 숨는다. E-7은 주인공이 가족으로부터 떠나 있거나 폐쇄적 공간에 처한 것으로 D-7(주인공은 호식을 피해 30년 동안 집에 돌아오지 않아야 한다)의 과제와 대립쌍이 된다.

E-8에서 주인공과 호랑이의 대결은 목숨을 건 대결이 아니다. 이 기능을 통해 주인공은 호랑이와 우호적 관계를 형성한다.

F. 호랑이가 주인공을 등에 태우다.(호랑이 등에 타기)

F-1. 호랑이가 주인공을 물고 간다/업고 간다.

F-2. 호랑이가 주인공을 (우연히) 태운다.

F-3. 호랑이가 주인공을 (함께) 업어 간다./주인공이 호랑이를 만진다.

F-4. 호랑이가 인재를 태운다.

F는 호랑이가 주인공을 등에 태우는 기능을 말한다. 유사 표현으로는 '물고 가다', '물다', '업고 가다' 등이 있다. 이러한 표현 외에도 이야기 중 갑자기 주인공이 사라진 경우도 해당한다. 호랑이가 주인공을 등에 태우는 이유는 크게 세 가지로 나뉜다. 첫째는 의도가 없이 우연히 이루어지는 경우이고 둘째는 인재를 선택하여 호의를 제공하는 경우, 마지막은 호식하기 위해 잡아가는 경우이다. F의 기능은 단독기능으로서 의미가 있기보다 선후에 결합하는 기능과의 관계에 따라 의미 자체

가 달라진다.

G. 주인공이 (D와 관련한) 과제를 실패한다. (과제 실패)

G-1. 주인공이 비녀를 뽑지 못한다.

G-2. 주인공이 호랑이 새끼를 죽인다.

G-3. 주인공이 새끼 호랑이를 위협한다.

G-4. 주인공이 호랑이에게 떡을 주지 못한다.

G-5. 주인공이 호랑이에게 약속을 이행하지 않는다.

G-6. 주인공이 부모에게 불효를 한다.

G-7. 주인공이 호랑이 새끼를 데려온다.

G-8. 주인공이 덫에 빠진 호랑이를 구하지 못한다.

G는 주인공이 D와 관련한 과제를 실패하는 경우이다. 그러므로 앞서 살펴봤던 과제의 내용과 관계된다. 특히 G-3은 D-4와 연결되는 기능으로, 주인공이 새끼를 위협하는 경우이다. 이때 주인공은 호랑이 새끼에 대해 폄하하거나 호랑이의 허락이나 승인 없이 호랑이의 새끼를 만지려고 한다. E-3에서 주인공이 호랑이 새끼를 구완하는 것과는 반대 경우라 할 수 있다. 이때 G는 곧바로 U(호식)와 직결된다.

H. 호랑이가 주인공을 유혹하기 위해 변신한다. (변신)

H-1. 호랑이가 변신한다.

H-2. 호랑이가 목/소리를 (흉내)낸다.

H-3. 호랑이가 외형이 변한다./특이한 외형을 갖는다.

H-4. 호랑이가 사람을 유혹하는 행위를 한다.

H는 호랑이의 단독 기능으로서, '변신'에 해당하며, 호랑이가 주인공을 '속이다', '흉내 내다', '변신하다', '홀리다', '유혹하다' 등의 표현으로 나타난다. 호랑이의 변신은 '만남' 전에 이미 전제되었을 수 있다. 이때 '속이다'와 '흉내 내다'가 동일한 기능으로 사용된다.

H-1에서는 호랑이가 중/여자/파리/당나귀로 변신한다. 호랑이는 자신의 신분을 숨기고 인간을 속여 호식하고자 한다. 이때 변신한 호랑이의 정체를 파악하는 것이 인간에게 생존의 과제가 된다.

H-2에서 호랑이는 단순한 소리를 내거나 인간의 목소리를 흉내 내어 주인공을 속이려고 한다. 간혹 호랑이가 죽은 척하며 인간을 속이려고 하지만 '호랑이가 죽지 않으면 터럭이 꼿꼿하다'는 정보를 통해 속임수가 실패한다. 호랑이는 변신 후에도 발 위에 터럭이 남아있어 정체가 노출되는 경우도 있다.

H-3에서는 호랑이의 외형이 변한다. 특이한 외형이라 할 수 있는 '백호'와 '인면괴수(人面怪獸)'가 여기에 해당한다. 그러나 외형의 변화는, 색의 변화가 지배적이며 과정이 아닌 변화된 상태로 나타난다는 특징이 있다.

H-4에서는 호랑이가 사람을 유혹하는 행위를 한다. 특별히 변신이 나타나지 않지만, 변신의 목적이 '유혹'에 있다는 점에서 행위의 목적이 동일하므로 이 기능에 포함시킨다. 호랑이는 주인공을 유혹하기 위해 발가락 사이를 싹싹 핥거나 주인공(희생자)의 뺨을 때린다. 또는 호랑이가 주인공 앞에서 발을 들어 춤을 추는 등 재주를 부리며 '홀린다'는 이야기도 전한다. 이 기능을 통해 주인공인 희생자가 웃거나 홀리게 되어 T(홀림)의 기능으로 전개된다.

I. 주인공이 호식을 거부한다. (호식 거부)

I-1. 주인공이 호랑이에게 강아지를 주지 않는다.

I-2. 주인공이 호랑이를 피해 숨거나 도망친다.

I-3. 주인공이 호랑이를 피해 죽은 사람처럼 눕는다.

주인공이 호랑이를 피해 바닥에 소를 눕힌다.

I-4. 주인공이 호랑이에게 호식당하지 않기 위해 풀이나 돌을 던진다.

주인공이 호랑이에게 호식당하지 않기 위해 집 대문을 두드린다.

주인공이 호랑이에게 호식당하지 않기 위해 걷어찬다.

I-5. 주인공이 호랑이에게 빌거나 사정한다.

I-6. 주인공이 호랑이에게 끌려가지 않기 위해 담뱃대나 나무를 붙든다.

I-7. 주인공이 호랑이를 피해 굿을 한다.

I-8. 주인공이 호식을 피하고자 조력자를 따라나선다.

I-9. 주인공이 호랑이를 피해 시간을 지체한다.

I-10. 주인공이 호식을 피하고자 여러 명과 함께 다닌다.

I는 주인공이 호식을 거부하거나 회피하는 기능이다. A/B의 호식될 팔자에 대한 운명이나 C에서 호랑이가 호식하기 위해 보이는 공격성에 대응하는 주인공의 행위라 할 수 있다. 주인공이 호식을 회피하는 경우는 의도와 적극성의 여부에 따라 세분화된다.

I-2는 주인공이 호랑이를 피해 숨거나 도망치는 경우이다. 주인공이 나무 위로 숨거나 도망치기 전에, 주인공과 호랑이 새끼가 관련한 사건이 발생한다. 주인공은 피신하기 직전 호랑이 새끼를 죽이거나 호랑이 새끼를 예쁘지 않다고 말하고 도망쳐 호랑이의 대립자가 된다.

I-3은 주인공이 호랑이를 피해 죽은 사람처럼 눕거나 희생양의 대상

이 된 소를 죽은 것처럼 바닥에 눕힌다. 이러한 행위를 통해 호랑이가 죽은 것은 먹지 않는 것을 간접적으로 보여준다.

I-4는 주인공이 호랑이에게 풀이나 돌을 던지며 호랑이를 위협하는 경우이다. 또는 주인공이 호식당하지 않기 위해 집 대문을 두드리거나 걷어차기도 한다. 이 기능에서 주인공은 자발적인 행위를 통해 호식에서 벗어나기 위해 노력한다.

I-8에서는 주인공이 호식을 피하기 위해 조력자를 따라나선다. 이 동행을 통해 조력자는 주인공에게 D의 과제를 제시한다.

I-9에서는 주인공이 호식을 피하기 위해 일부러 시간을 지체한다. 이 기능을 통해 호식될 수 있는 시간이 제한적으로 존재하며, 이 시간이 지나면 호식을 피할 수 있다는 사실을 알 수 있다.

J. 조력자가 나타나 주인공에게 도움을 제공한다. (조력자 원조)

- J-1. 주인공의 주변 인물이 주인공에게 도움을 준다.
- J-2. 주인공이 지나가는 포수의 도움을 받는다.
- J-3. 주인공이 이인의 도움을 받는다.
- J-4. 이인이 (현몽하여) 주인공을 도와준다.
- J-5. 동물과 무생물 등이 주인공을 도와준다.
- J-6. 호랑이 뱃속에서 만난 희생자들이 서로의 조력자가 된다.
- J-7. 주인공의 혼사 대상 여성 또는 호랑이와 원수를 진 원한자가 주인공을 조력한다.

J는 주인공이 호랑이가 아닌 제 3의 조력자에게 도움을 받는 기능을 말한다. 세부내용은 조력자의 속성에 따라 나뉜다. 그중 포수는 종종

등장하는 조력자로서, 조총을 소지하고 있으며 호랑이와 대적할 수 있는 현실적이고 막강한 대립자로 설정된다.

J-1은 주인공의 주변에서 조력자가 발생하며, 부모, 형제, 개 주인, 마을 사람들이 주인공에게 도움을 준다. 예를 들면 소가 호랑이와 싸울 때 주인이 도망가지 않고 곁에서 응원하거나, 주인공의 아이가 없어지자 부모나 마을 사람들이 함께 사라진 아이를 찾으러 간다.

J-3의 경우 이인(중, 대사)이 주인공에게 강감찬 편지/주문/쾌재를 주거나 이인이 호랑이를 꾸짖어 쫓아내거나 퇴치한다. 장사(숯장수, 소금장수, 병사, 장군)가 개입하는 경우 호랑이를 무력으로 제압하여 목숨을 구해준다. 간혹 조력자가 주인공에게 주물(呪物, 퉁소)을 건네준다. 이 주물은 주인공이 호랑이가 아닌 다른 대립자와 대결할 때 승리하기 위한 수단이 된다.

J-4에서는 인간이 아닌 신이한 존재가 도와주는 경우이다. 신선/이인이 현몽하여 주인공을 도와주거나 주인공이 위험에 처했을 때 하늘에서 동아줄이 내려와 주인공을 도와준다.

J-5에서는 나도밤나무/독수리/바늘/계란/송곳 등 동물, 식물, 무생물 등이 주인공을 도와준다. 여기에서 주인공 주변에 존재하던 평범한 물건들이 의인화된다. 조력자는 호식당할 위기에 처한 주인공에게 직접적이거나 간접적인 도움을 제공한다.

J-7은 주인공의 혼사 대상자가 조력자를 구완하는 것이다. 이때 조력자가 주인공에게 한 말의 밥을 대접한다. 또는 조력자가 위험에 처한 주인공을 구하기 위해 경문을 외워 호랑이를 쫓아내는 경우도 있다.

J의 기능을 통해 확인할 수 있는 것은 〈호랑이설화〉에서 조력자, 원한자, 희생자가 중복될 수 있다는 것이다.

K. 주인공과 호랑이가 내기/대결을 한다. (대결)

K-1. 주인공과 호랑이가 대결한다.

K-2. 주인공과 호랑이가 대결이 판가름이 나지 않아 장기간 싸움을 계속한다.

K-3. 주인공과 호랑이가 직접 대결하거나 내기 내용을 제시한다.

K-4. 주인공이 호식당한 희생자의 복수를 위해 호랑이와 대결한다.

K에서는 주인공과 호랑이가 내기 또는 대결을 진행한다. 대결의 원인은 다양하지만, 결국 내기의 담보는 상대방의 목숨이다. 대결의 내용은 바둑, 지략, 싸움 등이 있다.

L. 주인공이 호랑이와의 대결에서 승리하기 위해 우연을 사용한다. (우연)

L-1. 주인공이 지혜나 지략을 쓴다.

L-2. 주인공에게 '우연'이 작용한다.

L-3. 주인공이 호랑이에게 속임수나 거짓말을 한다.

L-4. 주인공이 호랑이를 잡기 위해 덫을 놓는다.

L-5. 주인공이 호랑이의 꼬리/불알을 잡는다.

주인공이 호랑이의 똥꼬[3]를 찌른다.

L-6. 주인공이 조력자에게 도움을 부탁한다.

L-7. 주인공이 호랑이의 배를 찢고 나온다.

L-8. 주인공이 호랑이와 대결 시 신이한 능력을 사용한다.

3 '똥꼬'는 항문을 의미하는 말로 표준국어대사전에 없는 용어이나, 『한국구비문학대계』에 기록된 화자의 구연상의 표현이므로, 본고에서는 그대로 표기한다.

L에서 주인공은 호랑이와의 대결에서 승리하기 위해 지혜/우연/행운/속임수를 사용한다. 세부 기능은 다음과 같다.

L-1에서는 주인공이 지혜나 지략을 쓴다. 주인공은 호랑이를 속이기 위해 삼줄에 참기름이나 들깨기름을 발라 강아시를 묶어 호랑이를 잡는 수단으로 이용한다. 그 외, 주인공이 호랑이 몰래 독 속에 숨거나 주인공이 솜을 타서 전부 벽에 쌓아 미리 불을 붙여놓는 용도로 준비해 둔다. 주인공이 호랑이에게 팥죽을 먹고 죽겠다고 말하면서 시간을 유보하기도 한다.

L-2에서는 주인공에게 '우연'이 작용하는 경우이다. 주인공이 위급한 순간, 갑자기 독수리가 나타나 주인공을 도와주면서 위기를 모면하게 된다. 또는 예기치 않은 상황에서 호식을 피하기도 한다. 주인공이 호랑이에게 호식을 당하려고 하나 갑자기 아이를 임신하게 되면서 호식의 상황을 모면하기도 한다.

L-3에서는 주인공이 호랑이에게 속임수나 거짓말을 하는 경우이다. 주인공이 산중에서 호랑이와 만나 죽을 위험에 처하자 거짓으로 호랑이와 형제라고 말한다. 주인공은 아버지가 돌아가실 때 형이 하나 있었는데, 형이 아파서 약을 먹였고 결국 잘못되어 호랑이로 변해 나가 버렸다고 호랑이를 속인다. 호랑이는 결국 주인공의 거짓말에 속아 주인공을 아우로 삼는다.

주인공이 호랑이(창귀)가 꽂아놓은 깃을 몰래 뽑자 호랑이가 호식될 팔자를 찾지 못해 혼선을 빚기도 한다. 또는 주인공이 호랑이에게 개똥을 바르고 나무에 올라왔다고 거짓말하거나, 주인공이 몰래 호랑이의 한쪽 귀를 장칼로 찢기도 한다.

L-4에서는 주인공이 호랑이를 잡기 위해 덫을 놓거나 약을 놓는 등

속임수를 쓴다. L-5에서는 주인공이 호랑이의 꼬리나 불알을 잡거나 똥꼬를 찌른다. 주인공이 호랑이의 이마를 열십자로 가르고 꼬리를 밟으면 호랑이의 껍질이 벗겨지며 죽는다. L-6에서는 주인공이 조력자에게 도움을 요청한다. 이때 주인공이 조력자에게 주문이나 거짓말을 부탁하기도 한다.

L-7에서는 주인공이 호랑이의 배를 찢고 나온다. 이때 탈출하는 방법이 다양하다. 주인공이 호랑이의 뱃속에서 낚싯줄을 잡고 호랑이 배 밖에 있는 사람이 줄을 잡아당겨 딸려 나오거나, 주인공이 호랑이의 배 안에서 간을 오려 나오기도 한다. 주인공은 칼이나 창으로 호랑이의 뱃속을 긁거나 호랑이의 창자를 긁어 호랑이를 죽인다. 호랑이 뱃속은 폐쇄적인 공간이므로 주인공이 빠져나오기 위해서 지혜를 발휘하거나 도구를 활용한다. L-2의 경우와 유사하나, 해당하는 이야기가 많아 따로 기능을 분류하였다.

L-8에서는 주인공이 호랑이와 대결 시 도력과 축지법 등의 신이한 능력을 사용하여 호랑이를 퇴치한다. 이러한 비범한 능력은 호랑이와의 대결에서 '변수'가 되며 상황을 반전시키는 요소로 작용한다.

M. 호랑이가 주인공에게 도움을 제공한다. (원조)

- M-1. 호랑이가 주인공이 놓고 온 원래의 물건을 돌려준다.
  - M-1-1. 주인공의 물건인 고사리, 나물, 나물바구니, 밤자루, 소쿠리, 신발, 칼 등을 돌려준다.
  - M-1-2. 주인공의 아이를 돌려준다.
  - M-1-3. 주인공의 개를 돌려준다.
- M-2. 호랑이가 주인공에게 혼처를 제공한다

M-3. 호랑이가 주인공이 (최초로) 필요한 것을 증여한다.

M-4. 호랑이가 주인공이 필요한 명당을 제공한다.

M-5. 호랑이가 주인공에게 신묘한 주물을 준다.

M-5-1. 호랑이 눈썹

M-5-2. 도깨비 감투

M-5-3. 말하는 귀지개

M-5-4. 소원을 들어주는 빗

M-5-5. 피리와 날개옷

M-6. 호랑이가 주인공을 위험으로부터 호위한다.

M-7. 호랑이가 주인공에게 불을 비춰 길을 인도한다.

M-8. 호랑이가 등에 태워 데려다주거나 인도한다.

M-9. 호랑이가 주인공의 혼인 대상자가 친정을 방문할 수 있게 도와준다.

M-10. 호랑이가 주인공에게 직접적으로 보상한다.

M-11. 호랑이가 주인공과 적대자의 대결을 위해 조력자가 된다.

M은 호랑이라는 대상에게 주인공이 원조를 받는 기능을 말한다. 주인공은 호랑이에게 새로운 물건을 증여받거나 잃어버린 본래의 물건을 되돌려 받는다. 그 밖에 호랑이의 행위로 원조를 받는 경우, 주인공은 보호를 받거나 호랑이의 등에 타 먼 거리를 이동한다. 특히 M-1-3에서는 호랑이가 주인공의 개를 돌려준다. 이때 주인공이 욕심을 부리면 죽게 된다.

M-2에서는 호랑이가 주인공에게 혼처를 제공한다. 이 기능에서는 호랑이가 여성을 억지로 등에 태워 남성과 결연을 맺게 한다. 결국 이

기능은 다른 기능과 결합되어 Y-1-2(혼사)라는 결말상황과 연결된다.

M-3에서는 호랑이가 주인공이 최초로 필요한 것을 원조한다. 호랑이가 주인공에게 원조해 주는 물품은 부모에게 효도하기 위한 약, 홍시, 잉어, 샘물, 산돼지, 토끼(산짐승), 석의(돌옷) 등이다. 이외에 호랑이는 주인공에게 정보를 주는 등, 주인공이 필요로 하는 것을 공급한다.

M-4에서는 M-3과 같이 호랑이가 주인공에게 필요한 것을 증여하나, 명당과 관련한 것을 제공한다는 점에서 차이를 갖는다. 호랑이는 명당 외에도 묏자리, 묘터, 시조산, 묘소, 암자 터 등 묘와 관련한 터를 모두 원조한다. 묘터를 제공하는 외에도 호랑이가 주인공 대신 직접 시묘하는 경우도 있다.

M-5에서는 호랑이가 주인공에게 신묘한 주물을 준다. 호랑이 눈썹, 도깨비 감투, 말하는 귀지개, 소원을 들어주는 빗, 피리와 날개옷 등은 신묘한 힘을 가진 마법 주구와 같은 주물로서, 주인공의 개별적 결핍(ɣ)을 해소하기 위한 수단이나 도구가 된다.

M-6에서는 호랑이가 주인공을 위험으로부터 호위한다. 호랑이는 주인공을 보호하기 위해 돌 등을 던지거나 술에 취해 산에서 자는 주인공을 깨워 내려보낸다. M-6은 앞서 'D(과제제시)-E(과제성공)'의 진행 후, 연속되는 후속 기능이라 할 수 있다.

M-7에서는 호랑이가 주인공에게 불을 비춰 길을 인도한다. 이 기능이 없는 경우 호식으로 직접 연결되기도 한다. 이때 주인공은 밤늦게 시묘나 제사 등을 지내고 돌아오다 호랑이를 만나는 A-9인 경우가 많다. 호랑이는 길을 잃거나 홀로 어두운 산길을 걷는 주인공에게 불을 비춰 길을 인도해 주면서 어려움에 처한 주인공을 도와주려고 한다. 이때 '호랑이불'은 단순한 목격만이 아닌 '조력'의 의미가 내재되어 있다. 그러나

그러한 의미를 갖기 위해서는 A-9라는 선조적 기능이 필요하다.

M-8에서는 호랑이가 주인공을 등에 태워 이동시킨다. 이러한 행위 역시 M-7과 마찬가지로 주인공을 이동시키는 행위이면서 동시에 인도하는 의미로 볼 수 있다.

M-9에서는 호랑이가 주인공의 혼인 대상자를 친정에 방문할 수 있게 도와준다. 호랑이는 주인공의 위치를 이동시키는 동시에 방문에 필요한 물품 또한 조달한다.

M-10에서는 호랑이가 주인공에게 금은보화 등으로 보상한다.

M-11은 주인공이 호랑이 외의 다른 인물과 적대 관계를 형성하게 되고, 이 대결을 위해 호랑이가 조력하게 되는 기능이다. 호랑이는 조력자로서 주인공을 돕기 위해 파리, 조랑말 등으로 변신하여 도움을 준다. 이때 호랑이의 조력은 주인공의 개별적 결핍해소(Y)를 위한 수단이 된다.

N. 주인공이 호랑이를 제외한 적대자와 대결한다. (적대자 대결)

N-1. 주인공이 혼사와 관계된 적대자와 대결한다.

N-2. 주인공이 N-1 외의 적대자와 대결한다.

N은 주인공이 호랑이를 제외한 적대자와 대결하는 기능이다. 이때 호랑이는 적대자에서 조력자로 전환된다. N의 세부 기능은 적대자의 속성에 따라 나뉜다.

N-1에서는 주인공이 혼사에 장애가 되는 인물과 대결한다. 주인공이 혼인 방해자와의 대결에서 승리하는 것이다. 이때 적대자는 주인공 부인의 옛 혼인 상대자거나 주인공 부인의 부친으로 나뉜다. 주인공과 혼

사자의 혼사를 방해한다는 점에서 두 인물의 속성은 동일하다고 할 수 있으며, 이때 대결 종목은 내기 바둑, 말달리기, 널뛰기, 활쏘기 등으로 지략과 무력을 시험하는 과제라 할 수 있다.

N-2는 혼사 장애자가 아닌 기타 대립자를 의미한다. 특히 주인공이 가진 호랑이 가죽을 빼어가려는 포수와 대결하는 경우가 많다. 그 외 동물이나 괴물과도 대립한다. 주인공을 공격하는 늑대와 대결하거나 여성의 몸속으로 들어간 지네와 대결하기도 한다.

O. 주인공이 호랑이를 제외한 적대자의 내기에서 승리한다.(적대자 대결 승리)

O-1. 주인공이 부인의 전 혼인 상대자 및 혼인 방해자와의 대결에서 승리한다.

O-2. 주인공이 그 외의 적대자와의 대결에서 승리한다.

O는 주인공이 호랑이를 제외한 적대자의 내기에서 승리하는 것이다. N(적대자 대결)과 연계되는 기능이다. 이때 호랑이는 조력자로 대결에 참여한다.

O-1에서는 주인공이 호랑이의 조력을 통해 대결에서 승리하면서 주인공의 개별적 결핍해소까지 곧바로 진행된다. 이때 개별적 결핍해소(Y-1-2)는 주인공과 혼사자의 혼인이다.

O-2에서는 주인공이 혼사와 관련한 적대자를 제외한 인물과의 대결에서 승리하는 경우를 말한다. 포수나 사냥꾼은 주인공의 호랑이 가죽을 무력으로 빼앗는다. 주인공은 꾀를 내어 가죽을 돌려받는 동시에 이를 계기로 기름강아지를 활용하여 더 많은 호랑이 가죽을 얻는다. 주인

공은 거짓으로 적대자에게 방법을 일러주고 적대자를 곤경에 빠뜨린다. 결국 적대자는 주인공에게 속아 패배하며, 호랑이에게 목숨을 잃는다.

P. 주인공이 호랑이와의 내기에서 실패한다. (내결 실패)

P-1. 호랑이가 주인공의 속임수나 우연에 속지 않는다.

P-2. 주인공의 조력자가 실패한다.

P-3. 호랑이가 주인공과의 대결이나 내기에서 성공한다.

P는 주인공이 호랑이와의 내기에서 실패하는 기능이자 호랑이가 주인공과의 내기에서 승리하는 기능이라 할 수 있다. P는 N(적대자 대결)의 기능에 연계되면서 O(적대자 대결 승리)의 기능과 반대된다. 즉, P는 N의 실패이자 호랑이가 주인공과의 내기에서 승리하는 결과라 할 수 있다.

P-1에서는 호랑이가 주인공의 속임수나 우연에 속지 않는다. 호랑이는 주인공이 타놓은 약을 먹지 않고 약이 묻은 짐승을 흙으로 덮어둔다.

P-2에서는 주인공의 조력자가 실패한다. 조력자는 주인공이 부여한 과제 및 약속을 불이행하거나 주인공의 조력자가 주인공의 속임수를 깨뜨리면서 전체 과제가 실패하게 된다.

P-3의 경우, 주인공이나 조력자의 실패가 아닌 호랑이가 주인공과의 대결에서 승리한다.

Q. 주인공이 호랑이와 대결하기 위해 호랑이가 '거부'하는 것을 제시한다. (금제제시)[4]

4 Q와 관련한 내용은 앞의 속신과 중복된다.

Q-1. 주인공이 호랑이가 '거부'하는 것을 '사물'로서 제시한다. (사물 거부)

Q-1-1. 대/대창/대나무/뱁대/빗대/옥수수대/간대

Q-1-2. 대변

Q-1-3. 도리깨/방망이/작대기

Q-1-4. 돌(돌/뜨거운 돌/뜨거운 호박)

Q-1-5. 붉은 것(생리혈/수수떡/수시떡)

Q-1-6. 밤나무/밤송이/밤나무골/정자나무

Q-1-7. 불

Q-1-8. 담배/담뱃불/담배연기

Q-1-9. 고슴도치

Q-1-10. 바가지 소리(박으로 만든 바가지 소리/바가지를 박박 긁음)

Q-1-11. 쇳소리(꽹과리/징/북)

Q-1-12. 뜨거운 것(뜨거운 돌/뜨거운 호박)

Q-1-13. 나팔/통나발[5]

Q-1-14. 삼베로 새끼를 꼬아 문 양쪽에 세움

Q-2. 호랑이가 거부하는 것을 행위로서 제시한다. (행위 거부)

Q-2-1. 주인공이 옷을 벗는다.

Q-2-2. 주인공이 생리혈을 보인다.

Q-2-3. 주인공이 성기/음문을 노출한다.

Q-2-4. 주인공이 거꾸로 서거나 걷는다.

Q-2-5. 주인공이 경문을 읽거나 진언을 한다.

---

5 '나팔', '통나발' 모두 사전에 없는 용어이나, 구비문학대계에 기록된 화자의 구연상의 표현이므로, 본고에서 그대로 표기한다.

Q-2-6. 주인공이 쌀을 계속 씻는다.

Q에서는 주인공이 호랑이와 대결하기 위해 호랑이가 '거부'하는 것을 제시한다. 이때 세부 기능은 크게 사물과 행위 차원으로 나뉜다. Q-1은 사물과 관련한다.

Q-1-1은 대나무와 관련한 것이다. 예로 대/대창/대나무/뱁대/빗대/옥수수대/간대/간짓대 등이 있다. '뱁대'는 베틀로 베를 짤 때 쓰는 연장의 하나로 나뭇가지로 만들며 도투마리에 날실을 감을 때 날실끼리 엉기는 것을 막기 위하여 날실 사이사이에 끼우는 것을 의미한다.[6] 간짓대는 대나무로 된 긴 장대를 말한다. 대나무와 관련한 금제의 기원은 산신령과 호랑이의 이야기에서 찾을 수 있다. 산신령이 대나무에게 패한 호랑이를 대밭에서 때리거나 굶겨 죽인 이후에 호랑이가 대나무를 두려워하기 시작했다고 전한다.

Q-1-3은 도리깨와 방망이로, 호랑이 뱃속에서도 등장한다. 호랑이는 방망이의 등장만으로 '거부'의 태도를 보이기도 한다.

Q-1-4는 돌과 행위가 결합한 경우이다. 산을 넘을 때 돌멩이를 하나씩 주워 고개 꼭대기에 두고 넘어가게 하였는데, 만약 호랑이가 덤벼들면 쌓아두었던 돌을 던질 수 있게 하기 위함이었다고 전한다.

Q-1-5는 수수와 관련한다. 연관단어로는 수수/수숫대/수수깡/수수밭 등이 있다. 수수는 붉은 것이라는 색상 외에도 호랑이가 동아줄을 잡고 하늘로 올라가다가 수수밭에서 떨어져 죽었던 이야기와도 연결된다.

---

6 국립국어원 표준국어대사전 <https://stdict.korean.go.kr>, 참조.

금제로 등장하는 사물은 단일하게 작용할 수도 있으며, '단일+단일'이 결합하여 복합적으로 기능하는 경우도 있다. 돌과 뜨거움이 결합하여 '뜨거운 돌'로 등장하거나, Q-1-6에서와 같이 밤(송이)과 나무가 결합하여 '밤나무' 등이 되기도 한다. 대나무의 경우도 비슷하다.

Q-1-7은 불과 관련한다. 주인공은 천장에 꽂아둔 송진을 꺼내 촛불을 붙여 호랑이를 쫓는다. 관련 단어로는 관솔불과 횃불이 있다.

Q-1-10과 Q-1-11, Q-1-13은 소리와 관련한다. 이 경우, 바가지 소리나, 쇳소리, 나팔과 통나발로 호랑이를 쫓는다. 이야기에서는 단순한 파열음만으로 호랑이의 금제가 된다고 설명될 뿐, 자세한 기원의 이야기는 따로 전하지 않는다.

Q-1-14는 삼베와 관련한 이야기이다. 삼베나 삼베옷 등이 등장하며 삼베로 새끼를 꼬거나 문에 짚으로 새끼를 꼬아다 양쪽에다 세우면 호랑이의 공격을 방비한다고 한다.

〈호랑이설화〉에서 호랑이가 거부하는 사물은 기원에 대한 특별한 일화가 있는 경우도 있지만, 생략되는 경우가 더 많아 사물 자체에 특별한 의미를 찾기 어렵다. 금제 자체가 주물로서 작용하기보다 주인공이 평범한 사물을 통해 예기치 못한 상황이 발생하면서 호랑이를 퇴치하게 되는 경우가 많다.

Q-2는 호랑이가 두려워하는 주인공의 행위로 구성된다. 주인공은 옷을 벗거나 '거꾸로'의 의미가 드러나는 행위를 통해 호랑이와 대결한다. 특히 Q-2-3에서 주인공은 성기나 음문 등을 노출한다. 남성의 성기가 노출된 경우, 호랑이가 조총으로 오해하면서 두려워한다.

Q의 기능은 L(우연)의 결합을 통해 전개되는 경우가 많다. 행위와 사물 기능 역시 중복적으로 결합한다. 예를 들면 '붉은 것'이 치마를 거꾸

로 쓰는 행위와 결합하면서 기능의 의미가 강조될 수 있다.

R. 주인공이 호랑이와의 내기에서 승리한다.(대결 승리)

R-1. 주인공이 조력자의 도움을 받아 호랑이와의 내결에서 승리한다.

R-2. 호랑이가 주인공의 속임수에 속는다.

R-3. 주인공이 호랑이의 변신을 눈치챈다.

R-4. 주인공이 대결에서 승리한다.

R-5. 주인공이 호랑이의 튀어나온 성기(불알)를 절단한다.

R은 주인공이 호랑이와 내기에서 승리하는 경우이자 호랑이가 내기에서 실패하는 것을 동시에 의미한다. R-1은 주인공이 조력자의 도움을 받아 호랑이와의 대결에서 승리하는 것이다. 예를 들면 조력자가 주인공을 구하기 위해 아궁이에다 계란을 묻어놓거나 행주에다가 바늘을 꽂아 호랑이를 물리친다. 주인공이 조력자가 부탁한 주문을 외워 호랑이를 물리치는 경우도 포함된다.

R-4는 R-1을 제외한 대결에서 주인공이 승리하는 것을 말한다. 이 역시 조력자가 주인공이 부탁한 주문을 외워 호랑이를 물리치는 경우이다. 주인공의 승리는 조력자의 도움을 받는 경우와 주인공이 스스로 해내는 경우로 나뉜다. 주인공은 호랑이의 성기를 절단하거나 호랑이의 변신을 눈치채면서 대결에서 승리하게 된다. 호랑이의 패배는, 온전히 호랑이의 실수로 실패하게 되는 경우이다. 이때 호랑이는 주인공이 호랑이의 변신을 눈치챌 만한 빌미를 제공하거나 주인공의 속임수에 속아 실패한다.

S. 주인공이 호랑이에게 호식될 목숨의 대체물을 증여한다. (대체물 증여)

S-1. 주인공이 호랑이에게 자신 대신에 개를 증여한다.

S-2. 주인공이 호랑이에게 자신의 목숨을 대신 증여한다.

S-3. 주인공이 호랑이에게 아이를 대신 증여한다.

S-4. 주인공이 호랑이에게 상복이나 옷을 대신 증여한다.

S-5. 주인공(호식될 팔자)이 호랑이에게 피를 흘려 묻힌다.

S-6. 주인공이 호랑이에게 물고기를 대신 증여한다.

S-7. 주인공이 호랑이에게 닭/돼지고기를 대신 증여한다.

S-8. 주인공이 물에 빠진다.

S-9. 주인공이 밥이나 흰 죽을 밖에 내놓는다.

S-10. 주인공이 호랑이에게 사람의 피를 먹인다.

S-11. 주인공이 제삼자의 목숨을 호랑이에게 내어준다.

S는 주인공이 호랑이에게 호식될 목숨 대신 대체물을 증여하는 것을 말한다. 이때 호식의 팔자가 교환된다. 호식은 피할 수 없는 필연적 죽음으로 무조건 진행되어야만 한다. 이 죽음은 '목숨'이라는 동일한 가치의 대상물로만 대체될 수 있다. 호식에 대체될 목숨은 개, 물고기, 닭고기, 돼지고지 등과 주인공의 목숨이나 주인공의 아이, 또는 다른 사람의 목숨도 가능하다.

행동으로 대체되는 경우도 있다. 주인공이 물에 빠져 죽다 살아나면 호식에서 벗어날 수 있다. 이미 한 번 죽었기 때문에 팔자에서 벗어난 경우라 할 수 있다. 또는 밥이나 죽을 밖에 내놓으면 대체된다. 이는 뒤에 나오는 속신과도 연결되나, 따로 기원이 되는 이야기는 발견되지 않는다.

S-5는 주인공(호식될 팔자)의 피로, 다른 대체물에 비해 특이하다. 호식될 사람의 피를 호랑이가 먹으면 주인공이 호식될 팔자(α)를 면하게 된다.[7]

S의 기능은 목숨을 등가 가치의 교환이 가능한 물건으로 보는 관점이다. 호식이 되는 목숨은 다른 목숨이나 물건으로 대체할 수 있나 결국은 호식될 목숨이 대체되지 않는 이상 죽음을 피할 수 없다는 절대적 세계관을 보여준다.

T. 주인공이 호랑이에게 홀린다. (홀림)

T-1. 주인공이 호랑이에게 혼을 뺏긴다.

T-2. 주인공이 호랑이에게 혼이 나간다.

T-3. 주인공이 호랑이에게 홀린다.

T는 주인공이 호랑이에게 홀리는 결과를 말한다. 홀림은 과정이 아니고 결과이다. 주인공이 죽지 않고 혼만 뺏기는 경우가 등장하므로 '호랑이에게 죽다'와 '홀리다'의 기능은 분리된다.

T-1에서 주인공이 호랑이에게 혼을 뺏기는 과정은 H(유혹)와 연결된다. 호랑이가 앞발을 번쩍 들고 재주를 부리자 사람이 깔깔 웃게 된다는 예가 있다. 그러나 여타의 이야기에서는 대개 과정이 생략된 채, '주인공이 혼이 나가다', '호랑이에게 홀리다'라는 표현만으로 홀림의 결과를 드러내는 경우가 많다.

7 '〈호랑이설화〉이야기 목록' 162번 참조.

U. 호랑이가 주인공을 호식한다. (호식)

U-1. 호랑이가 주인공을 호식한다.

U-2. 호랑이가 주인공 신체의 일부분을 훼손한다.

U-2-1. 호랑이가 여성의 가슴(젖통)만 뜯어먹는다.

U-2-2. 호랑이가 주인공의 간만 빼먹는다.

U-2-3. 호랑이가 주인공의 하체만 먹는다.

U-2-4. 호랑이가 주인공의 머리만 먹는다.

U-2-5. 호랑이가 주인공의 창자를 빼먹는다.

U-2-6. 호랑이가 주인공의 두개골 하나와 다리 두 개를 빼고 먹는다.

U-2-7. 호랑이가 주인공의 배를 갈라 내장만 끊어 먹는다.

U-2-8. 호랑이가 주인공의 손가락을 잘라먹자 주인공이 죽는다.

U-3. 주인공이 호랑이에게 혼이 나가 죽는다./주인공이 호랑이에게 갑자기 죽는다.

U-4. 호랑이가 민물에 주인공의 시체를 씻어 먹는다.

U-5. 호랑이가 주인공의 피를 쭉쭉 빨아 먹는다.

U-6. 호랑이가 주인공을 던져서 받아 물고 간다.

U-7. 호랑이가 주인공의 물건에 위해를 가한다.

U-8. 사람들이 주인공을 호랑이굴에 넣는다.

U-9. 주인공이 호랑이뼈로 만든 귀장 때문에 죽는다.

U-10. 주인공이 호랑이 어머니에게 잡아먹힌다.

U-11. 호식하려는 팔자는 결국 죽는다.

U-11-1. 호식하려는 사람이 결국 이유 없이 죽는다.

U-11-2. 호식하려는 팔자와 호식을 피하게 도와주려는 사람이 함께 죽는다.

U-11-3. 호식할 팔자와 교환된 목숨도 반드시 죽는다.

U-11-4. (D에서) 선택된 사람이 호랑이에게 죽는다.

U-11-5. (D에서) 선택되지 않는 사람이 호랑이에게 죽는다.

U-11-6. 주인공이 호랑이와의 싸움에서 승리하지만 호랑이가 피를 쏟은 것이 묻어 결국 주인공이 죽는다.

U-12. 주인공이 호랑이와의 싸움에서 이겼지만 결국 진이 빠져 죽는다.

U-13. 호랑이에게 호식당한 시체가 다시 호식당한다.

U는 호랑이가 주인공을 호식하는 경우이다. 이때 주인공은 호식의 희생자가 된다. U-1은 호랑이가 주인공을 호식하는 대다수의 경우를 포괄한다. 호식의 표현은 '먹는다', '해치다', '뜯어먹는다', '잡아먹는다' 등 다양하다. 주인공이 호식당한 뒤, 뼈만 남았다거나 호랑이가 주인공을 물고 갔다는 식의 표현으로 대체되기도 한다. 간혹 호식의 표시로 호랑이가 옷을 남겨두는 일도 있다.

호랑이가 신체의 일부분을 호식하는 때도 있다. U-2-3의 경우, 호랑이가 주인공의 머리만 남기고 먹기도 한다. 이와 관련하여 호랑이는 해골을 먹지 않는다거나 인간의 상체는 먹지 않고, 하체만 먹는다는 설도 있다.

U-3은 T(홀림)와 연결되어 주인공이 호랑이에게 혼이 나가 죽는 것이다. 간혹 T가 생략된 후 주인공이 갑자기 죽기도 한다. 대부분의 죽음이 육체적인 경우라면, U-3의 경우는 정신적 죽음에 해당한다.

U-6은 호랑이가 호식할 때 사람을 허공으로 던져 받아 물고 간다고 설명한다. 또는 호랑이가 희생자를 던지다 바닥에 떨어지면 더럽다고 가져가지 않는 경우도 있다.

U-7에서는 호랑이가 주인공을 죽이지 않되, 주인공에게 필요한 물건

을 돌려주지 않거나 돌려줘야 할 물건에 위해를 가한다. 이 경우, 물건을 물건의 주인과 동일하게 여겨 대상을 전이시킴으로써 호식이 여전히 진행되었다는 것을 확인할 수 있다.

U-9에서는 주인공이 호랑이뼈로 만든 귀장으로 죽는다. 이 경우, 육체적 죽음이나 정신적 죽음이 아닌, 호랑이와 관계없이 갑자기 발생하는 죽음처럼 보인다. 그러나 도입상황에 호식될 팔자가 전제되어 있으며 결말상황에서 호식될 팔자면 귀장으로도 죽을 수 있다고 화자가 설명함으로써 죽음의 결과만으로 호식의 팔자를 증명하는 예거가 된다. 그 외 호랑이가 물가에서 시체를 씻어 먹거나 피를 빨아먹거나 호식당한 시체가 다시 호식당하기도 한다.

기본적으로 호식은 호식될 팔자에 근거한다. 호식하려는 팔자는 결국 죽을 수밖에 없다. 그것이 〈호랑이설화〉의 기본 공식이다. 만약 호식에서 회피하기 위해 누군가 도와주려고 한다면 결국 호식하려는 팔자와 호식을 피하게 도와주려는 사람이 함께 죽는 경우가 발생한다. 그런 의미에서 호식될 팔자와 교환 또는 교체된 목숨 역시 반드시 죽는다.

D의 과제에서 실패한 사람 또한 마찬가지로 호랑이에게 죽는다. U-11-6에서는 죽음의 전이가 이루어진다. 주인공이 호랑이와의 싸움에서 승리하였지만 호랑이가 피를 쏟은 것이 묻어 결국 이유 없이 앓다가 죽는다. 이러한 결과는 마치 죽음이 전염된 것처럼 보이기도 한다.

V. 호랑이가 죽는다.(호랑이 살해)

V-1. 주인공(조력자)이 호랑이를 살해한다.

V-1-1. 주인공이 호랑이를 조총으로 살해한다.

V-1-2. 주인공이 호랑이 배를 가르거나 뚫고 나온다.

V-1-3. 주인공이 호랑이의 가죽을 벗긴다.

V-1-4. 호랑이가 목에 비녀가 걸려서 죽는다.

V-1-5. 호랑이와 주인공이 서로 싸우다 모두 죽는다.

V-1-6. 주인공이 호랑이의 꼬리/똥구멍/불알을 공격해 죽인다.

V-1-7. 주인공이 호랑이를 불에 태워 죽인다.

V-1-8. 주인공이 호랑이를 무력으로 죽인다.

V-1-9. 호랑이가 주인공과의 대결에서 패배한 후, (갑자기) 죽는다.

V-1-10. 호랑이가 주인공이 사용한 '금제'로 인해 죽는다.

V-1-11. 주인공이 호랑이를 죽인 후, 머리뼈를 문 앞에 건다.

V-1-12. 호랑이가 주인공에게 속아서 죽는다.

V-1-13. 주인공이 호랑이를 뒤에서 조이면서 깍지를 끼어 죽인다.

V-1-14. 호랑이가 주인공의 도력/주문/경문으로 죽는다.

V-1-15. 호랑이가 덫에 걸려 죽는다.

V-1-16. 호랑이가 우연히 죽는다.

V-1-17. 호랑이가 주인공이 이용한 기름강아지를 통해 대량학살 당한다.

V-1-18. 주인공이 호랑이의 배를 찢고 나와 죽는다.
호랑이가 껍질이 뒤집어져 죽는다.

V-1-19. 호랑이가 주인공이 옷을 벗거나 물구나무를 서서 죽는다.

V-1-20. 호랑이가 주인공으로 인해 소(沼)에 빠져 죽는다.

V-1-21. 호랑이가 주인공에 의해 '수수'에 떨어져 죽는다.

V-2. 호랑이가 스스로 죽는다.

V-2-1. 호랑이가 자살한다.

V-2-2. 호랑이가 사명을 마치고 주인공에게 죽음을 예고한 후 죽는다.

V는 호랑이가 죽게 되는 결말상황을 의미한다. 대개 주인공에게 살해당하는 경우이다. 살해의 방법은 조총이나 도력 등 여러 도구를 사용하거나 지혜와 우연이 작용하기도 한다. 호랑이는 주인공과의 대결에서 패배한 후 이유 없이 죽기도 한다. 살해의 과정이 자세하지 않으며 상황 또한 유기적이지 않다. 이 기능은 특히 주인공의 X(생존)과 함께 결합한다.

V-1-5에서는 호랑이와 주인공이 서로 싸우다 모두 죽는다. 주인공이 나무 위에 숨어, 세 마리가 서로의 꼬리를 물어 죽이는 것을 지켜보다 가장 마지막 호랑이를 칼로 찍어 죽인다. 결국 주인공이 호랑이들끼리 서로 죽이게 하여 한꺼번에 몰살시킨다. 기름강아지로 호랑이를 잡는 이야기도 여기에 해당된다.

V-1-6에서는 주인공이 호랑이의 꼬리나 똥꼬, 불알을 공격하여 죽인다. 이 경우 죽이는 방법이 자세하다. 주인공이 호랑이의 꼬리를 잡아 힘이 빠져 죽게 한다. 이때 호랑이의 꼬리를 잡고 버텼더니 호랑이의 똥꼬가 빠져서 죽는다. 다른 이야기에서는 주인공이 호랑이의 똥꼬를 송곳으로 찔러 죽이거나 주인공이 호랑이의 꼬리를 쥐고 돌로 때려죽이거나 던져 죽이기도 한다. 호랑이를 살해하는 방법 중 호랑이의 꼬리는 자주 등장하는 소재이다. 호랑이 꼬리는 일종의 호랑이의 약점으로 주인공의 무력이나 지략과 결합하여 주인공을 승리하게 한다.

V-1-7은 주인공이 호랑이를 불에 태워 죽인다. 이때 호랑이의 꼬리에 불이 붙게 되므로 Q-1-7이라는 금제와도 연결되는 특성을 보인다.

V-1-8에서는 주인공이 호랑이를 무력으로 죽인다. 이 경우, 비범한 인물이나 이름난 이인들의 이야기에서 자주 발견된다. 권병사는 호랑이를 손으로 쳐서 죽이는 인물이다. 그 외, 주인공이 무력으로 호랑이

입에 돌을 쑤셔 넣어 죽이거나 '철몽댕이'나 칼 등으로 찔러 죽이거나 머리를 잘라 죽이는 이야기도 있다. 특히 주인공이 호랑이 혀를 잡아 낫으로 잘라 죽인 경우도 있다.

V-1-10은 Q(행위 서사)와 직접식으로 연결된 불리적 죽음을 이야기한다. 호랑이는 주인공이 사용한 금제로서의 사물과 행위로 인해 죽게 된다.

V-1-11은 주인공이 호랑이를 죽인 후, 머리뼈를 문 앞에 건다. 유풍천이 해당된다. 이 경우, 호랑이의 살해를 통해 주인공이 비범함을 과시한다.

V-1-12는 L(우연/속임수/지혜)과 연결되는 결말상황으로 호랑이가 주인공에게 속아서 죽는 경우이다. 호랑이는 주인공의 우연/속임수/지혜에 속아 실패한다.

V-1-14는 호랑이가 주인공의 도력/주문/경문으로 죽는다. 주인공이 경문을 읽자 호랑이의 머리가 깨져 죽는다. V-1-8이 비범한 인물의 특출 난 능력을 보여주기 위해 호랑이의 살해를 과시한 경우라면 V-1-14 역시 신이한 능력으로 인물을 과장하기 위한 기능으로 볼 수 있다.

V-1-19에서 호랑이는 주인공과 벗은/물구나무형 대결을 한 후 죽는다. 주인공과 대결 후 호랑이가 이유 없이 죽기도 한다. 호랑이는 여성이 벌거벗고 거꾸로 선 행위를 본 후, "가로로 찢어진 입은 봤어도 세로로 찢어진 것은 보지 못했다."라고 말하며 죽는다.

V-1-20은 해와 달이 된 오누이의 이야기에서 나오는 결말상황 중 하나이다. 주인공과 호랑이가 대결한다는 점에서 V-1-21과 유사하나, V-1-20은 호랑이가 소(沼)에 빠져 죽는다는 차이가 있다. 이야기의 인과가 반대로 진행되어 호랑이가 빠져 죽은 장소가 도리어 소(沼)가 되기도 한다.

V-1-21 역시, V-1-20과 마찬가지로 해와 달이 된 오누이 이야기의 결말상황으로, 가장 많이 발견된다. 호랑이는 주인공에 의해 '수수'에 떨어져 죽는다. 이때 수수와 관련한 연관 명칭은 셀 수 없이 많다. 수수/옥수수대/단수수/수수/수수대/수수댕이/수수깡/수수깽/수숫댕/쑤싯대/쑤시밭/수시대/수꾸/수싯때기/쑤시나무 등이 있다. V-1-20과 V-1-21 모두 자연물의 기원이 된다는 점에서 공통적이다.

V-2는 호랑이가 스스로 죽는 경우를 말한다. 호랑이의 자살은 주인공의 살해와는 다르나 호랑이의 죽음이라는 점에서 동일하고, 호랑이의 죽음에 주인공이 영향을 끼쳤으므로 V(살해)의 기능에 포함하여 논의를 진행한다.

V-2-1은 호랑이가 주인공을 위해 자살하는 경우이다. 이 경우, 호랑이가 주인공과의 우호적 관계를 맺고 주인공의 조력자로서 활약한다. 그러나 본인의 역할이 끝내자 스스로 자살을 택해 서사의 밖으로 사라진다. 호랑이는 기능면에서 주인공의 조력자였으나 물리적 강자라는 대상 자체에 대한 위험이 끝내 불식되지 않았다. 결국 호랑이가 스스로 사라지면서 주인공을 억압할 수 있는 존재 자체가 소멸하게 된다.

V-2-2에서는 호랑이가 사명을 마치고 주인공에게 죽음을 예고한 후 죽는다. 이때 호랑이가 껍데기를 벗고 하늘로 승천하거나 주인공이 벼슬길에 오르도록 호랑이가 자신의 죽음을 유도한다. V-2-2 역시 호랑이가 스스로 죽음을 유도했다는 점에서 자살의 의미를 지닌다고 할 수 있다.

W. 주인공이 호랑이를 퇴치한다.(호랑이 퇴치)

W-1. 주인공이 호랑이를 다치게 한다.

W-2. 주인공이 호랑이를 잡지 못한다.

W-3. 주인공이 호랑이를 쫓아낸다.

호랑이가 도망친다.

W-4. 호랑이가 스스로 사라진다.

W-5. 주인공이 호랑이를 살려준다.

W-6. 주인공이 호랑이를 길들인다.

W는 주인공이 호랑이를 퇴치하는 기능이다. 이 경우, 주인공이 호랑이를 다치게 한다/도망치게 한다/주인공이 호랑이를 잡지 못한다 등으로 표현된다. 앞서 살펴본 V(호랑이 살해)가 호랑이의 죽음이라고 한다면 W(호랑이 퇴치)는 호랑이를 살해하지 않고 쫓거나 죽이지 못한 경우라 할 수 있다.

W-1은 주인공이 호랑이를 다치게 하는 경우이다. 호랑이는 인간의 공격을 통해 꼬리나 다리가 잘리거나 눈이 찔려 상처를 입지만 죽지는 않는다. 주인공이 호랑이를 죽이지 못하므로 호랑이를 잡지도 못한 상태가 된다.

W(호랑이 퇴치)는 결국 호랑이를 죽이지 못하는 것이다. 호랑이가 스스로 사라지거나 주인공이 호랑이를 살려주는 것 역시 결과적으로 호랑이를 죽이지 못했으므로 이 기능에 해당한다. 특히 이 기능은 주인공의 X(주인공 생존)의 기능과 밀착되어 있다.

X. 주인공이 생존한다.(주인공 생존)

X-1. 호랑이가 주인공을 살려준다.

X-2. 호랑이가 주인공을 다치게 한다.

호랑이가 주인공을 위협한다.

X-3. 호랑이가 주인공을 구원한다.

X-4. 주인공이 호랑이로부터 도망친다.

X-5. 호랑이가 주인공을 선택하여 죽이지 않는다.

X-6. 호랑이가 사람을 죽이지 않고 자기 새끼만 데려간다.

X-7. 호랑이가 이유 없이 사람을 죽이지 않는다.

X(주인공 생존)는 주인공이 생존하는 결말상황이다. 이때 호랑이는 주인공을 죽이지 않거나 살림으로써 주인공이 생존하게 된다. 특히 V(호랑이 살해)나 W(호랑이 퇴치)와 긴밀하게 연결되는 기능이라 할 수 있다.

X-1에서는 호랑이가 주인공을 살려준다. 이것은 호랑이가 주인공의 행동에 감응한 결과로서 의도적인 행위이다. 호랑이가 주인공을 죽일 수 있었지만 살려준 경우라 할 수 있다.

X-2는 호랑이가 주인공을 다치게 하는 것이다. 호랑이가 주인공을 위협하는 경우도 해당한다. 그러나 주인공을 죽이지 않았으므로 생존이라 할 수 있다. 주인공은 호랑이의 공격에 이빨자국이나 발톱자국 등이 상처로 남는다. 간혹 주인공이 기절할 때도 있다. 호랑이가 주인공을 죽이고 싶었으나 죽이지 못하는 경우도 여기에 해당한다.

X-3은 호랑이가 주인공을 구원하는 경우이다. 호랑이가 주인공을 살리기 위해 노력한다. 이 경우 α(호식될 팔자)와 관련한다. 호식될 팔자가 아닌 경우 죽을 운명이 아니므로 호랑이는 주인공을 조력한다.

X-4는 주인공이 호랑이로부터 도망친다. 이때 호랑이는 주인공을 내버려둔다. 주인공이 호랑이로부터 도망쳐 살아남은 것도 여기에 해당

된다.

X-5는 호랑이가 주인공을 선택하여 죽이지 않는다. 이 선택은 B(호식될 팔자)의 반대상황인 호랑이의 인재 선택을 의미한다. 'D(과제제시)-E(과제성공)'의 경우가 여기에 해당한다.

X-6에서는 호랑이가 자기의 새끼만을 데리고 사라진다. D(과제제시)의 과제와 연관되는 것으로, G(과제실패)로 연결된 경우이나 X(주인공 생존)로 진행된다. 주인공이 호랑이 새끼를 데려왔으나 잘못을 깨우쳐 다시 돌려주려는 경우는 X-6(호랑이가 사람을 죽이지 않고 자기 새끼만 데려간다)으로 연결되고 그렇지 않은 경우는 U(호식)로 진행된다.

X-7은 호랑이가 이유 없이 사람을 죽이지 않는 것을 말한다. 평범한 사람이 호랑이를 만난 경우, 호랑이의 등에 타고서도 생존할 수 있다. 이 역시 도입상황인 호식될 팔자(a)에 기인한 결말이라고 할 수 있다.

Y. 개별적 결핍이 해소된다. (개별적 결핍해소)

Y-1. 주인공의 결핍이 해소된다. (주인공 개별적 결핍해소)

Y-1-1. 주인공이 사회나 세계로부터 인정을 받는다.

Y-1-2. 주인공이 혼인한다.

Y-1-3. 주인공이 부자가 된다.

Y-1-4. 주인공이 호랑이의 가죽/뼈/대가리를 쟁취한다.

Y-1-5. 주인공이 호랑이를 잡은 뒤 간을 먹는다.

Y-1-6. 주인공이 아버지의 복수에 성공한다.

Y-1-7. 주인공이 효도한다.

Y-1-8. 주인공의 아이가 울음을 그친다.

Y-1-9. 주인공이 잃어버린 물건을 돌려받는다.

Y-1-10. 주인공이 아이를 얻는다.

Y-1-11. 주인공이 송장을 지킨다.

Y-2. 조력자의 결핍이 해소된다.(조력자 개별적 결핍해소)

Y-2-1. 조력자가 사회/세계로부터 인정을 받는다.

Y-2-2. 조력자가 혼인한다.

Y-2-3. 조력자가 부자가 된다.

Y-2-4. 조력자가 호랑이의 가죽/뼈/대가리를 쟁취한다.

Y-2-5. 조력자가 호랑이를 잡은 뒤 간을 먹는다.

Y-2-6. 조력자가 아버지의 복수에 성공한다.

Y-2-7. 조력자가 부모에게 효도한다.

Y-2-8. 조력자의 아이가 울음을 그친다.

Y-2-9. 조력자가 잃어버린 물건을 증여/돌려받는다.

Y-2-10. 조력자가 송장을 지킨다.

Y는 개별적 결핍이 해소되는 기능으로 주인공과 주인공을 도와주는 조력자의 결핍해소로 나뉜다. 결핍은 물건의 증여나 잃어버린 물건의 귀환, 혼사 대상자와의 혼인, 사회의 인정 등을 통해 해소된다.

Y-1-1은 주인공이 사회나 세계로부터 인정을 받게 되는 것이다. 주인공은 과거 급제를 하거나 벼슬을 받는다. 주인공이 호피, 총 등의 부상이나 상을 받는 경우도 있다. 주인공의 신분이 상승하여 양반이 되거나 평범한 존재였던 주인공이 천상에서 해나 달이 되기도 한다. Y-1-2(주인공의 혼인) 역시 주인공에게 필요한 것을 증여받는 것으로 볼 수 있다.

Y-1-3은 주인공이 원조를 통해 부자가 되는 경우로, 주인공이 돈을 받거나 부자가 된다고 언급된다. 특히 가장 많이 드러나는 원조로 '명

당'이 등장한다. 명당은 단순히 일회성 원조가 아닌 후대까지 보전한다는 점에서 지속적 원조로 볼 수 있다.

기능 Y(개별적 결핍해소)에서는 호랑이의 간접적인 증여를 통해 주인공이 원조를 얻게 된다. Y-2(조력자의 결핍해소)의 경우는 주인공이 아닌 주인공의 조력자로 등장한 부수적 인물이 부가적으로 결핍이 해소되는 경우이다. 기능의 세부내용은 Y-1(주인공 개별적 결핍해소)과 같다.

Z. 개별적 결핍해소가 실패한다.(개별적 결핍해소 실패)

Z-1. 주인공이 지켜야 하는 시체를 지키지 못한다.

Z-2. 주인공이 호랑이의 복수에 실패한다.

Z-3. 주인공이 필요한 물건을 구하지 못한다.

Z-4. 주인공이 호식으로 죽지 못하고 자살한다.

Z-5. 주인공의 혼사가 실패한다.

Z-6. 주인공의 가족이 죽는다.

Z-7. 주인공이 묘를 옮겨서 집안이 망한다.

Z-8. 주인공이 자신의 소에게 살해당한다.

Z-9. 주인공이 호랑이를 잡지 못한다.

Z-6에서는 주인공의 가족이 호랑이를 통해 죽는다. 즉, 주인공은 가족의 호식으로 인해 또 다른 결핍이 발생한다. 그리고 결국 이 결핍은 해결하지 못한다. 이때, 가족의 죽음을 경험한 주인공은 남편인 경우가 많다.

Z-7에서는 주인공이 호랑이가 지정해준 자리의 묘를 옮겨서 집안이 망하게 된다. 이 경우, 선택된 묫자리가 금장을 당해서 결국 살인이 났

다는 일화도 함께 전한다.

8. 호랑이와 관련한 속신(속신)[8]

8-1. 호식 당해 죽은 사람의 제사 때는 흰죽을 쒀서 문밖에 놓으면 호랑이가 와서 먹고 간다.

8-2. 호식당한 시체는 가지고 오지 말고 호식당한 곳에서 장례를 치러야 한다.

8-3. 호식당한 집/익사한 집/목매달아 죽은 집과는 혼인하지 않는다.(호식은 대를 잇는다)

8-4. 부녀자가 생리혈을 잘 간수해야 아이가 호식당하지 않는다.

8-5. 잠자는 자리를 조심해야 한다.

8-5-1. 부부간에 자도 애기는 가에 눕히고, 부부간은 함께 자라.

8-5-2. 아이는 문 앞에다 재우지 않는다.

8-5-3. 호랑이는 앞에 가는 사람도 뒤에 가는 사람도 아니고 가운데 자는 사람을 빼간다.

8-6. 호식하는 자리가 있다.

호식한 집터에는 새로 집을 짓지 않는다.

8-7. 밤에 호랑이가 들어오지 못하게 대창을 문 앞에 꽂아둔다.

8-8. 저녁에는 호식을 당하므로 화장실에 가지 말아야 한다.

8-9. 호랑이는 수수밭에서 떨어져 항문이 찢어져 죽어 항문(똥꼬)이 벌겋다.

8-10. 호랑이는 저녁 늦게 화장실을 가거나 볼일을 보다 만난다.

---

8 8.(속신)은 호랑이와 관련한 미신으로, 앞의 금제의 기능과 중복될 수 있다.

8-11. 호랑이는 사람을 던졌다가 땅에 떨어지면 더럽다고 가져가지 않는다.

호랑이는 외로 쓰러지면 먹지 않는다.

8-12. 범이 먹다 남은 개는 약이 된다.

8-13. 범이 개를 먹으면 취하고 사람을 먹으면 조화를 부린다.

8-14. 창귀는 다른 사람을 범에게 잡아먹히게 해야 호랑이의 부림에서 벗어날 수 있다.

8-15. 호랑이는 아무나 먹지 않는다.

8-15-1. 호랑이는 사람이 개로 보여야 먹는다.

8-15-2. 호랑이는 산신령이 허락해야 먹는다.

8-16. 호식될 팔자를 피하기 위해서는 이름에 범호(虎)자를 넣어야 한다.

8-17. 호랑이가 침입하지 못하게 줄을 쳐놓아야 한다.

8-18. 호랑이도 불쌍한 사람은 잡아먹지 않는다.

8-19. 호식할 사람은 따로 있다.

8-20. 백호살은 흰 닭을 잡는 것으로 방액한다.

8-21. 당산나무 들독 위에 절대 앉지 말아야 한다.

8-22. 밤에 어두울 때 호식해 간다.

8-23. 호식될 팔자는 개로 대체된다.

8-24. 호랑이는 싫어하는 금제(사물이나 행위)가 있다.

8-25. 호랑이가 사람을 먹으면 취한다.

8-26. 사람이 밤에 목욕하러 가면 호식을 당한다.

8-27. 범은 굿을 좋아한다.

8-28. 사람이 개를 잡아먹으면 호식당한다.

8-29. 호랑이가 호식을 한 자리가 명당이다.

δ-30. 문창호를 바르면 호랑이가 들어오지 못한다.

δ-31. 호랑이 발가락에 사람 혼이 들어 있다.

δ-32. 호랑이가 사람 한 명을 잡아먹으면 한쪽 귀가 찢어지고, 둘을 잡아먹으면 양쪽 귀가 찢어지며, 셋을 잡아먹으면 사람의 말을 하고, 넷을 잡아먹으면 육발이 된다. 이백 명을 잡아먹으면 호랑이 귀가 국화꽃처럼 200가닥으로 갈래갈래 찢어진다.

전체 기능 중 α(호식될 팔자)/β(조력자 개입)/γ(개별적 결핍)/A(호랑이와 만남)/B(호식될 팔자 선택)는 기본요소이면서 도입상황이다. 이 기능은 생략할 수 있다. 그 중, α/β/γ는 이야기의 중간에 삽입될 수 있다는 점에서 A/B와 차이를 갖는다. A/B는 이야기의 조건 없는 도입이자 이야기가 시작되는 기능이다. 그러나 α/β/γ의 경우, 생략되거나 간소화될 수 있는 도입상황으로서 앞서 생략되었다 하더라도 결말과 관련이 깊으므로 이야기 도중에 재언급될 수 있다.

호랑이가 주인공에게 적대자로서 기능하는 경우는 기능 C(적대자의 공격), F(호랑이 등에 타기), H(유혹)이다. 그러나 F(호랑이 등에 타기)는, '등에 타다'라는 단순한 행위로 보이지만 전후에 배치되는 기능에 따라 의미의 변동이 가능하다. 이 때문에 다른 기능들에 비해 유동적 기능이라 할 수 있다. 주인공과 호랑이가 일반적인 적대 관계의 경우 F-1(호랑이가 주인공을 물고 가다/업고 가다)은 잠정적인 호식의 일부로 파악되며, F-2(호랑이가 주인공을 태우다)는 단순히 주체가 우연한 상황에 호랑이 등에 오르는 것을 말한다. F-3(호랑이가 주인공을 업어 가다)은 신이한 존재가 인재를 선택하는 경우이다.

호랑이의 역할이 조력자와 대립자 중 선택적인 경우는 D(과제제시)/

E(과제성공)/G(과제실패)에 해당한다. 호랑이라는 적대자와의 대립적 상황을 거부/회피하기 위한 기능은 G(과제실패)/I(호식 거부)/J(조력자 원조)/K(대결)/L(우연)/P(대결 실패)/Q/(금제제시)/R(대결 승리)/S(대체물 증여)이다. 이와 반대로 호랑이가 적대자가 아닌 조력자로서 직접 기능하는 경우는 M(원조)이며. 조력자로서 간접적으로 기능하는 경우는 N(적대자와 대결)/O(적대자 대결 승리)이다.

U(호식)/V(호랑이 살해)/X(주인공 생존)/Y(개별적 결핍해소)/Z(개별적 결핍해소 실패)는 결말상황이며, 단순 목격형을 제외하고 필수적으로 등장하는 기능이라 할 수 있다. 기능의 유사성에 따라 중복되어 등장하기도 한다. 특히 X(주인공 생존)의 경우는 생략 가능한 기능으로서, 구술자가 굳이 표현하지 않으면 기능으로 분류하지 않았다. Y(개별적 결핍해소)의 경우, 도입에 전제된 결핍이 해소된다 하더라도, 구술자는 대체로 X(주인공의 생존), U(호식)의 결과를 표시하였다.

δ(속신)는 내용의 결말이자 속신이라 할 수 있다. 각각의 속신은 이야기의 유형을 요약하거나, 결말의 내용을 축약적으로 함의한다. 단독 기능이 그 자체로 속신이 되기도 한다. 이야기의 서사가 휘발되더라도 관용적 표현처럼 남아있는 경우이다.

【부록 2】 호랑이설화의 기능과 유형분류

이야기에서 등장하는 기능은 한정적이다. <호랑이설화>의 전체 기능은 총 369개이다. 가장 상위의 기능은 30개이며, 1차 하위부류는 230개, 그 아래 하위분류는 109개로 정리할 수 있다. 논의의 편의성을 위해 상위 기능 30개를 정리하면 다음의 표와 같다.

【표 24】 <호랑이설화> 공통 기능 일람표

α. 주인공이 호식될 팔자를 가지고 태어난다.(호식될 팔자) β. 조력자가 희생자를 발견한다.(조력자 개입) γ. 주인공이 개별적 결핍에 처한다.(개별적 결핍)
A. 호랑이와 주인공이 만난다.(호랑이와 만남) B. 호랑이가 희생자에게 호식될 팔자를 증명한다.(호식될 팔자 선택) C. 호랑이가 (호식하기 위해) 주인공을 공격한다.(호랑이 공격) D. 호랑이와 관련한 과제가 제시된다.(과제제시) E. 주인공이 과제를 성공시킨다.(과제성공) F. 호랑이가 주인공을 등에 태우다.(호랑이 등에 타기) G. 주인공이 (D와 관련한) 과제를 실패한다.(과제 실패) H. 호랑이가 주인공을 유혹하기 위해 변신한다.(변신) I. 주인공이 호식을 거부한다.(호식 거부) J. 조력자가 나타나 주인공에게 도움을 제공한다.(조력자 원조) K. 주인공과 호랑이가 내기/대결을 한다.(대결) L. 주인공이 호랑이와의 대결에서 승리하기 위해 우연을 사용한다.(우연) M. 호랑이가 주인공에게 도움을 제공한다.(원조) N. 주인공이 호랑이를 제외한 적대자와 대결한다.(적대자 대결) O. 주인공이 호랑이를 제외한 적대자의 내기에서 승리한다.(적대자 대결 승리) P. 주인공이 호랑이와의 내기에서 실패한다.(대결 실패) Q. 주인공이 호랑이와 대결하기 위해 호랑이가 '거부'하는 것을 제시한다.(금제제시)

R. 주인공이 호랑이와의 내기에서 승리한다.(대결 승리)
S. 주인공이 호랑이에게 호식될 목숨의 대체물을 증여한다.(대체물 증여)
T. 주인공이 호랑이에게 홀린다.(홀림)
U. 호랑이가 주인공을 호식한다.(호식)
V. 호랑이가 죽는다.(호랑이 살해)
W. 주인공이 호랑이를 퇴치한다.(호랑이 퇴치)
X. 주인공이 생존한다.(주인공 생존)
Y. 개별적 결핍이 해소된다.(개별적 결핍해소)
Z. 개별적 결핍해소가 실패한다.(개별적 결핍해소 실패)
δ. 호랑이와 관련한 '속신'(속신)

위의 표와 같이 정리된 공통 기능을 토대로 이야기의 구조를 분석할 때 기준이 되는 규칙은 다음과 같다.

- 기능이 2개 이상 중복되는 이야기를 같은 유형으로 가정한다. 기능이 선택적으로 등장할 경우 소괄호 '()'로 표시하되, 두 개 이상의 기능이 주기적으로 진행될 경우는 '[]' 로 묶어 표시한다.
- 기능이 역행할 경우, 작은따옴표(') 로 표시하며 같은 기능을 다른 인물(조력자)이 등장하여 수행할 경우에는 알파벳 소문자로 표시한다.
- 같은 구조의 이야기는 학위 논문상에 [부록-1]의 일련번호를 묶어 분류한다.
- 기능 α/β/A/B 중 한 개 이상의 기능을 도입상황으로 가정하고 'Ω'라 표기한다.
- 기능이 복합적으로 이루어진 경우, '/'로 기능의 결합 형태를 표시한다.

위 결과를 포함하여 이야기별 주요 기능의 유사성과 결말상황을 정리하면, 총 42개의 이야기로 분류할 수 있다.[11] 〈호랑이설화〉는 위 표에서 명시한 기능 중, 최소한 한 개의 기능을 보유하거나 한 개 이상의 기능들이 결합하여 서사의 맥락을 형성한다. 만약 기능의 결합형태가 다른 이야기에서 중복적으로 등장한다면, 관습적인 전개방식으로 파악하고 '연쇄기능'으로 규정한다. 즉, 유형분류의 준칙은 기능과 그 기능의 결합형태인 연쇄기능의 구성이라 할 수 있다.

〈호랑이설화〉의 이야기에서 연쇄기능을 찾아 분류하면, 이야기의 구조를 도출할 수 있다.[10] 또한 전체 이야기에서 자주 등장하는 한정된 수효의 연쇄기능을 찾을 수 있다. 〈호랑이설화〉의 연쇄기능은 다음과 같다.

【표 25】 <호랑이설화>의 연쇄기능

1. I-J
2. Q-S
3. L-R
4. K-S
5. D-E-M/ D-G-M
6. H-T
7. K-L-Q-R
8. N-O

---

9 위의 규칙에 의거한 〈호랑이설화〉의 이야기별 기능은 필자의 박사학위논문의 '[부록-2] 약호일람표'에 수록하였다.
오정미, 앞의 논문, 2020, 175-205쪽.

10 본 저서에는 수록되어 있지 않지만 필자의 학위논문에서 제시한 〈호랑이설화〉이야기 목록' 중, [1049-1064]에서 [1079-1080]까지는 인간이 호랑이로 변신한 경우로서, 변신담으로 규정한다. 이 경우, 호랑이라는 대상과 주체의 관계에서 공통적으로 선별할 기능이 보이지 않는다. 이 유형은 인간의 '변신'에 집중한 이야기로, 인간과 호랑이의 관계가 주요하지 않으므로 〈호랑이설화〉가 아닌 인간의 변신담에 해당한다. 그에 대한 방증으로 '〈호랑이설화〉 공통 기능 일람표'의 기능 또한 보이지 않아 현 연구의 범주에서 제외한다.

'호식거부(I)-조력자 원조(J)'는 호식을 회피하기 위한 주체의 행위를 보여주는 연쇄기능이다. 조력자의 도움제공(J)은 호식거부(I)에 동기화되는 기능이며, 조력자 원조(J)는 주체를 조력하기 위한 제3의 인물이 등장해 분위기를 반전시킬 수 있는 요소가 된다. 이 연쇄기능은 주인공의 의지만으로 상황이 해결되지 않는다는 점에서 소극적 자세로 볼 수 있다.

'금제제시(Q)-대체물 증여(S)'는 '호식거부(I)-조력자 원조(J)'에 비해 적극적인 행위로 보인다. 이때 주인공은 호랑이가 두려워하는 사물과 행동을 취한다. 조력물 대체(S)를 중심으로 '금제제시(Q)-대체물 증여(S)'와 '대결(K)-대체물 증여(S)'의 형태로 연결될 수 있다. 이때, 금제제시(Q)의 기능만으로 해결되지 않고 대체물(S)이 함께 이루어져야만 퇴치(W)와 주인공의 생존(X)으로 진행될 수 있다. 특히 대체물(S)은 호식될 팔자(α)라는 세계관에서 가장 중요한 기능으로, 필연적인 죽음을 설명하는 명백한 증거가 된다.

'대결(K)-우연(L)-금제제시(Q)-대결 승리(R)'는 앞서 살펴본 두 연쇄기능에 비해 가장 적극적 형태라 할 수 있다.[11] 이 연쇄기능은 호랑이와의 '대결(K)-승리(R)'라는 큰 구조 속에 호랑이가 거부하는 것을 제시(Q)하거나 우연(L) 등의 기능이 중간에 개입된다는 특징이 있다. 이때 우연(L)과 금제제시(Q)는 상황에 따라 첨가와 탈락이 이루어진다.

과제제시(D)는 원조(M)의 동기화 기능으로 성공 여부에 따라 과제성공(E)과 과제실패(G)로 각각 전개된다. 이 결과에 따라 호랑이의 원조(M)가 결정된다. 또한 '과제제시(D)-과제성공(E)'은 '적대자 대결(N)-적

11 'K-L-Q-R'의 경우 L-R, K-R, K-L-R, K-Q-R 등이 해당한다.

대자 대결 승리(O)'의 동기가 되는 연쇄기능이다. 호랑이를 제외한 적대자의 대결을 나타낸 적대자 대결(N)은 성공 여부에 따라 적대자와 대결 승리(O)에서 개별적 결핍해소(Y-1)까지 전개된다. 즉, '적대자 대결(N)+적대자 대결 승리(O)+주인공 개별적 결핍해소(Y-1)/적대자 대결(N)+개별적 결핍해소 실패(Z)'까지 필요한 연쇄기능이라 할 수 있다.

'유혹(H)-홀림(T)' 역시 자주 등장하는 연쇄기능이다. 호랑이가 주인공의 유혹에 성공하면 홀림이 이루어지므로 유혹(H)이 홀림(T)의 동기화 기능이라 할 수 있다. 또한 홀림(T) 이후에 정신적 죽음(U-3)까지 연결되는 것이 일반적이다.

기능은 선후에 배치되는 기능과의 연결에 따라 의미가 변동될 수 있다. 특히 도입상황과 결말상황에 영향을 받는다. 이때 각 기능은 성공과 실패의 방향으로 각각 진행될 수 있다. 만약 과제가 제시된다면 과제의 성공과 실패의 방향으로 다르게 진행될 수 있고, 대결 역시 성공과 실패로 나뉠 수 있다. 모든 기능은 실패할 수도 있고 성공할 수도 있다. 한 가지의 의미로 고정된 기능은 없다.

〈호랑이설화〉는 위와 같은 연쇄기능에 따라 공통적 구조를 함의한 4개의 유형을 분류할 수 있다. 각 유형의 이름은 유형 안에서 중점이 되는 기능의 명칭이나 유형이 표상하는 주제로 설정하였다. 유형의 이름은 각각 [호식형], [해학형], [신성형], [홀림형]이다. 연쇄기능에 따라 각 유형별 기본형에 해당하는 기본구조는 다음과 같다.

【표 26】 <호랑이설화> 유형별 기능구조

구분	기능구조
호식형	α-A=U
해학형	γ/α-A-K-L-Q-R=V/X/Y
신성형	γ/α-A-D-E-M=W/X/Y γ/α-A-D-G-M=W/X/Y
홀림형	γ/α-A-H-T=U-3

위 표에 따르면, [호식형]이 호랑이와의 만남(A)에서 육체적 죽음(U)으로 가는 구조라면 [홀림형]은 호랑이와의 만남(A)에서 정신적 죽음(U-3)으로 가는 구조이다. [해학형]은 만남(A)에서 주인공의 생존(X)으로, 다시 '주인공의 생존(X)'에서 '호랑이의 살해(V)'로 진행된다. [신성형]은 만남에서 개별적 결핍해소(Y)와 생존(X)으로 진행되고자 한다.

[호식형]과 [해학형]의 구조는 대칭적이다. [호식형]이 호랑이와 주인공의 만남(A)에서 '주인공의 죽음(U)'으로 가기 위한 죽음의 서사라면, [해학형]은 호랑이와 주인공의 만남(A)에서 '주인공의 생존(X)'으로 가기 위한 반대의 서사이다.

[신성형]은 호랑이와 만남(A)에서 주인공의 생존(X)으로, 주인공의 생존(X)에서 다시 '개별적 결핍해소(Y)'로 가기 위한 구조라 할 수 있다. 나머지 기능들의 진행은 'U/X/Y/Z'로 가기 위한 긍정과 부정의 기능으로 확인할 수 있다. 특히 '과제제시(D)-과제성공(E)'이라는 동기화 기능이 선행되어야 한다는 점이 무엇보다 중요하다.

이렇듯 각 유형의 기능들은 서로 긴밀하게 연결되어 있다. 서사를 연결하는 기능들은 독자적인 구조가 아닌 연결된 구조를 이룬다. 특히 〈호랑이설화〉의 이야기는 단순 목격형과 이야기가 단절되는 것을 제외하고는 결국 호식(U)/주인공 생존(X)/호랑이 퇴치(W)로 수렴되는 결과를 보여준다.

〈호랑이설화〉는 도입상황에 α(호식될 팔자)와 A(호랑이와의 만남)가 설정되어 있으므로 그의 결말 역시 기본적으로 U(호식)가 전제된다. 이야기는 그 외 X(주인공 생존)로 진행되거나, 생존을 위한 소극적 행보인 W(호랑이 퇴치), 또는 생존을 위한 적극적 극복인 V(호랑이 살해)의 형태로 구분된다. 특히 U(호식)에서 V(호랑이 살해)로의 전개라 할 수 있는 결말상황은 복합적이고 중복적인 진행을 보여준다. 이때 결말상황은 단순한 기능에서 복합적인 기능으로 결합하기도 한다. 이야기 내에서 진행될 수 있는 복합적인 결말상황은 다음과 같다.

【표 27】 결말상황의 복합 구조

<table>
<tr><td rowspan="6">Z</td><td colspan="2">V</td><td colspan="2">X</td><td rowspan="6">Y</td></tr>
<tr><td>VZ</td><td>VX</td><td>XV</td><td>XY</td></tr>
<tr><td>VUZ</td><td>VXZ</td><td>XVY</td><td>XYW</td></tr>
<tr><td>UVZ</td><td>UWZ</td><td>WUY</td><td>WXY</td></tr>
<tr><td>UZ</td><td>UW</td><td>WU</td><td>WY</td></tr>
<tr><td colspan="2">U</td><td colspan="2">W</td></tr>
</table>

〈호랑이설화〉의 결말상황은 U(호식), V(호랑이 살해), W(호랑이 퇴치), X(주인공 생존), Y(개별적 결핍해소), Z(개별적 결핍해소 실패)로 종합

된다. 위 표에 따르면 특히 X(주인공 생존)는 V(호랑이 살해)/W(호랑이 퇴치)와 상보적 관계를 형성한다. X(주인공 생존)와 U(호식)는 서로 모순적 관계를 형성하므로 결합할 수 없다. 그러나 그 외 여타의 기능들과는 친밀한 결합 양상을 보인다. 특히 X(주인공 생존)와 Y(개별적 결핍해소)의 기능은 다른 기능과의 친연성이 크다.

X(주인공 생존)는 W(호랑이 퇴치)와 V(호랑이 살해), Y(개별적 결핍해소)와 결합이 가능하며, Y(개별적 결핍해소)의 경우 주인공의 상실인 호식(U)과의 결합을 제외하고는 모든 기능과 결합할 수 있다. Z(개별적 결핍해소 실패)의 경우 역시 가능하다. V(호랑이 살해)와 U(호식) 또한 불가능한 조합이지만, 등장인물이 둘로 나뉜 경우, 결말상황이 두 개의 기능으로 분리될 수 있다.

U(호식)의 세부 기능 중 U-7은 주인공의 목숨을 잃는 것이 아닌 호랑이가 사람을 다치게 하거나 물건을 돌려주지 않고 위해를 가하는 것을 의미한다. 이 경우, 주인공이 죽임을 당하는 것은 아니지만 호랑이에게 훼손의 목적이 있으므로, 호식에 포함하되 예외적으로 처리한다.

V(호랑이 살해)와 Y(개별적 결핍해소)는 이야기 도중에 주인공이 교체되면서 원래의 주인공과 기능이 중복되거나, 주인공이 자기 죽음 자체를 결핍해소로 볼 수 있는 여지가 있어 두 기능의 결합이 가능하다. 주인공이 열녀인 경우, 자살로 종결되기도 한다. 주인공이 호랑이를 직접 살해하는 행위는 없으나 호랑이의 죽음이 문맥에서 주요하게 기능할 경우는 V(호랑이 살해)로 설정한다. 〈호랑이설화〉의 도입상황과 결말상황을 종합하면 다음의 표와 같다.

【표 28】 <호랑이설화> 도입/결말상황

<table>
<tr><th colspan="4">도입</th></tr>
<tr><td colspan="2">α</td><td>β</td><td>γ</td></tr>
<tr><td colspan="2">호식될 팔자</td><td>조력자의 개입</td><td>개별적 결핍</td></tr>
<tr><td colspan="2">A</td><td colspan="2">B</td></tr>
<tr><td colspan="2">호랑이와 만남</td><td colspan="2">호식될 팔자 선택</td></tr>
<tr><th colspan="4">결말</th></tr>
<tr><td colspan="2">V</td><td colspan="2">X</td></tr>
<tr><td>호랑이가 자살한다</td><td>사람이 죽인다</td><td>호랑이가 사람을 죽이지 못한다</td><td>사람이 도망친다</td></tr>
<tr><td>조력자가 죽인다</td><td>우연하게 죽는다</td><td>사람이 산다</td><td>호랑이가 사람을 살린다</td></tr>
<tr><td colspan="2">W</td><td colspan="2">U</td></tr>
<tr><td>호랑이가 사라진다</td><td>호랑이가 도망친다</td><td>사람이 죽는다</td><td>호랑이가 죽인다</td></tr>
<tr><td>호랑이가 산다</td><td>사람이 호랑이를 살린다</td><td>호식될 팔자로 죽는다</td><td>사람이 자살한다</td></tr>
<tr><th colspan="4">γ-y/z(결핍-결핍해소)</th></tr>
<tr><td colspan="2">Y</td><td colspan="2">Z</td></tr>
<tr><td colspan="2">개별적 결핍해소</td><td colspan="2">개별적 결핍해소 실패</td></tr>
<tr><th colspan="4">최종기능</th></tr>
<tr><td colspan="4">δ</td></tr>
<tr><td colspan="4">속신</td></tr>
</table>

〈호랑이설화〉의 결말은 U(호식)와 나머지 기능인 V(호랑이 살해)/W(호랑이 퇴치)/X(주인공 생존)와의 대립으로 볼 수 있다. 이 결과는 앞서 도입상황으로 전제된 기본요소(α/β/γ)를 통해 확실해진다. 이야기의 기본요소(α/β/γ/A/B)에 따라 이야기의 양상이 달라지며, 그 중 α(호식될 팔자)/B(호식될 팔자 선택)는 이야기의 결말과 긴밀하게 연결되는 경향을 보인다. β(조력자 개입)는 희생자와 조력자의 역할이 불분명할 때, 이

를 구분하기 위한 기능이다. 형식상으로 구분한 기능이나, 결국 희생자와 조력자가 중복되는 경우가 다수이므로 같은 기능을 수행하는 동일 인물로 보기도 한다.

〈호랑이설화〉의 기제가 도입상황(Ω)이라고 한다면 최종목적은 U(호식)이다. 이는 바로 호랑이라는 대상과 필연적으로 연관된 '죽음'이라 할 수 있다. 그러므로 이야기의 유형은 죽음의 결말상황에서 전개되는 각기 다른 진행으로 나뉜다. 즉, 〈호랑이설화〉는 U(호식)에서 X(주인공 생존)와 W(호랑이 퇴치)로 진행되고, 이 진행의 심화가 바로 V(호랑이 살해)로 볼 수 있다.

Y(개별적 결핍해소)와 Z(개별적 결핍해소 실패)는 나머지 결말상황(U/V/W/X)의 기능과 결합하거나, 도입상황인 γ(개별적 결핍)와 긴밀하게 연결된다. δ(속신)는 서사의 결말이자 이야기가 수렴된 상태이다. 간혹 이야기가 맥락 없이 δ(속신)만 드러나기도 한다. 자세한 내용의 이야기 목록과 약호 일람표는 필자의 박사학위논문에 수록되어 있다.

【참고문헌】

1. 자료

한국정신문화연구원, 『한국구비문학대계』 전 82책, 한국정신문화연구원, 1980-1992.

2. 단행본

Alan Dundes, *The Morphology of North American Indian Folktales*, Suomalainen Tiedeakatemia Academia Scientiarum Fennica, 1980.

Lovinson, P. *New new media*, Boston: Allyn&Bacon, 2009.

Robert Blust, "The Fox's Wedding", *Anthropos*, Nomos Verlagsgesllschaft mBH., 1999.

리처드 커니 저/이지영 역, 『이방인, 신, 괴물』, 개마고원, 2016[2004].

마르셀 모스 저/이상률 역, 『증여론』, 한길사, 2011.

마르틴 하이데거 저/전양범 역, 『존재와 시간』, 동서문화사, 2016.

배리 글래스너 저/연진희 역, 『공포의 문화』, 부광출판사, 2005.

블라디미르 프롭 저/유영대 역, 『민담 형태론』, 새문사, 2009[1987].

요한 호이징하 저/김윤수 역, 『호모 루덴스』, 까치, 2009[1993].

G. 레이코프·M. 존슨 저/노양진·나익주 역, 『삶으로서의 은유』, 박이정, 2011[2006].

지그문트 바우만 저/함규진 역, 『유동하는 공포』, 산책자, 2009.

지그문트 프로이트 저/ 윤희기·박찬부 역, 『정신분석학의 개념』, 열린책들, 2009[1997].

Ong, W. J. 저/이기우·임명진 역, 『구술문화와 문자문화: 언어를 다루는 기술』. 문예출판사, 1996.

촌산지순(무라야마 지준) 저/박전렬 역, 『조선의 향토오락』, 집문당, 1992.

칼 구스타브 융 저/김양순 역, 『인간과 상징』, 동서문화사, 2013[1987].

태 켈러 저/강나은 역, 『호랑이를 덫에 가두면』, 돌베개, 2021.

Paul Levinson 저/설진아·권오휴 역, 『뉴뉴미디어(NEW NEW MEDIA)』, ㈜피어슨에듀케이션코리아, 2011.

프랑코 모레티 저/조형준 역, 『공포의 변증법』, 새물결, 2017[2014].

강원도, 『강원 어촌지역 전설 민속지』, 강원도(동해출장소), 1995.

국토교통부, 『우리나라 지명 속에 살아있는 호랑이 이야기』, 2009.
국토지리정보원, 『한국지명유래집』 중부편, 진한엠앤비, 2015.
김강산, 『虎食葬』, 태백문화원, 1988.
김용범·강태현, 『갈매봉 도깨비 백두산 호랑이: 가려 뽑은 고전동화』, 신구미디어, 1992.
김호근 외, 『한국호랑이』, 열화당, 1991.
박남일, 『좋은 문장을 쓰기 위한 우리 말 풀이사전』, 서해문집, 2011[2004].
박영수, 『우리말의 발견』, 사람in, 2023.
박영순, 「관용어에 대하여」, 『국어교육』 53, 한국국어교육연구회, 1985.
서정범, 『한국문화상징사전』, 동아출판사, 1992.
이가원, 『조선 호랑이 이야기』, 한민사, 1993.
이문구, 『줄반장 출신의 줄서기』, 학고재, 2000.
이어령, 『(十二支神) 호랑이』, 생각의 나무, 2009.
이유원 저/성균관대학 교동아시아학술원 역, 『임하필기』, 대동문화연구원, 2009.
이창식, 『호랑이띠 12 띠의 민속과 상징3』, 국학자료원, 1998.
임동권, 『한국세시풍속연구』, 집문당, 1985.
장덕순, 『韓國說話文學硏究』, 서울대학교 출판부, 1978.
정재서, 『산해경』, 민음사, 1985.
정철수, 『매스·커뮤니케이션 연구』, 학문사, 1985.
중앙일보 어문연구소 '우리말 바루기'팀, 『한국어가 있다3』, 커뮤니케이션북, 2005.
최인학, 『구전설화 연구』, 새문사, 1994.
최인학·유진희, 『(최인학 할아버지의) 옛이야기 괴나리봇짐』, 문예원, 2016.
한병철 저/이재영 역, 『타자의 추방』, 문학과 지성사, 2017.
한상수, 『한국호랑이 설화집』, 文志社, 1987.

3. 논문

강순재, 「동물전래동화의 주제 및 모티프 분석」, 이화여자대학교 석사학위논문, 1993.
김금숙, 「설화 <호랑이 눈썹>의 현대적 변용 연구-중국, 일본, 인도 사례와의 비교를 중심으로」, 『동양고전연구』 69권, 동양고전학회, 2017.
, 「설화 <호랑이 눈썹>의 서사 의미 연구」, 『어문연구』 42권 3호, 한국어문교

육연구회, 2014.
김기호, 「효행설화에서 호랑이의 트릭스터적 상징」, 『청소년과효문화』 31권, 한국청소년효문화학회, 2018.
, 「조선 호랑이 이야기의 연구사적 위상과 유형 체계의 발달론적 의미」, 『연민학지』 27, 연민학회, 2017.
, 「한국사상(문학): 웃음 서사의 한 원형으로서 호랑이 설화」, 『한국사상과 문화』 34권, 한국사상문화학회, 2006.
, 「한국 트릭스터담 연구: 호랑이 이야기를 중심으로」, 영남대학교 박사학위논문, 2001.
김기호·나수호, 「구조/탈구조와 우리: 레비-스트로스와 트릭스터」, 『기호학연구』 24권, 한국기호학회, 2008.
김명희, 「설화 속에 나타난 호랑이와 여성」, 『동방학』 2권, 한서대학교 동양고전연구소, 1996.
김복순, 「동물담의 웃음 유발 방식의 특성」, 『어문논집』 62권, 중앙어문학회, 2015.
김수연, 「인간의 근원적 미지 불안과 치유의 서사, 〈호랑이와 곶감〉」, 『문학치료연구』 32권, 한국문학치료학회, 2014.
김윤태, 「호랑이 說話에 나타난 韓國人의 意識構造」, 단국대학교 석사학위논문, 1984.
김필래, 「구비문학 속에 나타난 호랑이의 원형」, 한성대학교 석사학위논문, 1996.
김현주, 「호랑이 소재 민담과 민화의 유형 분류와 무의식 분석」, 『구비문학연구』 제19집, 한국구비문학회. 2004.
라인정, 「구비설화에 나타난 호랑이의 성격 고찰」, 『어문연구』 18권, 충남대학교 문리과대학 어문연구회, 1988.
류경자, 「구비문학 속 속신의 형태와 구술담화적 기능: '호랑이이야기'를 중심으로」, 『민속연구』 36, 안동대학교 민속학연구소, 2018.
박송이, 「호랑이 보은설화 연구」, 단국대학교 석사학위논문, 2015.
박연숙, 「중국 호랑이설화의 한일 수용양상 비교연구-「신도징(申屠澄)」과 「호화(虎禍)」설화를 중심으로」, 『일본어문학』 34권, 일본어문학회, 2006.
박은정, 「문학: 근대 이전 호랑이 상징성 고찰」, 『온지논총』 43권, 온지학회, 2015.
박창균·조재윤, 「구술성 변화에 따른 의사소통의 관점 탐색」, 『국어교육연구』 52, 서울대학교 국어교육연구소, 2023.

박혜숙, 「호랑이 이야기의 아이러니」, 『동화와 번역』 12권, 건국대학교 동화와번역연구소, 2006.
배도식, 「한국 호설화 연구의 상비적 접근」, 동아대학교 박사학위논문, 1999.
손지봉, 「호랑이와 인간의 결연설화에 나타난 한중(韓中) 인식 비교」, 『열상고전연구』 제55집, 열상고전연구회, 2017.
신혜선, 「전래동화 팥죽 할멈과 호랑이의 의미 분석」, 『열린유아교육연구』 14권, 한국열린유아교육학회, 2009.
심재경, 「야담집 소재 동물 퇴치담 연구」, 『한자한문교육』 14권, 한국한자한문교육학회, 2005.
안용순, 「정보가 많아서 진실이 가려지는 시대에 진실을 보는 지혜를 죽는 책으로 거듭나길」, 『새국어생활』 20(4), 국립국어원, 2010.
양단단, 「한·중 호랑이 설화 비교연구: 한국구비문학대계와 태평광기를 중심으로」, 경상대학교 석사학위논문, 2014.
염희경, 「<해와 달이 된 오누이>에 나타난 호랑이상-설화와 전래동화 비교를 중심으로-」, 『동화와 번역』 5권, 건국대학교 동화와번역연구소, 2003.
오정미, 「'범'군 설화의 연행 연구-창귀, 백호, 인면괴수, 장산범을 중심으로-」, 『국어문학』 67, 국어문학회, 2018.
, 「호랑이설화에 나타난 공포성 연구」, 전북대학교 박사학위논문, 2020.
, 「'홀림'에 나타난 공포의 양가성 연구」, 『구비문학연구』 61, 구비문학회, 2021.
, 「<물귀신설화>에 대한 일고찰(一考察)」, 『실천민속학연구』 38, 실천민속학회, 2021.
, 「물질 이미지와 공포성의 관계 연구」, 『Culture and Convergence』 44권, 한국문화융합학회, 2022.
, 「세계 물귀신설화연구」, 『순천향 인문과학논총』 42 (4), 순천향대학교 인문학연구소, 2023.
, 「'여우비' 유래담의 전승양상과 의미변화 고찰: '여우가 시집간다', '호랑이 장가간다'와의 연계성을 중심으로」, 『구비문학연구』 72, 한국구비문학회, 2024.
오출세, 「민담에 나타난 호랑이 고찰: 골계담을 중심으로」, 『동국어문논집』 7권, 동국대학교 인문과학대학 국어국문학과, 1997.
이지영, 「<모자를 잡은 호랑이>의 동북아 전승양상과 특징」, 『동아시아고대학』 제17

집, 동아시아고대학회, 2008.

,「〈해와 달이 된 오누이〉의 전승과 그 특징에 관한 연구」,『한국문화연구』15권, 이화여자대학교 한국문화연구원, 2008.

,「女·男 山神과 호랑이 신격의 상관성 연구」,『한국고전여성문학연구』제15권, 한국고전여성문학회, 2007.

이태문,「세계인식의 두가지 태도: 〈호랑이 물리치는 이야기〉를 중심으로 바라본 미적 태도」,『열상고전연구』4권, 열상고전연구회, 1991.

이태영,「일상적 관용표현 '호랭이 물어가네'의 용법과 의미 - 전북 방언을 중심으로 -」,『어문론총』86권, 한국문학언어학회, 2020.

이한길,「「해님 달님」 연구: 트릭스터로서의 호랑이」,『한국고전연구』3, 한국고전연구학회, 1997.

이호주,「호랑이 설화에 나타난 한국인의 의미 고찰」, 고려대학교 석사학위논문, 1982.

,「韓·中 호랑이 說話 比較硏究 - 報恩說話를 중심으로」,『한어문교육』4권, 한국언어문학교육학회, 1996.

장기성,「관용어의 변형」,『언어과학연구』70, 언어과학회, 2014.

장병호,「한국 호랑이 설화의 유형과 성격」,『한국어문교육』8권, 한국교원대학교 한국어문교육연구소, 1999.

정연식,「조선시대의 호랑이와 호환」,『인문논총』12권, 서울여자대학교 인문과학연구소, 2004.

최문길,「호랑이와 거렁뱅이의 원류연구」,『어원연구』4권, 한국어원학회, 2001.

최원오,「한국 구비문학의 성격과 민족문화의 정체성」,『국학연구』16, 한국국학진흥원, 2010.

최윤희,「러시아 동물명 관용구의 개념적 은유를 통한 의미 확장 연구」,『언어와 언어학』82, 한국외국어대학교 언어연구소, 2018.

한기호,「〈해와 달이 된 오누이 설화〉의 신화적 성격 연구」. 창원대학교 박사학위논문, 2004.

한형주,「한국문화콘텐츠 개발을 위한 호랑이의 상징성 연구」, 경희대학교 석사학위논문, 2012.

한혜경,「『어우야담』 소재 귀신담의 서사 전개 양상과 의미」,『한국고전연구』36, 한국고전연구학회, 2017.

황정화,「한국의 호랑이 민담 연구」, 전남대학교 석사학위논문, 1990.

황패강,「한국민족설화(韓國民族說話)와「호랑이」」,『국어국문학』 제55·56·57권, 국어국문학회, 1972.

허선화,「『악령』과 공포의 기호학」,『노어노문학』 20, 한국노어문학회, 2008.

허원기,「한국 호랑이 이야기의 현황과 유형」,『동화와 번역』 5, 건국대학교 동화와번역연구소, 2003.

허춘,「설화에 나타난 호랑이의 특성: 한국 호랑이 이야기 검토를 겸하여」,『열상고전연구』 10권, 열상고전연구회, 1997.

,「설화와 고소설의 虎」,『연세어문학』 18, 연세대학교 국어국문학과, 1985.

4. 디지털 자료

Online State Library Digital Collections, “Pix cat series, ice cream cake cat12 November 1940”, 〈https://collection.sl.nsw.gov.au/record/YdmWwre9〉

wordrow, <https://wordrow.kr>

스레딕, 〈https://thredic.com〉

아하, 〈https://www.a-ha.io〉

국립국어원 표준국어대사전, 〈https://stdict.korean.go.kr〉

국립민속박물관, 한국민속대백과사전, 〈http://folkency.nfm.go.kr/kr/dic/3/summary〉

국립민속박물관, 〈www.nfm.go.kr〉

국립중앙박물관, 〈www.museum.go.kr〉

국토교통부,「우리나라 지명 속에 살아있는 호랑이 이야기」, 국토지리정보원, 2009, 〈https://www.ngii.go.kr/kor/board/view.do?sq=56154&board_code=report〉

국토 교통부 국토정보지리원,『우리국토 곳곳에 담겨있는 십이지 동물 “띠 지명” 이야기』, 국토교통부 국토정보지리원, 2021.

장서각 디지털 아카이브, 〈http://yoksa.aks.ac.kr〉

조선일보, 조선일보 뉴스 라이브러리, 〈https://newslibrary.chosun.com〉

통일부 북한정보포털 북한용어사전, 〈https://nkinfo.unikorea.go.kr〉

한국민속대백과사전, <https://folkency.nfm.go.kr>
한국콘텐츠진흥원, <www.culturecontent.com>
한국학중앙연구원, 한국구비문학대계, <https://gubi.aks.ac.kr/web/Default.asp.>
한국학중앙연구원, 한국학영문용어용례사전, <http://waks.aks.ac.kr/rsh/?rshID=AKS-2013-KCL-1220001.>

55

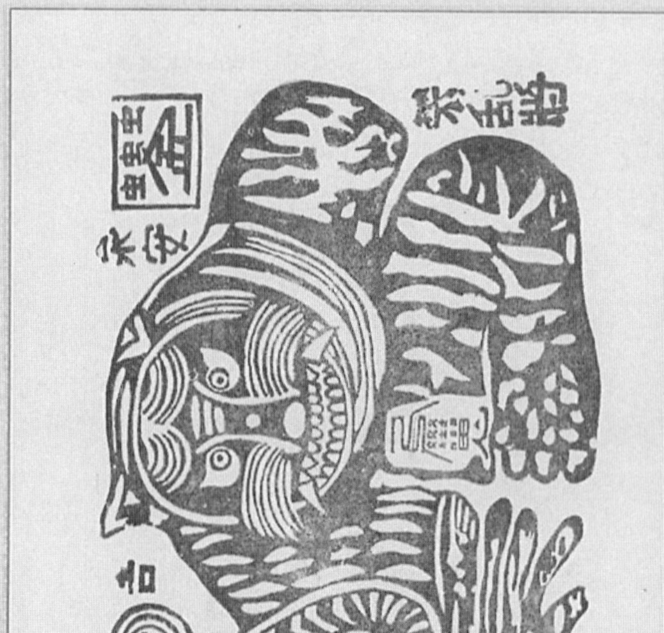

55 부적 1

사진제공: 국립민속박물관

56 부적 2

사진제공: 국립민속박물관

호랭이 물어간다

지은이 오정미
펴낸이 양오봉
펴낸곳 전북대학교출판문화원

초판 1쇄 인쇄 2024. 11. 5
초판 1쇄 발행 2024. 11. 10

전북대학교출판문화원 전북특별자치도 전주시 완산구 어진길 32 (풍남동2가)
전화 (063) 219-5319~5322
FAX (063) 219-5323
출판등록 2012년 8월 20일 제465-2012-000021호

값 24,000원

ISBN 979-11-6372-236-6 93810